Recht der Kreditsicherheiten in europäischen Ländern

Teil IX: Polen

Untersuchungen über das
Spar-, Giro- und Kreditwesen

Abteilung B: Rechtswissenschaft

Schriften des Instituts für deutsches und
internationales Recht des Spar-, Giro- und Kreditwesens
an der Johannes Gutenberg-Universität Mainz

Herausgegeben von

Prof. Dr. Walther Hadding und Prof. Dr. Uwe H. Schneider

Band 131

Recht der Kreditsicherheiten in europäischen Ländern

Herausgegeben von

Walther Hadding und Uwe H. Schneider

TEIL IX

Polen

Von Jörn Brockhuis

Duncker & Humblot · Berlin

Die Deutsche Bibliothek – CIP-Einheitsaufnahme

Brockhuis, Jörn:
Recht der Kreditsicherheiten in europäischen Ländern : Polen /
Jörn Brockhuis. – Berlin : Duncker und Humblot, 2000
(Untersuchungen über das Spar-, Giro- und Kreditwesen :
Abt. B., Rechtswissenschaft ; Bd. 131)
Zugl.: Frankfurt (Oder), Univ., Diss., 1997
ISBN 3-428-10013-1

Fotoprint: Werner Hildebrand, Berlin
Printed in Germany

ISSN 0720-7352
ISBN 3-428-10013-1

Gedruckt auf alterungsbeständigem (säurefreiem) Papier
entsprechend ISO 9706 ♾

Für meine Eltern, Martyna,
Leo und Sara

Geleitwort

Mit der Darstellung des Rechts der Kreditsicherheiten in Polen wird ein weiterer Teil des Gesamtüberblicks zu diesem Rechtsgebiet in verschiedenen europäischen Ländern vorgelegt. Der Band schließt an die in dieser Schriftenreihe erschienenen Ausarbeitungen zur Rechtslage in der Bundesrepublik Deutschland, Belgien, England, Frankreich, Österreich, Spanien, Griechenland und in der Schweiz an. Hinzu treten Einzeldarstellungen, z. B. zum italienischen Recht der Kreditsicherheiten.

Mit der Untersuchung über das Recht der Kreditsicherheiten in Polen wird im Rahmen der Reihe „Recht der Kreditsicherheiten in europäischen Ländern" erstmals der Versuch unternommen, das Recht der mittel- und osteuropäischen Staaten für die Finanzierungs- und Kreditpraxis zu erschließen. Die Entwicklung in den Reformstaaten Osteuropas in der jüngeren Vergangenheit hat hierfür vollkommen neue politische, wirtschaftliche und rechtliche Rahmenbedingungen geschaffen. Der erweiterte Wirtschaftsraum in Europa fördert grenzüberschreitende wirtschaftliche Aktivitäten und erhöht damit das Bedürfnis für Kreditvergaben und Kreditsicherungen ohne wesentliche rechtliche Hindernisse. Gerade dem polnischen Recht der Kreditsicherheiten kommt dabei eine besondere Bedeutung zu, da die wirtschaftlichen Beziehungen zu der Republik Polen eine lange Tradition haben und dieses Land heute der größte Handelspartner der Bundesrepublik Deutschland in Mittel- und Osteuropa ist.

Es ist daher verdienstvoll, daß der Verfasser eine Darstellung des bislang nur einem kleinen Kreis von Juristen bekannten Rechts der Kreditsicherheiten in Polen vorgelegt hat. Am Vergleichsmaßstab des deutschen Rechts werden die klassischen Sicherungsrechte Hypothek, Pfandrecht, Sicherungsübereignung, Eigentumsvorbehalt, Sicherungsabtretung, Bürgschaft und Bankgarantie erörtert. Das Werk leistet damit zugleich einen Beitrag zur Rechtsvergleichung und erschließt dem deutschen Juristen in einer praxisnahen und zugleich vertieft wissenschaftlichen Darstellung eine sonst nur schwer zugängliche Rechtsmaterie.

Univ.-Prof. Dr. Walther Hadding
Univ.-Prof. Dr. Uwe H. Schneider

Vorwort

Die vorliegende Arbeit lag im Sommersemester 1997 der Juristischen Fakultät der Europa-Universität Viadrina als Dissertation vor.

Ich möchte meinem Doktorvater Herrn Professor Dr. Breidenbach für die Betreuung meiner Doktorarbeit, für die Erstellung des Erstgutachtens und für die lehrreiche und schöne Zeit als wissenschaftlicher Mitarbeiter an seinem Lehrstuhl danken. Herrn Professor Dr. Wittmann danke ich für die Erstellung des Zweitgutachtens. Frau Richterin am Rayongericht Gdańsk Dorota Czapiewska und Herrn Magister Jacek Czapiewski danke ich, daß sie mir als geduldige Diskussionspartner jederzeit zur Verfügung standen.

Rechtsprechung und Literatur sind auf dem Stand 1. Januar 1999.

Berlin, im Januar 1999 *Jörn Brockhuis*

Inhaltsverzeichnis

Zweiter Teil

Die Phasen der Kreditsicherungsrechte

Abkürzungsverzeichnis

a.A.	anderer Ansicht
ABGB	Allgemeines Bürgerliches Gesetzbuch (Österreich)
Abs.	Absatz
a.E.	am Ende
a.F.	alte Fassung
AktG	Aktiengesetz
Anm.	Anmerkung
Art.	Artikel
AT	Allgemeiner Teil
AusfVO HypG	Rozporządzenie Ministra Sprawiedliwości w sprawie wykonania przepisów ustawy o księgach wieczystych i hipotece (Verordnung des Justizministers betreffend die Ausführung der Vorschriften des Grundbuch- und Hypothekengesetzes) [Polskie Ustawy: Nr. 110a]
AuslImmG	Ustawa o nabywaniu nieruchomości przez cudzoziemców (Gesetz über den Immobilienerwerb durch Ausländer) [Polskie Ustawy: Nr. 115]
AZ	Aktenzeichen
BankG	Prawo bankowe (Bankgesetz) [Polskie Ustawy: Nr. 270]
BankG (1960)	Polnisches Bankgesetz aus dem Jahr 1960
BB	Betriebsberater
BGB	Bürgerliches Gesetzbuch
BGH	Bundesgerichtshof
BiK	Bank i Kredyt (Bank und Kredit)
BW	Burgerlijk Wetboek
BRL	Biuletyn Rady Legislacyjnej
bzw.	beziehungsweise
C	Cywilny widział (Kammer für Zivilrecht)
c.c.	code civil
CO	Repertorium w wydziale nieprozesowym (Sammlung der Abteilung für nichtprozessuale Entscheidungen)
cod.civ.	codice civile
CR	Cywilna rewizja (Zivilrechtliche Revisionsentscheidung)
CRN	Cywilna rewizja nadzwyczajna (Zivilrechtliche außergewöhnliche Revisionsentscheidung)
CZP	Cywilna zasada prawna (Zivilrechtliche Grundsatzentscheidung)
DB	Der Betrieb
DevG	Prawo dewizowe (Devisengesetz)

Diss.	Dissertation
DM	Deutsche Mark
DNotZ	Deutsche Notar-Zeitschrift
dt.	deutsch
Dz. U.	Dziennik Ustaw (Gesetzesblatt)
DzUzKP	Dziennik Ustaw z Komentarzem Praktycznym (Gesetzesblatt mit praktischen Kommentar)
EBRD	European Bank for Reconstruction and Development
Einf.	Einführung
EP	Edukacja Prawnicza
etc.	et cetera
EWG	Europäische Wirtschaftsgemeinschaft
f	folgende Seite
ff	folgende Seiten
Fn.	Fußnote
GBVfG	Allgemeine Verfügung über die Einrichtung und Führung des Grundbuchs.
GenG	Prawo spółdzielce (Genossenschaftsgesetz) [Polskie Ustawy: Nr. 220]
GmbHG	Gesetz betreffend die Gesellschaften mit beschränkter Haftung.
GospGruntU	Ustawa o gospodarce gruntami i wywłaszczaniu nieruchomości (Bodenbewirtschaftungs- und Grundstücksenteignungsgesetz) [Polskie Ustawy: Nr. 150]
HGB	Handelsgesetzbuch
h.M.	herrschende Meinung
Hrsg.	Herausgeber
HypG	Ustawa o księgach wieczystych i hipotece (Grundbuch- und Hypothekengesetz) [Polskie Ustawy: Nr. 110]
idF	in der Fassung
IstR	Internationales Steuerrecht
iVm	in Verbindung mit
JOR	Jahrbuch für Ostrecht
KC	Kodeks Cywilny (Zivilgesetzbuch) [Polskie Ustawy: Nr. 100]
KCK	Kodeks Cywilny – Komentarz (Zivilgesetzbuch - Kommentar)
kg.	Kilogramm
KH	Kodeks Handlowy (Handelsgesetzbuch) [Polskie Ustawy: Nr. 200]
KKC	Komentarz do kodeksu cywilnego (Kommentar zum Zivilgesetzbuch)
KO	Konkursordnung
KPC	Kodeks Postępowania Cywilnego (Zivilprozeßgesetz) [Polskie Ustawy: Nr. 650]

KPP	Kwartalnik prawa prywatnego (Viertelsjahreszeitschrift des Zivilrechts)
KRO	Kodeks rodzinny i opiekuńczy (Familien- und Vormundschaftsgesetz) [Polskie Ustawy: Nr. 180]
KSCU	Ustawa o kosztach sądowych w sprawach cywilnych (Gesetz über die Gerichtskosten in Zivilsachen) [Polskie Ustawy: Nr. 680]
KSP	Krakowskie Studia Prawnicze (Krakauer Rechtsstudien)
LG	Landgericht
LipUpR	Rozporządzenie Ministra Sprawiedliwości wydane w poruzumeniu z Ministrami Przemysłu i Handlu oraz Skarbu o trybie dokonywania licytacji publicznej ruchomości w postępowaniu upadłościowym (Verordnung des Justizministers – erlassen im Einverständnis mit dem Handels- und Finanzminister – über das Verfahren der öffentlichen Versteigerung von beweglichen Sachen im Konkursverfahren) [Polskie Ustawy: Nr. 655a]
lit.	Littera
LK	Der Langfristige Kredit
MLST	Model Law on Secured Transaction
MP	Monitor Polski (Verkündigungsblatt für Verordnungen)
MoP	Monitor Prawniczy (Rechtszeitschrift)
MoPod	Monitor Podatkowy (Steuerzeitschrift)
m.w.N.	mit weiteren Nachweisen
NierCudzU	Ustawa o nabywaniu nieruchomości przez cudzoziemców (Gesetz über den Immobilienerwerb durch Ausländer) [Polskie Ustawy: Nr. 115]
NJW	Neue Juristische Wochenschrift
NotInt	Notarius International
NP	Nowe Prawo (Neues Recht)
Nr.	Nummer
OLG	Oberlandesgericht
OpłSkarb	Rozporządzenie Ministra Finansów w sprawie opłaty skarbowej (Verordnung des Finanzminister die Stempelsteuer betreffend)
OSN	Orzecznictwo Sądu Njwyższego Rechtsprechung des Obersten Gerichts)
OSNCP	Orzecznictwo Sądu Najwyższego Izby Cywilnej i Izby Administracyjnej. Pracy i Ubezpieczeń Społecznych od 1962r do 1995r (Rechtsprechung des Obersten Gerichts der Zivilkammer und der Kammer für Verwaltung, Arbeit und Sozialversicherung von 1962 bis 1995)
OSP	Orzecznictwo Sądów Polskich (Rechtsprechung der polnischen Gerichte)
OSPiKA	Orzecznictwo Sądów Polskich i Komisji Arbitrażowych (Rechtsprechung der polnischen Gerichte und der Schiedsgerichte)

PachtKreditG	Pachtkreditgesetz
PB	Prawo Bankowe (Bankrechtszeitschrift)
PfRG	Ustawa o zastawie rejestrowym i rejestrze zastawów (Pfandrechts- und Registerpfandgesetz)
PG	Prawo Gospodarczy (Wirtschaftsrecht)
PGOW	Prawo gospodarczy w orzeczeniach i wyjaśnieniach (Rechtsprechung und Erläuterungen zum Wirtschaftsrecht)
PiZS	Praca i Zabezpieczenie Społeczne (Arbeit und Sozialversicherung)
PL	Polen
PLN	Amtliche Abkürzung für die polnische Währung den Złoty.
PN	Przegląd notarialny (Notarrundschau)
PO	Przegląd organizacji (Organisationsrundschau)
polnKO	Prawo upadłościowe (Konkursordnung) [Polskie Ustawy: Nr. 655]
polnKStG	Ustawa o podatkach dochodowych od osób prawnych (Körperschaftssteuergesetz)
Pos	Position
PP	Przegląd podatkowy (Steuerrechtsrundschau)
PPH	Przegląd prawa handlowego (Handelsrechtsrundschau)
prCzek	Prawo czekowe (Scheckgesetz) [Polskie Ustawy: Nr. 281]
prNot	Prawo o notariacie (Notariatsgesetz) [Polskie Ustawy: Nr. 620]
ProkiP	Prokuratura i Prawo (Staatsanwaltschaft und Recht)
prPapW	Prawo o publicznym obrocie papierami wartościowymi i funduszach powierniczych (Börsengesetz) [Polskie Ustawy: Nr. 285]
PrPrzed	Prawo Przedsiębiorcy (Unternehmensrecht).
prRzecz 1946	Prawo rzeczowe (Sachenrechtsdekret aus dem Jahre 1946)
prWeksl	Prawo wekslowe (Wechselgesetz) [Polskie Ustawy: Nr. 280]
PUG	Przegląd Ustawodawstwa Gospodarczego (Rundschau der Wirtschaftsgesetzgebung).
PS	Przegląd sądowy (Gerichtsrundschau)
PWKC	Przepisy wprowadzające kodeks cywilny (Einführungsgesetz zum Zivilgesetzbuch) [Polskie Ustawy: Nr. 101]
resp.	respektive
RPEiS	Ruch prawny, ekonomiczny i socjologiczny (Rechtsbewegung, ökonomisch und soziologisch)
Rn	Randnummer
ROW	Recht in Ost und West
S.	Seite (bei Literatur- oder Rechtsprechungszitaten)
S.	Satz (bei Gesetzeszitaten)
SC	Studia Cywilistyczne (Zivilrechtsstudien)
SchuldG 1933	Kodeks Zobowiązań (Schuldgesetzbuch aus dem Jahr 1933)
SeeG	Kodeks Morski (Seegesetzbuch)
SN	Sąd Najwyższy (Oberstes Gericht)
sog.	sogenannt
SteuerschuldG	Ustawa o zobowiązaniach podatkowych (Gesetz über Steuerverbindlichkeiten)

SW	Sąd Wojewódzki (Wojewodschaftsgericht)
TNotR	Rozporządzenie Ministra Sprawiedliwości w sprawie taksy notarialnej (Verordnung des Justizministers betreffend die Notargebühr) [Polskie Ustawy: Nr. 695]
tschBGB	Tschechisches Bürgerliches Gesetzbuch.
WiRO	Wirtschaft und Recht in Osteuropa
WłLokU	Ustawa o własności lokali (Wohnungseigentumsgesetz) [Polskie Ustawy: Nr. 105]
WM	Wertpapiermitteilungen
WpisCR	Rozporządzenie Ministra Sprawiedliwości w sprawie okreslenia wysokości wpisów w sprawach cywilnych (Verordnung des Justizministers betreffend der Festlegung der Gebührenhöhe in Zivilsachen [Polskie Ustawy: Nr. 680a]
z.B.	zum Beispiel
ZIP	Zeitschrift für Wirtschaftsrecht
zit.	Zitiert
ZPO	Zivilprozeßordnung
ZUS	Zakład Ubezpieczeń Społecznych (Der staatliche Sozialversicherungsträger)
ZVG	Zwangsvollstreckungsgesetz
ZZP	Zeitschrift für Zivilprozeß

Einführung

Das polnische Recht der Kreditsicherheiten ist nur einem kleinen Kreis bekannt. Dies ist von Nachteil, da die Republik Polen der größte Handelspartner der Bundesrepublik Deutschland in Mittel- und Osteuropa ist.

Um das gestellte Thema abgrenzen zu können, ist ein Blick auf die Definition des Begriffs der Kreditsicherung zu werfen. Eine Kreditsicherung liegt vor, wenn durch geeignete rechtliche Maßnahmen (Sicherungsmittel) die Wahrscheinlichkeit erhöht wird, daß der Sicherungsnehmer/Kreditgläubiger die erwartete Leistung (Rückzahlung des Kredits) zum maßgeblichen Zeitpunkt auch erhält[1]. Um diese Wahrscheinlichkeit zu erhöhen, hat das polnische Recht und die polnische Kreditwirtschaft eine Vielzahl von Sicherungsmitteln entwickelt. Dies erfordert, um nicht den Rahmen dieser Bearbeitung zu sprengen, eine Beschränkung auf die klassischen Sicherungsrechte. Ausführlich werden die Hypothek, das Pfandrecht, die Sicherungsübereignung, der Eigentumsvorbehalt, die Sicherungsabtretung, die Bürgschaft und die Bankgarantie erörtert.

Die Arbeit ist in drei Kapitel gegliedert. Im ersten Kapitel werden die allgemeinen Grundlagen des Kreditsicherungsrechts vorgestellt. Das zweite Kapitel ist der Schwerpunkt dieser Arbeit. Aufgeteilt in die drei zeitlichen Phasen, die ein Kreditsicherungsrecht durchleben kann (Entstehungs-, Sicherungs- und Beendigungsphase), werden die Sicherungsrechte dargestellt und reformorientiert geprüft. Vergleichsmaßstab ist das deutsche Recht. Im dritten Kapitel werden die Reformvorschläge[2] zusammengefaßt.

---

[1] *Becker-Eberhard*, S. 4.

[2] Die Reformbedürftigkeit wurde in Polen sehr früh erkannt: *Bączyk,* BiK 11/91, S. 1 ff, S. 4; *Szmyt,* BiK 10/90, S. 6 ff.

Erster Teil

Die Grundlagen des Kreditsicherungsrechts

§ 1. Die rechtlichen Grundlagen

A. Einordnung des polnischen Zivilrechts

Das polnische Recht gehört zu den kontinentaleuropäischen Rechtsordnungen. Zu diesen weist es im äußeren und inneren Gesetzesaufbau eine enge Verwandtschaft auf. Viele Rechtsinstitute sind ähnlich oder gleich geregelt.

Das polnische Zivilrecht zeichnete sich bereits vor 1989 dadurch aus, daß es - im Gegensatz zu vielen anderen Staaten des ehemaligen Ostblocks - viele Regelungen enthielt (und natürlich noch enthält) die für einen marktwirtschaftlich orientierten Staat selbstverständlich sind. Dies ist um so überraschender, wenn man bedenkt, daß der Kodeks Cywilny 1964 und das Grundbuch- und Hypothekengesetz sogar erst 1982 verabschiedet wurden. Beide Gesetze knüpfen aber an Vorarbeiten vor 1939 an. So basiert das Schuldrecht auf dem am 1. Juli 1934 in Kraft getretenen Kodeks Zobowiązań[1] (Schuldgesetzbuch) und das Sachenrecht auf einem Dekret aus dem Jahre 1946, das aber im wesentlichen vor 1939 vorbereitet wurde[2].

B. Kredit

I. Allgemeines

Ein Kreditsicherungsrecht würde es ohne „Kredit" nicht geben. Das polnische Recht trennt streng zwischen dem Darlehen und dem Bankkredit[3]. Der Bankkreditvertrag ist ein speziell ausformulierter Typ des Darlehensvertrages. Bankkreditvertrag und Darlehensvertrag sind zweiseitig verpflichtende - nicht

---

[1] Dz. U. 1933, Nr. 82, Pos. 598.

[2] Dz. U. 1946, Nr. 57, Pos. 319. Projekt der Kodifikationskommission aus dem Jahre 1939, KPP 4/93, S. 515 ff. Das polnische Recht mußte nach 1919 vereinheitlicht werden, da fünf verschiedene Rechte (deutsches, französisches, russisches, österreichisches und sogar ungarisches Recht - Spisz und Orawa -) auf polnischem Territorium verbindlich waren, *Grzybowski*, System I, S. 28 ff.

[3] Art. 720 ff KC, *Grzybowski*, System III 2, S. 699 ff. Art. 69 ff BankG.

gegenseitige - Konsensualverträge[4]. Die Hauptpflicht des Darlehensgebers besteht in der Aushändigung und Übereignung der vereinbarten Geldsumme an den Darlehensnehmer[5]. Die Hauptpflicht des Darlehensnehmers besteht in der Rückzahlung des Darlehens. Und genau um diesen Rückzahlungsanspruch zu gewährleisten, hat sich das Kreditsicherungsrecht entwickelt.

II. Schriftformerfordernisse

Das polnische Recht unterscheidet - dem französischen Recht folgend - drei Schriftformen[6]: Die Schriftform ad solemnitatem, ad probationem und ad eventum. Welche Schriftform vorliegt, ist dem Gesetz zu entnehmen. Die Schriftform ad solemnitatem wird im Gesetz durch die Wendung „zur Vermeidung der Unwirksamkeit" (pod rygorem nieważności*)* wiedergegeben[7]. Ein Rechtsgeschäft, das gegen diese Schriftform verstößt, ist unwirksam. Die Solemnitätsform kann auch von den Vertragsparteien vereinbart werden. Bestimmen sie aber nicht, welche Rechtsfolge eintreten soll, wenn gegen die Schriftform verstoßen wird, so wird vermutet, daß eine Schriftform ad probationem vereinbart wurde[8]. Zur Schriftform ad solemnitatem zählen alle besonderen Formerfordernisse, soweit nicht eine Schriftform ad eventum vorliegt[9].

Ein besonderes Formerfordernis ist das „Schriftstück mit feststehendem Datum". Ein Schriftstück hat ein feststehendes Datum, wenn das Datum amtlich beglaubigt ist, wenn eine amtliche Urkunde die Vornahme des Rechtsgeschäfts bestätigt oder wenn ein Staatsorgan einen Vermerk mit Datum auf dem betreffenden Schriftstück anbringt. Stirbt eine Vertragspartei, gilt das Datum ab dem Todeszeitpunkt als feststehend.

Die Schriftform ad eventum liegt vor, wenn das Gesetz bestimmte Wirkungen des Rechtsgeschäfts ausschließt, ohne das gesamte Rechtsgeschäft für un-

---

[4] Art. 720 KC, *Czachórski,* S. 338.

[5] Der Darlehensvertrag hat aufgrund des in Polen herrschenden Kausalitäts- und Vertragsprinzips verpflichtenden und verfügenden Charakter, *Gralla,* JOR 1965, S. 123 ff, S. 142. Die Verfügungswirkung tritt bei Geld erst mit der Besitzübergabe ein, Art. 155 § 2 KC.

[6] *Wolter/Ignatowicz/Stefaniuk*, S. 272 ff; *Gralla,* WiRO 2/95, S. 59 ff, S. 59; *ders.,* JOR 1965, S. 123 ff, S. 133 f; *Szewior,* Osteuropa Recht 2/98, S. 113 ff.

[7] Art. 73 § 1 KC.

[8] Art. 76 S. 2 KC.

[9] Art. 73 § 2 KC. Besondere Formerfordernisse sind die notarielle Beurkundung (Artt. 80, 158, 179 § 1, 245 § 2, 890 § 1, 1037 § 2, 1048 S. 2, 1050 S. 2, 1052 § 3 S. 1 KC), die notarielle Beglaubigung (Art. 75^1 § 1 KC), das Schriftstücks mit „feststehenden Datum" (Art. 329 § 1 iVm Art. 81 KC) und bestimmte sonstige Formerfordernisse (Art. 949 f KC; Art. 78 § 1 und Art. 79 KRO).

wirksam zu erklären[10]. Ein Unterfall der Schriftform ad eventum ist die Schriftform ad intabulationem[11]. Liegt weder eine Schriftform ad eventum noch ad solemnitatem vor, so liegt eine Schriftform ad probationem vor. Ein Verstoß gegen diese Schriftform führt nicht zur Unwirksamkeit des Rechtsgeschäfts. Es wird lediglich die Möglichkeit beschränkt, sich auf bestimmte Beweismittel zum Nachweis des Abschlusses des betreffenden Rechtsgeschäfts zu berufen. Von diesem Ausschluß ist der Beweis durch Zeugen- und Parteivernehmung betroffen.[12]. Diese Beweismittel dürfen vom Gericht nur zugelassen werden, wenn ein Einverständnis der Parteien vorliegt, wenn die Tatsache der Vornahme durch ein Schriftstück glaubhaft gemacht wird oder wenn besondere Umstände vorliegen.

Der Darlehensvertrag ist bis zu einer Summe von PLN 500,00 formfrei. Ab dieser Summe ist der Darlehensvertrag schriftlich zu bestätigen (Schriftform ad probationem)[13]. Der Bankkreditvertrag ist immer schriftlich abzuschließen (Schriftform ad probationem)[14].

III. Allgemeine Geschäftsbedingungen und Verbraucherschutz

Allgemeine Geschäftsbedingungen wurden in den Zeiten der sozialistischen Planwirtschaft vor allem zwischen volkseigenen Betrieben angewendet. Erst nach der Umwälzung der politischen und gesellschaftlichen Verhältnisse bekamen auch andere Wirtschaftssubjekte die Möglichkeit ihre Rechtsverhältnisse durch Allgemeine Geschäftsbedingungen zu regeln[15]. Das Recht der Allgemeinen Geschäftsbedingungen ist im Kodeks Cywilny geregelt[16]. Der Kodeks Cywilny unterscheidet zwei Arten von Allgemeinen Geschäftsbedingungen: qualifizierte und nichtqualifizierte Geschäftsbedingungen. Qualifizierte Geschäftsbedingungen sind Geschäftsbedingungen, die der Verwender aufgrund und im Rahmen einer gesetzlichen Ermächtigung seinem Vertragspartner stellt[17]. Nichtqualifizierte Geschäftsbedingungen werden ohne eine solche Ermächtigung gestellt[18]. Der Unterschied zwischen qualifizierten und nichtqualifizierten Geschäftsbedingungen ist die Art der Einbeziehung in den Vertrag. Qualifizierte Geschäftsbedingungen werden mit Aushändigung an den Vertragspartner Vertragsbe-

---

[10] Art. 590 § 1 S. 2, Art. 660 Satz 2, Art. 679 § 2 KC.

[11] *Wolter/Ignatowicz/Stefaniuk*, S. 276, S. 304.

[12] Art. 74 § 2 KC.

[13] Art. 720 § 2 KC.

[14] Art. 69 Abs. 2 BankG.

[15] *Jara*, WiRO 7/96, S. 258 ff, S. 258 f.

[16] Art. 384 - Art. 385^2 KC.

[17] Art. 385 § 1 KC. Eine solche Ermächtigung ist Art. 109 BankG.

[18] Art. 385 § 2 KC.

standteil[19]. Sie können auch ohne Aushändigung Vertragsbestandteil werden, wenn ihre Benutzung in dem entsprechenden Wirtschaftsbereich üblich ist und der Vertragspartner mit Leichtigkeit von ihrem Inhalt Kenntnis erlangen konnte[20]. Nichtqualifizierte Geschäftsbedingungen werden nur Vertragsbestandteil, wenn der Vertragspartner in Kenntnis ihres Inhalts sich mit ihrer Aufnahme in den Vertrag einverstanden erklärt[21]. Der Begriff „in Kenntnis“ wird dahingehend ausgelegt, daß es ausreicht, auf die Verwendung von Allgemeinen Geschäftsbedingungen im unterzeichneten Vertrag hinzuweisen oder sie dem Vertrag beizufügen[22]. Allgemeine Geschäftsbedingungen, die während der Dauer einer Geschäftsbeziehung erlassen wurden, sind nur bindend, wenn sie in den Vertrag ordnungsgemäß einbezogen wurden und die Vertragspartei den Vertrag nicht zum nächstmöglichen Zeitpunkt gekündigt hat[23].

Der Regelungsgehalt des AGB-Rechts ist rudimentär und entspricht in keinster Form europäischem Standard[24]. So fehlt eine Definition der Allgemeinen Geschäftsbedingungen, ein Umgehungsverbot und ein Verbot der überraschenden Klausel. Unzureichend ist die Inhaltskontrolle geregelt, die lediglich durch eine Generalklausel vertreten wird[25]. Eine AGB-Klausel hält der Inhaltskontrolle nicht stand, wenn sie erheblich ungerechtfertigte Vorteile für den Verwender vorsieht[26]. Ein solcher Verstoß führt aber nicht - wie nach deutschem Recht[27] - per se zur Unwirksamkeit der betreffenden Klausel. Vielmehr wird die Unwirksamkeit einer AGB-Klausel auf Antrag durch richterlichen Gestaltungsakt herbeigeführt[28]. Die Entscheidung des Gerichts über die Ungültigkeit einer AGB-Klausel darf aber nicht später als einen Monat nach Vertragserfüllung beantragt werden. Ansonsten bleibt die Klausel wirksam. Eine Partei, die den Vertrag im Rahmen ihrer wirtschaftlichen Tätigkeit geschlossen hat, kann sich nicht auf die Inhaltskontrolle berufen[29]. Eine Individualvereinbarung geht einer AGB-

---

[19] Art. 385 § 1 S. 1 KC. Der Begriff „Aushändigung“ wurde von der Rechtsprechung bisher noch nicht näher definiert. Unklar ist, ob bei der Aushändigung der Allgemeinen Geschäftsbedingungen auf diese besonders hingewiesen werden muß, *Zoll/Diemer-Benedict*, RIW 97, S. 1001 ff, S. 1003.

[20] Art. 385 § 1 S. 2 KC.

[21] Art. 385 § 2 KC. Das Einverständnis kann schlüssig erklärt werden, Art. 60 KC.

[22] *Zoll/Diemer-Benedict*, RIW 97, S. 1001 ff, S. 1004.

[23] Art. 385 § 3 KC.

[24] *Radwański*, SAT, S. 135, Rn. 402; *Zoll/Diemer-Benedict*, RIW 97, S. 1001 ff, S. 1006. Der europäische Standard: Richtlinie des Rates EWG 93/13 vom 5.4.93.

[25] Art. 385² KC.

[26] Zum Begriff des „grob ungerechtfertigten Vorteils“: *Zoll/Diemer-Benedict*, RIW 97, S. 1001 ff, S. 1005.

[27] §§ 9 ff AGB-Gesetz.

[28] Wird eine Klausel für unwirksam erklärt, so wirkt sich dies nicht auf den restlichen Vertrag aus. Art. 58 § 3 KC findet keine Anwendung, *Radwański*, SAT, S. 143, Rn. 432; *Zoll/Diemer-Benedict*, RIW 97, S. 1001 ff, S. 1005.

[29] Art. 385² § 2 KC.

Klausel vor[30]. Zweifel bei der Auslegung gehen zu Lasten des Verwenders[31] (in dubio contra proferentem).

Das Verbraucherschutzrecht wird in Polen reformiert. Sieben Regierungskomitees erarbeiten einen Entwurf zu einem Konsumentenschutzgesetz, das die EU-Richtlinien über den Verbraucherschutz in nationales Recht umsetzen soll[32]. Die Regeln über den Ratenkauf sind bereits ein kleiner Schritt in Richtung Verbraucherschutz[33]. Sie gelten für Ratenkaufverträge, die ein Unternehmen in seinem Tätigkeitsbereich mit einer natürlichen Person abschließt und bei denen die Kaufsache vor vollständiger Zahlung an den Käufer übergeben wird. Besondere Beachtung verdient die Rücktrittsregelung[34], die mit der Regelung des Verbraucherkreditgesetzes vergleichbar ist[35]. Die Regeln über den Ratenkauf finden auf den fremdfinanzierten Abzahlungskauf Anwendung[36].

C. Übertragung des Eigentums an beweglichen Sachen

I. Allgemeines

Nach Aufgabe der drei Kategorien des Eigentums (Individuelles, persönliches und sozialistisches Eigentum[37]) entspricht der Begriff des Eigentums als dingliches Vollrecht dem Begriff des Eigentums nach § 903 BGB[38]. Das Eigentum an einer beweglichen Sache kann durch Rechtsgeschäft, durch Gesetz oder durch Hoheitsakt erworben werden. Das polnische Recht regelt den Eigentumserwerb durch Fund, Ersitzung, Aneignung, Herstellung einer neuen Sache, Verbindung und Vermischung[39]. Für das Kreditsicherungsrecht von Bedeutung ist der Erwerb des Eigentums durch Übereignung. Dieser findet nicht nur in direkter Form Anwendung (Sicherungsübereignung), sondern liefert oft die Grundkonzeption für Rechtsgeschäfte im Zusammenhang mit Kreditsicherungsmitteln[40].

---

[30] Art. 385^1 KC

[31] *Radwański,* SAT, S. 142, Rn. 427; *Zoll/Diemer-Benedict,* RIW 97, S. 1001 ff, S. 1005.

[32] *Jara*, WiRO 7/96, S. 258 ff, S. 258.

[33] Art. 583 ff KC.

[34] Art. 586 § 2 KC.

[35] §§ 13 Abs. 1, 12 Abs. 1 VerbrKrG.

[36] Art. 588 KC. Die Bank erhält ein Pfandrecht an der Kaufsache, Art. 588 § 2 KC.

[37] *Wasilkowski,* System II, S. 55 ff.

[38] Art. 140 KC.

[39] Art. 172 - 194 KC.

[40] Art. 311 KC (Erwerb eines Pfandrechts von einem Nichtberechtigten).

II. Der Erwerb vom Berechtigten

Der Kodeks Cywilny statuiert für die Eigentumsübertragung drei Prinzipien: Das Kausalitäts-, das Vertragsprinzip und das Prinzip von der verfügenden Wirkung des verpflichtenden Vertrages[41]. Hieraus ergeben sich zwei grundlegende Unterschiede zum deutschen Recht. Erstens: Das Verfügungsgeschäft ist in seiner Wirksamkeit von der Wirksamkeit des Verpflichtungsgeschäftes abhängig oder fällt sogar mit diesem in einem Rechtsakt zusammen. Zweitens: Das Eigentum an einer Sache geht regelmäßig allein aufgrund des (verpflichtend-verfügenden) Vertrages über. Eine Besitzübertragung ist grundsätzlich nicht erforderlich[42].

Das polnische Recht unterscheidet zwei Fälle der Eigentumsübertragung: Die Übertragung des Eigentums an einer genau bestimmten Sache und die Übertragung einer nur der Gattung nach bestimmten bzw. künftigen Sache[43]. Die Eigentumsübertragung an einer genau bestimmten Sache erfolgt allein aufgrund des zur Übereignung verpflichtenden Vertrages (solo consensu)[44]. Der Vertrag übernimmt eine verpflichtende und eine verfügende Funktion. Eine Besitzübergabe ist nicht erforderlich. Im Gegensatz hierzu ist für den Eigentumsübergang an einer nur der Gattung nach bestimmten, bzw. einer künftigen Sache neben dem Vertrag auch die Besitzübergabe erforderlich[45]. Die Besitzübergabe richtet sich nach den allgemeinen Vorschriften[46].

---

[41] Das BGB statuiert das Traditions-, das Trennungs- und das Abstraktionsprinzip. Das polnische Recht folgt dem französischen Vorbild, *Katner,* S. 41 ff; *Gralla,* Polen, JOR 96, S. 303 ff, S. 313; *Piątkowski,* System II, S. 218 ff.

[42] Die Formulierung des Art. 155 § 1 KC ist unglücklich, da sie das Vertragsprinzip mit dem Prinzip der verfügenden Wirkung des verpflichtenden Vertrages miteinander verwebt, obwohl nur das Prinzip der verfügenden Wirkung des verpflichtenden Vertrages alle Fälle der Eigentumsübertragung erfaßt, das Vertragsprinzip jedoch nur die Übertragung genau bestimmter Sachen betrifft, *Piątkowski,* System II, S. 231.

[43] Eine künftige Sache ist eine noch nicht hergestellte Sache oder eine bereits existierende Sache, dessen Eigentümer nicht der Veräußerer ist, *Szlęzak*, Rejent 2/95, S. 111 ff, S. 120. Künftige Sachen können genau bestimmte Sachen oder Gattungssachen sein, *Heropolitańska*, S. 248.

[44] Art. 155 § 1 KC nennt den Kauf-, Tausch- und Schenkungsvertrag.

[45] Art. 155 § 2 KC. Die Besitzübergabe war vor Inkrafttreten des Kodeks Cywilny keine Voraussetzung für den Eigentumserwerb an einer künftigen Sache. Der Käufer erwarb das Eigentum an einer künftigen Sache mit ihrer Entstehung (Art. 43 prRzecz 1946), *Katner,* S. 93 f.

[46] Art. 348 bis 351 KC, *Katner,* S. 95.

Die Funktion der Besitzübertragung bei der Übertragung des Eigentums an Gattungssachen ist die Individualisierung der Sache[47]. Bei künftigen, aber bereits im Verpflichtungsvertrag bestimmten Sachen kann die Funktion der Individualisierung nicht ausschlaggebend sein. Eine Individualisierung ist bereits durch den Vertrag eingetreten. Die Funktion der Besitzübertragung ist daher, den Zeitpunkt des Eigentumsüberganges festzulegen.

Die dogmatische Einordnung der Eigentumsübertragung an Gattungssachen und künftigen Sachen ist umstritten. Die h.M. sieht in dem Erfordernis der Besitzübertragung ein neben den verpflichtend-verfügenden Vertrag tretendes zweites Element der Eigentumsübertragung. Es wird also zwischen Willens- und Vollzugsmoment unterschieden. Die Mindermeinung nimmt dahingegen dem verpflichtenden Vertrag die verfügende Wirkung und läßt diese alleine durch die Besitzübertragung eintreten[48].

Art. 155 § 1 KC enthält Ausnahmen vom Prinzip der verfügenden Wirkung des verpflichtenden Vertrages und vom Vertragsprinzip. Zum einen kann eine Spezialvorschrift etwas abweichendes bestimmen und zum zweiten können die Parteien etwas anderes vereinbaren. Den Vertragsparteien steht es demnach frei, die Eigentumsübergang von einer Besitzübergabe oder von einer zeitlich nachfolgenden dinglichen Einigung abhängig zu machen. Insoweit unterscheidet auch das polnische Recht zwischen einem verpflichtenden und einem verfügenden Vertrag[49]. Aber auch der „isolierte“ Verfügungsvertrag ist vom Verpflichtungsvertrag abhängig[50], teilt sein rechtliches Schicksal. Der isolierte Verfügungsvertrag ist ein kausales Rechtsgeschäft.

III. Der Erwerb vom Nichtberechtigten

Der gutgläubige Erwerb ist in Art. 169 KC geregelt. Gleich dem deutschen Recht regelt das polnische Zivilgesetzbuch den Fahrniserwerb vom Nichtberechtigten als eine Modalität des abgeleiteten Eigentumserwerbs und nicht als bloße Beschränkung der Fahrnisverfolgung[51]. Das polnische Recht unterscheidet sich in einem wesentlichen Punkt vom deutschen Recht. Ist nach deutschem Recht der Erwerb einer abhanden gekommenen Sache ausgeschlossen[52],

---

[47] *Katner,* S. 92.

[48] Der Streitstand ist bei *Tracz/Zoll,* S. 133 ff dargestellt.

[49] *Katner,* S. 52 ff.

[50] Art. 156 KC.

[51] So *Gralla*, JOR 93, S. 9 ff, S. 12. Als Beschränkung der Fahrnisverfolgung wird der Erwerb vom Nichtberechtigten im französischen (Art. 2279 Abs. 1 code civil) und im österreichischen (§ 367 ABGB) Recht angesehen. Zum deutschen Recht: §§ 932 ff. BGB.

[52] § 935 Abs. 1 BGB. Dieser Ausschluß des gutgläubigen Erwerbs betrifft nicht Geld, Inhaberpapiere und Sachen, die im Wege öffentlicher Versteigerung veräußert werden, § 935 Abs. 2 BGB.

so erwirbt der gutgläubige Erwerber nach polnischem Recht eine solche Sache mit Ablauf einer dreijährigen Frist[53].

Der gutgläubige Erwerb setzt ein gültiges Zuwendungsgeschäft, den Besitz des nichtberechtigten Veräußerers, den Erwerb einer qualifizierten Besitzposition an der Sache durch den Erwerber und guten Glauben voraus. Ist die Sache dem Eigentümer abhanden gekommen, erwirbt der gutgläubige Erwerber sie erst bei Ablauf einer dreijährigen Frist.

Der Erwerber und der nichtberechtigte Veräußerer müssen ein wirksames „Zuwendungsgeschäft" geschlossen haben. Dieses kann ein verpflichtend-verfügender Vertrag oder ein rein verfügender Vertrag sein. Unwirksamkeitsgründe, wie z.B. Geschäftsunfähigkeit[54], Abgabe einer Scheinerklärung mit Einverständnis des Vertragspartners[55], Gesetzesumgehung[56] oder Widerspruch zu den Grundsätzen des gesellschaftlichen Zusammenlebens[57] verhindern den Eigentumsübergang. Es wird zu Recht vertreten, daß das Zuwendungsgeschäft ein Verkehrsgeschäft sein muß[58]. Ein gutgläubiger Erwerb ist daher ausgeschlossen, wenn auf der Erwerber- und Veräußerseite die gleiche(n) Person(en) stehen. In welcher Rechtsform Erwerber und Veräußerer auftreten, ist ohne Bedeutung.

Der Veräußerer muß die tatsächliche Sachherrschaft haben[59]. War der nichtberechtigte Veräußerer nur Gewahrsamsinhaber, kann der Erwerber das Eigentum nur dann gutgläubig erwerben, wenn der Gewahrsamsinhaber als Besitzer auftrat[60]. Das Eigentum von einem Gewahrsamsinhaber aber nur Der Gewahrsamsinhaber muß dem Erwerber gegenüber Die §§ 932 ff BGB schützen dagegen nur den gutgläubigen Erwerb vom nichtverfügungsberechtigten Besitzer. Sachen, die ein nichtverfügungsberechtigter Besitzdiener veräußert, gelten wegen der in § 855 BGB angeordneten ausschließlichen Besitzerstel-

---

[53] Art. 169 § 2 S. 1 KC. Diese Beschränkung findet keine Anwendung beim Erwerb von Geld, Inhaberpapieren oder Sachen, die im Wege [behördlicher] öffentlicher Versteigerung oder im Zwangsvollstreckungsverfahren erworben werden, Art. 169 § 2 S. 2 KC.

[54] Art. 14 KC.

[55] Art. 83 KC.

[56] Art. 58 § 1 KC.

[57] Art. 58 § 2 KC.

[58] *Szpunar,* Eigentumserwerb, S. 59.

[59] *Gralla*, JOR 93, S. 9 ff, S. 14 f.

[60] *Szpunar,* Eigentumserwerb, *S.* 49 f.

lung des Besitzherrn als unfreiwilliger Verlust des unmittelbaren Besitzes und können daher grundsätzlich nicht gutgläubig erworben werden[61].

Der gutgläubige Erwerber muß die Sache in Besitz nehmen[62]. Er muß Eigenbesitz mit unmittelbarer Sachherrschaft erlangen[63]. Nicht ausreichend hierfür ist die Übergabe durch Besitzkonstitut[64] und der Vertrag zwischen nichtberechtigtem Veräußerer und gutgläubigem Erwerber, daß der abhängige Besitzer oder Gewahrsamsinhaber nunmehr für den Erwerber besitzen soll[65]. Ausreichend ist die Übergabe der Sache, die Übergabe der Papiere, Urkunden oder Dokumente, die zur Verfügung über die Sache benötigt werden oder die Übergabe derjenigen Mittel, die die Ausübung der tatsächlichen Herrschaft über die Sache ermöglichen. Ebenfalls hinreichend für die Inbesitznahme ist die Umwandlung von Gewahrsam oder Fremdbesitz in Eigenbesitz gemäß Art. 351 KC.

Grundsätzlich erfolgt der gutgläubige Erwerb sofort. Lediglich bei abhanden gekommenen Sachen muß noch eine dreijährige Frist ablaufen[66]. Eine Sache ist abhanden gekommen, wenn der Eigentümer (oder eine Person, der die Sache vom Eigentümer anvertraut wurde) sie verloren hat, sie ihm gestohlen wurde oder wenn er in sonstiger Weise die tatsächliche Herrschaft gegen seinen Willen und ohne sein Zutun verloren hat[67]. Die Frist beginnt mit dem Zeitpunkt des Abhandenkommens und nicht mit dem des gutgläubigen Erwerbs. Die Frist endet nach drei Jahren mit Ablauf des Tages, dessen Datum dem Tag des Abhandenkommens entspricht[68]. Die Frist läuft nicht ab, wenn der Eigentümer die Vindikationsklage erhebt oder den Herausgabeanspruch nach Art. 222 KC geltend macht, bevor die Frist ablief.

Beispiel: Erwirbt jemand eine abhanden gekommene Sache von einem Nichtberechtigten zwei Jahre nach deren Verlust, so erwirbt er das Eigentum an dieser Sache bereits nach Ablauf eines weiteren Jahres. Eine bereits vor mehr als drei Jahren abhanden gekommene Sache wird sofort erworben.

---

[61] *Westermann/Gursky*, § 49 I 6, S. 404 ff; *MünchKomm/Quack* BGB § 935 Rn. 11; kritisch: *Staudinger/Wiegand* BGB § 935 Rn. 14 m.w.N.

[62] Art. 169 § 1 KC.

[63] So *Piątkowski*, System II, S. 299; *Szpunar*, Eigentumserwerb, S. 52.

[64] Art. 349 KC. *Piątkowski*, System II, S. 299; *Szpunar*, Eigentumserwerb, S. 54.

[65] Art. 350 KC. *Piątkowski*, System II, S. 299 f; *Szpunar*, Eigentumserwerb, S. 56 ff.

[66] Art. 169 § 2 S. 1 KC.

[67] *Piątkowski*, System II, S. 301; *Gralla*, JOR 93, S. 9 ff, S. 15 m.w.N.

[68] Gemäß Art. 112 KC endet eine Frist, die an einem 29. Februar anfängt, am 28. Februar.

Ein gutgläubiger Erwerber erwirbt an Geld, Inhaberpapieren und öffentlich versteigerten Sachen sofort Eigentum, gleichgültig ob sie dem Eigentümer abhanden gekommen sind oder nicht[69].

Im Gegensatz zum polnischen Recht regelt das deutsche Recht den Eigentumserwerb an einer abhanden gekommenen Sache als Unterfall der Ersitzung[70]. Für diese Erwerbsart ist es nicht erforderlich, daß der Erwerber den Eigenbesitz durch Rechtsgeschäft erlangt hat. Allerdings sind die Voraussetzungen deutlich schwieriger zu erfüllen. Verlangt wird 10 Jahre andauernder Eigenbesitz. Eine Anrechnung von vorher abgelaufener Zeit ist nicht möglich und würde auch dem Rechtsinstitut der Ersitzung widersprechen. Die Ersitzungsfrist ist der Frist beim Eigentumserwerb von abhanden gekommenen Sachen angepaßt. Sie beträgt ebenfalls 3 Jahre[71].

Nur der Gutgläubige kann von einem Nichtberechtigten erwerben. Guter Glaube wird durch Kenntnis oder fahrlässige Unkenntnis der fehlenden Verfügungsberechtigung des Veräußerers ausgeschlossen[72]. Fahrlässige Unkenntnis ist bei Nichtbeachtung der im Verkehr erforderlichen Sorgfalt gegeben[73]. Der gute Glaube muß im Zeitpunkt der letzten Erwerbshandlung vorliegen. Dies wird regelmäßig die Inbesitznahme durch den Erwerber sein. Ausnahmsweise kann aber auch der Zeitpunkt des Vertragsschlusses ausschlaggebend sein, so bei der „traditio brevi manu". Wird der Erwerber vertreten, so müssen Vertreter und Erwerber gutgläubig sein[74]. Wird eine abhanden gekommene Sache erworben, muß der Erwerber gutgläubig sein, bis die Dreijahresfrist abgelaufen ist. Kommt es zu einem Streit zwischen Erwerber und Eigentümer, so muß der Eigentümer beweisen, daß der Erwerber bösgläubig war[75]. Hierdurch wird die prozessuale Situation des Erwerbers deutlich verbessert, da der Nachweis innerer Tatsachen (Wahrnehmungen, Empfindungen, Wissen, Absichten und Überzeugungen) erhebliche Schwierigkeiten bereitet.

---

[69] Art. 169 § 2 S. 2 KC.

[70] §§ 937 ff BGB.

[71] Art. 174 KC.

[72] *Urteil des Obersten Gerichtshofes* vom 10.10.97 [AZ: II CKN 378/97] (OSP 98, Pos. 111); *Szpunar*, Eigentumserwerb, S. 68. Allgemein zum guten Glauben: *Grzybowski*, System I, S. 273 ff.

[73] *Schulze*, WGO 3/97, S. 175 ff, S. 176 m.w.N.

[74] *Szpunar*, Eigentumserwerb, S. 67; *Entscheidung des Obersten Gerichtshofes* vom 27.09.76 (OSNCP 1977, Pos. 167); *Urteil des Obersten Gerichtshofes* vom 24.10.72 (PiP 7/75, S. 168)..

[75] Art. 7 KC. *Grzybowski*, System I, S. 281 f; *Schulze*, WGO 3/97, S. 175 ff, S. 177.

Die Rechte eines Dritten an einer beweglichen Sache erlöschen, wenn der Erwerber im guten Glauben an die Lastenfreiheit war. Auch der lastenfreie Erwerb setzt ein gültiges Zuwendungsgeschäft, Besitz des Veräußerers und Inbesitznahme durch den Erwerber voraus. Beschränkt dingliche Rechte an abhanden gekommenen Sachen gehen erst mit Ablauf der Dreijahresfrist unter[76].

D. Übertragung des Eigentums an unbeweglichen Sachen

I. Der Erwerb vom Berechtigten

Das Eigentum an einem Grundstück geht aufgrund eines verpflichtend-verfügenden Vertrages über[77]. Die Eintragung ins Grundbuch ist deklaratorisch[78]. Der Eigentümer ist aber verpflichtet, sein Recht ins Grundbuch eintragen zu lassen[79]. Die Nichtbefolgung dieser Verpflichtung kann mit einer Geldbuße geahndet werden[80].

Das Grundbuch ist gegenüber dem Eigentumsrecht mit öffentlichen Glauben ausgestattet, obwohl die Eintragung nicht konstitutiv ist. Ein gutgläubiger Erwerb vom eingetragenen, aber noch nicht aus dem Grundbuch gelöschten Voreigentümer ist daher möglich[81]. Die Nichteintragung des Berechtigten erschwert auch die ordnungsgemäße Bestellung beschränkt dinglicher Rechte (z.B. Hypothek)[82].

Der zur Eigentumsübertragung verpflichtende Vertrag bedarf der notariellen Beurkundung[83]. Dies gilt für den verpflichtend-verfügenden Vertrag und

---

[76] Art. 170 S. 2 iVm Art. 169 § 2 S. 1 KC.

[77] Art. 155 ff. KC. *Tigges,* WiRO 1/96, S. 1 ff, S. 3; *Mayer/König/Heger,* IStR 7/95, 338 ff.

[78] *Piątkowski,* System II, S. 255. Die Bestellung und die Übertragung des Erbbaurechts an einem Grundstück bedarf dagegen der Eintragung ins Grundbuch, Art. 19 Abs. 1 S. 2 GospGruntU.

[79] Art. 35 Abs. 1 HypG.

[80] Art. 35 Abs. 1 Sätze 2 und 3 HypG. Gegen die Entscheidung steht dem Eigentümer die Beschwerde zu, Art. 35 Abs. 2 HypG. Eine Geldbuße kann gegen den Staat nicht verhängt werden, Art. 35 Abs. 3 HypG. *Tigges,* WiRO 1/96, S. 1 ff, S. 3.

[81] Art. 5 HypG.

[82] Nach Art. 34 S. 1 HypG gilt das Prinzip der Voreintragung. Ist das Eigentumsrecht von der Eintragung betroffen, so kann dieses mit entsprechenden Dokumenten nachgewiesen werden, Art. 34 S. 2 HypG.

[83] Art. 158 S. 1 KC. Eine Heilung entsprechend § 313 BGB ist dem polnischen Recht nicht bekannt. Der Formzwang gilt auch für alle anderen grunderwerbs-

für den isoliert verpflichtenden Vertrag[84]. Auch der rein verfügende Vertrag ist zur Vermeidung der Unwirksamkeit in der Form der notariellen Beurkundung abzuschließen[85]. Das zugrundeliegende Verpflichtungsgeschäft ist in der Urkunde zu vermerken[86].

Das Eigentum an einem Grundstück kann nicht bedingt oder befristet übertragen werden[87]. Der isoliert verpflichtende Vertrag kann aber bedingt oder befristet sein. In diesem Fall ist für die Eigentumsübertragung eine bedingungslose Einigung erforderlich[88].

II. Der Erwerb vom Nichtberechtigten

Der gutgläubige Erwerb setzt ein entgeltliches Rechtsgeschäft, Eintragung des Nichtberechtigten ohne Widerspruch oder „wzmianka" im Grundbuch und guten Glauben des Erwerbers voraus. Da das Eigentum an einem Grundstück alleine aufgrund des Vertrages übergeht und die Grundbucheintragung nur deklaratorischen Charakter hat, fällt in Polen die tatsächliche Rechtslage von der Buchlage häufiger als in Deutschland auseinander. Diese Situation wird noch durch die Überlastung der Notariate und Grundbuchämter verschärft, so daß eine erhebliche Zeitspanne zwischen Erwerb der Immobilie und Berichtigung des Grundbuchs liegt[89].

Der gutgläubige Erwerb ist nur möglich, wenn das Eigentum rechtsgeschäftlich erworben wurde. Ausgeschlossen ist ein gutgläubiger Erwerb im Wege der Zwangsvollstreckung, der Erbschaft oder durch Heirat[90]. Der Erwerb

---

bezogenen Rechtsgeschäfte wie: Vorkauf (Art. 597 § 2 KC), Wiederkauf (Art. 593 § 2 KC), Vollmacht (Art. 99 § 1 KC), die Einwilligung (Art. 63 § 2 KC) und die Genehmigung (Art. 18 KC); *Gralla*, Polen, JOR 96, S. 303, S. 315.

84 *KCK/Majorowicz*, Anm. 1 zu Art. 158 KC, S. 423.

85 Art. 158 S. 2 Halbsatz 1 KC iVm Art. 75 § 2 Satz 1 KC.

86 Art. 158 S. 2 Halbsatz 2 KC. Ein Verstoß hiergegen führt nach h.M. zur Unwirksamkeit des Verfügungsvertrages, ausführlich: *KKC/Rudnicki* Art. 158 KC, Anm. 2, S. 120.

87 Art. 157 § 1 KC entspricht § 925 Abs. 2 BGB.

88 Art. 157 § 2 KC.

89 *Balcerek*, Palestra 9-10/93, S. 73 ff, S. 73 nennt eine Zeitspanne von mindestens einem halben Jahr.

90 *Szpunar*, PiP 8/93, S. 16 ff, S. 20; *Polak/Scheuring*: HypG, Anm. 1 zu Art. 5, S. 8. Der Immobilienerwerb in der Zwangsvollstreckung richtet sich nach Art. 998 ff. KPC: *Urteil des Obersten Gerichtshofes* vom 22.09.97 [AZ: II CKN 730/97] (OSP 98, Pos. 139).

vom Nichtberechtigten ist auch ausgeschlossen, wenn er unentgeltlich war[91]. Problematisch sind die gemischten Verträge, teilweise entgeltlich - teilweise unentgeltlich (negotium mixtum cum donatione).

Beispiel: Der gutgläubige A kauft vom nichtberechtigten Bucheigentümer NB ein Grundstück. Das Grundstück hat einen Wert von 100.000,00 PLN. Der Kaufpreis beträgt 50.000,00 PLN.

Zur Lösung des Problems der gemischten Verträge werden drei Meinungen vertreten. Nach der ersten Auffassung wird der gutgläubige Erwerber nur teilweise vom öffentlichen Glauben des Grundbuchs geschützt. Es kann daher nur zu einem teilweisen Erwerb des Eigentums am Grundstück kommen (verhältnismäßig: Wert des Grundstücks zu Kaufpreis). Der restliche Teil verbleibt beim wahren Eigentümer. Es entsteht also Miteigentümerschaft[92]. Die zweite Meinung verneint die Geltung des öffentlichen Glaubens für gemischte Verträge. Sofern also der Vertrag einen unentgeltlichen Teil enthält, ist der Erwerb vom Nichtberechtigten nicht möglich[93]. Die letzte Auffassung bejaht die Geltung des öffentlichen Glaubens für gemischte Verträge. Nach ihr unterfallen gemischte Verträge grundsätzlich nicht dem Begriff der Unentgeltlichkeit[94]. Unentgeltlichkeit liege nur vor, wenn Rechtsgrund der Verfügung die Absicht der äquivalenzlosen Mehrung fremden Vermögens sei. Dies liege aber nur bei einem Rechtsgeschäft vor, dessen Grad der „Äquivalenzlosigkeit" - unter Beachtung der Umstände des Einzelfalles - eindeutig auf die Absicht des Verzichts auf eine Gegenleistung hindeute. Gegen die erste Meinung kann zweierlei vorgebracht werden. Erstens sieht das Gesetz eine solche Teilung nicht vor und zweitens ist die Abgrenzung von gemischten Verträgen zu rein entgeltlichen Verträgen schwierig zu bestimmen. Liegt etwa ein rein entgeltlicher Vertrag erst vor, wenn der Kaufpreis mindestens 100 % des Wertes ausmacht, so daß immer, wenn der Wert des Grundstücks höher als der Kaufpreis ist, es zur Miteigentümerschaft kommt. Gegen die zweite Auffassung spricht, daß sie zu einem zu weiten Ausschluß des Erwerbs vom Nichtberechtigten führt. Der Schutz des Rechtsverkehrs muß sich auch auf solche Rechtsgeschäfte erstrecken, die für den Erwerber in Relation zum Wert des Grundstücks vorteilhaft sind. Dieser Vorteil kann insbesondere auf dem besonderen Verhandlungsgeschick des Erwerbers beruhen. Warum dies dem Eigentümer zugute kommen soll, ist nicht einsichtig. Zuzustimmen ist der letztgenannten Auffassung. Nur bei der äquivalenzlosen Mehrung fremden Vermögens verdient der Erwerber im Verhältnis zum Eigentümer keinen Vertrauensschutz.

Der öffentliche Glaube des Grundbuchs wird durch die Eintragung eines Widerspruchs gegen die Eigentümerstellung ausgeschlossen[95]. Das Rechtsin-

---

[91] Art. 6 Abs. 1 HypG.

[92] *Wasilkowski*, S. 334.

[93] *Szpunar*, PiP 5/83, S. 1 ff, S. 9.

[94] *Rudnicki*, HypG, Art. 6 HypG Anm. 2, S. 37 f m.w.N; *Piasecki*, HypG, Art. 6 HypG Anm. 3, S. 29 f. m.w.N.

[95] Art. 10 Abs. 2 iVm Art. 8 HypG.

stitut des Widerspruchs entspricht seinem deutschen Pendant. Der Widerspruch unterstützt den Grundbuchberichtigungsanspruch[96]. Ein Widerspruch wird aufgrund einer einstweiligen Verfügung oder eines noch nicht rechtskräftigen Urteil eingetragen. Zum Erlaß der einstweiligen Verfügung ist es nicht erforderlich, daß eine Gefährdung des Rechts geltend gemacht wird[97]. Im Gegensatz zum deutschen Recht ist die Eintragung aufgrund der Bewilligung dessen, der von der Berichtigung betroffen wird, nicht vorgesehen[98].

Dem polnischen Recht ist das Rechtsinstitut der Vormerkung nicht bekannt. Eine ähnliche Funktion erfüllt aber die sogenannte *„wzmianka"* (Notiz). Unverzüglich nach Eintragung des Eintragungsantrags in das „Geschäftstagebuch der Grundbücher" *(dziennik ksiąg wieczystych)* ist in der entsprechenden Abteilung des Grundbuchs die Geschäftsnummer des Antrags einzutragen. Dies ist die sog. *„wzmianka"* (Notiz). Sie schließt den öffentlichen Glauben aus[99]. Gleiche Bedeutung haben die Revisionswzmianka und die wzmianka im Falle der außergewöhnlichen Revision. Sie werden von Amts wegen eingetragen, wenn der Antrag auf Eintragung abgelehnt wurde und der Betroffene hiergegen Revision bzw. außergewöhnliche Revision erhoben hat.

Nach der Legaldefinition des Gesetzes ist bösgläubig, wer weiß, daß die tatsächliche Rechtslage an dem Grundstück nicht mit der Buchlage übereinstimmt oder wer dies mit Leichtigkeit hätte erkennen können[100]. Der gute Glaube bei einer Eigentumsübertragung muß im Zeitpunkt des Wirksamwerdens der Verfügung vorliegen[101]. Ebenso wie beim Erwerb einer beweglichen Sache vom Nichtberechtigten muß der Eigentümer im Rechtsstreit dem Erwerber nachweisen, daß dieser bösgläubig gehandelt hat.

Wurde eine eintragungspflichtige Belastung nicht eingetragen, erwirbt der gutgläubige Erwerber das Eigentum lastenfrei[102]. Dies ist unabhängig davon,

---

[96] Art. 10 Abs. 1 HypG. Zum Grundbuchberichtigungsanspruch: *Szpunar,* Rejent 12/97, S. 9 ff.

[97] Wie Art. 10 Abs. 2 S. 3 HypG zeigt.

[98] § 899 Abs. 2 BGB.

[99] Art. 8 HypG.

[100] Nach Art. 22 § 1 prRecz 1946 war bösgläubig nur, wer wußte, daß die tatsächliche Rechtslage nicht mit der Buchlage übereinstimmt. Zur Änderung durch das HypG: *Grabowski*, Palestra 3-4/83, S. 32 ff, S. 37.

[101] Art. 6 Abs. 3 S. 2 HypG ist seinen Grundgedanken nach anwendbar: *„mala fides superveniens non nocet"*.

[102] Art. 7 HypG (Umkehrschluß), kritisch: *Gładyszowski*, Palestra 7/83, S. 10 ff, S. 11 ff.

ob er von einem Berechtigten oder Nichtberechtigten das Eigentum erworben hat. Allerdings ist der gute Glaube in einigen Fällen ausgeschlossen[103]. So wirkt er insbesondere nicht gegen Belastungen, welche kraft Gesetzes entstehen, z.B. Hypotheken des Staates für Steuerschulden[104].

III. Der Erwerb von Immobilien durch Ausländer

1. Allgemeines

Will ein Ausländer ein Grundstück erwerben, benötigt er eine Genehmigung des Innenministers[105]. Sie ist im Wege des Verwaltungsbescheides mit Zustimmung[106] des Verteidigungsministers und, sofern ein landwirtschaftliches Grundstück[107] erworben werden soll, auch mit der Zustimmung des Landwirtschaftsministers zu erteilen[108]. Ein Immobilienerwerb ohne erforderliche Genehmigung ist nichtig[109]. Wird die Genehmigung nicht vorgelegt, darf nicht über das Grundstück verfügt werden und ein Eigentümerwechsel darf nicht eingetragen werden[110].

2. Begriff der Immobilie

Regelungsgegenstand des NierCudzU sind unbewegliche Sachen (nieruchomości). Unbewegliche Sachen sind Grundstücke als Teile der Erdoberfläche, dauerhaft mit einem Grundstück verbundene Gebäude und Gebäudeteile, wenn sie Gegenstand von ei-

---

[103] Art. 7 HypG.

[104] Art. 33 ff. OP: *Tracz/Cierpial/Thurner, W*iRO 3/97, S. 86 ff, S. 87.

[105] Art. 1 Abs. 1 S. 1 NierCudzU. Diese Vorschrift verstößt nicht unmittelbar gegen das Assoziierungsabkommen. Jedoch ist seine Aufhebung wünschenswert. Die Vorschrift widerspricht dem Grundgedanken der Gleichbehandlung von polnischen Staatsbürgern und EG-Ausländern, Art. 44 Abs. 1 lit ii und Art. 44 Abs. 7 des Assozierungsabkommens.

[106] Nach Art. 1 Abs. 1 S. 1 NierCudzU a.F. reichte die Erteilung der Genehmigung „im Einvernehmen" (w poruzumieniu) mit dem Verteidigungsminister aus.

[107] Der Begriff des „landwirtschaftlichen Grundstücks" ist in Art. 46^1 KC definiert.

[108] Art. 1 Abs. 1 S. 2 NierCudzU. Der Innenminister kann die Genehmigung ohne Einverständnis des Verteidigungs- und des Landwirtschaftsministers versagen, Art. 1 Abs. 1a NierCudzU.

[109] Art. 6 Abs. 1 NierCudzU.

[110] Art. 5 NierCudzU. Wurde die Genehmigung von der Erfüllung besonderer Bedingungen abhängig gemacht, so ist neben der Genehmigung auch der Nachweis über die Erfüllung dieser Bedingungen anzuführen.

genständigen Eigentumsrechten sein können[111]. Aufgrund dieser allgemeinen Definition würde auch der Erwerb einer Wohnung genehmigungsbedürftig sein, an der ein selbständiges Eigentumsrecht im Sinne des Art. 2 Abs. 1 WłLokU (Wohnungseigentumsgesetz) erworben werden kann. Da der Erwerb von Wohnungseigentum für die Belange der Republik Polen keine besondere Bedeutung hat, ist dieser Erwerb nach Art. 8 Abs. 1 Nr. 1 NierCudzU genehmigungsfrei, sofern sich die Wohnung nicht in grenznaher Lage befindet[112].

3. *Ausländer*

Ausländer im Sinne des Gesetzes über den Immobilienerwerb durch Ausländer ist eine natürliche Person, die nicht die polnische Staatsangehörigkeit besitzt[113], oder eine juristische Person, die ihren Sitz im Ausland hat[114]. Ebenso als Ausländer werden inländische juristische Personen - also juristische Personen mit Sitz in Polen - behandelt, wenn eine natürliche Person, die nicht die polnische Staatsangehörigkeit besitzt oder eine juristische Person, die ihren Sitz im Ausland hat mittelbar oder unmittelbar 50 % der Anteile dieser Gesellschaft besitzt (kontrollierte Gesellschaft)[115]. Allerdings ist der Erwerb einer Immobilie durch einen Ausländer, der seit mindestens fünf Jahren aufgrund einer Daueraufenthaltsbescheinigung in Polen wohnt, genehmigungsfrei[116]. Für einen mit einem polnischen Staatsangehörigen verheiraten Ausländer verkürzt sich der Zeitraum auf zwei Jahre. Diese Verkürzung gilt aber nur dann, wenn das Grundstück in das gemeinsame Vermögen der Ehegatten fällt[117]. Die sogenannten kontrollierten Gesellschaften können ohne Genehmigung unbebaute Grundstücke zu Satzungszwecken erwerben, deren Gesamtfläche in Städten 0,4 ha und in Dörfern 1 ha nicht überschreitet[118].

---

[111] Art. 46 § 1 KC.

[112] Art. 8 Abs. 3 NierCudzU. Der Justizminister führt ein Register der Immobilien, die genehmigungsfrei verkauft wurden, Art. 8 Abs. 3 NierCudzU.

[113] Insoweit schadet einem polnischen Staatsbürger nicht eine eventuelle Doppelstaatsbürgerschaft, so auch: *Wietersheim/Dudek,* Erwerb von Grundstücken, WiRO 9/96, S. 343 ff, S. 343.

[114] Art. 1 Abs. 2 Nr. 1 und 2 NierCudzU.

[115] Art. 1 Abs. 2 Nr. 3 iVm Abs. 3 NierCudzU.

[116] Art. 8 Abs. 1 Nr. 2 NierCudzU.

[117] Art. 8 Abs. 1 Nr. 3 NierCudzU. Gesetzlicher Güterstand ist die Gütergemeinschaft, Art. 31 KRO. Bei der Gütergemeinschaft entstehen drei Vermögensmassen: Das gemeinsame Vermögen und die beiden getrennten Vermögen der Ehegatten. Grundsatz ist, daß alles, was während der Ehezeit durch beide gemeinsam oder durch einen der beiden Ehegatten erworben wird, in das gemeinsame Vermögen fällt, Art. 32 § 1 KRO. Ausnahmen von diesem Grundsatz sind in Art. 33 Nr. 1-10 KRO geregelt.

[118] Art. 8 Abs. 1 Nr. 5 NierCudzU.

4. Immobilienerwerb

Immobilienerwerb ist jeder Erwerb des Eigentums an einer Immobilie oder des Erbbaurechts[119]. Daher ist es gleichgültig, ob Rechtsgrund des Erwerbs ein Kauf-, Tausch-, Schenkungs- oder ein anderer zur Übertragung des Eigentums verpflichtender Vertrag ist[120] bzw., ob die Immobilie durch Zwangsversteigerung[121] oder durch Ersitzung erworben wurde[122]. Ein Immobilienerwerb liegt sogar dann vor, wenn der polnische Ehegatte eines Ausländers eine Immobilie erwirbt, sie im gesetzlichen Güterstand der Gütergemeinschaft leben und die Immobilie in das gemeinsame Vermögen der Ehegatten fällt[123]. Ebenso als Erwerb ist die Einbringung eines Grundstücks als Sacheinlage *(Aport)* in eine Gesellschaft anzusehen[124]. Genehmigungspflichtig ist nach der Neufassung nun auch der Erwerb oder die Übernahme von Anteilen oder Aktien an einer polnischen Handelsgesellschaft durch Ausländer, wenn infolge des Anteilserwerbs die Gesellschaft eine kontrollierte Gesellschaft wird[125]. Diesem Fall gleichgestellt ist der Erwerb von Anteilen oder Aktien an einer bereits kontrollierten Gesellschaft, wenn ein Ausländer der weder Anteilsinhaber noch Aktionär der Gesellschaft ist, die Anteile erwirbt oder übernimmt[126]. Wird eine Handelsgesellschaft jedoch umgewandelt, so ist ein hiermit verbundener Erwerb einer Immobilie genehmigungsfrei[127]. Ebenso keiner Genehmigung bedarf der Erwerb einer Immobilie im Wege der gesetzlichen Erbfolge[128]. Nicht genehmigungsfrei ist aber der Erwerb einer Immobilie

---

[119] Art. 1 Abs. 4 NierCudzU. Zum Erbbaurecht (ewiges Nießbrauchsrecht) ausführlich: *Tigges,* WiRO 1/96, S. 1 ff, S. 5 f.

[120] Das NierCudzU ist auf reine Verpflichtungsverträge nicht anwendbar: *Tigges,* WiRO 1/96, S. 1 ff, S. 6.

[121] Art. 999 Abs. 1 KPC.

[122] *Gralla,* Polen, JOR 96, S. 303 ff, S. 328.

[123] Dies ergibt sich aus Art. 1 Abs. 4 iVm 8 Abs. 1 Nr. 3 NierCudzU. Dieser Erwerb ist genehmigungsfrei, wenn der ausländische Ehegatte seit mindestens zwei Jahren aufgrund einer Daueraufenthaltserlaubnis in Polen wohnt, Art. 8 Abs. 1 Nr. 3 NierCudzU. Der Erwerb ist trotzdem genehmigungspflichtig, wenn der Ausländer ein landwirtschaftliches Grundstück mit einer Fläche über 1 ha oder ein grenznahes Grundstück erwerben will, Art. 8 Abs. 3 NierCudzU.

[124] *Gralla*, WiRO 2/92, S. 42 f, S. 42.

[125] Art. 3e Abs. 1 Nr. 1 NierCudzU. Diese Vorschrift wurde eingefügt, da diese Gestaltungsform gewählt wurde, um das Genehmigungserfordernis zu umgehen, *Tigges,* WiRO 1/96, S. 1 ff, S. 6 f; *Wietersheim/Dudek,* Erwerb von Grundstücken, WiRO 9/96, S. 343 ff, S. 344; *Wilke*, ROW 6/96, S. 209 ff, S. 209. Diese Gestaltungsform hätte schon aufgrund von Art. 7 NierCudzU a.F. iVm Art. 58 § 1 KC genehmigungspflichtig sein müssen, da sie nur dazu diente, das Gesetz zu umgehen.

[126] Art. 3e Abs. 1 Nr. 2 NierCudzU.

[127] Art. 7 Abs. 1 NierCudzU.

[128] Art. 7 Abs. 2 S. 1 NierCudzU.

durch einen testamentarisch eingesetzten Erben. Dieser erwirbt das Grundstück zunächst durch den Erbfall, verliert es aber wieder, wenn er eine Genehmigung des Innenministers innerhalb eines Jahres nach Eröffnung der Erbschaft nicht erhalten hat[129]. An seine Stelle treten die gesetzlichen Erben[130].

5. Genehmigungsverfahren

Das Genehmigungsverfahren ist im NierCudzU ausführlich geregelt. Die Genehmigung erfolgt auf Antrag. Der Antrag ist beim Innenministerium zu stellen. Sofern der Ausländer seinen Antrag zurückzieht oder der Eigentümer des Grundstücks erklärt, daß er den Verkauf seines Grundstücks nicht beabsichtige, wird das Verfahren eingestellt[131]. Die Entscheidung über die Erteilung einer Genehmigung ist zu begründen. Von einer Begründung kann abgesehen werden, wenn die Verteidigungsbereitschaft oder die Sicherheit des Staates dies verlangen[132]. Befindet sich das Grundstück in einer wirtschaftlichen Sonderzone, so muß die Entscheidung über die Erteilung der Genehmigung innerhalb eines Monats seit Antragstellung ergehen[133]. Die Genehmigung gilt für die Dauer eines Jahres ab Erteilung[134]. In der Genehmigung können besondere Bedingungen festgelegt werden, von deren Erfüllung der Erwerb abhängig gemacht wird. Gegen die Ablehnung der Entscheidung steht der Verwaltungsgerichtsweg offen.

Neu ins Gesetz eingefügt ist die Möglichkeit, eine „Promesse" zu erhalten[135]. Diese kann ein Ausländer beantragen, der den Erwerb einer Immobilie beabsichtigt. Wird die Promesse erteilt, so darf innerhalb von sechs Monaten seit ihrer Erteilung eine Genehmigung nicht abgelehnt werden, es sei denn, daß sich ein wesentlicher Gesichtspunkt für die Entscheidung über die Erteilung der Genehmigung geändert hat. Die besondere Bedeutung der Promesse ist nur im Hinblick auf Art. 5 NierCudzU zu verstehen. Nach dieser Vorschrift darf ein Ausländer ohne erforderliche Genehmigung keine Rechtshandlungen vornehmen, die den Erwerb des Eigentumsrechts an einem Grundstück nach sich ziehen. Insoweit eröffnet die Promesse dem ausländischen Erwerber die Möglichkeit mit der gebührenfreien Promesse sich um ein Grundstück zu bemühen, ohne sofort die Gebühren für die Genehmigung zahlen zu müssen[136].

---

[129] Art. 7 Abs. 3 NierCudzU. Vor Neufassung des NierCudzU war auch die Umgehung durch die gewillkürte Erbfolge gebräuchlich: *Wietersheim/Dudek,* Erwerb von Grundstücken, WiRO 9/96, S. 343 ff, S. 345.

[130] Art. 7 Abs. 3 NierCudzU.

[131] Art. 3b NierCudzU.

[132] Art. 3c NierCudzU.

[133] Art. 3a NierCudzU.

[134] Art. 3 Abs. 2 NierCudzU.

[135] Art. 3d NierCudzU. Diese Möglichkeit wurde vorher von der Praxis entwickelt, *Wietersheim/Dudek,* Erwerb von Grundstücken, WiRO 9/96, S. 343 ff, S. 344.

[136] *Roclawski*, ROW 4/95, S. 123 ff, S. 124.

E. Abtretung von Forderungen und anderen Rechten

I. Allgemeines

Forderungen können rechtsgeschäftlich oder gesetzlich übertragen werden[137]. Die Abtretung erfordert einen Vertrag zwischen Gläubiger und Erwerber. Mit der Forderung gehen alle mit ihr verbundenen akzessorischen Rechte, Gestaltungsrechte und Ansprüche auf rückständige Zinsen auf den Zessionar über[138]. Die Zustimmung des Schuldners zur Abtretung ist nicht erforderlich. Die Abtretung ist ein Verfügungsgeschäft. Sie tritt in zweifacher Gestalt auf. In der Form des verpflichtend-verfügenden Vertrages oder des isoliert verfügenden Vertrages[139]. Schließen Zedent und Zessionar einen verpflichtend-verfügenden Vertrag, wird die Forderung durch den zur Übertragung verpflichtenden Vertrag auf den Erwerber übertragen. Schließen Zedent und Zessionar einen rein verfügenden Abtretungsvertrag, ist dieser unwirksam, wenn der Zedent nicht wirksam zur Übertragung verpflichtet ist (Kausalitätsprinzip). Die Verpflichtung des Zedenten kann ihren Rechtsgrund in einem Verpflichtungsvertrag, in den Vorschriften über die ungerechtfertigte Bereicherung, über die unerlaubten Handlungen, über das Vermächtnis oder über die Geschäftsführung ohne Auftrag haben.

Die Abtretung ist prinzipiell formfrei. Eine Schriftform ist in folgenden Fällen einzuhalten: Die abzutretende Forderung wurde schriftlich festgestellt *(ad probationem)*[140]. Sie übersteigt einen Wert von 2000,00 PLN *(ad probationem)*[141]. Ein GmbH-Anteil wird übertragen *(ad solemnitatem)*[142]. Sparguthaben sind nach den allgemeinen Geschäftsbedingungen der Banken schriftlich abzutreten.

II. Zulässigkeit der Abtretung

Die Abtretung einer Forderung ist grundsätzlich zulässig. Hiervon gibt es drei Ausnahmen: Vorliegen eines gesetzlichen Verbotes[143], Widerspruch gegen

---

[137] Art. 509 ff KC. Zum gesetzlichen Forderungsübergang: Art. 518 KC.

[138] Art. 509 § 2 KC.

[139] Art. 510 § 1, § 2 KC.

[140] Art. 511 KC.

[141] Art. 75 KC.

[142] Art. 180 KH.

[143] Das Wiederkaufs- (Art. 595 § 1 KC), das Vorkaufs- (Art. 602 § 1 KC) und das Leibrentenrecht (Art. 912 KC) sind unabtretbar. Ein deliktischer Anspruch wegen

eine Vertragsbestimmung oder zu den Besonderheiten des Schuldverhältnisses. Gläubiger und Schuldner können ein Abtretungsverbot vereinbaren[144]. Das Abtretungsverbot hat absolute Wirkung[145]. Dies ist eine Ausnahme von der Regel, daß die Verfügungsbefugnis durch Rechtsgeschäft nicht ausgeschlossen und nicht beschränkt werden kann[146]. Die Vertragsparteien können die Abtretung von besonderen Voraussetzungen abhängig machen (z.B.: Schriftform- oder Zustimmungserfordernis[147]). Wurde eine Forderung schriftlich festgestellt, ist eine Einschränkung der Abtretbarkeit dem Erwerber gegenüber nur wirksam, wenn die Einschränkung im Schriftstück erwähnt ist oder der Erwerber von ihr im Zeitpunkt der Abtretung wußte[148].

III. Von der Abtretung betroffene Rechtsverhältnisse

Der Schuldner kann dem Zessionar alle Einwendungen entgegenhalten, die ihm bereits gegen den Zedenten zustanden[149]. Dies betrifft aber nur Einwendungen, die der Schuldner besaß, bevor er von der Abtretung Kenntnis erlangt hat[150].

Die Aufrechnung des Schuldners mit einer Forderung, die ihm gegen den Zedenten zusteht, ist besonders geregelt. Dies ist nötig, da durch die Abtretung das Gegenseitigkeitsverhältnis von Schuldner zu Zedent aufgehoben wurde. Wendet man die allgemeinen Regeln an, könnte der Schuldner nicht aufrechnen. Da aber die Abtretung nicht dazu führen darf, daß sich die Verteidigungsmöglichkeiten des Schuldners verschlechtern[151], kann der Schuldner unter gewissen Voraussetzungen gegen die abgetretene Forderung aufrechnen. Der Schuldner kann aufrechnen, wenn sich beide Forderungen aufrechenbar gegenüberstanden, als der Schuldner die Abtretungsanzeige erhielt. Entstand die Aufrechnungslage aber erst nach Erhalt der Abtretungsanzeige, so ist eine

---

einer Körperverletzung ist unabtretbar, bis er fällig und schriftlich anerkannt wird oder rechtskräftig festgestellt wird, Art. 449 KC.

[144] Art. 509 § 1 Alt.2 KC entspricht § 399 Alt. 2 BGB; *Jaroński*, S. 91 ff.

[145] *Radwański*, SAT, S. 287, Rn. 871; *Zawada*, S. 101 ff.; *Czachórski*, S. 268. Die absolute Wirkung wird auch für den Rechtsverkehr zwischen wirtschaftstreibenden Rechtssubjekten - ähnlich § 354a HGB - nicht eingeschränkt. *Olshausen*, ZIP 24/95, S. 1950 ff.

[146] Art. 57 § 1 KC.

[147] *Zawada*, S. 74 ff. auch: Art. 181 § 1 KH.

[148] Art. 514 KC.

[149] Art. 513 § 1 KC. Dies gilt auch bei der Sicherungsabtretung, *Sitkowska*, PG 5/95, S. 39 ff.

[150] Art. 513 § 1 KC.

[151] *KCK/Łubkowski*, Anm. 2 zu Art. 513 KC, S. 1226.

Aufrechnung nur zulässig, wenn die Forderung des Schuldners gegen den Zessionar eher fällig wird als die abgetretene Forderung[152].

Solange der Zedent dem Schuldner die Abtretung nicht angezeigt hat, kann der Schuldner befreiend an den Zedenten zahlen. Dies gilt nicht, wenn der Schuldner von der Abtretung wußte, als er an den Zedenten zahlte[153].

Das Rechtsverhältnis Schuldner - Zedent gewinnt an Bedeutung, wenn die Abtretung unwirksam ist, der Schuldner aber im Vertrauen auf eine ihm vom Veräußerer erteilte Abtretungsanzeige gezahlt hat. In diesem Fall kann sich der Zedent nicht auf die Unwirksamkeit der Abtretung oder auf Einwendungen aus dem zugrundeliegenden Rechtsgeschäft mit dem Zessionar berufen. Dies gilt nicht, wenn der Schuldner bei Vornahme der Leistung von der Unwirksamkeit oder den Einwendungen wußte[154].

Das Rechtsverhältnis zwischen Zedent und Zessionar richtet sich nach dem Verpflichtungsgeschäft, das der Abtretung der Forderung zugrundeliegt. Der Zedent muß dem Zessionar, die in seinem Besitz befindlichen, sich auf die Forderung beziehenden Urkunden herausgeben[155]. Gesondert geregelt ist die Haftung des Zedenten für den Bestand der Forderung[156] und für die Zahlungsfähigkeit des Schuldners, für die nur gehaftet wird, sofern der Zedent eine solche Haftung übernommen hat[157]. Diese Haftung ist nicht auf entgeltliche Verträge beschränkt[158]. Im übrigen richtet sich die Haftung des Zedenten nach den allgemeinen Vorschriften.

Beispiele: Nimmt z.B. der Zedent eine Leistung des Schuldners auf die abgetretene Forderung an, so ist er dem Zessionar gegenüber zur Herausgabe des Erlangten verpflichtet (ungerechtfertigte Bereicherung)[159]. Aus demselben Rechtsgrund ist der Zessionar dem Zedenten gegenüber zur Herausgabe des Erlangten verpflichtet, wenn er eine Leistung des Schuldners auf eine unwirksame Abtretung entgegennimmt, die dem Zedenten gegenüber wirksam ist.

---

[152] Art. 513 § 2 KC. Anders § 406 BGB.

[153] Art. 512 S. 1 KC. Diese Vorschrift gilt für andere zwischen dem Schuldner und dem Zedenten vorgenommene Rechtsgeschäfte entsprechend, Art. 512 S. 2 KC. Art. 512 KC findet jedoch bei hypothekarisch gesicherten Forderungen keine Anwendung, Art. 81 S. 1 HypG, sofern nicht eine Kautionshypothek vorliegt, Art. 107 HypG.

[154] Art. 515 S. 1 KC.

[155] Art. 546 KC.

[156] Art. 516 S. 1 KC entspricht § 437 Abs. 1 BGB.

[157] Art. 516 S. 2 KC entspricht § 438 BGB.

[158] *KCK/Łubkowski*, Anm. zu Art. 516 KC, S. 1228.

[159] Art. 410 KC.

IV. Wertpapierforderungen

Ein Wertpapier ist eine Urkunde, die ein Recht dergestalt verbrieft, daß es ohne diese Urkunde nicht geltend gemacht werden kann[160]. Es gibt drei Formen von Wertpapieren[161]: Inhaber-, Order- und Rektapapiere. Rektapapierforderungen werden durch gewöhnlichen, formlosen Abtretungsvertrag verbunden mit der Übergabe der Urkunde übertragen[162]. Forderungen, die mit einem Inhaber- oder Orderpapier verbunden sind, werden nicht durch Abtretung übertragen[163]. Die Forderung wird durch Übereignung des Eigentums am Papier übertragen[164]. Zur Übertragung des Eigentums an dem Papier ist seine Übergabe erforderlich[165]. Orderpapiere erfordern ein Indossament[166].

F. Das polnische Besitzrecht

Im polnischen Recht werden vier Formen der Beziehung einer Person zu einer Sache unterschieden[167]: Eigenbesitzer (*posiadacz samoistny*), Fremdbesitzer (*posiadacz zależny*), Gewahrsamsinhaber (*dzierżyciel*) und Prekarist (*prekarzysta* von „precario“ *lat.* höfliche Bitte). Eigenbesitzer ist, wer eine Sache als ihm gehörend besitzt *(animus domini)*[168]. Fremdbesitzer ist, wer eine Sache kraft eines Rechtsverhältnisses besitzt, vermöge dessen er eine beschränkte Herrschaft über die Sache ausüben kann[169] bzw. eine fremde Rechtsposition als maßgeblich anerkennt. In beiden Formen sind die zwei Grundelemente des Besitzes enthalten: Die tatsächliche Herrschaft über eine Sache (*„corpus possessionis“*) und der Willen, diese Herrschaft für sich selbst auszuüben (*„animus rem sibi habendi“*)[170]. Gewahrsamsinhaber ist, wer die tat-

---

[160] *Kot*, Rejent 5/93, S. 29 ff, S. 32. Wertpapierrecht: Art. 921^6 ff KC.

[161] Die Vorschriften über die Wertpapiere sind auf Legitimationszeichen entsprechend anzuwenden, Art. 921^{15} KC.

[162] Art. 921^8 KC, *Zawada*, S. 79 f. Nach deutschem Recht ist die Übergabe der Urkunde für die Übertragung einer Forderung aus einem Rektapapier nicht erforderlich. Das Eigentum an der Urkunde folgt dem Recht an der Forderung, § 952 BGB.

[163] Art. 517 § 1 KC.

[164] Art. 517 § 2 S. 1 KC.

[165] Art. 517 § 2 S. 2 KC, Art. 921^{12} KC für das *Inhaberpapier*. Art. 921^9 § 3 KC für das *Orderpapier*. Dies ist eine Ausnahme vom Vertragsprinzip.

[166] Art. 921^9 § 3 KC.

[167] *Kunicki*, System II, S. 825 ff.

[168] Art. 336 Alt. 1 KC, § 872 BGB. *Westermann/Gursky*, § 12 II, S. 88.

[169] Art. 336 Alt. 2 KC. *Westermann/Gursky*, § 12 II, S. 88.

[170] *Kunicki*, System II, S. 830.

sächliche Herrschaft über eine Sache für einen anderen ausübt. Der Gewahrsam unterscheidet sich nicht durch den corpus possessionis vom Eigen- oder Fremdbesitz, sondern durch die andere Willensrichtung. Der Gewahrsamsinhaber will nicht für sich, sondern für einen anderen den Besitz ausüben („*cum animo possidendi pro alieno nomine*")[171]. Der Gewahrsam kann in zwei Formen auftreten: Mit dem Willen allein für einen anderen die Herrschaft auszuüben oder mit dem Willen für einen anderen und für sich die Herrschaft auszuüben. Die prekarinische Herrschaft ist ein rein tatsächliches Gefälligkeitsverhältnis zwischen Prekaristen und Besitzer, kraft dessen der Prekarist eine Sache zu einem bestimmten Zweck nutzen kann. Die prekarinische Herrschaft gewährt dem Prekaristen keinen rechtlichen Schutz[172].

An einer Sache kann Eigen- und Fremdbesitz zusammentreffen[173]. Der Fremdbesitzer ist gleichzeitig Fremdbesitzer und Gewahrsamsinhaber für den Eigenbesitzer. Fremdbesitzer ist er in bezug auf das Rechtsverhältnis kraft dessen er die tatsächliche Herrschaft über die Sache für sich selbst ausübt (der Mieter bei der Miete). Gewahrsamsinhaber ist er in bezug auf das Eigentumsrecht des Eigenbesitzers, für den er die Herrschaft über die Sache ausübt (Mieter in bezug zum Eigentumsrecht des Vermieters)[174]. Im deutschen Recht kann der Fremdbesitzer nicht gleichzeitig Gewahrsamsinhaber (Besitzdiener) sein, da sein Besitzwille nicht in Bezug zum Eigentumsrecht gesetzt wird. Das polnische Recht unterscheidet nicht zwischen mittelbarem und unmittelbarem Besitz.

§ 2. Systematik und Überblick über die Sicherungsrechte

A. Systematik der Sicherungsrechte

Es gibt viele Möglichkeiten Kreditsicherheiten einzuteilen. Jede Einteilung richtet das Augenmerk auf andere rechtliche Gemeinsamkeiten oder Unterschiede. Sie helfen Regelmäßigkeiten in der dogmatischen Ausgestaltung der

---

[171] *KCK/Ignatowicz*, Anm. 1 zu Art. 338 KC, S. 776; *Kunicki*, System II, S. 838.

[172] *KKC/Rudnicki*, Art. 337/338 KC, Anm. 2, S. 383.

[173] Art. 337 KC.

[174] *KKC/Rudnicki*, Art. 336 KC, Anm. 5, S. 382.

Sicherungsrechte offenzulegen. So kann man Sicherungsrechte nach der Art des Sicherungsgegenstandes systematisch aufarbeiten. Insoweit stehen sich Personal- und Realsicherheiten gegenüber. Die Realsicherheiten wiederum sind in Sach- und Rechtssicherheiten unterteilt. Genausogut empfiehlt sich eine Einteilung nach den rechtlichen Grundkonzeptionen der Sicherungsrechte. Hierbei sind drei Grundformen der rechtlichen Konzeption denkbar. Die erste Grundkonzeption ist die Einteilung nach der Art der Berechtigung des Sicherungnehmers. Dies kann ein Recht an einem Vermögensgegenstand oder ein Anspruch gegen einen Vermögensträger sein.

Man kann auch nach der Art der Berechtigung am Vermögensgegenstand - Vollrecht- oder Verwertungsrecht - unterscheiden. Bei der Vollrechtsinhaberschaft ist der Sicherungsnehmer dem Sicherungsgeber gegenüber verpflichtet, sein Vollrecht nur nach Maßgabe des Sicherungsvertrages auszuüben *(Sicherungstreuhand)*. Diese Form begegnet uns vor allem bei der Sicherungsübereignung und Sicherungsabtretung. Viele Probleme des Sicherungsvertrages sind daher bei beiden Formen identisch. Klassische Verwertungsrechte sind die beschränkt dinglichen Rechte: Hypothek und Pfandrecht.

Schließlich ist auch das Verhältnis zur gesicherten Forderung ein nützlicher Aufteilungsmaßstab. Insoweit spricht man von akzessorischen und nichtakzessorischen Sicherungsrechten[1]. In der Form der Verwertungsrechtssicherheit begegnet uns ein klassisches nichtakzessorisches Realsicherungsrecht nur bei der deutschen Sicherungsgrundschuld. Ansonsten übernehmen die vollrechtsübertragenden Formen die Funktion von forderungsunabhängigen Sicherungsrechten[2]. So ist die Sicherungsabtretung unter diesem Aspekt das forderungsunabhängige Pendant zum Pfandrecht an einem Recht, die Sicherungsübereignung zum Pfandrecht an Sachen. Aufgrund der funktionalen Übereinstimmung von nichtakzessorischen Verwertungsrechten und vollrechtsübertragenden Formen wird auch die Diskussion um die gleich noch eingehender zu besprechende Zulässigkeit der Sicherungsübereignung an Grundstücken verständlich.

---

[1] Der Eigentumsvorbehalt ist weder akzessorisch noch nichtakzessorisch, *Becker-Eberhard*, S. 24 ff, S. 28. Die Akzessorietät ist bei jedem Sicherungsrecht anders ausgestaltet, *Szpunar*, PiP 8/93, S. 16 ff.

[2] Auch „forderungsunabhängige Rechte“ sind nicht forderungslos. Im Vergleich zu den akzessorischen Rechten sind sie nur schwächer an die gesicherte Forderung gebunden.

B. Überblick über die Sicherungsrechte

Sicherungsrechte an Immobilien sind im deutschem Recht Hypotheken und Sicherungsgrundschulden. Sie können Brief- oder Buchrechte sein. Die Hypothek unterteilt sich in Verkehrs- und Sicherungshypothek, wobei die Sicherungshypothek noch neben der „gewöhnlichen“ Sicherungshypothek die Höchstbetrags- und die Wertpapierhypothek kennt. Nicht ganz so formenreich ist das polnische Recht. Als Grundpfandrecht ist allein die Buchhypothek geregelt. Die anderen Immobiliarsicherheiten (Briefhypothek und Rentenschuld) werden lediglich in den Übergangsvorschriften[3] zum HypG erwähnt. Da es ein wirtschaftliches Bedürfnis für ein nichtakzessorisches Grundpfandrecht gibt, wird die Möglichkeit der Sicherungsübereignung an Grundstücken diskutiert[4]. Die Hypothek läßt sich wie im deutschen Recht in Verkehrs- und Sicherungshypothek (*hipoteka kaucyjna*, Kautionshypothek) unterteilen.

Hierbei ist die Wortwahl „Sicherungshypothek“ nicht treffend. Im Gegensatz zum deutschen Recht ist dem polnischen Recht die „gewöhnliche Sicherungshypothek“ unbekannt. Das polnische Recht regelt nur die beiden wichtigsten Unterformen der Sicherungshypothek, die Höchstbetrags- und die Wertpapierhypothek. Besser ist es daher die Bezeichnung des Grundbuch- und Hypothekengesetzes (Kautionshypothek) für diese Form der Hypothek zu benutzen.

Der Vorteil hypothekarischer Sicherung liegt vor allem in der hohen Wertbeständigkeit des Sicherungsgutes. Ihr Nachteil ist - wie noch zu sehen ist - die langwierige und kostenintensive Prozedur der Bestellung und der Verwertung[5]. Die Hypothek ist in Anbetracht der hohen Kosten ihrer Bestellung als Kreditsicherungsform vor allem für langfristige Kredite in Gebrauch[6].

Die Sicherungsrechte an beweglichen Sachen ähneln den entsprechenden Instituten des deutschen Rechts. Das Pfandrecht und der Eigentumsvorbehalt sind im Kodeks Cywilny geregelt. Die Rechtsprechung hat die Sicherungsübereignung bereits 1948 gebilligt[7]. Am 1. Januar 1998 trat an die Stelle des

---

[3] Art. 118 f HypG.

[4] *Gołaczyński,* Rejent 5/94, S. 38 ff. Ein Mittel der Kreditsicherung ist auch die Verpflichtung zur Übertragung des Eigentums an einem Grundstück. Der Sicherungsgeber ist demnach zur Übertragung des Eigentums verpflichtet, wenn der Kredit nicht zurückgezahlt wird. Diese Bedingung ist gemäß Art. 157 § 2 KC zulässig. Ausführlich: *Niemirka,* MoP 10/97, S. 427 f.

[5] *Pisuliński*, Rejent 9/92, S. 50 ff, S. 50.

[6] *Troicka-Sosińska*, MoP 8/94, S. 250 ff, 251.

[7] *Beschluß des Obersten Gerichtshofes* vom 10.05.1948 [AZ: I C. Prez. 18/48], (OSN 1948, Pos. 58]. Bestätigt: *Urteil des Obersten Gerichtshofes* vom 19.11.92 [AZ: II CRN 87/92] (OSN 93, Pos. 89).

rudimentär geregelten Bankregisterpfandrechts[8] ein neues Registerpfandrecht[9]. Das dem deutschen Recht vergleichbar geregelte kaufmännische Zurückbehaltungsrecht ist im Kodeks Handlowy geregelt[10]. Es weist große strukturelle Übereinstimmungen mit einem gesetzlichen Pfandrecht auf.

Das kaufmännische Zurückbehaltungsrecht wurde bei Einführung des Kodeks Cywilny 1964/65 nicht abgeschafft. Es wurde allerdings nur für Außenhandelsgeschäfte in Kraft gelassen. Auf rein polnische Geschäftsverhältnisse kann es daher nicht angewendet werden[11]. Die Beschränkung des kaufmännischen Zurückbehaltungsrechts auf Außenhandelsgeschäfte sollte aufgehoben werden[12]. Aufgrund seiner geringen wirtschaftlichen Bedeutung[13] wird es nicht behandelt.

Als Mittel der Sicherungsrechte an Rechten sind alle übertragbaren Rechten anzusehen. Die Sicherungsgegenstände reichen von gewöhnlichen Geldforderungen, wie insbesondere dem Arbeitslohn, über GmbH-Anteile, Aktien, Wechselrechten bis hin zu Urhebernutzungsrechten, Miterbenanteile bei ungeteiltem Nachlaß und dem Pfandrecht an Obligationen und Schatzbriefen. Einen Sonderfall bildet die Hypothekenforderung. Obwohl sie ihrer Natur nach ein übertragbares Recht ist, wird an ihr kein gewöhnliches Pfandrecht bestellt, sondern eine Hypothek. An diesen Sicherungsgegenständen können dem deutschen Recht in ihrer Regelung vergleichbare Sicherungsrechte bestellt werden. Das Pfandrecht ist im Kodeks Cywilny geregelt. Die gesetzlich nicht geregelte Sicherungsabtretung sowie der Factoring-Vertrag als auch die Globalzession und die Mantelzession sind anerkannt[14].

Die Haftung des Sicherungsgebers ist bei den persönlichen Sicherheitsrechten nicht auf einen bestimmten Sicherungsgegenstand beschränkt. Der Sicherungsgeber haftet mit seinem gesamten Vermögen. Vermögen ist die Gesamtheit der einer Person zustehenden Aktiva. Dies sind alle Rechte, Forderungen und Rechtsverhältnisse, die direkt auf Geld gehen oder einen geldwerten Inhalt haben. Sicherungsrechte am Vermögen kommen als Bürgschaft, Garantie, Schuldbeitritt und Kreditversicherung[15] vor.

---

[8] Art. 308, 312 S. 2 KC a.F.

[9] Art. 52 PfRG.

[10] Art. 518 ff KH; §§ 369 ff HGB.

[11] Art. VI § 2 PWKC; *Kocot*, PiP 5/94, S. 54 ff.

[12] So auch: *Pisuliński/Skąpski*, KPP 4/96, S. 747 ff, S. 748.

[13] *Jakubecki*, in: *Jakubecki/Mojak/Niezbecka:* S. 275.

[14] Factoring: *Mojak*, S. 130 ff. Global- und Mantelzession: *Heropolitańska/ Borowska*, S. 117 und S. 230.

[15] Einführend: *Kukiełka*, PP 8/94, S. 18 ff.

Zweiter Teil

Die Phasen der Kreditsicherungsrechte

§ 1. Einleitung

Drei zeitliche Phasen sind zu unterscheiden[1]: Die Entstehungs-, die Sicherungs- und die Beendigungsphase. Die Entstehungsphase betrifft die Entstehung und den Erwerb eines Sicherungsrechts. Ist das Sicherungsrecht entstanden, tritt es in die Sicherungsphase ein. Nun sichert allein die Existenz des Sicherungsrechts den Sicherungsnehmer. Merkmal dieser Phase ist die grundsätzliche Ruhe[2]. Diese „Ruhe" kann durch verschiedene Einflüsse gestört werden. Sofern das Sicherungsrecht durch diese Einflüsse nicht in seiner Existenz berührt wird, werden diese Ereignisse in der Sicherungsphase erörtert[3]. Die Beendigungsphase ist zweigeteilt. Das Sicherungsverhältnis kann durch Verwertung des Sicherungsrechts oder durch ein anderes Ereignis enden.

§ 2. Erwerbsphase

A. Hypothek

I. Allgemeines

Eine Hypothek[4] kann durch Rechtsgeschäft, durch Gesetz *(ex lege)* oder durch Hoheitsakt entstehen. Der rechtsgeschäftliche Erwerb kann ein „Ersterwerb" oder „Nachfolgeerwerb" sein. Der Ersterwerb ist der Erwerb direkt vom Eigentümer. Das Grundstück wird mit dieser Hypothek neu belastet. Der Nachfolgeerwerb ist der Erwerb einer bereits bestehenden Hypothek.

---

[1] *Becker-Eberhard*, S. 252 unterscheidet fünf Phasen. Die Entstehungs-, die Sicherungs-, die Rückabwicklungs, die Ausübungs- und die Befriedigungsphase.

[2] *Becker-Eberhard*, S. 427.

[3] *Becker-Eberhard*, S. 427 ff dehnt die Sicherungsphase auch auf Ereignisse auf, die zur Beendigung des Sicherungsrechts führen.

[4] Zur Geschichte der Hypothek in Polen: *Kuglarz/Stöcker*, LK 18/96, S. 562 ff, S. 563. Allgemein zur Hypothek: *Drewicz/Stöcker*, NotInt 3/98, S. 6 ff.

II. Rechtsgeschäftlicher Ersterwerb

1. Allgemein

Der rechtsgeschäftliche Ersterwerb ist dreigliedrig: Einigung, Eintragung, Entstehen der Forderung. Wird von einem nichtberechtigten Bucheigentümer erworben, müssen die Voraussetzungen des Rechtsscheinserwerbs hinzutreten.

2. Einigung

Die Einigung ist das Willensmoment der Verfügung. Sie ist in ihrer Wirksamkeit kausal vom Verpflichtungsgeschäft abhängig, soweit sie nicht sogar mit diesem in einem Akt zusammenfällt („verpflichtend-verfügender" Vertrag)[5].

Eine Mindermeinung qualifiziert die Bestellung einer Hypothek (Einigung) als ausschließlich verfügendendes Rechtsgeschäft. Zur Bestellung einer Hypothek könne man sich nur durch einen Vorvertrag verpflichten[6]. Diese Auffassung ist falsch. Die Begründung eines beschränkt dinglichen Rechts ist der Eigentumsübertragung angepaßt[7]. Wesenselemente der Eigentumsübertragung sind das Kausalitäts- und Vertragsprinzip.

Die Einigung muß sich auf die Art und den Inhalt des zu schaffenden Rechts (gewöhnliche Hypothek oder Kautionshypothek), auf die zu sichernde Forderung und auf das zu belastende Grundstück erstrecken. Die Hypothek kann bedingt oder befristet bestellt werden[8]. Bei der Belastung eines Grundstücks mit einer Hypothek sind Vertragspartner der Eigentümer und der Hypothekar. Wird ein anderes Recht als das Grundstück belastet (z.B. eine Hypothekenforderung), so ist Vertragspartner des Hypothekars derjenige, dessen Recht belastet wird[9].

Lediglich die Willenserklärung des Eigentümers muß notariell beurkundet werden[10]. Ein Formverstoß macht die Einigung unwirksam[11]. Die Form ist nur gewahrt, wenn die gesicherte Forderung nach Schuldgrund und Forderungs-

---

[5] *Wąsiewicz,* System II, S. 609.

[6] *Szlęzak*, Rejent 2/95, S. 111 ff, S. 114 (Fn. 4).

[7] Art. 245 § 1 KC.

[8] Art. 245 § 2 S. 1 KC; im Gegensatz zur Eigentumsübertragung.

[9] *Polak/Scheuring*: HypG, Anm. 12 zu Art. 65, S. 47.

[10] Art. 245 § 2 S. 2 KC.

[11] Art. 73 § 2 S. 1 KC.

höhe, das zu schaffende Recht und das zu belastende Grundstück eindeutig bestimmt sind. Sind mehrere Miteigentümer vorhanden, ist die Willenserklärung jedes Miteigentümers notariell zu beurkunden[12]. Die Willenserklärung des Erwerbers kann in jeder beliebigen Form erteilt werden[13].

Es war allgemeine Ansicht, daß die Willenserklärung des Eigentümers nicht notariell zu beurkunden sei, wenn Kreditgläubiger/Hypothekar eine Bank und Kreditnehmer der Eigentümer ist[14]. Diese Auffassung wurde mit Art. 50 BankG a.F. begründet. Art. 50 BankG a.F. war eine Spezialvorschrift zu Art. 245 § 2 S. 2 KC. Seit dem 01.01.98 ist diese Vorschrift nicht mehr in Kraft[15].

3. Eintragung

Im Gegensatz zum Erwerb des Eigentums an einem Grundstück ist bei der Bestellung einer Hypothek die Eintragung konstitutiv[16]. Hiervon bildet lediglich die Gesetzeshypothek eine Ausnahme[17]. Die Eintragung der Hypothek dient den Interessen von kreditgewährenden Gläubigern. Sie können sich durch einen Blick ins Grundbuch über die Sicherungsqualität ihrer Hypothek informieren. Die Bedeutung der Hypothek als Kreditsicherungsmittel wird durch die lange Wartezeit zwischen Antragstellung und Eintragung und durch nicht aktualisierte Eigentumseinträge geschwächt[18].

Die Hypothek muß in das Grundbuch des entsprechenden Grundstücks unter Abteilung IV eingetragen werden. Für Grundstücke, für die kein Grundbuch angelegt bzw. dessen Grundbuch verloren oder zerstört wurde, wird am zuständigen Gericht eine sogenannte Dokumentensammlung geführt[19]. In die-

---

[12] *Polak/Scheuring*: HypG, Anm. 11 zu Art. 65, S. 47.

[13] Sogar *per facta concludentia* (Art. 60 KC), *Wąsiewicz,* System II, S. 610.

[14] *Polak/Scheuring*, HypG, Anm. 12 zu Art. 65, S. 47; *Troicka-Sosińska*, Hypothek, MoP 8/94, S. 250 ff, S. 252 f.; *Drapała,* MoP 5/97, S. 193 ff, S. 194 und *Zakrzewski/Jasiński* PUG 7-8/94, S. 33 ff, S. 38; *Niezbecka/Mojak,* Rejent 11/97, S. 22 ff, 25.

[15] Art. 95 BankG entspricht Art. 53 BankG a.F. und nicht Art. 50 BankG a.F.; *Osada,* S. 123; *Beschluß des Obersten Gerichtshofes* vom 30.04.98 [AZ: III CZP 10/98] (PB 5/98, S. 75 ff).

[16] Art. 67 Abs. 1 HypG.

[17] Art. 67 Abs. 2 HypG.

[18] *Pisuliński*, Rejent 9/92, S. 50 ff, S. 50; *Stawecki,* Hypothek, S. 345 ff, S. 351.

[19] Art. 123 Abs. 1 HypG. Das Institut der Dokumentensammlung wurde durch Dekret vom 11.10.1946 eingeführt (Art. LVII, Dekret „Einführungsvorschriften zum Sachenrecht und zum Grundbuch“, Dz.U. 1946, Nr. 57, Pos. 321).

ser Dokumentensammlung werden alle das Grundstück betreffenden Anträge, die Nachweise über beschränkt dingliche Rechte und die Nachweise über bestehende Verfügungsbeschränkungen gesammelt. Wird der Antrag auf Eintragung einer Hypothek der Dokummentensammlung hinzugefügt, so hat dies dieselben rechtlichen Wirkungen wie die Eintragung ins Grundbuch. Allerdings hat die Dokumentensammlung grundsätzlich keinen öffentlichen Glauben[20]. Investoren sollten daher verlangen, daß ein Grundbuch angelegt wird. Die Anlage eines Grundbuchs dauert zwischen 6 und 9 Monaten, in Warschau 18 Monate[21].

Die Sicherungssumme ist in polnischer Währung einzutragen[22]. Die Höhe kann entgegen Art. 358 § 1 KC nicht durch einen Wertmesser bestimmt werden[23]. Besondere Probleme bereitet Art. 358[1] § 3 KC. Ein Gericht kann eine Geldleistung an veränderte Umstände anpassen, wenn sich die Kaufkraft nach Entstehung des Schuldverhältnisses wesentlich verändert hat. Es muß die Parteiinteressen und die Grundsätze des gesellschaftlichen Zusammenlebens berücksichtigen. Diese Vorschrift soll auch gelten, wenn eine Hypothek verwertet wird. Dies wird teilweise mit dem Argument abgelehnt, der Gläubiger könne sich durch entsprechende Zinsen absichern. Beide Möglichkeiten bringen eine große Unsicherheit ins Grundbuch. Dies liegt aber weniger an fehlenden rechtlichen Möglichkeiten, sondern an der durch eine Inflation allgemein bedingten Unsicherheit wirtschaftlicher Verhältnisse, die durch rechtliche Vorschriften nur peripher aufgefangen werden kann.

Eine Hypothek wird aufgrund der notariell beurkundeten Einigungserklärung des Eigentümers ins Grundbuch eingetragen[24]. Die Eintragung muß beantragt werden. Ein Antrag darf nicht bedingt oder befristet sein. Ein Antrag kann aber von der Eintragung eines anderen Antrags abhängig sein. Antragsberechtigt ist jeder, dessen Recht von der Eintragung betroffen wird oder zu dessen Gunsten die Eintragung erfolgen soll[25]. Der Antrag ist schriftlich zu stellen. Eine Vollmacht ist schriftlich zu erteilen.

---

[20] Art. 123 Abs. 3 HypG.

[21] *Kuglarz/Stöcker*, LK 18/96, S. 562 ff, S. 562.

[22] Art. 358 § 1 KC. Die Fremdwährungshypothek wird teilweise für zulässig angesehen, soweit eine Devisengenehmigung vorliegt: *Piasecki*, HypG, Art. 68 HypG Anm. 2; *Pyzioł*, S. 109 ff, S. 122.

[23] *Pyzioł*, S. 109 ff, S. 122.

[24] Zum Eintragungsverfahren: Art. 31 ff., insbesondere Art. 38 ff. HypG.

[25] Da der Antragssteller die Eintragungsgebühren zu tragen hat (Art. 5 Abs. 1 KSCU), wird in der Regel dem Kreditnehmer die Pflicht auferlegt, den Antrag zu

Regelmäßig soll bereits der Notariatsakt, der die Begründung, die Änderung oder den Verzicht auf ein im Grundbuch erwähntes Recht beurkundet, den Antrag auf Eintragung der Rechtsänderung enthalten. Ein Auszug des Notariatsaktes soll innerhalb von sieben Tage nach seiner Errichtung an das zuständige Rayongericht weitergeleitet werden. Durch diese Regelung soll der Gleichlauf von Buch- und Rechtslage gewährleistet werden. Dies hat nur Bedeutung für Buchrechte, deren Eintragung nicht konstitutiv ist.

Unverzüglich nachdem der Antrag eingereicht wurde, wird der Antrag in das Geschäftstagebuch der Grundbücher *(Dziennik ksiąg wieczystych; dziennik kw)* unter einer fortlaufenden Nummer eingetragen werden[26]. In das Geschäftstagebuch werden folgende Vorgänge aufgenommen[27]: Eintragungsanträge, Anträge auf das Anlegen eines Grundbuches, Beschwerden gegen vorgenommene Einträge. Über die Reihenfolge der Anträge entscheidet der Tag ihres Eingangs bei Gericht. Am selben Tag eingereichte Anträge gelten als gleichzeitig bei 45Gericht eingereicht[28].

Wiederum unverzüglich nach dem Eintrag des Antrags in das Geschäftstagebuch der Grundbücher ist ein Antragsvermerk *(wzmianka o wniosku)* in der Form der Antragsnummer in das betreffende Grundbuch einzutragen. Die besondere Bedeutung des Antragsvermerks liegt in dem Ausschluß des gutgläubigen *(resp. lastenfreien)* Erwerbs[29]. Nachdem das Rayongericht den Antrag geprüft hat, wird die Hypothek eingetragen, sofern keine Eintragungshindernisse vorliegen. Wurde die Hypothek eingetragen, wird der Antragsvermerk von Amts wegen gestrichen. Liegt ein Eintragungshindernis vor, bestimmt das Gericht eine Frist, in der der Antragsteller das Hindernis zu beseitigen hat. Läuft die Frist ab, ohne daß das Hindernis beseitigt wurde, lehnt das Gericht die Eintragung ab. Die Frist kann aus wichtigem Grund verlängert werden.

Wird der Konkurs über das Vermögen eines Eigentümers eröffnet, kann eine Hypothek nicht mehr ins Grundbuch eingetragen werden[30]. Eine Hypothek kann nicht mehr entstehen. Da eine Gesetzeshypothek ohne Eintragung entsteht, kann sie auch noch nach Konkurseröffnung entstehen[31].

---

stellen, *Troicka-Sosińska*, MoP 8/94, S. 250 ff, S. 252. Die Höhe der Eintragungsgebühren ist in §§ 27 ff WpisCR geregelt.

[26] Anträge und Beschwerden erhalten nach der Reihenfolge ihres Eingangs bei Gericht eine fortlaufende Nummer mit dem Zusatz der letzten beiden Ziffern des betreffenden Jahres, Art. 71 Abs. 2 AusfVO HypG.

[27] § 71 Abs. 1 AusfVO HypG.

[28] *Polak / Scheuring:* HypG, Art. 43/44 HypG S. 32.

[29] Art. 8 HypG.

[30] Art. 27 polnKO.

[31] *Strus,* Palestra 9-10/94, S. 5 ff, S. 16.

4. Bedeutung der Forderung

Als akzessorisches Recht entsteht die Hypothek nur, soweit die durch sie gesicherte Forderung besteht[32]. Die Forderung bestimmt demnach über die Existenz der Hypothek.

Nach deutschem Recht entscheidet die zu sichernden Forderung nicht über die Existenz eines dinglichen Rechts. Sie entscheidet, wer Berechtigter des dinglichen Rechts ist und was für ein dingliches Recht besteht. Insoweit bestimmt die Forderung, ob eine Hypothek oder eine Eigentümergrundschuld vorliegt.

Die Hypothek sichert bestehende, ihrer Höhe nach genau bestimmte Geldforderungen ab[33]. Andere Forderungsarten können nicht abgesichert werden. Nicht auf Geld gerichtete Forderungen müssen daher zunächst in Geldforderungen umgeändert werden, damit eine Hypothek sie absichern kann[34]. Im Gegensatz zum deutschen Recht sichert die "Vertragshypothek" keine zukünftigen oder bedingten Forderungen ab[35]. Hierfür sieht das polnische Recht ausschließlich die "Kautionshypothek" vor[36]. Der Rangs für zukünftige und bedingte Forderungen erfolgt also nur über die Kautionshypothek.

Die Forderungsauswechslung im deutschen Recht durchbricht die Akzessorietät zwischen Hypothek und Forderung[37]. Sie kommt insbesondere bei Wechsel des zugrundeliegenden Kredites oder, wenn der Gläubiger über die gesicherte Forderung ohne Hypothek verfügen will, vor[38]. Die Forderungsauswechslung vermeidet den umständlichen Weg über die Eigentümergrundschuld und hat rangwahrende Funktion.

---

[32] Art. 68 HypG.

[33] Art. 68 HypG. Ebenso die Vorgängervorschrift Art. 193 § 1 prRzecz 1946. Eine Hypothek kann auch für eine verjährte Forderung bestellt werden, soweit die Forderung nicht wegen der Verjährung erloschen ist (a.A: *Rudnicki*, HypG, Art. 68 f HypG Anm. 1, S. 231; *Tracz/Cierpiał/Thurner, W*iRO 3/97, S. 86 ff, S. 86). Eine solche besondere Vorschrift war Art. 117 § 2 S. 1 KC a.F.

[34] *Piasecki*, HypG, Art. 68 HypG Anm. 1, S. 155.

[35] Insoweit ist der Hinweis von *Tracz/Cierpiał/Thurner, W*iRO 3/97, S. 86 ff, S. 86 irreführend, daß die *Hypothek* auch künftige und bedingte Forderungen absichern kann. Dies ist nur durch die Kautionshypothek möglich, Art. 102 HypG. Besteht die Forderung noch nicht, so entsteht nach deutschem Recht eine Eigentümergrundschuld (§§ 1113 Abs. 2 BGB iVm 1163 Abs. 1 BGB).

[36] Art. 102 - 108 HypG.

[37] § 1180 BGB. Forderungsauswechslung ist Inhaltsänderung. Keine Forderungsauswechslung ist die Absicherung wechselnder Forderungen durch die Kautionshypothek.

[38] *Westermann/Eickmann*, § 106, S. 757 f.

Die Forderungsauswechslung ist im polnischen Recht nicht geregelt. Wird die gesicherte Forderung ausgetauscht, erlischt die Hypothek. Die Hypothek verliert ihren Rang. Für die „neue" Forderung muß eine neue Hypothek bestellt werden, die jedoch nur an rangbereiter, also meist schlechterer Stelle eingetragen wird.

5. Belastungsgegenstände einer Hypothek

Belastungsgegenstand einer Hypothek ist in erster Linie das Grundstück[39]. An mehreren Grundstücken kann eine Gesamthypothek nicht errichtet werden[40]. Diese entsteht nur im Wege der Teilung eines hypothekarisch belasteten Grundstücks[41]. Eine Hypothek kann auch an einem Miteigentumsanteil bestellt werden[42]. Im Falle der Teilung des Grundstücks geht die an einem Miteigentumsanteil bestehende Hypothek auf den Teil des Grundstücks über, dem die alte Belastung entspricht[43]. Dahingegen ist der Anteil an einer Gesamthandsgemeinschaft nicht tauglicher Gegenstand einer Hypothek[44]. Des weiteren kommt noch das Erbbaurecht[45] als Sicherungsgegenstand einer Hypothek in Frage[46]. Allerdings kann ein Erbbaurecht nur an staatlichen Grundstücken errichtet werden[47]. Gegenstände einer Hypothek können aber auch bestimmte beschränkt dingliche Rechte sein, die dem Eigentumsrecht an einem Grundstück

---

[39] Art. 65 Abs. 1 HypG. Die Definition für Grundstück enthält Art. 46 KC. Zur Frage, ob Belastungsgegenstand der Hypothek das Grundstück oder das Eigentumsrecht am Grundstück ist, *Pisuliński*, Rejent 9/92, S. 50 ff, S. 52 f.

[40] Art. 72 Abs. 1 HypG im Gegensatz zu § 1132 BGB. Eine Gesamthypothek zu bestellen, war jedoch nach Art. 201 prRzecz 1946 noch möglich. *Tracz/Cierpiał/Thurner*, *Wi*RO 3/97, S. 86 ff, S. 88 m.w.N. Für Zulassung der Gesamthypothek: *Rudnicki*, Rejent 1/98, S. 9 ff, S. 13.

[41] Art. 76 Abs. 1 HypG.: *Bieniek*, PiZS 10-11/92, S. 61 ff, S. 65; *Tracz/Cierpiał/Thurner*, *Wi*RO 3/97, S. 86 ff, S. 88 m.w.N.

[42] Art. 65 Abs. 2 HypG.: *Bieniek*, PiZS 10-11/92, S. 61 ff, S. 63 f.

[43] *Beschluß des Obersten Gerichts* vom 1.12.1969 (AZ: III CZP 51/69), OSPiKA Nr. 7-8, 1970, Pos. 151.

[44] SW Bydgoszcz, Entscheidung vom 28.10.1966 (AZ: II CR 1055/66), OSPiKA Nr. 7-8, 1966, Pos. 197; *Piasecki*, HypG, S. 148. § 1114 BGB: *Westermann/Eickmann*, § 94 I 3, S. 687 f.

[45] Art. 232 ff KC. *"Użytkowanie wieczyste"* wird oft wörtlich als ewiger Nießbrauch übersetzt. Funktional ist diese Rechtsinstitut mit dem Erbbaurecht vergleichbar, *Tracz/Cierpiał/Thurner*, *Wi*RO 3/97, S. 86 ff, S. 86, Fn. 8.

[46] Art. 65 Abs. 3 HypG. Ausführlich: *Szpunar*, Rejent 12/96, S. 9 ff.

[47] Art. 232 KC.

ähneln. Hierzu zählen das genossenschaftliche Eigentumsrecht an einer Wohnung[48], das genossenschaftliche Recht an einem Nutzungsraum[49] und das Recht an der Eigentumsübertragung an einem Einfamilienhaus, welches durch die Wohnungsgenossenschaft errichtet wird[50]. Als Besonderheit des polnischen Rechts ist das Subintabulat zu nennen. Es bezeichnet die Hypothek an einer hypothekarisch gesicherten Forderung[51]. Das Subintabulat ist dem polnischen Recht seit 1818 bekannt und wurde auch in das Sachenrechtsdekret vom 11.10.1946 übernommen[52]. Bei der Einführung des Grundbuch- und Hypothekengesetzes im Jahre 1982/83 wurde das Subintabulat nicht rezipiert. Aber bereits im Jahre 1991 kehrte es zurück[53]. Seiner Rechtsnatur nach ist es ein Pfandrecht an einem Recht, was dadurch unterlegt wird, daß auf die Vorschriften für Pfandrechte an Rechten verwiesen wird[54]. Letztendlich kann an einem Schiff, daß ins Schiffsregister einzutragen ist, eine Hypothek bestellt werden[55].

Inwieweit eine Hypothek auch ein staatliches Grundstück belasten kann, ist in der polnischen Literatur nicht abschließend geklärt[56]. Da das polnische Recht nur die Bestellung einer Zwangshypothek an einem staatlichen Grundstück vom Vorliegen einer Spezialermächtigungsnorm (Art. 109 Abs. 2 HypG) abhängig macht, ansonsten aber schweigt, ist die Bestellung einer Hypothek an einem staatlichen Grundstück zulässig

---

[48] Art. 65 Abs. 4 Nr. 1 HypG iVm Art. 223 ff GenG; *Filipiak*, Rejent 8/93, S. 24 ff; *Ignatowicz*, PiP 7/92, S. 27 ff; *Nowara-Bacz*, Rejent 12/93, S. 35 ff; *Niestrzębski*, MoP 3/97, S. 107 ff.

[49] Art. 65 Abs. 4 Nr. 2 HypG iVm Art. 238 f GenG.

[50] Art. 65 Abs. 4 Nr. 3 HypG iVm Art. 232 ff GenG.

[51] Art. 65 Abs. 4 Nr. 4 HypG iVm Art. 108^1 ff HypG. Nach Art. 108^4 HypG kann die Forderung, die durch ein Subintabulat gesichert ist, wiederum Belastungsgegenstand eines Subintabulates sein („Kette" von Subintabulaten), *Polak/Scheuring*: HypG, Anm. zu Art. 108^4 HypG, S. 78. Nach einem *Beschluß des Obersten Gerichtshofes* vom 25.4.96 [AZ: III CZP 35/96] (ProkiP 9/96, S. 19, Pos. 36; PB 4/96, S. 42 ff) kann eine Forderung, die durch eine Kautionshypothek abgesichert ist, Belastungsgegenstand eines „Kautions-Subintabulats" sein. Die Forderung darf aber nicht bedingt oder befristet sein.

[52] Art. 191, 238 - 243 prRzecz 1946.

[53] Dz.U. 91, Nr. 115, Pos. 469: Art. 65 Abs. 4 Nr. 4, Art. 108^1 - 108^5 HypG.

[54] Art. 108^5 HypG. Der Verweis in Art. 65 Abs. 5 HypG hat Vorrang.

[55] Art. 60 SeeG Für nicht eintragungspflichtige Schiffe gelten die Vorschriften über das (Register-) Pfandrecht.

[56] *Pisuliński*, Rejent 9/92, S. 50 ff, S. 54 ff.

(lege non distinguente). Da gegen den Fiskus aber nur in Bankkonten vollstreckt werden kann, ist eine Verwertung im Wege der Zwangsversteigerung nicht möglich[57].

Kein tauglicher Belastungsgegenstand einer Hypothek ist ein Unternehmen als Ganzes. Weder die das Unternehmen betreffenden Vorschriften (Art. 75^1 und 55^1 f KC) noch eine Vorschrift des Hypothekenrechts lassen die Belastung eines Unternehmens mit einer Hypothek zu[58].

6. Gutgläubiger Ersterwerb

Der gutgläubige Ersterwerb ähnelt in seiner Grundkonzeption dem gutgläubigen Erwerb eines Grundstücks. Der gute Glaube bezieht sich ebenfalls auf die Rechtsinhaberschaft am „Vollrecht Eigentum“. Nur das in diesem Fall nicht das gesamte Vollrecht übertragen wird, sondern es mit einem beschränkt dinglichen Recht belastet wird. Da das Grundbuch beim Ersterwerb noch keine Auskunft über die Existenz der zu sichernden Forderung geben kann, erstreckt sich der gute Glaube selbstverständlich nicht auf diese.

III. Rechtsgeschäftlicher Nachfolgeerwerb

Der rechtsgeschäftliche Nachfolgeerwerb setzt die Abtretung der Forderung und die Eintragung des Zessionars ins Grundbuch voraus. Die Hypothek kann nicht ohne Forderung und die Forderung nicht ohne Hypothek übertragen werden[59]. Die Abtretung der Forderung unterliegt den allgemeinen Grundsätzen. Sie wird mit Eintragung ins Grundbuch wirksam[60]. Die Abtretung ist formfrei. Die Abtretung wird nur aufgrund einer Urkunde mit notariell beglaubigter Unterschrift (bzw. behördliches Dokument) ins Grundbuch eingetragen. Dem polnischen Recht ist ein Übergang der Hypothek mit Forderungsauswechslung nicht bekannt[61]. Ist eine Forderungsauswechslung geplant oder vorherzusehen, sollte eine Kautionshypothek bestellt werden.

Eine Hypothek kann gutgläubig erworben werden. Zwei Fälle sind zu unterscheiden. Im ersten Fall ist der Scheinhypothekar Inhaber der Forderung, im zweiten Fall nicht. Im ersten Fall richtet sich der gutgläubige Erwerb nach den allgemeinen Grundsätzen. Beim zweiten Fall ist zu unterscheiden. Der Scheinhypothekar kann aus zwei Gründen nicht Inhaber der Forderung sein:

---

[57] Art. 1060 KPC, *Tracz/Cierpiał/Thurner*, *Wi*RO 3/97, S. 86 ff, S. 87.

[58] Ebenfalls ablehnend *Pisuliński*, Rejent 9/92, S. 50 ff, S. 62.

[59] Art. 79 Abs. 1, Abs. 2 HypG.

[60] Art. 245^1 KC.

[61] Zum deutschen Recht: § 1180 Abs. 2 BGB

Die gesicherte Forderung existiert nicht, oder sie steht einem anderen Gläubiger zu.

Beispiel: E hat dem H eine Hypothek für eine Darlehensforderung bestellt. Die Hypothek wurde eingetragen. E zahlt die Darlehenssumme an H. Ein Tag später tritt H die Darlehensforderung an den gutgläubigen Z ab. Z wird ins Grundbuch eingetragen. Z verlangt von E Zahlung.

E hat erfüllt. Forderung und Hypothek sind erloschen. Das Grundbuch wurde unrichtig. Fraglich ist, welche Rechte Z von H erworben hat. Z wurde nicht Gläubiger der Forderung. Eine Forderung, die nicht besteht, kann nicht erworben werden. Das Grundbuch ermöglicht keinen gutgläubigen Erwerb der hypothekarisch gesicherten Forderung[62]. Die Forderung wird für den Erwerbsakt der Hypothek nur fingiert. Z erwirbt aber die „Hypothek". Fraglich ist aber, welche Rechtsnatur diese „Hypothek" hat. Z hat ein beschränkt dingliches Befriedigungsrecht erhalten. Dieses Recht ist - im Gegensatz zur Hypothek - nicht mit einer Forderung akzessorisch verbunden. Z hat also ein „nichtakzessorisches Grundpfandrecht" erworben.

Im deutschen Recht ist strittig, ob eine forderungsisolierte Hypothek oder eine Grundschuld erworben wird[63]. Strukturell spricht mehr für die Annahme einer Grundschuld. Sichert die Hypothek keine Forderung mehr, so entfällt die Verbundenheit zur gesicherten Forderung, die für die Hypothek wesensimmanent ist. Es liegt also eine Hypothek ohne Forderung vor. Dies ist aber nichts anderes als eine Grundschuld. Diese Konsequenz liegt dem Gesetz in § 1177 Abs. 2 BGB zugrunde: Erlischt die Forderung, wird aus einer Fremdhypothek eine Eigentümergrundschuld.

Beispiel: Z wird nach seinem Erwerb der Hypothek über das Fehlen der Forderung aufgeklärt. Unter Offenlegung aller Tatsachen möchte Z diese Hypothek an W abtreten.

Solange niemand das Fehlen der Forderung bemerkt, wird das „nichtakzessorische Grundpfandrecht" durch Abtretung der „nichtexistenten Forderung" übertragen. Spätere Erwerber erwerben dieses „nichtakzessorische Grundpfandrecht" unabhängig davon, ob sie gut- oder bösgläubig sind. Der erste Erwerber hat gutgläubig ein Voll- und kein Scheinrecht erworben. Wissen die Verfügenden aber, daß eine Forderung nicht besteht, wäre es Rechtsformalismus, an dem Erfordernis der Abtretung (einer nichtexistenten Forderung!) festzuhalten. Die „Hypothek" sollte durch alleinige Übertragung des dinglichen Rechts auf den Erwerber übergehen.

---

[62] Art. 80 HypG, § 1138 BGB. Kritisch: *Szpunar*, PiP 8/93, S. 16 ff, 19 f.

[63] *Westermann/Eickmann*, § 105 III 3, S 749 f. m.w.N.

Beispiel: Der minderjährige M hat eine hypothekarisch gesicherte Darlehensforderung gegen E. Diese tritt er an H ab. H wird ins Grundbuch eingetragen. H tritt die Forderung an den gutgläubigen G ab. G wird ins Grundbuch eingetragen.

H konnte die Hypothek und die Forderung nicht erwerben, da M minderjährig ist. Das Grundbuch wurde durch die Eintragung des H unrichtig. G hat von H die „Hypothek" gutgläubig erworben. Fraglich ist, ob G die Forderung erworben hat. Dies sollte bejaht werden[64]. Dafür spricht die besondere Bedeutung des Grundbuchs als Rechtsscheinträger und, daß die Gefahr der doppelten Inanspruchnahme für den Eigentümer auszuschließen ist.

IV. Die Kautionshypothek

Die Kautionshypothek ist in den Art. 102 ff HypG geregelt. Sie kann in zwei verschiedenen Formen auftreten: Als Höchstbetragshypothek[65] und als Wertpapierhypothek[66].

Nach polnischem Recht kann die normale Festhypothek nur eine nach Rechtsgrund und Höhe genau bestimmte Forderung absichern. Selbst die Absicherung einer bestimmbaren künftigen Forderung durch die normale Hypothek ist nicht möglich[67]. Erlischt die gesicherte Forderung, geht auch die Hypothek unter[68]. Aus diesem Grunde ist diese Form der Hypothek für die Absicherung von Ansprüchen aus einer laufenden Geschäftsverbindung (Kontokorrent) nicht geeignet. Hierfür bietet sich aber die Eintragung einer Höchstbetragshypothek an.

Im Unterschied zur normalen Hypothek kann die Höchstbetragshypothek eine nur ihrem Schuldgrund nach identifizierbare[69] - nicht unbedingt bereits bestehende - Forderung absichern. Um die hiermit verbundene Unsicherheit für die nachstehend Berechtigten über die wirkliche Höhe der gesicherten Forderung zu begrenzen, muß ein Höchstbetrag festgelegt werden, bis zu dem die Höchstbetragshypothek die Forderung absichert[70].

Eine Höchstbetragshypothek wird durch Einigung und Eintragung bestellt. Sie müssen den Höchstbetrag und den Schuldgrund der zu sichernden Forde-

---

[64] *Tracz/Cierpial/Thurner*, WiRO 3/97, S. 86 ff, S. 90; *Szpunar*, PiP 8/93, S. 16 ff, 19 f.

[65] Art. 102 Abs. 1 HypG, ähnlich: § 1190 BGB.

[66] Art. 103 HypG, ähnlich: § 1187 BGB.

[67] Anders § 1113 Abs. 2 BGB. Nachteilhaft ist auch, daß die Forderungsauswechslung mit Rangwahrung dem polnischen Recht fremd ist.

[68] Art. 94 HypG. Anders: §§ 1177 Abs. 1, 1163 BGB: Eigentümergrundschuld.

[69] Zu diesem Erfordernis: *Stawecki*, Hypothek, S. 345 ff, S. 349.

[70] *Siuda*, PP 4/94, S. 27 f, S. 28.

rung(en) bestimmen. Der im Grundbuch angegebene Höchstbetrag entscheidet nicht darüber, ob die Hypothek besteht[71]. Der Hypothekar einer Höchstbetragshypothek muß beweisen, daß die gesicherte Forderung besteht[72]. Er kann sich zum Beweis der Forderung, nicht auf die Eintragung der Hypothek berufen[73]. Dies ist bei der Festhypothek anders, da aufgrund der Eintragung vermutet wird, daß die Forderung besteht[74]. Da Forderungen aus laufenden Geschäftsverbindungen ständig entstehen und erlöschen, ist auch die Höchstbetragshypothek in ihrem Bestehen einem ständigen Wechsel unterworfen. Der Rang der Höchstbetragshypothek bleibt dem Hypothekar aber erhalten. Die rangwahrende Funktion ist ein Vorteil der Höchstbetragshypothek.

Wird eine Höchstbetragshypothek bestellt, muß das Rechtsverhältnis (der Schuldgrund) genau bestimmt werden, aus dem die zu sichernden Forderungen entstammen sollen. Das Rechtsverhältnis muß bereits bei Hypothekenbestellung bestehen[75]. Sollten die aus dem Rechtsverhältnis entspringenden Forderungen in ihrem Gesamtwert über den Höchstbetrag liegen, kann der Hypothekar entscheiden, welche Forderungen hypothekarisch gesichert sein sollen.

Die Höchstbetragshypothek wird nicht gemäß Art. 79 - 83 HypG abgetreten, Art. 107 S. 1 HypG. Eine Höchstbetragshypothek kann daher nur gutgläubig erworben werden, wenn die gesicherte Forderung besteht. Die gesicherte Forderung kann ohne Höchstbetragshypothek abgetreten werden[76]. Die Höchstbetragshypothek kann nur durch Abtretung der gesicherten Forderung übertragen werden[77]. Die Höchstbetragshypothek wird durch Übertragung eine Festhypothek, die nur noch die abgetretene Forderung absichert. Sofern die Höchstbetragshypothek durch eine Forderung übertragen wird, die nicht den Wert des Höchstbetrags erreicht, geht nur ein Teil der Höchstbetragshypothek über. Der andere Teil verbleibt dem Zedenten als (vorrangige) Höchstbetragshypothek.

Eine Kautionshypothek kann auch für eine Forderung aus einem Wertpapier bestellt werden, das durch Indossament übertragen werden kann (Wert-

---

[71] *Entscheidung des Obersten Gerichtshofes* vom 2.5.1960 [AZ: 4 CR 1028/59] (OSP i KA 1962, Heft 2, Pos. 35).

[72] Art. 105 HypG.

[73] *Polak/Scheuring*: HypG, Anm. zu Art. 105 HypG, S. 75.

[74] Art. 71 HypG.

[75] *Polak/Scheuring*: HypG, Anm. 2 zu Art. 102/103 HypG, S. 74.

[76] Art. 509 § 2 KC. Durchbrechung der Akzessorietät, so: *Pyziol*, S. 109 ff, S. 124.

[77] Art. 107 S. 2 HypG.

papierhypothek). Wird eine Wertpapierhypothek bestellt, muß die Forderungshöhe nicht bestimmt sein (z.B. Blankowechsel)[78]. Im deutschen Recht übernimmt das Wertpapier bei der Wertpapierhypothek eine ähnliche Funktion wie bei der Briefhypothek. Eine Übertragung ist außerhalb des Grundbuchs möglich[79]. Diesen Weg geht das polnische Recht nicht. Vielmehr ist für die Übertragung der Wertpapierhypothek die Eintragung ins Grundbuch erforderlich[80].

V. Erwerb durch Gesetz

Nach Art. 66 HypG kann eine Hypothek, die eine Forderung des Staatsschatzes oder einer Gemeinde sichert, aufgrund besonderer Vorschriften kraft Gesetzes entstehen[81]. Nach Art. 33 ff. OP kann eine Gesetzeshypothek zur Absicherung von Steuerschulden entstehen („Steuerhypothek")[82]. Die Steuerhypothek entsteht in der Regel, wenn dem Steuerschuldner die Entscheidung ausgehändigt wird, in der die Höhe der Steuerschuld festgelegt wird[83]. Die Steuerhypothek entsteht früher, wenn zu befürchten ist, daß der Steuerschuldner seine Steuerpflicht nicht erfüllen wird[84]. In diesem Fall ist das Steuerorgan verpflichtet, die Höhe der Steuerschuld in einer „Sicherungsentscheidung" vorläufig zu schätzen[85]. Eine vorläufige Steuerhypothek entsteht, wenn die Si-

---

[78] Art. 103 HypG.

[79] § 1187 S. 3 BGB schließt die Anwendung des § 1154 Abs. 3 BGB aus.

[80] Art. 107 S. 2 HypG.

[81] Der Wortlaut des Art. 66 HypG läßt Gesetzeshypotheken nur für staatliche Forderungen zu. Trotzdem entstehen Gesetzeshypotheken auch für nichtstaatliche Forderungen. Nach Art. 1037 § 3 KPC kann eine Gesetzeshypothek auf einem zwangsversteigerten Grundstück entstehen.

[82] Ausführlich: *Rudnicki,* PS 1/98, S. 3 ff. Nach dem *Beschluß des Obersten Gerichtshofes* vom 11.6.96 (Besetzung 7 Richter) [AZ: III CZP 52/96] (ProkiP 9/96, S. 20, Pos. 40; MoPod 12/96, S. 373 ff) steht dem staatlichen Sozialversicherungsträger (ZUS= Zakład Ubezpieczeń Społecznych) keine Steuerhypothek für die Absicherung der Versicherungsbeitragsforderung gegen den Arbeitgeber zu. Diese Entscheidung erging zu Art. 24 SteuerschuldG; a.A.: *Beschluß des Obersten Gerichtshofes* vom 27.3.96 [AZ: III CZP 24/96] (ProkiP 9/96, S. 18, Pos. 32) und *Beschluß des Obersten Gerichtshofes* vom 23.8.95 [AZ: III CZP 101/95]; *Strus,* MoP 8/96, S. 269 ff; *Oleszko,* Rejent 9/94, S. 9 ff.; ausführlich: *Pisuliński,* Rejent 12/97, S. 81 ff, S. 94 ff.

[83] Art. 35 Nr. 1 OP. Zu den anderen Fällen, s.: Art. 35 Nr. 2 und Nr. 3 OP.

[84] Art. 33 § 1 iVm Art. 33 § 2 OP.

[85] Art. 33 § 3 OP. Die Sicherungsentscheidung erlischt 14 Tage nach Aushändigung der Entscheidung, in der die Höhe der Steuerschuld festgelegt wird.

cherungsentscheidung dem Steuerschuldner ausgehändigt wird. Dies ergibt sich nicht direkt aus dem Gesetz. Art. 35 OP ist aber analog anzuwenden. Die Steuerhypothek entsteht unabhängig von einer Eintragung ins Grundbuch[86]. Das Steuerorgan muß innerhalb von einem Monat beantragen, daß die Steuerhypothek ins Grundbuch eingetragen wird. Unterläßt das Steuerorgan dies, erlischt die Steuerhypothek[87].

Da der öffentliche Glaube des Grundbuchs nur eintragungspflichtige Rechte umfaßt, gibt es in bezug auf gesetzlich entstehende Hypotheken keinen Gutglaubensschutz. Ein gutgläubiger lastenfreier Erwerb eines Grundstücks, das mit einer Steuerhypothek belastet ist, ist daher nicht möglich[88]. Der Käufer eines Grundstücks kann beantragen, daß das Steuerorgan mit Zustimmung des Eigentümers ihm eine Bescheinigung darüber erteilt, ob das betreffende Grundstück mit einer Steuerhypothek belastet ist und in welcher Höhe[89]. Entsteht eine Steuerhypothek, nachdem die Bescheinigung erteilt wurde und bevor Eigentum auf den Käufer übergegangen ist, so belastet die Steuerhypothek das Grundstück[90].

Die Steuerhypothek ist eine Generalhypothek. Sie ergreift nicht nur ein bestimmtes Grundstück, sondern alle des betreffenden Steuerschuldners[91]. Der Steuerschuldner muß Eigentümer des Grundstücks sein. Es reicht nicht mehr - wie nach Art. 24 SteuerschuldG -, daß der Steuerschuldner Eigenbesitzer ist[92]. Die Belastungsgegenstände der Steuerhypothek entsprechen denen der gewöhnlichen Hypothek[93]. Die Vorschriften über die Steuerhypothek finden keine Anwendung auf Grundstücke, die mit einer Forderung einer Bankhypothek belastet ist, die in das Pfandbriefregister eingetragen ist[94].

---

[86] Art. 67 Abs. 2 HypG. Dem deutschen Recht ist die Entstehung einer Hypothek kraft Gesetzes ohne Eintragungserfordernis nur im Falle der Surrogationshypotheken bekannt: § 1287 S. 2 BGB; § 848 Abs. 2 S. 2 ZPO.

[87] Art. 37 OP.

[88] Art. 34 § 5 OP, *Ignatowicz*, S. 261.

[89] Art. 40 § 1 OP.

[90] Art. 40 § 2 OP.

[91] Art. 34 § 1 OP. *Troicka-Sosińska*, MoP 8/94, S. 250 ff, S. 254. *Tracz/Cierpiał/Thurner*, *Wi*RO 3/97, S. 86 ff, S. 88.

[92] Zu Art. 24 SteuerschuldG: *Kuglarz/Stöcker*, LK 18/96, S. 562 ff, S. 565.

[93] Art. 34 § 1 - § 3 OP entspricht Art. 65 Abs. 1 - 4 HypG. Das Erbbaurecht war vorher kein tauglicher Belastungsgegenstand: *Beschluß des Obersten Gerichtshofes* vom 27.3.96 [AZ: III CZP 24/96] (ProkiP 9/96 S. 18, Pos. 32) und *Beschluß des Obersten Gerichtshofes* vom 24.11.95 [AZ: III CZP 165/95] (MoP 3/96, S. 96).

[94] Art. 24 Abs. 5 des Gesetzes über Pfandbriefe und Bankhypotheken (Dz.U. 97, Nr. 140, Pos. 940). *Rudnicki*, Rejent 10/97, S. 9 ff; S. 11.

Erörterungswürdig ist, ob dem polnischen Recht Surrogationshypotheken bekannt sind. Ihre Grundkonzeption ist einfach erklärt: Ein Anspruch auf Übereignung eines Grundstücks ist mit einem Pfandrecht belastet. Erfüllt nun der Schuldner diesen Anspruch, müßte das Pfandrecht untergehen. Nach deutschem Recht erwirbt der Pfandgläubiger eine Sicherungshypothek, § 1287 Satz 2 BGB. Dies ist im polnischen Gesetz nicht ausdrücklich geregelt. Es gibt aber eine allgemeine Surrogationsvorschrift[95]. Art. 332 KC betrifft aber grundsätzlich nur die Umwandlung eines Pfandrechts an Rechten in ein Pfandrecht an Sachen. Da eine Hypothek einem „Pfandrecht" an einer bestimmten Sache (Immobilie) entspricht, kann diese Vorschrift analog angewandt werden[96].

VI. Erwerb durch Hoheitsakt

1. Allgemein

Zwangshypothek und Arresthypothek entstehen durch einen Hoheitsakt[97]. Die Zwangshypothek sichert einen bereits „titulierten Anspruch" ab. Die Arresthypothek setzt keinen „titulierten Anspruch" voraus. Sie dient dem Schutz des Gläubigers vor den Gefahren einer langen Prozeßdauer. Die Arresthypothek kann aufgrund einer einstweiligen Verfügung, eines vorläufig vollstreckbaren Vollstreckungstitels oder durch Beschluß eines Staatsanwaltes eingetragen werden. Für den Erwerb einer Zwangs- oder einer Arresthypothek lassen sich folgende Voraussetzungen aufstellen: Hoheitsakt, Eintragung und Bestehen der zu sichernden Forderung.

Steht dem Gläubiger ein Anspruch gegen den Staat zu, so hängt die Zulässigkeit des Erwerbs einer Zwangshypothek an einem Grundstück des Staates von einer Sonderbestimmung ab[98]. Da eine Sonderbestimmung fehlt, ist die Eintragung einer Zwangshypothek auf einem Grundstück des Staates nicht zulässig[99].

---

[95] Art. 332 KC entspricht § 1287 S. 1 BGB.

[96] Art. 332 KC wird auf Pfandrechte an beweglichen Sachen beschränkt, so: *Heropolitańska/Borowska*, S. 136.

[97] Art. 109 ff HypG. Sonderfälle: Art. XXI Einführungsgesetz zum Kodeks Cywilny (Zwangshypothek für Nachlaßabfindungsforderungen) und Art. 2 Abs. 9 Nr. 1 Änderungsgesetz zum Bodenbewirtschaftungs- und Enteignungsgesetz (Zwangshypothek des polnischen Schatzamtes), weitere Zwangshypotheken: *Rudnicki*, HypG, Art. 109 HypG Anm. 5 ff, S. 266 ff. Zur Frage, ob die „Bankhypothek" (Art. 50 BankG a.F.) eine besondere Art der Zwangshypothek war: *Tracz/Cierpiał/Thurner*, *Wi*RO 3/97, S. 86 ff, S. 87 m.w.N. und *Drapała*, MoP 5/97, S. 193 ff, S. 194.

[98] Art. 109 Abs. 2 HypG.

[99] *Rudnicki*, HypG, Art. 109-112 HypG Anm. 15, S. 272.

2. Hoheitsakt

Der Gläubiger wird durch drei verschiedene Formen von Hoheitsakten zum Erwerb einer Zwangshypothek berechtigt. Durch einen Vollstreckungstitel mit -klausel, durch eine einstweilige Verfügung oder durch einen Beschluß eines Staatsanwaltes[100]. Die Form des Hoheitsaktes entscheidet über die Art der zu erwerbenden Hypothek. Der Gläubiger erwirbt eine „gewöhnliche Zwangshypothek", wenn er einen rechtskräftigen Vollstreckungstitel hat[101]. Wenn der Vollstreckungstitel vorläufig vollstreckbar ist oder Grundlage des Erwerbs eine einstweilige Verfügung oder ein Staatsanwaltsbeschluß ist, erwirbt der Gläubiger nur eine „Kautionshypothek"[102], da im Moment der Eintragung nicht feststeht, ob und in welcher Höhe eine Forderung besteht.

Vollstreckungstitel sind rechtskräftige (Schieds-)Gerichtsentscheidungen, vor einem (Schieds-)Gericht abgeschlossene Vergleiche, Mahn- oder Vollstreckungsbescheide, Notariatsurkunden, in denen sich der Schuldner der sofortigen Vollstreckung unterworfen hat und „Bankvollstreckungstitel"[103].

Bankvollstreckungstitel sind Vollstreckungstitel, die sich Banken auf der Grundlage ihrer Bankbücher selbst ausstellen können. Sie sind - im Gegensatz zur früheren Rechtslage[104]- nicht mehr per se Vollstreckungstitel mit Vollstreckungsklausel. Die Banken müssen bei Gericht beantragen, daß eine Vollstreckungsklausel erteilt wird. Das Gericht muß unverzüglich, spätestens innerhalb von drei Tagen über den Antrag entscheiden[105]. Das Gericht verweigert die Erteilung der Klausel, wenn eine der Voraussetzungen des Bankvollstreckungstitels nicht vorliegen[106].

---

[100] Art. 109 Abs. 1, Art. 110 Alt. 1, Alt. 2 HypG.

[101] Die Eintragung einer Zwangshypothek auf einem Grundstück, daß Vermögensbestandteil einer ehelichen Gütergemeinschaft ist, setzt einen Vollstreckungstitel gegen beide Ehegatten voraus, *Beschluß des Obersten Gerichtshofes* vom 29.10.96 [AZ: III CZP 57/96] (MoP 7/97, S. 281 f.).

[102] Art. 111 HypG.

[103] Art. 777 KPC, Art. 96 Abs. 1 BankG..

[104] Art. 53 Abs. 2 BankG a.F. Diese Norm hat das Verfasssungsgericht unter der Einschränkung für verfassungskonform erklärt, daß die Bank die Forderung nicht durch Abtretung von einem „Nichtbanksubjekt" erhalten hat, *Entscheidung des Verfassungsgerichts* vom 16.05.95 [AZ: K 12/93] (Pr. Bank. 3/95, S. 23); *Fojcik-Mastalska,* PGOW 3/96, S. 9 ff; *Osada,* S. 124; *Pisuliński,* PB 1/98, S. 83 ff, S. 83 f. Anders: *Beschluß des Obersten Gerichtshofes* vom 25.03.92 [AZ: III CZP 20/92] (OSP 1/94, Pos. 3); *Bączyk,* OSP 1/94, S. 10 ff; *Opoka,* Glosa 5/95, S. 4 ff, S. 5 ff. Kritisch: *Leśniak,* Rejent 7-8/95, S. 53 ff, S. 83; *Pisuliński/Skąpski,* KPP 4/96, S. 747 ff, S. 762.

[105] Art. 97 Abs. 3 BankG.

[106] *Pawłaszcze,* PPH 3/98, S. 19 ff, S. 19.

Bankvollstreckungstitel dürfen nur für Forderungen aus „Bankgeschäften" erstellt werden[107]. Pisuliński[108] legt den Begriff „Bankgeschäft" eng aus. Bankgeschäft im Sinne des Art. 97 BankG seien nur die „natürlichen Bankgeschäfte" (Geschäfte, die nur eine Bank vornehmen kann) und nicht die „funktionalen Bankgeschäfte" (Geschäfte, die nicht nur eine Bank vornehmen kann). Diese Einschränkung ist weder dem Wortlaut noch dem Sinn und Zweck des Art. 97 BankG zu entnehmen.

Grundsätzlich berechtigt der Bankvollstreckungstitel eine Banken nur in das Vermögen des Schuldners vollstrecken, der mit der Bank das „Bankgeschäft" unmittelbar geschlossen hat. Übernimmt ein Dritter die Schuld aus dem Bankgeschäft, berechtigt der Bankvollstreckungstitel, in das Vermögen des Übernehmers zu vollstrecken. Erbt ein Dritter die Schuld oder wandelt sich der Schuldner in eine andere Person um oder wird eine Zwangsvollstreckung in das gemeinsame Vermögen von Ehegatten erforderlich, berechtigt der Bankvollstreckungstitel zur Vollstreckung in das Vermögen dieser Personen, wenn sich die Volltreckungsklausel gegen diese Personen richtet. Die Zwangsvollstreckung aus einem Bankvollstreckungstitel ist unzulässig, wenn sich der Schuldner nicht schriftlich der Zwangsvollstreckung aus dem Bankvollstreckungstitel unterworfen hat. Die Unterwerfungserklärung soll einen Höchstbetrag, bis zu dem sich der Schuldner der Vollstreckung unterwirft, und einen Endtermin, bis zu dem die Bank berechtigt sein soll, sich einen Bankvollstreckungstitel auszustellen, enthalten[109].

3. Eintragung

Der Gläubiger muß die Eintragung der Zwangs- oder Arresthypothek beantragen. Die Zwangshypothek kann nur an einem Grundstück des im Vollstreckungstitel erwähnten Schuldners bestellt werden[110]. Seine Zustimmung ist nicht erforderlich. Ist der Schuldner Eigentümer mehrerer Grundstücke, so kann sich der Gläubiger aussuchen, auf welchem Grundstück seine Hypothek entstehen soll. Eine Gesamt- oder Generalhypothek an mehreren Grundstükken zu errichten, ist trotz des (nicht eindeutigen) Wortlauts nicht zulässig[111].

---

[107] Art. 97 Abs. 1 BankG. Der Begriff „Bankgeschäft" ist in Art. 5 BankG definiert. Zum alten Recht: *Urteil des Obersten Gerichtshofes* vom 15.02.95 [AZ: II CRN 165/94] (OSN 2/96, Pos. 14); *Osada,* S. 124. *Pisuliński,* PB 1/98, S. 83 ff, S. 84.

[108] PB 1/98, S. 83 ff, S. 85 f.

[109] Zum Vorstehenden: Art. 97 f. BankG.

[110] *Rudnicki*, PS 10/95, S. 101 ff. Nach einem *Beschluß des Obersten Gerichtshofes* vom 26.4.95 [AZ: III CZP 48/95] kann eine Zwangshypothek an einem Grundstück erworben werden, das Vermögensbestandteil einer ehelichen Gütergemeinschaft ist und zwar auch dann, wenn im Vollstreckungstitel lediglich einer der beiden Ehegatten als Schuldner aufgeführt ist. Ausführlich: *Strus-Wołos*, Palestra 1-2/96, S. 208 ff und bei *Filcek*, PS 4/96, S. 37 ff. Einführend: *Krogulec*, Rejent 11/94, S. 67 ff.

[111] Nach Art. 109 HypG kann der Gläubiger auf allen Grundstücken des Schuldners eine Hypothek erlangen. Hiermit soll Recht ausgedrückt werden, sich das „beste"

4. Bedeutung der Forderung

Die Zwangshypothek besteht nur, wenn die Forderung besteht. Bei der gewöhnlichen Zwangshypothek wurde durch das Urteil allerdings rechtskräftig festgestellt, daß die Forderung besteht. Der Schuldner kann sich also nur auf Unwirksamkeitsgründe berufen, die nach Rechtskraft eingetreten sind.

VII. Umwandlung

Die Umwandlung setzt einen „Umwandlungsvertrag" zwischen Eigentümer und Hypothekar und Eintragung voraus[112]. Die Zustimmung der im Rang gleich- oder nachstehend Berechtigten ist nicht erforderlich[113]. Die Umwandlung von Grundpfandrechten ist kein Erwerbsvorgang, sondern eine Inhaltsänderung. Rechtsinhaber und Rang bleiben gleich.

Die Umwandlung von Grundpfandrechten ist nach deutschem Recht vielfältig. Drei Formen der Umwandlung sind zu unterscheiden. Die erste Form betrifft die Art des Grundpfandrechts: Grundschuld in Hypothek oder Rentenschuld[114]. Die zweite Form betrifft die Art der Hypothek: Gewöhnliche Hypothek in Sicherungshypothek oder Höchstbetragshypothek[115]. Die dritte Form betrifft die Übertragungsmodalität: Buch- in Briefgrundpfandrecht[116].

Das polnische Recht kennt nur die Umwandlung innerhalb der Hypothekenarten. Dies liegt daran, daß das polnische Recht die Grundpfandrechte nicht so facettenreich ausgestaltet hat, wie das deutsche Recht. Es gibt nur eine Art der Grundpfandrechte - in der Gestalt der Hypothek - und nur eine Über-

---

Grundstück für seine Hypothek auszusuchen, ausführlich *Rudnicki*, HypG, Art. 109-112 HypG Anm. 6, S. 269 f; *Tracz/Cierpial/Thurner, W*iRO 3/97, S. 86 ff, S. 88.

[112] Art. 108 S. 2 HypG iVm Art. 248 § 1 KC. Nach Piasecki, HypG, Art. 70 HypG Anm. 1, S. 159 soll Art. 70 HypG dem Art. 248 § 1 KC als Sondervorschrift vorgehen. Das ist falsch. Die Regelungsgehalte beider Vorschriften unterscheiden sich grundlegend: Art. 248 KC betrifft die Inhaltsänderungen, die das dingliche Recht unmittelbar betreffen; Art. 70 HypG betrifft die Inhaltsänderungen, die am dinglichen Recht mittelbar dadurch eintreten, daß die gesicherte Forderung geändert wird („Inhaltsänderung durch Akzessorietät").

[113] Art. 108 S. 3 HypG.

[114] Oder umgekehrt, §§ 1198, 1203 BGB.

[115] §§ 1186, 1190 Abs. 3 BGB. Wird eine Sicherungshypothek in eine gewöhnliche Hypothek umgewandelt, ist eine Buchhypothek als gewollt anzunehmen, wenn die Aufhebung des Briefausschlusses nicht erkennbar ist, so *Palandt/Bassenge* BGB § 1186 Rn. 2 (Anm. 2a).

[116] Oder umgekehrt, §§ 1116 Abs. 3, 1116 Abs. 2 BGB.

tragungsmodalität - Grundbuch und kein Brief. Das polnische Recht enthält daher nur zwei Umwandlungsvorschriften: Die Umwandlung von einer Kautionshypothek in eine gewöhnliche Hypothek[117] und von einer Gesamthypothek in mehrere Einzelhypotheken[118].

Die Umwandlung einer Kautionshypothek in eine gewöhnliche Hypothek wirkt sich nicht auf den Haftungsumfang bezüglich der Forderungszinsen oder der Verfahrenskosten aus, da bei der Kautionshypothek Zinsen und Kosten nur dann vom Haftungsumfang erfaßt sind, wenn sie von der Höchstsumme der Hypothek gedeckt sind[119]. Bei der gewöhnlichen Hypothek werden gesetzliche Zinsen und Verfahrenskosten ohne besondere Eintragung ins Grundbuch und ohne Rücksicht auf die Kapitalsumme erfaßt[120]. Die Umwandlung einer Kautionshypothek in eine gewöhnliche Hypothek würde also in bezug auf diese Posten zu einer Schlechterstellung der gleich- oder nachrangigen Gläubiger führen, da sie bei einer Kautionshypothek nur die genannte Höchstsumme als vorrangig zu akzeptieren haben. Die Nichterstreckung der Umwandlungswirkung auf die Zinsen und Verfahrenskosten ist also eine sinnvolle Schutzvorschrift für die gleich- und nachstehenden Hypothekengläubiger.

B. Pfandrecht an Sachen

I. Rechtsgeschäftlicher Ersterwerb

1. Allgemein

Ein Pfandrecht entsteht durch Verpfändungsvertrag und Besitzübertragung[121].

---

[117] Oder umgekehrt, Art. 108 S. 1 HypG.

[118] Art. 76 Abs. 2 S. 2 HypG, *Tracz/Cierpiał/Thurner, Wi*RO 3/97, S. 86 ff, S. 88.

[119] Art. 108 S. 4 iVm Art. 104 HypG. Auch eine Kautionszwangshypothek kann in eine gewöhnliche Hypothek umgewandelt werden, *Polak/Scheuring*: HypG, Anm. 3 zu Art. 108, S. 76.

[120] Art. 69 HypG, ausführlich: *Polak/Scheuring*: HypG, Anm. zu Art. 69, S. 50. Zum Schutz gleich- oder nachrangiger Hypothekengläubiger umfaßt der Haftungsumfang bei der Verteilung aber nur die Zinsen für die letzten beiden Jahre vor der Zwangsvollstreckung und die Verfahrenskosten nur bis zu einer Höhe von 10 % der Kapitalsumme, Art. 1025 § 3 S. 2 KPC. Die verbleibenden Zinsen und Kosten werden nachrangig befriedigt, Art. 1025 § 3 S. 3 KPC.

[121] Art. 307 KC. Zur Frage, ob das Pfandrecht die Sache, oder das Eigentumsrecht des Verpfänders belastet, *Karasek*, KPP 3/98, S. 457 ff, S. 459 ff. *Leśniak*, Rejent 7-8/95, S. 53 ff, S. 59 ff; *Skąpski*, SC 8/66, S. 143 ff, S. 173 ff. Zur Frage, ob Belastungsgegenstand eines Pfandrechts eine Sache sein kann, in die nicht vollstreckt

2. Verpfändungsvertrag

Der Verpfändungsvertrag ist, sofern nicht ein verpflichtend-verfügender Vertrag vorliegt, ein kausaler Verfügungsvertrag[122]. Er kann bedingt oder befristet sein[123].

Eine besondere Form ist nicht vorgeschrieben. Ist der Vertragswert höher als PLN 2000,00, muß die Schriftform ad probationem eingehalten werden[124]. Der Vertragswert wird nach dem Sachwert oder nach dem Forderungswert bestimmt. Der Vertragswert bestimmt sich nach dem Sachwert, wenn der Wert der gesicherten Forderung (Forderungswert) den Sachwert übersteigt. Übersteigt der Sach- den Forderungswert, so bestimmt sich der Vertragswert nach dem Forderungswert[125].

Der Pfandgläubiger kann an der Verteilung des Vollstreckungserlöses aber nur teilnehmen, wenn er sein Pfandrecht mit einem behördlichen[126] oder privaten Dokument nachweisen kann[127]. Das private Dokument muß schriftlich errichtet worden sein, den Willen der Vertragsparteien über die Bestellung des Pfandrechts eindeutig enthalten[128], und die Unterschriften müssen behördlich beglaubigt sein.

---

werden darf, *Karasek*, KPP 3/98, S. 457 ff, S. 467 f; *Skąpski*, SC 8/66, S. 143 ff, S. 182 f. Dem polnischen Recht ist ein Pfändungspfandrecht nicht bekannt, *Wengerek* II, Art. 848 KPC, Anm. 2, S. 20.

[122] *Skąpski*, NP 4/67, S. 486 ff, S. 487 m.w.N; *Wąsiewicz*, System II, S. 609; *Pietrzykowski/Szachułowicz*, KC, Art. 307 Anm. 1, S. 510 f.

[123] Art. 245 iVm 155 f KC. Ein Pfandrecht kann nach Eröffnung des Konkurses nicht mehr wirksam erworben werden, Art. 27 polnKO.

[124] Art. 75 § 1 KC. Wird die Schriftform ad probationem nicht eingehalten, kann sich auch eine Person auf die Verletzung der Schriftform berufen, die nicht Partei des Verpfändungsvertrages ist, *Skąpski*, NP 4/67, S. 486 ff, S. 490 mit Hinweisen zum französischen Recht (Art. 2074 code civil).

[125] *Skąpski*, NP 4/67, S. 486 ff, S. 488; *KKC/Rudnicki*, Art. 307 KC, Anm. 1, S. 364; *KCK/Majorowicz*, Anm. zu Art. 307 KC, S. 753; *Pietrzykowski/Szachułowicz*, KC, Art. 307 Anm. 4, S. 511. Nach einer anderen Ansicht ist immer der Wert der belasteten Sache ausschlaggebend, Nachweise bei *Skąpski*, NP 4/67, S. 486 ff, S. 488 (Fn. 8).

[126] Art. 1030 KPC enthält den Begriff „öffentliches Dokument". Dieser Begriff ist der polnischen Zivilprozeßordnung (KPC) ansonsten unbekannt. Gemeint ist „behördliches Dokument" im Sinne des Art. 244 KPC. Der Begriff des öffentlichen Dokuments war in den älteren Fassungen der polnischen Zivilprozeßordnung noch enthalten, *Wengerek* II, Art. 1030 Anm. 4, S. 355.

[127] Art. 1034 iVm 1030 KPC, *Skąpski*, NP 4/67, S. 486 ff, S. 490 f.

[128] *Wengerek* II, Art. 1030 Anm. 4, S. 355.

Der Verpfänder ist in der Regel Eigentümer der verpfändeten Sache[129]. Eigentümer und Verpfänder sind verschieden, wenn ein Nichtberechtigter das Pfand bestellt hat und der Erwerber es gutgläubig erworben hat[130] oder wenn ein Nichteigentümer im eigenen Namen - aber auf Rechnung des Eigentümers - das Pfand bestellt hat.

3. Besitzübertragung

Die zweite Voraussetzung einer wirksamen Pfandbestellung ist die Besitzübertragung[131]. Sie soll das Sicherungsverhältnis - gleich der Eintragung bei der Hypothek - offenkundig machen, so daß andere Gläubiger des Schuldners nicht über die Kreditwürdigkeit getäuscht werden. Doch auch in Polen ist der Kreditverkehr in die „heimliche Sicherungsübereignung" geflüchtet.

Die Besitzübergabe erfordert Übergabe der Sache an den Pfandgläubiger oder an einen Dritten, auf den sich die Parteien geeinigt haben. Dritter ist, wer nicht Fremdbesitzer oder Gewahrsamsinhaber des Pfandgläubigers oder des Verpfänders ist. Eine Besitzübergabe an den Pfandgläubiger liegt daher auch dann vor, wenn die Pfandsache einem „Fremdbesitzer" oder Gewahrsamsinhaber des Pfandgläubigers übergeben wird. Befindet sich die Sache bereits im Gewahrsam (*dzierżenia*) des Gläubigers, so genügt für die Bestellung des Pfandrechts der Vertrag[132].

Strittig ist, ob die Besitzübergabe eine Einigung der Parteien über den Übergang des Besitzes voraussetzt. Die Befürworter weisen daraufhin, daß das Vertragserfordernis in den Art. 350 und 351 KC erwähnt wird[133]. Die Besitzübergabe würde demzufolge Geschäftsfähigkeit voraussetzen und Fehler bei der Willensbildung würden sich unmittelbar auswirken[134]. Die Gegner dieser Auffassung lassen den faktischen Sachherrschaftswillen genügen[135]. Diese

---

[129] Bzw. der Verfügungsberechtigte, *Grzybowski,* S. 161.

[130] *Skąpski*, NP 4/67, S. 486 ff, S. 487; *Skąpski*, SC 8/66, S. 143 ff, S. 151.

[131] Art. 307 KC. Das Schiffspfand wird durch Eintrag ins Schiffsregister bestellt, Art. 61 iVm. 20 § 1 Nr. 8 SeeG.

[132] Ist der Pfandgläubiger vor Pfandrechtsbestellung reiner Gewahrsamsinhaber, tritt durch die Pfandrechtsbestellung neben dem Gewahrsam noch der abhängige Besitz. Es ändert sich die Willensrichtung des Pfandgläubigers: Er besitzt nun auch „cum animo rem sibi habendi". Ist er bereits abhängiger Besitzer (z.B. Mieter des Verpfänders), tritt neben das erste Rechtsverhältnis kraft dessen er eine beschränkte Herrschaft über die Sache ausübt, noch ein zweites Herrschaftsverhältnis (Pfandrechtsverhältnis). Die Willensrichtung braucht sich aber nicht zu ändern.

[133] *KCK/Ignatowicz*, Anm. 1 zu Art. 348 KC, S. 811.

[134] *KKC/Rudnicki.*, Art. 348 - 351 KC, Anm. 2, S. 400 f.

[135] *Ignatowicz*, S. 304 f.

Ansicht ist vorzugswürdig. Der Besitz ist ein tatsächliches Herrschaftsverhältnis. Für seine Begründung muß der tatsächliche Wille ausreichen. Auch weist die Erwähnung des Vertragserfordernisses in den Art. 350 und 351 KC darauf hin, daß bei der Besitzübergabe durch Verschaffung der tatsächlichen Sachherrschaft dieses Erfordernis gerade nicht erforderlich ist. Auch der Unterschied zwischen der Besitzübergabe durch Übertragung der Sache und der Besitzübergabe in den Fällen der Art 350, 351 KC gegen ein Vertragserfordernis. In den Fällen des Art. 350, 351 KC handelt es sich um „nicht spürbare Veränderungen" an den Besitzverhältnissen für den früheren Besitzer. Es fehlt also ein faktisches Element, welches den Verlust des Besitzes für den Besitzer spürbar macht. Diese Warnfunktion übernimmt der Vertrag.

Der Übergabe der Sache stehen gleich: die Übergabe von Papieren, die die Verfügung über die Sache ermöglicht *(Traditionspapiere)* und die Übergabe von Mitteln, die die Ausübung der tatsächlichen Herrschaft über die Sache ermöglicht[136]. Nicht ausreichend für eine Besitzübertragung ist die Begründung eines Besitzkonstituts zwischen Verpfänder und Pfandgläubiger[137].

Beispiel: Der Verpfänder übergibt seine Lagerschlüssel dem Pfandgläubiger, hält aber einen Schlüssel heimlich zurück.

Durch das heimliche Zurückhalten der Schlüssel ist zwischen Verpfänder und Pfandgläubiger schlichter Mitbesitz[138] an der Sache entstanden. Dies reicht für eine wirksame Pfandrechtsbestellung nicht aus. Der Zweck der Besitzübergabe *(Schutz von Drittgläubigern)* erfordert, daß der Verpfänder keine Einwirkungsmöglichkeit auf die Sache behält[139].

Befindet sich die Sache im Gewahrsam eines Dritten, soll eine Pfandrechtsbestellung allein durch Vertrag und durch Einigung der Parteien auf diesen Dritten nach einer Mindermeinung möglich sein[140]. Dem Wortlaut des Gesetzes ist dies nicht zu entnehmen. Art. 307 § 2 KC verlangt Gewahrsam des Gläubigers. Die Mindermeinung begründet ihre Auffassung damit, daß die Art. 350 und 351 KC auf die Übergabe der Pfandsache an den Pfandgläubiger oder einen Dritten nach Art. 307 § 1 KC entsprechend anzuwenden sind[141].

---

[136] Art. 348 KC.

[137] *Grzybowski*, S. 161.

[138] Zum schlichten und qualifizierten Mitbesitz, *Ignatowicz*, S. 287.

[139] *Westermann/Gursky*, § 128 II 1a, S. 896 f. verweist zu Recht auf das Veranlassungsprinzip. Im Verhältnis zwischen Pfandgläubiger und Drittem ist der Schutz des Dritten vorzugswürdig, da nicht er, sondern der Pfandgläubiger auf die Worte des Verpfänders vertraut hat.

[140] *KKC/Rudnicki*, Art. 307 KC, Anm. 2, S. 364.

[141] *KKC/Rudnicki*, Art. 307 KC, Anm. 2, S. 364.

Der Besitz könne daher allein durch einen Vertrag übertragen werden, wenn sich die Sache im Gewahrsam oder abhängigen Besitz eines Dritten befinde[142]. Erforderlich sei nur die Einigung der Pfandrechtsparteien, der Dritte solle den Besitz für den Pfandgläubiger ausüben.

Fraglich ist aber, ob die Art. 350, 351 KC überhaupt im Rahmen des Art. 307 § 1 KC anwendbar sind. Dies hängt von der Beantwortung zweier Fragen ab. Zum einen betreffen die Art. 350, 351 KC nur die Übertragung des Eigenbesitzes[143]. Weder der Verpfänder noch der Pfandgläubiger übertragen aber Eigenbesitz auf den Dritten, sondern lediglich Fremdbesitz. Fraglich ist also, ob die Art. 350, 351 KC analog auf die Übertragung von Fremdbesitz anwendbar sind. Zum anderen ist fraglich, ob Art. 307 § 1 KC überhaupt auf die Art. 350, 351 KC verweist.

Art. 350, 351 KC sind analog auf die Übertragung von Fremdbesitz anwendbar. Die Voraussetzungen der Analogie (Vergleichbarkeit der Sachverhalte und unbewußte Regelungslücke) sind gegeben. Die Übertragung von Eigenbesitz oder von Fremdbesitz an einen reinen Gewahrsamsinhaber sind vergleichbar. In beiden Formen wird der Besitz durch einen Vertrag begründet: Bei der Eigentumsübertragung regelmäßig durch einen verpflichtend-verfügenden Kauf-, Tausch oder Schenkungsvertrag und bei den Formen des abhängigen Besitzes durch einen Miet-, Leih- oder Pfandvertrag. Die unbewußte Gesetzeslücke ergibt sich aus der stiefmütterlichen Behandlung des Fremdbesitzes[144].

Die Möglichkeit der analogen Anwendung der Art. 350, 351 KC auf den abhängigen Besitz sagt nichts darüber aus, ob Art. 307 § 1 KC auf diese Normen verweist. Art. 307 § 1 KC spricht eindeutig von Übergabe der Sachen (wydanie rzeczy) und nicht von Übertragung des Besitzes (przeniesienie posiadania). Art. 307 § 1 KC verweist also nur auf eine Unterform der Besitzübertragung (Sachübergabe)[145]. Da Art. 307 § 1 KC von Übergabe der Sache und nicht von Übertragung des Besitzes spricht, liegt kein Verweis auf die Art. 350 f KC vor. Art. 307 § 1 KC schränkt also die Möglichkeiten der Besitzübertragung bei der Pfandrechtsbestellung ein[146].

Dieses Ergebnis läßt sich mit Art. 307 § 2 KC begründen. Nach Art. 307 § 2 KC genügt zur Pfandrechtsbestellung allein der Vertrag, wenn der Gläubiger den Gewahrsam über die Sachen innehat. Diese Norm wäre bei Anwendung der Besitzübertragungsformen nach Art. 350, 351 KC sinnlos, da sich ihre Zulässigkeit bereits aus Art.

[142] Art. 351 KC.

[143] Im Gegensatz zu Art. 348 KC.

[144] Zur analogen Anwendung des Art. 337 KC auf den abhängigen Besitz, *Entscheidung des Obersten Gerichts* vom 19.11.93 [AZ: II CRN 130/93].

[145] Art. 348 S. 1 KC.

[146] Art 349 KC (Besitzkonstitut) ist auf die Pfandrechtsbestellung nicht anwendbar, *KKC/Rudnicki*, Art. 307 KC, Anm. 2, S. 364.

307 § 1 KC iVm Art. 351 KC ergeben würde. Einen eigenständigen Sinn erhält sie nur bei wortgetreuer Auslegung. Insoweit erweitert Art. 307 § 2 KC die Möglichkeiten, ein Pfandrecht zu bestellen.

Reformpolitisch kann man aber fragen: Warum kann ein Pfandrecht nicht bestellt werden, wenn ein Dritter Gewahrsam an der Pfandsache hat? Möglich ist doch, ein Pfandrecht zu bestellen, indem die Sache dem Dritten übergeben wird. In beiden Fällen erhält der Dritte den abhängigen Besitz. Doch besteht ein wesentlicher Unterschied. Übergibt der Eigentümer die Sachen dem Dritten, so ergibt sich aus dem Rechtsschein des Besitzes für den Pfandgläubiger die Macht des Eigentümers zur Belastung der Sache. Ähnlich, wenn der Gläubiger den Gewahrsam bereits hat. In diesem Fall weiß er selbst, daß er für den Verpfänder-Eigentümer die tatsächliche Herrschaft über die Sache ausübt. Hat aber ein Dritter die Sache im Gewahrsam, so ist für den Gläubiger die Belastungsmacht des Eigentümers/Verpfänders nicht ersichtlich. Hierauf soll der Gläubiger nicht vertrauen dürfen. Erforderlich ist, die Sache an den Eigentümer zurückzugeben, um die Sachen wieder an den Dritten herauszugeben[147]. Erst hierdurch wird die Verfügungsmacht des Verpfänders offenkundig.

Die Argumentation mit dem nicht schützenswerten Vertrauen betrifft nur den Ausschluß des gutgläubigen Erwerbs vom Verpfänder, wenn ein Dritter Besitzer der Sache ist. In diesem Fall ist das Vorliegen des Rechtsscheintatbestandes „Besitz“ unumgängliche Voraussetzung für die Begründung eines Pfandrechts im Wege des gutgläubigen Erwerbs. Sofern aber der Verpfänder wirklicher Eigentümer der Sache ist, so ist ein Vertrauen des Gläubigers auf einen Rechtsschein irrelevant, da es sich beim Erwerb vom Berechtigten überhaupt nicht um einen Fall des Vertrauensschutzes handelt. Insoweit dürfte *„de lege ferenda“* der Zulassung der Pfandrechtsbestellung ohne Erfordernis der Besitzübertragung bei bereits bestehenden Gewahrsam eines Dritten nichts im Wege stehen.

4. Bedeutung der Forderung

Das Pfandrecht entsteht, wenn die zu sichernde Forderung besteht. Es kann künftige und bedingte[148] Forderungen absichern. In diesem Fall entsteht das Pfandrecht sofort, obwohl die zu sichernde Forderung noch nicht besteht[149].

---

[147] Ebenfalls möglich ist die Übergabe der Sache direkt an den Gläubiger auf Anweisung des Eigentümers, da auch hierdurch die Belastungsmacht kundgetan wird.

[148] Unter bedingter Forderung im Sinne des Art. 306 § 2 KC ist nur die aufschiebend und nicht die auflösend bedingte Forderung zu verstehen, *KCK/Majorowicz*, Anm. 3 zu Art. 306 KC, S. 750.

[149] *Pyziol*, S. 109 ff, S. 113. Dies kann den „Rangentstehungsvorschriften“ (Art. 310 KC iVm Art. 306 § 2 KC) entnommen werden. Für die Priorität ist der Zeitpunkt der Pfandrechtsbestellung und nicht der Zeitpunkt der Forderungsentstehung maßgeblich. Eindeutiger: § 1209 BGB. *Skąpski*, SC 8/66, S. 143 ff, S. 152 spricht in diesem Zusammenhang vom „vorübergehend unabhängigen“ (nichtakzessorischen) Pfandrecht.

Der Grundsatz der Akzessorietät wird zugunsten des Sicherungszwecks durchbrochen[150].

Beispiel: A gibt dem B ein Darlehen über 10.000,00 PLN. Zur Sicherung des vertraglichen Rückzahlungsanspruchs wird ein Pfand bestellt. Noch vor Rückzahlung stellt sich heraus, daß der Darlehensvertrag von Anfang an unwirksam war.

Der vertragliche Rückzahlungsanspruch besteht nicht. Das Pfandrecht dürfte nicht entstanden sein. Statt des vertraglichen Rückzahlungsanspruchs ist aber ein Bereicherungsanspruch[151] entstanden. Der Bereicherungsanspruch könnte anstelle des vertraglichen Rückzahlungsanspruchs die gesicherte Forderung sein. Dieses Ergebnis läßt sich mit einer ergänzenden Vertragsauslegung begründen. Verträge sind in erster Linie nach der übereinstimmenden Absicht und dem Vertragszweck und erst in zweiter Linie nach dem Vertragswortlaut auszulegen[152]. Vertragszweck und übereinstimmende Absicht war die Sicherung der Rückzahlung der geleisteten Summe Geld. Eine Begrenzung auf nur den vertraglichen Rückzahlungsanspruch ist nicht anzunehmen, da Geschäftsleute nicht in juristischen Kategorien denken, sondern den wirtschaftlichen Erfolg - die Sicherung - herbeiführen wollen[153]. Neben der Möglichkeit der Auslegung besteht auch nach polnischem Recht die Möglichkeit der Umdeutung[154]. Sofern also ein nichtiger Vertrag in einen gültigen umgedeutet werden kann, sichert das Pfand die aus diesem Vertrag entspringende Forderung.

Das Pfandrecht kann Geld- und Nichtgeldforderungen absichern. Die Verwertung des Pfandes im letzteren Falle ist aber erst dann möglich, wenn die Forderung sich in eine Geldforderung umgewandelt hat[155]. Ein Pfandrecht kann nicht für Forderungen ohne Erfüllungszwang bestellt werden[156].

---

[150] *Ignatowicz*, S. 266. *Mojak*, Rejent 10/94, S. 100 ff, S 101; *Westermann/Gursky*, § 128 III 2, S. 901.

[151] Art. 405 BGB.

[152] Art. 65 § 2 KC.

[153] *Westermann/Gursky*, § 128 III 1, S. 900 f.

[154] *Radwański*, AT, S. 284 f., Rn. 763; *Grzybowski*, System I, S. 596; für den vergleichbaren Fall der Bürgschaft: *Szpunar*, Palestra 11-12/92, S. 22 ff, S. 24.

[155] *Grzybowski*, S. 157; *KKC/Rudnicki*, Art. 306 KC, Anm. 3, S. 362; *KCK/Majorowicz*, Anm. 3 zu Art. 306 KC, S. 749.

[156] *Skąpski*, SC 8/66, S. 143 ff, S. 164.

Dies soll auch für verjährte Forderungen gelten[157]. Diese Auffassung ist falsch. Der Verpfänder hat, wenn er gleichzeitig der persönliche Schuldner ist, auf die Einrede der Verjährung verzichtet[158], weil er ein Pfandrecht bestellt hat. Die Forderung ist also wieder einklagbar. Ein Pfandrecht kann daher bestellt werden. Diese Auffassung läßt sich auch mit einem Vergleich zu der Pfandrechtsbestellung für eine noch nicht verjährte Forderung begründen, die vor Pfandverwertung verjährt. In diesem Fall darf sich der Verpfänder ebenfalls nicht auf die Verjährung berufen[159]. Das Pfandrecht ist also ein von der Verjährung der Hauptforderung unabhängiges Recht. Die Verjährung der Hauptforderung nimmt daher keinen Einfluß auf die Wirksamkeit der Pfandrechtsbestellung.

Die Forderung muß bestimmt sein. Bei künftigen Forderungen muß bestimmt sein, aus welcher Rechtsbeziehung die Forderung entstehen wird[160], so daß zweifelsfrei festgestellt werden kann, ob es sich um die Pfandforderung handelt.

5. Gutgläubiger Ersterwerb

Die Voraussetzungen des gutgläubigen Erwerbs entsprechen den allgemeinen Grundsätzen. Erforderlich ist Besitz des Verpfänders, Inbesitznahme der Pfandsache und Gutgläubigkeit[161]. Der gute Glaube des Pfandgläubigers muß im Zeitpunkt des Vertragsschlußes und bei der Übergabe der Sache bestehen[162]. Der gutgläubige Pfandrechtserwerb an abhandengekommenen Sachen ist möglich. Das Pfandrecht kann aber erst drei Jahre nach Abhandenkommen der Sache gutgläubig erworben werden[163]. Soll ein Pfandrecht an einer abhandengekommenen Sachen gutgläubig erworben werden, muß der gute Glaube nicht nur bei Vertragsschluß und Übergabe, sondern auch beim Ablauf der Dreijahresfrist vorliegen.

---

[157] *KCK/Majorowicz*, Anm. 3 zu Art. 306 KC, S. 750; *Skąpski*, SC 8/66, S. 143 ff, S. 164.

[158] Art. 117 § 2 KC.

[159] Art. 317 KC.

[160] *Pyzioł*, S. 109 ff, S. 115 verlangt die genaue Bestimmung der zukünftigen Forderung.

[161] Zu den Anforderungen an den guten Glauben, wenn eine Bank Pfandgläubiger ist: *Urteil des Obersten Gerichtshofes* vom 12.12.1997 [AZ: II CKN 509/97] (OSNIC 1997, Pos. 104)

[162] *KKC/Rudnicki*, Anm. zu Art. 309 KC, S. 366.

[163] Art. 309 iVm Art 169 § 2 S. 1 KC.

II. Rechtsgeschäftlicher Nachfolgeerwerb

1. Allgemein

Ein Pfandgläubiger kann sein Pfandrecht übertragen. Voraussetzung hierfür ist die Abtretung der Forderung. Sie allein bewirkt den Übergang des Pfandrechts[164]. Eine isolierte Übertragung des Pfandrechts ist nicht möglich[165]. Sofern die Forderung unter Ausschluß des Pfandes abgetreten wird, erlischt das Pfand[166].

2. Kein Erfordernis der Besitzübertragung

Der Nachfolgeerwerb ist unabhängig von einer Besitzübertragung. Es kann also ein besitzloses Pfandrecht entstehen. Dies ist kein Verstoß gegen das Prinzip des Besitzpfandrechts. Dies soll nur den Besitz des Eigentümers und damit seine Machtposition über die Sache ausschließen[167]. Es verlangt aber nicht, daß der Pfandgläubiger im Besitz der Sache ist. Die Zuordnung des Pfandrechts an den Pfandgläubiger braucht nicht offengelegt zu werden[168]. Der Erwerber einer pfandrechtlich gesicherten Forderung hat aber einen Anspruch auf Herausgabe der Sache[169]. Dieser Anspruch ist vom Einverständnis des Eigentümers abhängig. Verweigert der Eigentümer die Zustimmung, kann der Erwerber die Hinterlegung der Sache bei Gericht verlangen[170].

3. Kein gutgläubiger Nachfolgeerwerb

Ein nicht bestehendes Pfandrecht kann nicht gutgläubig von einem scheinbaren Pfandgläubiger erworben werden. Dies liegt an der Ausgestaltung des Nachfolgeerwerbs. Er richtet sich nach Zessionsrecht, das grundsätzlich keinen gutgläubigen Erwerb kennt. Daneben ist zur Übertragung eines Pfand-

---

[164] Art. 323 § 1 S. 1 KC; *Mojak*, Palestra 4/86, S. 33 ff.

[165] Art. 323 § 2 KC.

[166] Art. 323 § 1 S. 2 KC. Die isolierte Abtretung einer hypothekarisch gesicherten Forderung ist nicht möglich, Art. 79 Abs. 1 KC. Um die Forderung abtreten zu können, muß die Hypothek in eine Kautionshypothek umgewandelt werden. Mit dieser Regelung wird verhindert, daß das Grundbuch unrichtig wird.

[167] Es soll der unrichtige Schein der vollen Rechtsmacht des Eigentümers vermieden werden, *Westermann/Gursky*, § 132 I 1, S. 929.

[168] *Westermann/Gursky*, § 132 I 1, S. 929.

[169] Art. 324 S. 1 KC.

[170] Art. 324 S. 2 KC.

rechts die Besitzverschaffung nicht erforderlich. Gutgläubiger Erwerb verlangt aber neben dem Rechtsschein des Besitzes beim Veräußerer auch noch, daß dieser dem Erwerber den Besitz verschaffen kann. Erst hierdurch bewährt sich die durch den Besitz angenommene Rechtsmacht des Veräußerers für den Erwerber.

Darüber hinaus kennt das polnische Recht einen gutgläubigen Erwerb grundsätzlich nur bei rechtsgeschäftlichen Erwerbsvorgängen. Das Pfandrecht geht aber automatisch mit der Forderung und zwar ohne irgendeine Parteivereinbarung auf den Zessionar über. Ein rechtsgeschäftlicher Erwerbsvorgang liegt also nicht vor[171]. Gegen dieses Argument kann aber die Rechtslage bei der dem Pfandrecht in seiner dogmatischen Struktur verwandten Hypothek vorgebracht werden. Die Hypothek kann gutgläubig erworben werden, obwohl auch sie durch die Abtretung der Forderung - zusammen mit der Eintragung der Abtretung ins Grundbuch - automatisch übergeht. Der Unterschied liegt hier nur in dem Hinzutreten eines Rechtsscheinträgers. Hieraus wird ersichtlich, daß die Beschränkung auf rein rechtsgeschäftliche Erwerbsvorgänge nicht haltbar ist. Vielmehr ist gutgläubiger Erwerb prinzipiell möglich, wenn er unmittelbar durch ein Rechtsgeschäft erfolgt oder typische gesetzliche Folge eines rechtsgeschäftlichen Erwerbs ist. Gutgläubiger Nachfolgeerwerb ist daher - de lege ferenda - auch beim Pfandrecht denkbar. Problematisch ist die Suche nach einem Rechtsscheinsträger. Die tatsächliche Herrschaft über eine Sache ist nur eine Rechtsvermutung für das Eigentum[172]. Legt aber der nichtberechtigte Pfandgläubiger offen, daß er nicht Eigentümer, sondern nur ein - vermeintliches - Pfandrecht innehat, so verläßt sich der Erwerber gerade nicht auf die Rechtsscheinsposition des Besitzers, sondern auf sein Gerede[173]. Insoweit kann der gutgläubige Erwerber eines Pfandrechts keinen Schutz erwarten[174]. Soweit man den gutgläubigen Nachfolgeerwerb für wünschenswert hält, müßte die gesetzliche Vermutung des Besitzes auf beschränkt dingliche Rechte erweitert werden, die die tatsächliche Herrschaft über eine Sache voraussetzen[175].

III. Erwerb durch Gesetz

Gesetzliche Pfandrechte entstehen ohne Verpfändungsvertrag und Besitzübergabe. Sie entstehen, wenn die gesetzlichen Voraussetzungen erfüllt

---

[171] Art. 509 § 2 KC. Zum deutschen Recht, *Westermann/Gursky*, § 132 I 1, S. 930.

[172] Art. 339 iVm 336 Alt. 1 KC.

[173] *Flume*, § 42, 4c, S. 738.

[174] Für die Sicherungsübereignung: *Westermann/Gursky*, § 45 III 1 d, S. 368 f m.w.N.

[175] Das bereits jetzt die Rechtsvermutung des Art. 339 KC auf beschränkt dingliche Rechte anzuwenden ist, ist der Verweisvorschrift des Art. 251 KC nicht zu entnehmen. Diese Vorschrift verweist eindeutig nur auf die Artikel 222-231 KC, deren Abschnittsüberschrift: „Schutz des Eigentums“ lautet, *KCK/Ignatowicz*, Anm. zu Art. 251 KC, S. 682.

sind. Der gutgläubige Erwerb eines gesetzlichen Pfandrechts ist nicht möglich[176]. Gesetzliche Pfandrechte sind:

Pfandrecht an beschlagnahmten Tieren, die Schaden an einem Grundstück verursacht haben (Art. 432 § 2 KC), Pfandrecht einer Bank beim finanzierten Abzahlungskauf (Art. 588 § 2 KC), des Vermieters (Art. 670f, Art. 686 KC), des Verpächters (Art. 701, 694 iVm 670f KC), des Auftragnehmers beim Agenturvertrag (Agent) (Art. 764 KC), des Kommissionärs (Art. 773 KC), des Beförderers (Art. 790 KC), des Spediteurs (Art. 802 KC), des Hoteliers (Art. 850 KC), des Lagerunternehmens (Art. 857 KC), des Staates wegen Steuerverbindlichkeiten (Art. 41 ff. OP)[177], Pfandrecht nach dem SeeG (Art. 63 - 70, 173 § 1, 242, 250 § 2 SeeG) und schließlich noch das Surrogationspfandrecht (Art. 332 KC).

Besondere Beachtung verdient das Pfandrecht einer Bank beim finanzierten Abzahlungskauf. Dieses Pfandrecht entsteht, wenn eine bewegliche Sache an eine natürliche Person auf der Grundlage eines von der Bank zu diesem Zweck gewährten Kredits verkauft wurde, der Kredit in Raten abzahlbar ist und der Verkäufer die Sache dem Käufer vor der vollständigen Rückzahlung des Kredits übergeben hat[178]. Das Pfandrecht an der Kaufsache steht der Bank solange zu wie sich die Sache beim Käufer befindet[179]. Beim Surrogationspfandrecht wandelt sich ein Pfandrecht an einem Recht in ein Pfandrecht an einer Sache um. Voraussetzung hierfür ist, daß der Schuldner die mit dem Pfandrecht belastete Verbindlichkeit erfüllt. In diesem Fall erlangt der Pfandgläubiger an dem geleisteten Gegenstand ein Pfandrecht.

C. Registerpfandrecht

I. Allgemein

Registerpfandrechte haben in Polen eine lange Tradition[180]. Bereits in den Jahren 1928 - 1939 wurden vier verschiedene Registerpfandrechte eingeführt. Diese hatten nur einen begrenzten Anwendungsbereich. Es gab Registerpfandrechte für die Landwirtschaft[181], für die Holzwirtschaft[182], an Kraftfahrzeugen[183] und an bestimmten Maschinen und Geräten[184]. Diese Registerpfand-

---

[176] Dies ergibt sich aus dem Wortlaut des Art. 326 KC.

[177] *Skowrońska*, PUG 7-8/96, S. 37 ff, S. 37 f.

[178] Art. 588 § 1 KC.

[179] Art. 588 § 2 KC.

[180] Besitzlose Pfandrechte kennt auch das deutsche Recht: § 1 PachtkreditG.

[181] Verordnung des Präsidenten der Republik Polen vom 28.03.1928, Dz.U. 1928 Nr. 38, Pos. 360.

[182] Gesetz vom 14.03.1932, Dz.U. 1932 Nr. 31, Pos. 317.

[183] Gesetz vom 28.04.1938, Dz.U. 1938 Nr. 36, Pos. 302.

rechte wurden durch die Einführungsvorschriften zum Kodeks Cywilny aufgehoben[185]. Statt ihrer führte der Kodeks Cywilny das Bankregisterpfandrecht („KC-Registerpfandrecht") ein[186].

Das KC-Registerpfandrecht war also keine Errungenschaft der Marktwirtschaft. Es war vielmehr Ausdruck der Bevorrechtigung staatlicher Banken. Trotzdem war es - soweit es um den Verzicht auf das Besitzerfordernis geht - ein den Bedürfnissen der modernen Kreditwirtschaft angepaßtes Rechtsinstitut. Das KC-Registerpfandrecht war aber reformbedürftig. Zum einen lag dies an seiner fragmentarischen Regelung. Zum anderen an der Nichtöffentlichkeit des Pfandregisters. Schließlich fand das KC-Pfandregister kaum noch Beachtung. Dies war durch das Konkurrenzverhältnis zur Sicherungsübereignung durch die Gefahr des gutgläubig lastenfreien Erwerbs bedingt[187].

Das KC- Registerpfandrecht gehört seit dem 1. Januar 1998 der Rechtsgeschichte an[188]. An seine Stelle ist ein ausführlich geregeltes Registerpfandrecht („PfRG-Registerpfandrecht") getreten. Die zugrundeliegenden Regelungen wurden nicht in den Kodeks Cywilny eingefügt. Sie stellen ein eigenständiges Gesetz dar (Gesetz über das Registerpfandrecht und das Pfandrechtsregister[189]). Einen Vergleichsmaßstab zum Registerpfandgesetz bietet das von der European Bank for Reconstruction and Development herausgegebene Model Law on Secured Transaction (MLST)[190].

Die Kommission zur Reform des Registerpfandgesetzes wurde 1992 eingesetzt. Die lange Vorbereitungsdauer läßt auf die politische Brisanz der Reform schließen. Kontroversen gab es vor allem in drei Bereichen. Der Finanzminister verteidigte die Steuerprivilegien des Staatsschatzes, mit dem Justizminister mußte lange wegen der Organisation des neuzuschaffenden Pfandrechtsregisters verhandelt werden, und schließlich wollte die Lobby der Banken ihre Vollstreckungsprivilegien beibehalten.

---

[184] Gesetz vom 15.06.1939, Dz.U. 1939 Nr. 60, Pos. 394.

[185] Art. V Nr. 2 - 5 PWKC.

[186] Art. 308 KC a.F.

[187] Art. 170 KC. *Brol*, Zabezpieczenia wierzytelności pieniężnych, S. 13. *Manicka-Gołębiewska*, MoP 9/96, S. 284 ff, S. 285.

[188] Art. 52 iVm Art. 46 PfRG.

[189] Dz.U. 96 Nr. 149, Pos. 703. Auch in Deutschland gab es nach dem ersten Weltkrieg Bestrebungen, ein Registerpfandrecht einzuführen. Die Reformarbeiten reiften bis zu einem Gesetzesentwurf, *Drobnig*, S. 57 f. Zu den ersten Erfahrungen und Schwierigkeiten mit dem Pfandregister: *Strus*, PS 7-8/98, S. 29 ff.

[190] Das Sicherungsrecht heißt im MLST *„Charge"*. In Abgrenzung zum Registerpfandrecht wird dieser Ausdruck beibehalten.

Ziel der Neuregelung ist es, den Anwendungsbereich des Registerpfandrechts zu erweitern und die Nachteile der alten Regelung auszumerzen. So wurde der Kreis der Pfandgläubiger erweitert. Die absicherbare Forderungsart ist nicht mehr auf Kreditforderungen beschränkt. Pfandgegenstand sind nicht nur bewegliche Sachen, sondern auch veräußerbare Vermögensrechte. Ein öffentliches Register wurde eingeführt und die Verwertungsmöglichkeiten wurden verbessert.

Bei der Regelung des Registerpfandgesetzes wurde ausschließlich auf die Bedürfnisse der Geldkreditgeber geachtet. Der Eigentumsvorbehalt - als das klassische Sicherungsmittel des Warenkreditgebers - wurde nicht in die Regelung einbezogen[191]. Dies ist zu bedauern. Es widerspricht dem Gebot der Waffengleichheit, dem Geldkreditgeber ein verarbeitungs- und verfügungssicheres Sicherungsmittel an die Hand zu geben, dem Warenkreditgeber ein solches Sicherungsrecht aber zu versagen. Sofern der Anwendungsbereich des Registerpfandgesetzes beschränkt werden sollte, hätte man die absicherbare Summe nach unten beschränken können[192].

Das Gesetz verweist in Art. 1 Abs. 2 PfRG auf die Vorschriften des Kodeks Cywilny. Ein solcher Verweis, so schön er auch klingen mag, ist nicht nur überflüssig, sondern auch falsch. Überflüssig ist er, weil der Kodeks Cywilny als allgemeines Gesetz ohnehin Anwendung findet und falsch ist er, weil in nicht geregelten Fragen auch die Zivilprozeßordnung, das Handelsrecht und z.B. die Konkursordnung Anwendung finden. Ein solcher Verweis ist ersatzlos zu streichen[193].

II. Rechtsgeschäftlicher Ersterwerb

1. Voraussetzungen

Das Registerpfandrecht entsteht durch Verpfändungsvertrag und Registereintrag. Die Verfügung besteht also aus einem Willens- (Verpfändungsvertrag) und einem Vollzugsmoment (Registereintrag)[194]. Bei der Bestellung eines PfRG-Registerpfandrechtes sind die Beschränkungen bezüglich des

---

[191] Dies bemängelt auch *Pisuliński/Skąpski,* KPP 4/96, S. 747 ff, S. 759, *Radwański/Frąckowiak/Kępiński/Kruczalak/Mączyński,* BRL 11/95, S. 131 ff, S. 133. Demgegenüber wird in Art. 6.1.2, 9 MLST die Möglichkeit einer Charge-Bestellung auch für den Warenkreditgeber bedacht *(unpaid vendor's charge).*

[192] *Radwański/Frąckowiak/Kępiński/Kruczalak/Mączyński,* BRL 11/95, S. 131 ff, S. 134.

[193] *Pisuliński/Skąpski,* KPP 4/96, S. 747 ff, S. 749; ähnlich: *Radwański/Frąckowiak/Kępiński/Kruczalak/Mączyński,* BRL 11/95, S. 131 ff, S. 132.

[194] Cierpiał/Thurner, WiRO 9/97, S. 345 ff, S. 345 sprechen nur dem Eintrag verfügende Wirkung zu und bezeichnen den Verpfändungsvertrag als Verpflichtungsgeschäft. Dies widerspricht allgemeinen Grundsätzen des polnischen Sachenrechts, Art. 245 § 1 iVm 155 f. KC.

Pfandgläubigers, der absicherbaren Forderungsart und des Belastungsgegenstandes zu beachten.

2. *Verpfändungsvertrag*

Der Pfandvertrag ist schriftlich abzuschließen[195]. Es handelt sich um eine Schriftform ad solemnitatem.

Beim KC-Registerpfandrecht mußte der Pfandgegenstand in einer seinen Besonderheiten entsprechenden Art und Weise bestimmt werden. Das Registerpfandgesetz enthält eine Aufzählung der Mindestanforderungen: Tag, an dem der Verpfändungsvertrag abgeschlossen wurde, Vorname und Name, sowie Wohnsitz oder Sitz des Verpfänders, des Pfandgläubigers und des Schuldners, soweit er nicht Verpfänder ist, den Pfandgegenstand in einer Weise, die seine Bestimmbarkeit erlaubt, die gesicherte Forderung (bei einer bereits bestehenden Forderung: Forderungshöhe und das zugrundeliegende Rechtsverhältnis, bei einer künftigen oder aufschiebend bedingten Forderung: Höchstbetrag, bis zu welchem das Pfand die Forderung abzusichern soll.

Das Schriftformerfordernis des Art. 3 Abs. 1 PfRG geht dem für die Bestellung eines Pfandrechts an einem Recht allgemein geltenden Schriftformerfordernis „mit feststehenden Datum“ als lex specialis bei der Belastung eines Rechts mit einem Registerpfandrecht vor.

Nach Art. 2 Abs. 2 PfRG können die am Verpfändungsvertrag beteiligten Personen vereinbaren, daß nicht der Verpfänder, sondern ein Dritter den Pfandgegenstand in Besitz nimmt[196]. In diesem Fall ist die Zustimmung des Dritten erforderlich. Nicht geregelt ist leider, in welcher Form diese Zustimmung erteilt werden muß, so daß davon auszugehen ist, daß sie in jeglicher beliebigen Form -also auch konkludent- erteilt werden kann.

3. *Registereintrag*

Neben der Einigung ist noch die Eintragung in ein öffentliches Register erforderlich. Die Eintragung hat konstitutiven Charakter[197].

Nach altem Recht mußte der Pfandvertrag in ein bei der Bank geführtes Register eingetragen werden[198]. Jede Bank führt unabhängig voneinander ein nicht jedermann

---

[195] Art. 3 Abs. 1 PfRG. Art. 308 § 3 S. 1 KC. Ausführlich: *Leśniak,* Rejent 7-8/95, S. 53 ff, S. 62 ff; auch *Manicka-Gołębiewska*, MoP 9/96, S. 284 ff, S. 285.

[196] Kritisch: *Pisuliński/Skąpski,* KPP 4/96, S. 747 ff, S. 753: Die Vertragsparteien könnten genausogut ein Besitzpfandrecht bestellen.

[197] Art. 308 § 3 S. 3 KC; Art. 2 Abs. 1 PfRG.

[198] Art. 308 § 3 S. 2 KC. *Manicka-Gołębiewska*, MoP 9/96, S. 284 ff, S. 285.

zugängliches, nichtöffentliches Pfandregister[199]. Die Nichtöffentlichkeit geht sogar so weit, daß Banken sich unter Berufung auf das Bankgeheimnis keine Auskunft erteilen. Diese Verhaltensweise führt auf der einen Seite zu Irrvorstellungen über die Kreditwürdigkeit des Schuldners und auf der anderen Seite schadet sich die Bank durch die Nichtöffentlichkeit selbst, da einem anderen Gläubiger, der die Sache bzw. ein Pfandrecht an ihr erwirbt, grundsätzlich kein böser Glaube bezüglich des KC-Registerpfandrechts vorgehalten werden kann[200].

Diesen kaum erträglichen Mißstand hat das Registerpfandgesetz mit der Einführung eines öffentlichen Registers abgeschafft. Registerbehörde ist das Rayongericht, das seinen Sitz am Sitz der Wojewodschaft hat (sog. Wirtschaftsgericht)[201]. Daneben wird vom Justizminister noch eine zentrale Informationsstelle geführt, an welcher alle bei den verschiedenen Rayongerichten vorgenommenen Registereinträge gesammelt werden[202]. Die Eintragung muß innerhalb eines Monats ab dem Tag, an welchem der Verpfändungsvertrag geschlossen wurde, beantragt werden[203]. Dem Antrag ist der Verpfändungsvertrag beizufügen[204]. Das Gericht trägt das PfRG-Registerpfand ein, wenn festgestellt wird, daß der Verpfändungsvertrag nicht gegen gültiges Recht verstößt und innerhalb der Monatsfrist beantragt wurde[205]. Ins Register werden folgende Daten eingetragen: Tag der Antragstellung; Vorname und Name, sowie Wohnsitz und Sitz des Verpfänders, des Pfandgläubigers und des Schuldners, soweit er nicht Verpfänder ist; Bezeichnung des Pfandgegenstandes oder soweit der Vertrag dies vorsieht Art und Weise seiner Spezifizierung; Forderungsbetrag, welcher mit dem Pfandrecht gesichert wird, und im Falle der Sicherung einer zukünftigen Forderung ein Höchstbetrag bis zu welchem das Pfand haften soll; die im Vertrag vorgesehene Verwertungsart, sofern sie nicht gegen die gesetzliche Bestimmungen verstößt und ein Vorbehalt gemäß Art. 14 PfRG. Wird an einem Kraftfahrzeug ein PfRG- Registerpfandrecht bestellt, muß es in den Fahrzeugbrief eingetragen werden[206].

---

[199] *Fras*, PPH 2/96, S. 16 ff, S. 17; *Manicka-Gołębiewska*, MoP 9/96, S. 284 ff, S. 285. Kritisch: *Tracz/Zoll*, PS 1/96, S. 67 ff, S. 69 ff.

[200] Da das Register nichtöffentlich war, löste es grundsätzlich weder rechtliche noch faktische Vermutungen aus, *KKC/Rudnicki*, Art. 308 KC, Anm. 2, S. 365; *Manicka-Gołębiewska*, MoP 9/96, S. 284 ff, S. 285.

[201] Art. 36 Abs. 2 PfRG.

[202] Art. 42 Abs. 2 PfRG. Informationen sind gebührenpflichtig.

[203] Art. 3 Abs. 3 PfRG.

[204] Art. 39 Abs. 1 PfRG.

[205] Art. 40 Abs. 3 PfRG.

[206] Art. 12 Abs. 1 PfRG.

Es wurde diskutiert, ob das Register durch Gerichte oder durch nichtstaatliche Organisationen, wie Banken oder ein anderes privates Unternehmen, geführt werden soll. Entschieden hat man sich schließlich für die Führung des Registers durch die Gerichte. Beweggrund für diese Entscheidung war die Überlegung, daß Gerichte in Polen zu den Institutionen gehören, welche ein hohes Prestige besitzen und als glaubwürdig angesehen werden. Dies ist eine grundlegende Voraussetzung für den Aufbau eines solchen Registers, da die in ihm gesammelten Daten ein hohes Maß an Vertrauen benötigen. Auf der anderen Seite verursacht die Errichtung und Leitung eines Registers erhöhte Sach- und Personalkosten und einen erhöhten Verwaltungsaufwand[207].

Der Antrag ist innerhalb eines Monats nach Abschluß des Pfandvertrags beim Registergericht zu stellen[208]. Da aber erst die Eintragung konstitutive Bedeutung hat, ist fraglich, welchen Sinn die Antragsfrist hat. Der Pfandgläubiger hat ohnehin ein erhöhtes Interesse an einer schnellen Eintragung seines Pfandrechts.

4. Bedeutung der Forderung

Die Bestellung eines KC-Registerpfandes war nur für bereits bestehende Kreditforderung zulässig[209]. Andere Forderungen, selbst wenn es sich um Forderungen aus typischen Bankgeschäften handeln sollte, waren nicht registertauglich.

Diese Beschränkung ist fortgefallen. Es muß sich nur um eine Geldforderung[210] handeln, die sogar in einer ausländischen Währung ausgedrückt werden darf[211]. Auch für eine künftige oder aufschiebend bedingte Forderung kann ein PfRG-Registerpfand bestellt werden. Erforderlich ist aber die Bestimmung eines Höchstbetrags[212].

Durch die Bestimmung des Höchstbetrags wird eine bestimmte gesetzgeberische Intention deutlich. Beim Besitzpfandrecht geht der Gesetzgeber davon aus, daß an einem Pfandgegenstand regelmäßig auch nur ein Pfandrecht bestellt wird. Zu Rangpro-

---

207 *Drobnig,* S. 59; *Pisuliński/Skąpski,* KPP 4/96, S. 747 ff, S. 763; *Leśniak,* Rejent 7-8/95, S. 53 ff, S. 74 f mit dem treffenden Hinweis, daß man bereits jetzt bis zu 6 Monaten auf eine Eintragung ins Handelsregister warten müsse.

208 Art. 3, 39, 40 PfRG. *Pisuliński/Skąpski,* KPP 4/96, S. 747 ff, S. 754. Eine ähnliche Verpflichtung enthält Art. 8.1 MLST.

209 Art. 308 § 1 KC. Ausführlich: *Leśniak,* Rejent 7-8/95, S. 53 ff, S. 57 f.

210 Nach Art. 4.2 MLST können Nichtgeldforderungen durch ein Charge abgesichert werden. Sie können aber erst verwertet werden, wenn sie in eine Geldforderung umgewandelt wurden.

211 Art. 5 PfRG. Beachtenswert ist Art. 28 Abs. 1 S. 1 PfRG. Eine ausländische Bank kann in fremder Währung befriedigt werden, wenn der Pfandvertrag dies vorsieht. Für inländische Banken fehlt eine entsprechende Ermächtigung. Sie können Befriedigung daher nur in polnischer Währung verlangen.

212 Art. 6 PfRG. Art. 4.5 iVm Art. 8.4.3 MLST.

blemen kommt es hier meist nur wegen des Zusammentreffens von vertraglichen und gesetzlichen Pfandrechten. Daher ist die Offenkundigkeit bezüglich der abgesicherten Forderungshöhe an dem Pfandgegenstand nicht nötig. Anders aber beim Registerpfandrecht. Dies ist auf mehrfache Belastung hin ausgelegt[213]. Dies erfordert aber - um dem Prinzip der Rechtssicherheit und insbesondere des Schutzes nachfolgender Gläubiger zu gewährleisten -, daß die Sicherungssumme *(Forderungs- oder Höchstsumme)* von vornherein festgelegt wird. Insoweit ist das Registerpfandrecht der Hypothek in seiner dogmatischen Struktur näher als dem Besitzpfandrecht, so daß man überspitzt bei der Bestellung eines Registerpfandrechts für eine zukünftige Forderung unter Bestimmung eines Höchstbetrags von „Kautionsregisterpfandrecht" sprechen kann.

Um eine Überlastung des Registergerichts zu vermeiden, könnte man an einen Ausschluß der Absicherbarkeit von Kleinkreditforderungen bis zu einer Höhe von 10.000,00 PLN denken.

5. Beschränkungen bezüglich der Vertragsparteien

Der Kreis der Gläubiger ist beschränkt. Pfandgläubiger des KC-Registerpfandes konnte nur ein Kreditinstitut sein. Die Neuregelung des Registerpfandrechts weitete den Kreis der möglichen Gläubiger auf folgende Personen aus[214]: Das Schatzamt und andere juristische Personen des öffentlichen Rechts, in- und ausländische Banken, juristische Personen, deren gesetzlich vorbestimmtes Ziel die Erteilung von Darlehen und Krediten ist, internationale Finanzorganisationen, soweit die Republik Polen Mitglied ist und ein anderes Wirtschaftssubjekt, soweit es auf dem Gebiet der Republik Polen tätig ist.

Wird für einen anderen Pfandgläubiger ein Registerpfand vereinbart, so entsteht durch eine solche Vereinbarung kein Registerpfandrecht. Werden die Sachen vom Pfandgläubiger in Besitz genommen, so entsteht ein Besitzpfandrecht.

Die Beschränkung auf Personen, die eine Wirtschaftstätigkeit auf dem Boden der Republik Polen führen, eröffnet Auslegungs- und Anwendungsprobleme[215]. Was bedeutet eine Wirtschaftstätigkeit ausüben? Ab welchem Umfang kann man von einer ausgeübten Wirtschaftstätigkeit sprechen? Diese Fragen sind schwer zu beantworten, da nach polnischem Recht jeder eine wirtschaftlich tätig sein darf. Sollte sich ein Begriff der wirtschaftlichen Tätigkeit gebildet haben, werden die Registergerichte Anwendungsprobleme bekommen. Sie müssen bei fast jedem Eintrag prüfen, ob der antragstellende Gläubiger tatsächlich eine wirtschaftliche Tätigkeit ausübt. Zur Lösung

---

[213] Art. 17.1 MLST erwähnt dies ausdrücklich.

[214] Art. 1 Abs. 1 Nr. 1 - 7 PfRG. Der Entwurf enthielt für die Berechtigung ausländischer Banken folgende Einschränkung: *„welche eine Niederlassung oder Vertretung auf dem Gebiet der Republik Polen haben"*.

[215] *Pisuliński/Skąpski,* KPP 4/96, S. 747 ff, S. 752.

des Problems wurde vorgeschlagen, nicht nur Handelsgesellschaften ins Handelsregister eintragen zu lassen, sondern auch Personen, die eine wirtschaftliche Tätigkeit betreiben[216]. Hierdurch wird das Problem aber nicht gelöst, sondern lediglich verschoben.

Soll ein Kredit von Gläubigern, die zur Bestellung eines PfRG-Registerpfandrechts berechtigt sind und solchen, denen diese Berechtigung fehlt, gemeinschaftlich erteilt werden *(Kreditkonsortium)*, können die Gläubiger einen Pfandverwalter bestimmen[217]. Der Pfandverwalter muß berechtigt sein, Pfandgläubiger zu sein. Der Pfandverwalter kann im eigenen Namen aber auf fremde Rechnung alle vertraglichen und gesetzlichen Rechte und Pflichten wahrnehmen, die im Zusammenhang mit dem PfRG-Registerpfand stehen. Die Rechtsfigur des Pfandverwalters bewirkt ein Auseinanderfallen der Aktivlegitimationen. Gläubiger des gesicherten Anspruchs ist das Kreditkonsortium. Pfandgläubiger ist aber nur der Pfandverwalter.

Die Beschränkung des PfRG-Registerpfandrechts auf eine gewisse Gruppe von Pfandnehmern ist nicht gerechtfertigt[218]. Grundsatz jedes Kreditsicherungsmittels ist es, daß es allgemein zugänglich ist. Eine Einschränkung bedarf daher einer besonderen Rechtfertigung. Diese ist nicht ersichtlich. Zunächst einmal ist anzumerken, daß eine unbeschränkte Zulassung aller Pfandnehmer nicht zu einer unkontrollierbaren Erweiterung des Kreises der berechtigten Pfandnehmer. Bereits durch die Zulassung von Wirtschaftssubjekten als Pfandnehmer ist dieser Kreis der „berechtigten Registerpfandnehmer" ohnehin sehr ausgeweitet und der Ausschluß trifft prinzipiell nur ausländische Gesellschaften und rein private Pfandnehmer. Warum aber diese Personen nicht in den Genuß des Registerpfandrechts kommen sollen, ist unklar[219]. Auch lassen sich die Einschränkungen nicht mit dem Argument rechtfertigen, daß die unbeschränkte Zulassung von Kreditnehmern zu hohe Kosten oder Verwaltungsaufwand verursacht. Geht man von der Hypothese aus, daß die Mehrzahl aller Kredite ohnehin von Banken durchgeführt und abgewickelt werden, so ist eine Ausdehnung unter dem Aspekt der Kosten und des Verwaltungsaufwandes ohnehin nur eine Marginalie. Darüber hinaus sollte man in einer kapitalschwachen Wirtschaft versuchen, den Kreis der durch eine besondere Kreditsicherungsform berechtigten Sicherungsnehmer so weit wie nur möglich auszudehnen. Dieser Wille ist auch dem Gesetz zu entnehmen. Die Einführung der Rechtsfigur des Pfandverwalters zeugt davon, daß man ausländische Gesellschaften als Kreditnehmer „anlocken" möchte. Insoweit würde es sich anbieten die Beschränkungen in bezug auf die Person des Pfandgläubigers fortfallen zu lassen. Dies hätte auch einen gesetzestechnischen Vorteil: Die Rechtsfigur des Pfandverwalters könnte abge-

---

[216] *Pisuliński/Skąpski,* KPP 4/96, S. 747 ff, S. 753.

[217] Art. 4 PfRG; *Tomaszewski,* in: *Stawecki/Tomaszewski/Zedler,* S. 31 ff.

[218] Nach Art. 3.1 MLST gibt es ebenfalls keine Beschränkung bezüglich der Chargeholder-Eigenschaft. Der Charge-Manager (Art. 3.2 MLST und 16 MLST; ähnlich dem Pfandverwalter nach Art. 4 PfRG) dient nur der Vereinfachung des Verfahrens bei einem Kreditkonsortium, *Simpson/Röver,* Art. 3.2, S. 2.

[219] So auch *Pisuliński/Skąpski,* KPP 4/96, S. 747 ff, S. 752 mit der pointierten Fragestellung: *„Wen soll eine solche Beschränkung schützen?"*

schafft werden, und das Gesetz entledigt sich damit einer unnötig komplexen Regelung[220].

Auf der anderen Seite gibt es aber keine Beschränkung bezüglich des Verpfänders. Diese Unbeschränktheit könnte man mit einem Hinweis auf die wirtschaftliche Funktion des Registerpfandrechts angreifen[221]. Dieses soll vor allem dazu dienen, daß der Kreditschuldner als Sicherheit nicht Produktionsmittel aus seinem Besitz geben soll, die er dringend für die Erwirtschaftung der Kreditkosten selbst benötigt. Auf der anderen Seite führt diese wirtschaftliche Funktion aber nicht zwingend zu einer Beschränkung der Verpfändereigenschaft. Immerhin ist zu bedenken, daß eine Bank kein allzu großes Interesse daran hat, die Wohnzimmergarnitur eines Schuldners in Besitz nehmen zu müssen.

Hier wird aber auch deutlich, daß dies in Wirklichkeit kein Problem der Beschränkung der Verpfändereigenschaft ist. Vielmehr geht es um die Frage, welche Pfandgegenstände durch ein Registerpfandrecht abgesichert werden sollen und für welche der Schutz durch die Sicherungsübereignung und durch das normale Pfandrecht reicht. Diese Fragen werden nachfolgend beantwortet.

6. Belastungsgegenstand

Das KC-Registerpfandrecht konnte nur an beweglichen Sachen bestellt werden. Gegenstand des PfRG-Registerpfandes sind bewegliche Sachen und Vermögensrechte, sofern sie veräußerlich sind[222] Ein PfRG- Registerpfandrecht kann nicht an Seeschiffen bestellt werden, die im Schiffsregister einzutragen sind. Das PfRG-Registerpfand kann auch an Sachen oder Rechte bestellt werden, die der Verpfänder noch erwerben will. In diesem Fall entsteht das Pfandrecht erst in dem Augenblick, in dem der Verpfänder die Pfandsache erwirbt. Insbesondere können mit dem PfRG-Registerpfandrecht belastet werden[223]: Eine oder mehrere ihrer Identität nach bestimmten Sachen, Gattungssachen, wenn im Pfandvertrag ihre Anzahl oder die Art und Weise ihrer Aussonderung von Sachen derselben Gattung bestimmt ist, Sammlung von beweglichen Sachen oder Rechten, die eine wirtschaftliche Einheit bilden, auch

---

[220] *Pisuliński/Skąpski,* KPP 4/96, S. 747 ff, S. 754.

[221] *Pisuliński/Skąpski,* KPP 4/96, S. 747 ff, S. 752. Nach Art. 2 MLST darf eine natürliche Person nur im Bereich ihrer wirtschaftlichen Tätigkeit ein Charge bestellen. Das Model Law on Secured Transactions berücksichtigt Verbraucherschutzgedanken nicht, *Simpson/Röver,* Art. 2, S. 1.

[222] Art. 7 Abs. 1 PfRG. Nach Art. 5.2 MLST ist die Charge - Bestellung an Immobilien zulässig.

[223] Die gesetzliche Aufzählung in Art. 7 Abs. 2 Nr. 1 - Nr. 6 PfRG ist nicht abschließend.

wenn ihre Zusammensetzung veränderlich ist, Forderungen, Rechte an immateriellen Vermögensgütern und u.a. Wertpapierrechte.

Diese äußerst weite Fassung der möglichen Belastungsgegenstände ruft aus mehreren Gründen erhebliche Zweifel hervor. Zunächst einmal ist ein Registerpfandrecht an einem Recht überhaupt nicht notwendig. Bei diesem gibt es überhaupt keinen Rechtsscheinsträger „Besitz", der durch ein Register ersetzt werden müsse[224]. Die traditionell an einem Recht begründbaren Sicherungsrechte wie Pfandrecht und Sicherungsabtretung gewähren für alle am Kreditsicherungsverhältnis beteiligten Personen genügenden Schutz.

Ein Registerpfandrecht an einem Wertpapier ist ebenfalls unnötig. Auf der einen Seite benötigt der Verpfänder seine Wertpapiere nicht in seinem Besitz, um die Kreditkosten zu erwirtschaften. Auf der anderen Seite sind Wertpapiere einfach aufzubewahren. Der Besitz an ihnen ist also kein Störfaktor für den Pfandgläubiger. Bei den börsengängigen - dematerialisierten - Wertpapieren ergibt sich ein besonderes Konkurrenzproblem. Auf der einen Seite werden sie im Börsenregister erfaßt auf der anderen Seite im Pfandregister. Diese doppelte Registrierung ist unnötig.

Ein Sonderproblem ist die Belastung eines Kraftfahrzeuges. Erachtet man den Schutz, der durch die Sicherungsübereignung vermittelt wird, für nicht ausreichend, stellt sich die Frage, warum das Pfandrecht im Fahrzeugbrief und im Pfandrechtsregister einzutragen ist[225]. Diese doppelte Registrierung ist unnötig. Hält man den Schutz, den die Eintragung im Fahrzeugbrief vermittelt, für nicht ausreichend, würde sich eine Registrierung im Fahrzeugregister anbieten.

7. Gutgläubiger Ersterwerb

Ist der Verpfänder nicht Eigentümer der zu verpfändenden Sache, so kann der Gläubiger trotzdem ein PfRG-Pfandrecht an der Sache erlangen. Er muß bezüglich der Verfügungsbefugnis des Verpfänders im guten Glauben sein. Die Eintragung ins Register steht der Besitzübertragung gleich[226].

III. Rechtsgeschäftlicher Nachfolgeerwerb

Der rechtsgeschäftliche Nachfolgeerwerb des KC-Registerpfandrechts war nicht speziell geregelt. Die allgemeinen Vorschriften über den Nachfolgeerwerb eines Pfandrechts waren daher anwendbar[227]. Das KC-Registerpfandrecht wurde durch Abtretung

---

[224] *Pisuliński/Skąpski*, KPP 4/96, S. 747 ff, S. 755; *Karasek*, KPP 3/98, S. 457 ff, S. 503 f. Das Registerpfandrecht an einem Recht ist im PfRG stiefmütterlich behandelt worden.

[225] *Pisuliński/Skąpski*, KPP 4/96, S. 747 ff, S. 757.

[226] Art. 2 Abs. 3 PfRG.

[227] Art. 323 § 1 S. 1 KC.

der gesicherten Forderung übertragen. Fraglich war, ob die Eintragung des KC-Registerpfandes ins Bankregister der erwerbenden Bank für die Übertragung des KC-Registerpfandrechts erforderlich war. Für den konstitutiven Charakter der Eintragung sprach, daß das KC-Registerpfandrecht auch nur durch Eintragung entstehen konnte. Gegen den konstitutiven Charakter sprachen zwei Argumente. Erstens geht auch das Besitzpfandrecht allein durch Abtretung der Forderung über. Zweitens sind an das KC-Pfandregisters aufgrund seines geheimen Charakters grundsätzlich weder rechtliche noch tatsächliche Folgen geknüpft[228]. Insbesondere war an den Registereintrag nicht die Möglichkeit des gutgläubigen Nachfolgeerwerbs geknüpft. Der konstitutive Charakter der Eintragung wurde daher zu Recht abgelehnt.

Zum Übergang des PfRG-Registerpfandes ist die Abtretung der Forderung und die Eintragung des Erwerbers ins Register erforderlich. Die Eintragung hat konstitutive Wirkung[229]. Wird die gesicherte Forderung an eine Person abgetreten, die nicht Inhaber eines Registerpfandes sein darf, erlischt es[230]. Im diesem Fall ist der Pfandgläubiger verpflichtet, die Löschung des PfRG-Registerpfandes unverzüglich zu beantragen. Für die Nichterfüllung dieser Verpflichtung ist der Pfandgläubiger dem Verpfänder zum Schadensersatz verpflichtet[231]. Es handelt sich hierbei um eine verschuldensunabhängige Schadensersatzpflicht[232]. Diese Pflicht ist dem Pfandgläubiger auferlegt, da der Verpfänder nicht an der Abtretung beteiligt ist.

Das PfRG-Registerpfandrecht kann nicht gutgläubig erworben werden. Beim Besitzpfandrecht ist dies verständlich. Zum einen richtet sich die Übertragung des Besitzpfandrechtes allein nach Zessionsrecht. Zum anderen gibt es beim Besitzpfandrecht keinen Rechtsscheinsträger. Der Besitz ist nur Rechtsscheinsträger für das Eigentum. Dies ist beim PfRG-Registerpfand anders. Das PfRG-Registerpfand wird durch Forderungsabtretung und Registereintrag erworben. Das Pfandregister ist ein mit öffentlichem Glauben versehener Rechtsscheinsträger für das PfRG-Registerpfand. Das PfRG-Registerpfand steht der Hypothek daher in seiner Übertragungsstruktur (Abtretung plus Registereintrag) näher als dem Besitzpfandrecht[233]. Die Möglichkeit, ein PfRG-Registerpfandrecht gutgläubig zu erwerben, sollte daher eröffnet werden.

---

[228] Außer dem konstitutiven Charakter bei der Entstehung. *Fras,* PPH 2/96, S. 16 ff, S. 17.

[229] Art. 17 Abs. 1 S. 2 PfRG.

[230] Art. 17 Abs. 2 PfRG. Das KC-Registerpfandrecht erlosch ebenfalls, wenn es an ein „Nichtbanksubjekt" übertragen wurde.

[231] Art. 17 Abs. 3 PfRG.

[232] Insoweit ist Art. 17 Abs. 3 PfRG „lex specialis" zu Art. 471 KC.

[233] In der amtlichen Begründung wird bezüglich der Entstehung des Registerpfandes die Nähe zum Hypothekenrecht ausgedrückt, KPP 1/96, S. 121 ff, S. 132.

D. Sicherungsübereignung

I. Allgemein

Die Sicherungsübereignung ist das nichtakzessorische Pendant zum Pfandrecht an Sachen. Der Vorteil der Sicherungsübereignung ist das Fehlen des Besitzerfordernisses. Die Sicherungsübereignung entsteht im Wege des rechtsgeschäftlichen Erwerbs. Die Sicherungsübereignung kann weder ex lege noch durch Hoheitsakt entstehen[234].

II. Zulässigkeit der Sicherungsübereignung

1. Sicherungsübereignung an beweglichen Sachen

Die Zulässigkeit der Sicherungsübereignung war in Polen nach der Einführung des Sachenrechtsdekrets von 1947 umstritten. Die Unsicherheit mit der Handhabung dieses Rechtsinstituts beruhte auf der starken Zersplitterung des polnischen Sachenrechts, die von 1918 (Jahr der Erlangung der Unabhängigkeit) bis 1947 (Inkrafttreten des das Sachenrecht vereinheitlichenden Dekrets) andauerte. In dieser Zeit galten neben dem deutschen BGB und dem französischen code civil noch österreichisches, russisches und - allerdings zu einem unbedeutenden Teil - auch ungarisches Recht in Polen. So ergab sich die Situation, daß die Rechtsinstitution der Sicherungsübereignung in den ehemals deutschen Gebieten Anwendung fand[235], nicht dagegen in den Gebieten, in denen französisches Recht galt, da die Sicherungsübereignung in diesen Gebieten als eine Umgehung der Pfandrechtsvorschriften angesehen wurde. In den ehemals österreichischen Gebieten war die Zulässigkeit der Sicherungsübereignung umstritten[236]. Da das Sachenrechtsdekret von 1946 aber nicht dem deutschen Abstraktionsprinzip, sondern dem französischen Kausalitätsprinzip folgte, wurde die Zulässigkeit der Sicherungsübereignung fraglich. Die „drohende" Qualifizierung der Sicherungsübereignung als unzulässig hätte sich für die Kreditwirtschaft negativ ausgewirkt. Auf Anregung der Kreditinstitute[237] fragte der Justizminister daher den Obersten Gerichtshof, ob es zulässig sei, eine Forderung durch Übereignung des Eigentums an einer beweglichen Sache abzusichern, wobei der Gläubiger sich verpflichtet, sein Eigentumsrecht allein in den Grenzen des Sicherungsvertrages zu gebrauchen. Der Oberste Gerichtshof bejahte 1948 die-

---

[234] Zur Sicherungsübereignung: *Hanisch*, S. 197 ff. Zur Rechtsnatur: *Sikorski*, PPH 10/96, S. 29 ff, S. 30 ff. Einführend: *Kurkowski*, WiRO 7/94, S. 247 ff, S. 248 ff; *Schulte*, RIW 98, S. 291, 293.

[235] *Gołaczyński*, Rejent 1/95, S. 47 ff, S. 54; *Prądzyński*, PN 4/47, S. 319 ff, S. 320; *Sikorski*, PPH 10/96, S. 29 ff, S. 29; *Pyzioł*, S. 109 ff, S. 129.

[236] *Tracz/Zoll*, S. 58; *Skąpski*, SC 1969, S. 305 ff, S. 305; *Zieliński*, Rejent 7-8/97, S. 149 ff, S. 149.

[237] *Litauer*, PN 7-8/48, S. 19 ff, S. 19 f.

se Frage[238], so daß die Sicherungsübereignung weiterhin angewandt wurde[239]. Dies änderte sich aber 1964/65 mit der Einführung des Kodeks Cywilny. Neben dem Besitzpfandrecht wurde ein Registerpfandrecht für Banken eingeführt[240]. Dies veranlaßte den Präsidenten der Polnischen Nationalbank im Jahre 1966 zu einer an alle Abteilungen der Nationalbank gerichteten Anordnung[241], anstelle der Sicherungsübereignung das Registerpfandrecht zu benutzen. Nach einer gewissen Zeit verschwand die Sicherungsübereignung aus dem Rechtsleben[242]. Mit der Umwälzung der politischen und wirtschaftlichen Verhältnisse (1989/1990) kam es zu einer Renaissance der Sicherungsübereignung. 1992 qualifizierte der Oberste Gerichtshof die Sicherungsübereignung als zulässig[243]. Die Vorinstanzen, das Wojewodschaftsgericht in Legnice und das Appellationsgericht in Wrocław hatten demgegenüber die Sicherungsübereignung als Umgehung der Pfandrechtsvorschriften angesehen. Der polnische Gesetzgeber hat die Sicherungsübereignung von beweglichen Sachen und Wertpapieren nunmehr ausdrücklich in Art. 101 BankG für zulässig erklärt[244].

Gegen die Zulässigkeit der Sicherungsübereignung wurden eine Reihe von Argumenten vorgebracht. So wurde vorgebracht, die Sicherungsübereignung sei eine Umgehung der Pfandrechtsvorschriften. Insbesondere fehle die Kreditpublizität. Ebenso umgehe die Sicherungsübereignung die pfandrechtlichen Verwertungsvorschriften. Diese verlangen, daß die Pfandsache im Wege des gerichtlichen Vollstreckungsverfahrens zu verwerten sei. Bei der Sicherungsübereignung könne das Sicherungsgut freihändig verkauft werden.

Die fehlende Kreditpublizität wirkt sich im polnischen Recht stärker als im deutschen Recht aus. Eine genau bestimmten Sache geht allein aufgrund eines verpflichtend-verfügenden Vertrages über. Eine Besitzübertragung ist grundsätzlich nicht erforderlich. Eine Mindermeinung hielt die Sicherungsübereignung daher nur für zulässig, wenn die Sache dem Gläubiger übergeben wurde[245], es sei denn, eine Bank sei Sicherungsnehmer[246].

---

[238] *Beschluß des Obersten Gerichtshofes* vom 10.05.1948 [AZ: I C. Prez. 18/48] (OSN 1948, Pos. 58).

[239] *Skowrońska*, PP 11/93, S. 31 f, S. 31.

[240] Das Registerpfandrecht wurde bereits 1961 durch Art. 19 und 31 BankG 1960 (Dz. U. 1960, Nr. 20, Pos. 121) eingeführt.

[241] Anordnung vom 30.06.1966, *Skąpski*, SC 1969, S. 305 ff, S. 307.

[242] *Gołaczyński*, Rejent 1/95, S. 47 ff, S. 56.

[243] *Urteil des Obersten Gerichtshofes* vom 19.11.92 [AZ: II CRN 87/92] (PUG 10/93, Nr. 3).

[244] Zur gewohnheitsrechtlichen Geltung: *Tracz/Zoll,* S. 123 ff. Zum deutschen Recht: *Serick*, S. 25 f.

[245] Ausführlich: *Pyzioł*, S. 109 ff, S. 130.

[246] *Tracz/Zoll,* S. 89 ff, S. 118 f.

Die Sicherungsübereignung „umgeht" die Pfandrechtsvorschriften. Diese Feststellung reicht nicht aus, die Sicherungsübereignung als unwirksam zu qualifizieren. Eine Gesetzesumgehung liegt nur dann vor, wenn mit einem an sich zulässigen Mittel ein gegen das Gesetz verstoßender Zweck erreicht werden soll[247]. Die treuhänderische Übereignung einer Sache ist ein zulässiges Mittel[248]. Zweck der Sicherungsübereignung ist es, ein publizitätsloses Kreditsicherungsmittel zu schaffen, das nicht an die Verwertungsvorschriften des Pfandrechts gebundenen ist. Das Gesetz qualifiziert diesen Zweck nicht ausdrücklich als unzulässig[249]. Der Zweck der Sicherungsübereignung verstößt daher nur dann gegen das Gesetz, wenn der Gesetzgeber die Absicht hatte, Forderungen ausschließlich durch das (Register-)Pfandrecht oder die Hypothek abzusichern[250]. Der Gesetzgeber des Kodeks Cywilny und des Registerpfandgesetzes kannte die Sicherungsübereignung. Trotzdem qualifizierte er sie nicht als unzulässig. Er hatte also nicht die Absicht, Forderungen ausschließlich durch das (Register-)Pfandrecht oder die Hypothek abzusichern. Der Zweck der Sicherungsübereignung verstieß daher bereits vor Inkrafttreten des Art. 101 BankG nicht gegen das Gesetz.

Ebenso war problematisch, ob die Sicherungsübereignung Art. 311 KC umgehe. Nach Art. 311 KC ist die Vereinbarung eines Verfügungsverbotes unwirksam. Bei der Sicherungsübereignung wird dem Sicherungsgeber durch die Übertragung des Vollrechts auf den Sicherungsnehmer die Verfügungsmöglichkeit über das Eigentumsrecht an der Pfandsache genommen. Die Sicherungsübereignung nähert sich also - auf den ersten Blick - faktisch einem Verfügungsverbot an. Eine solche Ansicht übersieht, daß Pfandrecht und Sicherungsübereignung verschieden konstruiert sind. Der Sicherungsgeber erhält bei der Sicherungsübereignung in der Regel ein Anwartschaftsrecht. Über dieses kann er verfügen[251].

Weiter wurde vorgebracht, die Sicherungsübereignung verstoße gegen den numerus-clausus-Grundsatz. Sie sei eine neue Form eines beschränkt dinglichen Rechts[252]. Die Sicherungsübereignung ist kein neues Sachenrecht. Sie nutzt nur ein bereits bestehendes Sachenrecht aus, um Forderungen abzusichern. Sie verstößt also nicht gegen den numerus-clausus-Grundsatz[253].

---

[247] Ausführlich: *Tracz/Zoll*, S. 72 ff. Zur Sicherungsabtretung: *Zawada*, S. 42.

[248] *Gołaczyński*, Rejent 1/95, S. 47 ff, S. 55.

[249] Ausführlich: *Tracz/Zoll*, S. 108 ff.

[250] *Tracz/Zoll*, S. 73.

[251] Ausführlich: *Tracz/Zoll*, S. 114 ff, S. 119.

[252] *Namitkiewicz*, PN 1948, S. 435 ff, S. 449. Zum numerus-clausus-Grundsatz: *Wąsiewicz*, System II, S. 598 ff.

[253] *Skąpski*, SC 1969, S. 305 ff, S. 314; *Tracz/Zoll*, S. 60, S. 121 f.

Als drittes Argument wurde vorgebracht, der Sicherungsvertrag sei nicht zur Übereignung geeignet. Nach polnischem Recht gehe das Eigentum aufgrund eines verpflichtend-verfügenden Vertrages über. Erforderlich sei ein kausaler Vertrag, der zur Übereignung verpflichte. Dieses Merkmal fehle dem Sicherungsvertrag, da er als gesetzlich nicht geregelter Vertrag allein eine abstrakt-verfügende Natur habe[254]. Der Sicherungsvertrag enthalte keine „causa“ für die Eigentumsübertragung[255]. Diese Einordnung des Sicherungsvertrages als allein abstrakter Vertrag ist abzulehnen. Der Sicherungsvertrag begründet zwischen den Parteien eine Reihe von Pflichten, darunter auch die Pflicht, die Sache zur Sicherheit zu übereignen. Er ist daher ein kausaler Vertrag (causa cavendi)[256]. Aus dem Fakt, daß der Sicherungsvertrag gesetzlich nicht geregelt ist, ergibt sich keine andere Schlußfolgerung auf seine Rechtsnatur[257].

Im deutschen Recht besteht Streit, wie die Pflicht zur Sicherheitsbestellung einzuordnen ist. Die herrschende Meinung siedelt diese Pflicht beim Sicherungsvertrag an[258]. Eine Mindermeinung (Lehre von der Doppelcausa) trennt zwischen Leistungs- und Sicherungscausa. Die Leistungscausa, die Bestandteil des Darlehensvertrages sei, begründe die Pflicht, ein Sicherungsrecht für das Darlehen zu bestellen. Sie beantworte daher die Frage: Darf der Darlehensgeber vom Sicherungsgeber eine Sicherheit verlangen? Die Sicherungscausa wird dahingegen im Sicherungsvertrag angesiedelt und rechtfertige das Behaltendürfen der Sicherheit. Sie beantworte die Frage: Darf der Sicherungsnehmer die Sicherheit behalten?[259]

Als viertes Argument wurde vorgebracht, die Sicherungsübereignung sei ein Scheingeschäft. Um den wirtschaftlichen Zweck der Sicherungsübereignung zu erreichen, wollen die Vertragsparteien die Übereignung nicht nur zum Schein, sondern ihre tatsächliche Wirksamkeit[260].

---

[254] A.A.: *Prądzyński*, PN 4/47, S. 319 ff, S. 320.

[255] A.A.: *Litauer*, PN 7-8/48, S. 19 ff, S. 30.

[256] *Beschluß des Obersten Gerichtshofes* vom 5.5.93 [AZ: III CZP 54/93] (OSP 10/94, Pos. 176); *Beschluß des Obersten Gerichtshofes* vom 28.09.95 [AZ: III CZP 125/95] (OSNIC 1995, Pos. 86); *Tracz/Zoll*, S. 45 ff m.w.N.; *Gołaczyński*, OSP 10/94, Pos. 176; *Skąpski*, SC 1969, S. 305 ff, S. 315 f; *Skowrońska*, PP 11/93, S. 31 f, S. 31; *Szpunar*, Rejent 11/93, S. 9 ff.; *Zieliński*, Rejent 7-8/97, S. 149 ff, S. 153; *Orlicki*, S. 26; *Litauer*, PN 7-8/48, S. 19 ff, S. 31. Zur Sicherungsabtretung: *Zawada*, S. 43 f.

[257] *Prądzyński*, PN 4/47, S. 319 ff, S. 321.

[258] *Bülow*, NJW 97, S. 641 ff.

[259] Ausführlich: *Richrath*, S. 24 ff. m.w.N.; *Neuhof/Richrath*, NJW 96, S. 2894, S. 2896 m.w.N. Gegen die Lehre von der Doppelcausa: *Bülow*, NJW 97, S. 641 ff.

[260] *Skąpski*, SC 1969, S. 305 ff, S. 313 f; *Tracz/Zoll*, S. 58 ff, S. 119 ff; *Wolter/Ignatowicz/Stefaniuk*, S. 282; *Skowrońska*, PUG 3/93, S. 20 ff, S. 23 und PP 11/93, S. 31 f, S. 32.

2. *Sicherungsübereignung an Grundstücken*

In der polnischen Literatur wird neuerdings verstärkt die Möglichkeit der Sicherungsübereignung von Grundstücken diskutiert[261]. Doch bereits in einer Entscheidung des Obersten Gerichtshofes vom 24. April 1964[262] wurde die Zulässigkeit der Sicherungsübereignung an einem Grundstück verneint. Als Argument wurde angeführt, daß ein hierzu notwendiger Verfügungsvertrag gegen das Verbot der bedingten Übereignung von Grundstücken verstoße. Jedoch müssen die Sicherungsübereignungsverträge nicht notwendig unter einer Bedingung abgeschlossen werden. Dies hängt mit der rechtlichen Konstruktion der Rückübereignung zusammen. Es sind zwei Möglichkeiten denkbar. Die erste Möglichkeit läßt das Eigentum bei Erfüllung der Kreditforderung automatisch auf den Sicherungsgeber übergehen. Die Eigentumsübertragung auf den Sicherungsnehmer steht dementsprechend unter einer auflösenden Bedingung. Diese Variante der Rückübertragung verstößt eindeutig gegen das Verbot der bedingten Übereignung von Grundstücken. Die zweite Möglichkeit läßt das Eigentum nicht automatisch auf den Sicherungsgeber zurückfallen. Vielmehr wird lediglich ein schuldrechtlicher Rückübertragungsanspruch begründet, welcher unter der Bedingung der vollständigen Rückzahlung des Kredits steht. Da das Verbot der bedingten Übereignung aber nur das Verfügungsgeschäft betrifft, muß diese Form der Sicherungsübereignung an Grundstücken zulässig sein[263].

Die Sicherungsübereignung an Grundstücken soll eine Umgehung der Hypothekenvorschriften sein. Dieses Argument ist dergleichen Kritik ausgesetzt, wie das der Umgehung der Pfandrechtsvorschriften durch die Sicherungsübereignung[264]. Szpunar[265] sagt, gegen die Zulässigkeit der Sicherungsübereignung spreche, daß die Hypothek ei-

---

[261] Ausführlich: *Gołaczyński*, Rejent 5/94, S. 38 ff m.w.N.; *Tracz/Zoll*, S. 63 ff, S. 70, S. 156 ff; *Rykowski*, PPH 6/95, S. 14 ff, S. 17 ff. *Drozd/Oleszko*, S. 34 ff m.w.N; *Szlęzak*, Rejent 2/95, S. 111 ff, S. 125 ff; *Ohanowicz*, OSPiKA 1965, Pos. 229, *Pazdan*, Rejent 1/94, S. 17 ff, S. 20 ff.; *Osada*, S. 132. Zum deutschen Recht: *Serick*, S. 24 f.

[262] *Entscheidung des Obersten Gerichtshofes* vom 24.04.1964 [AZ: II CR 178/64] (OSPiKA 1965, Pos. 229); *Beschluß des Obersten Gerichtshofes* vom 3.02.1960 [AZ: 3 CO 27/57] (OSPiKA 1961, Pos. 75) (obiter dictum), ausführlich: *Skąpski*, SC 1969, S. 305 ff, S. 306.

[263] Grundlegend: *Ohanowicz*, OSPiKA 1965, Pos. 229; *Rykowski*, PPH 6/95, S. 14 ff, S. 23 ff; *Brzozowski*, Firma 7-8/92, S. 47 f, S. 47; *Strus*, Palestra 11-12/92, S. 34 ff, S. 37, *Pazdan*, Rejent 1/94, S. 17 ff, S. 24; *Pyziol*, S. 109 ff, S. 131.

[264] *Rykowski*, PPH 6/95, S. 14 ff, S. 25 ff.

[265] Rejent 11/93, S. 9 ff, S. 21.

ne bessere Form der Kreditsicherung an Immobilien darstelle. Diese Auffassung verwechselt Zulässigkeit mit wirtschaftlichem Nutzen.

3. Sicherungsübereignung eines Unternehmens

Das polnische Recht kennt seit 1990 den Begriff des Unternehmens als Gesamtheit der materiellen und immateriellen Bestandteile, die der Erreichung eines bestimmten wirtschaftlichen Zwecks dienen[266]. Das Unternehmen kann Gegenstand eines Rechtsgeschäfts sein[267], es kann veräußert oder verpachtet werden[268]. Ob deswegen die Sicherungsübereignung an einem Unternehmen zulässig ist, wird in der polnischen Literatur kontrovers diskutiert[269].

Hauptstreitpunkt ist, ob das Unternehmen ein selbständiger Gegenstand sachenrechtlicher Verfügung ist oder ob ausschließlich die einzelnen Bestandteile des Unternehmens „sachenrechtsfähig" sind. Die erste Auffassung führt zur Möglichkeit, daß ein Unternehmen in seiner Gesamtheit mit einem verpflichtend-verfügenden Vertrag übertragen werden kann *(Universalsukzession)*[270]. Insoweit wäre auch eine Sicherungsübereignung des Unternehmens möglich. Die zweite Möglichkeit sieht in der gesetzlich erlaubten „Veräußerung" nur den Abschluß eines Verpflichtungsvertrages, dem die Verfügungsqualität fehlt. Erforderlich ist vielmehr die getrennte Übereignung aller Immobilien und Mobilien sowie die Abtretung aller Rechte *(Singularsukzession)*[271]. Diese Auffassung ist im Endeffekt mit dem sachenrechtlichen Spezialitätsprinzip zu begründen. Sie führt zur Ablehnung der Zulässigkeit der Sicherungsübereignung an einem Unternehmen.

Die Universalsukzession – als Ausnahme zur Singularsukzession - ist nur in den vom Gesetz vorgesehenen Fällen zulässig[272]. Eine Ausnahmeregel könnte Art. 75^1 § 1 KC sein[273]. Das Gesetz benutzt den Begriff „Zbycie przedsiębiorstwa", was mit „Ver-

---

[266] Art. 55^1 KC. Eingefügt durch Gesetz vom 28.7.90 (Dz.U. 90 Nr. 55, Pos. 321). Allerdings enthielt das polnische Recht bereits in den Art. 39 - 53 KH a.F. entsprechende Regelungen.

[267] Art. 55^2 KC.

[268] Art. 75^1 KC.

[269] Zum Streitstand: *Tracz/Zoll,* S. 160 ff; *Wolanin,* Rejent 7-8/96, S. 137 ff, S. 147 ff.

[270] *Radwański,* AT, S. 126, Rn. 312.

[271] *Preussner-Zamorska/Traple,* KSP 92, S. 41 ff, S. 42 ff.

[272] Ausführlich: *Tracz/Zoll,* S. 164 m.w.N.

[273] Art. 55^1 KC und Art. 55^2 KC sprechen nicht eindeutig für die Generalsukzession, *Tracz/Zoll,* S. 164 ff; *Preussner-Zamorska/Traple,* KSP 92, S. 41 ff, S. 45.

äußerung eines Unternehmens" übersetzt werden kann. Dies spricht für eine Universalsukzession. Wäre eine Beschränkung auf das Verpflichtungsgeschäft gewollt, so hätte der Gesetzgeber eine den Art. 155 § 1 bzw. 510 § 1 KC nachgeahmte Formulierung übernehmen können (z.B.: Ein Kauf-, Tausch-, Schenkungs- oder anderer Vertrag, der zur Übertragung des Eigentums an den materiellen und immateriellen Bestandteilen des Unternehmens verpflichtet, bedarf der Schriftform mit notariell beglaubigten Unterschriften)[274]. Jedoch fällt die unterschiedliche Wortwahl des Gesetzgebers in Art. 75^1 § 1 KC und Art. 155 ff KC auf. In Art. 75^1 § 1 KC wird von „Zbycie" (Veräußerung, Verkauf), in Art. 155 ff KC von Übertragung des Eigentums (do przeniesienia własności) gesprochen[275].

Betrachtet man Art. 75^1 § 1 KC in seiner Gesamtheit, so fällt auf, daß dieses Auslegungsproblem beim Tatbestandsmerkmal „Bestellung eines Nießbrauchs" nicht auftritt. Diese Wortwahl weist eindeutig auf eine verfügungsrechtliche Qualität hin[276]. Da aber die Frage nach der verfügungsrechtlichen Qualität eines Unternehmens nur einheitlich für die Fälle der Übereignung und der Bestellung eines Nießbrauchs beantwortet werden kann, ist ein Blick auf die Rechtfertigung der Universalsukzession als Ausnahme zum Singularsukzessionsprinzip zu werfen. Die Universalsukzession wird vom Gesetzgeber immer dann gebraucht, wenn der „verlierende Rechtsträger" als Rechtssubjekt seine Existenz verliert (Erbschaft[277], Verschmelzung von Kapitalgesellschaften[278]). Die Zuordnung von Vermögensbestandteilen zu einem bestimmten Rechtsträger nach dem Singularsukzessionsprinzip scheitert also in den gesetzlich vorgesehenen Fällen der Universalsukzession an faktischer Unmöglichkeit. Diese innere Rechtfertigung der Universalsukzession liegt aber weder bei der Veräußerung noch bei der Bestellung eines Nießbrauchsrechts an einem Unternehmen vor. Der „verlierende Rechtsträger" verliert nicht seine Existenz. Er kann weiterhin als Zuordnungssubjekt von Rechten fungieren kann. Aus diesem Grunde ist die Annahme einer das Unternehmen als Ganzes betreffende Universalsukzession abzulehnen. Die Sicherungsübereignung an einem Unternehmen ist also nicht zulässig.

Die Ablehnung der Universalsukzession wird durch die Regelung der Haftung beim Erwerb eines Unternehmens gestützt. Nach Art. 526 KC haftet der Erwerber eines Unternehmers neben dem Veräußerer gesamtschuldnerisch für dessen mit der Führung des Unternehmens zusammenhängenden Verpflichtungen, es sei denn, daß ihm trotz Beobachtung der erforderlichen Sorgfalt im Zeitpunkt des Erwerbs diese Verpflichtungen nicht bekannt gewesen sind. Läßt man aber eine Universalsukzession zu,

---

[274] Es hätte sich auch eine Formulierung im Sinne von Art. 158 S. 1 KC angeboten (z.B.: *Ein Vertrag, der zur Übertragung eines Unternehmens verpflichtet, bedarf der Schriftform mit notariell beglaubigten Unterschriften.*).

[275] Auch Art. 510 KC benutzt den Begriff Übertragung der Forderung *(do przeniesienia wierzytelności).*

[276] Ähnlich: *Preussner-Zamorska/Traple,* KSP 92, S. 41 ff, S. 46.

[277] Art. 922, 1053 KC.

[278] Art. 463 ff KH.

so ist diese Regelung unverständlich. Bei der Gesamtrechtsnachfolge tritt der Erwerber nämlich ohne Rücksicht auf sein Wissen in alle Rechte und Pflichten des Rechtsverlierers ein. Auch hieraus wird ersichtlich, daß der Konstruktion der Universalsukzession an einem Unternehmen keine ausreichende Stütze im Gesetz findet[279].

Soweit man die Universalsukzession für zulässig erachtet, ist das Verhältnis zur Sicherungsübereignung von Grundstücken erklärungsbedürftig. Diese ist zumindest dann unzulässig, wenn die Rückübereignung auflösend bedingt vereinbart wurde. Dies könnte bedeuten, daß die Sicherungsübereignung eines Unternehmens, dessen Bestandteil ein Grundstück ist, nur dann zulässig ist, wenn ein schuldrechtlicher Rückübertragungsanspruch vereinbart wird. Dem könnte man entgegnen, die Vorschriften über die Grundstücksübereignung seien nur bei der Singular- nicht aber bei einer Universalsukzession anwendbar. Als verbundenes Recht gehe das Grundstück mit dem Übergang des Unternehmens auf den Erwerber automatisch über. Ein eigenständiger Übertragungsakt sei nicht erforderlich[280]. Die Vorschrift über das Verbot einer bedingten Verfügung über das Grundstück wären demnach nicht anwendbar[281]. Dies ist aber ein schwerwiegender Eingriff in das Immobiliarsachenrecht, das zur Verhinderung von unsicheren Rechtslagen an einem Grundstück das Verbot der bedingten Übereignung enthält.

Ebenfalls wird bei Zulassung einer Sicherungsübereignung an einem Unternehmen auch die Rechtslage bei registereintragungspflichtigen Rechten (Hypothek, Registerpfandrecht) undurchsichtig. Diese werden nämlich durch die „Universalsukzession“ ohne Eintragung erworben. Das Grundbuch bzw. das Register werden also durch die Sicherungsübereignung unrichtig. Da aber beide Rechtsscheinsträger eine besonders hohe Bedeutung für den Warenumlauf haben, sollte vom Erfordernis der eintragungsabhängigen Rechtsübertragung nur dann abgewichen werden, wenn die Singularsukzession bezüglich dieser Rechte nicht möglich ist. Dies ist aber - wie gesehen - nicht der Fall.

Darüber hinaus umfaßt der Begriff des Unternehmens auch die Verpflichtungen und Belastungen des Unternehmens. Wenn man also die Sicherungsübereignung am Unternehmen als Ganzes zuläßt, so ist dies gleichzeitig eine Schuldübernahme. Um diesem unerwünschten Ergebnis aus dem Weg zu gehen, könnte man die Sicherungsübereignung des Unternehmens allerdings auf die Aktiva beschränken[282].

---

[279] Ausführlich: *Celichowski*, PPH 11/96, S. 20 ff; *Nabierała*, Rejent 11/94, S. 76 ff; *Widło*, PPH 1/96, S. 25 ff.

[280] Art. 75^1 § 4 KC wäre für die Form bei verbundenen Grundstücksgeschäften eine gesetzliche Ausnahme.

[281] Art. 157 KC.

[282] Diese Beschränkungsmöglichkeit eröffnet Art. 55^2 KC.

III. Rechtsgeschäftlicher Ersterwerb

1. Sicherungsvertrag

Eine genau bestimmte Sache wird durch den Sicherungsvertrag sicherungsübereignet. Im Gegensatz zum deutschen Recht ist eine Besitzübertragung nicht erforderlich[283]. Ein isoliert-verfügender Sicherungsvertrag ist davon abhängig, daß ein wirksamer Verpflichtungsvertrag geschlossen wurde.

Bei der Sicherungsübereignung sind drei rechtliche Ebenen zu unterscheiden[284]: das Kreditgeschäft, der verpflichtende und der verfügende Sicherungsvertrag. Im polnischen Recht entscheidet regelmäßig der Sicherungsvertrag darüber, ob die Sache sicherungsübereignet wird und wie die Vertragspflichten ausgestaltet sind[285]. Es soll möglich sein, daß eine Sache aufgrund eines isoliert verfügenden Sicherungsvertrages sicherungsübereignet wird, dessen Rechtsgrund ein Vorvertrag ist[286]. Diese Auffassung verstößt gegen Art. 155 KC. Verfügungswirkung haben verpflichtend-verfügende Verträge oder isoliert verfügende Verträge, die kausal von einem - zur Eigentumsübertragung verpflichtenden - Vertrag abhängen. Der Vorvertrag verpflichtet aber nicht zur Übertragung von Eigentum, sondern lediglich zum Abschluß eines Verpflichtungsvertrages. Würde ein „Vorvertrag“ zur Eigentumsübertragung verpflichten, läge ein Verpflichtungsvertrag und kein Vorvertrag vor. Der Vorvertrag kann also per definitiones nicht zur Eigentumsübertragung verpflichten. Folgerichtig wird der Vorvertrag nicht in den Vorschriften erwähnt, die die Verfügungswirkung von Verträgen regeln.

Der Sicherungsvertrag muß das Innenverhältnis zwischen Sicherungsgeber und Sicherungsnehmer regeln (Regelungsfunktion)[287] und die gesicherte Forderung mit dem Vollrecht verknüpfen (Verknüpfungsfunktion). Erst durch diese Verknüpfung wird das dingliche Vollrecht zum fiduziarischen Sicherungsrecht[288]. Die dem Sicherungsnehmer erteilte volle Rechtsmacht über die sicherungsübereignete Sache widerspricht dem Sicherungszweck. Der Sicherungsnehmer soll nur ein besitzloses Pfandrecht erhalten. Er wird daher im Innenverhältnis schuldrechtlich gebunden. Verstößt der Sicherungsnehmer gegen seine Verpflichtungen, so macht er sich schadenersatzpflichtig. Zwischen den Sicherungsparteien entsteht also ein Treuhandverhältnis[289].

---

[283] Art. 155 § 1 KC. A.A.: *Tracz/Zoll,* S. 132.

[284] *Pottschmidt/Rohr*, S. 229, Rn. 554.

[285] So grundlegend: *Skąpski*, SC 1969, S. 305 ff, S. 316 ff.

[286] *Szlęzak*, Rejent 2/95, S. 111 ff, S. 112 ff (Zusammenfassung S. 117).

[287] Insbesondere bedarf es einer Regelung wie der Sicherungsnehmer mit dem ihm eingeräumten „Mehr an Rechtsmacht“ verfahren darf, *Richrath*, S. 20.

[288] Ausführlich: *Neuhof/Richrath*, NJW 96, S. 2894 ff (S. 2895).

[289] *Gołaczyński*, OSP 10/94, Pos. 176; *Pottschmidt/Rohr*, S. 206, Rn. 495.

Parteien des Sicherungsvertrages sind Gläubiger und Schuldner und / oder der Sicherungsgeber. Übereignet ein Dritter eine Sache zur Sicherheit, muß er nicht Partei des Sicherungsvertrages sein. Der Dritte kann im Auftrag des Forderungsschuldners gehandelt haben. Er übereignet die Sache in diesem Fall durch einen isoliert verfügenden Vertrag an den Gläubiger. Den kausalen Verpflichtungsvertrag haben Gläubiger und Schuldner geschlossen[290]. Schließt der Dritte den Sicherungsvertrag mit dem Gläubiger ab, wird der Dritte Partei des Sicherungsvertrages. Zwischen Schuldner und Gläubiger wird auch in diesem Fall ein Sicherungsvertrag geschlossen. Der Schuldner hat sich verpflichtet, einen geeigneten Sicherungsgeber zu beschaffen[291].

Im Sicherungsvertrag werden die Rechte und Pflichten festgelegt[292]. Regelmäßig setzt die wirtschaftlich stärkere Seite - meist der Sicherungsnehmer - für sich vorteilhafte Regelungen durch[293]. Wird dies durch Allgemeine Geschäftsbedingungen versucht, sind die Art. 385 - Art. 385^2 KC einschlägig.

Die Sicherungsübereignung ist formlos wirksam. Allerdings ist die Schriftform „ad probationem“ gemäß Art. 75 § 1 KC zu beachten[294]. Soweit man die Sicherungsübereignung an Grundstücken für zulässig erachtet, bedarf der Sicherungsvertrag zur Vermeidung der Unwirksamkeit der notariellen Beurkundung[295].

Die Sicherungsübereignung kann in ihrer Wirksamkeit von einer Zustimmung abhängen. Dies ist zum einen die Zustimmung des Ehepartners[296] und zum anderen die Zustimmung eines gesetzlichen Vertreters zu einem Rechtsgeschäft eines Minderjährigen[297]. Steht die Sache in Bruchteilseigentum, so kann die ganze Sache nur mit Zustimmung aller Miteigentümer zur Sicherheit übereignet werden[298]. Wird die Zustimmung verweigert, so können die sicherungsübereignungswilligen Miteigentümer eine Entscheidung des Gerichts beantragen. Sie müssen jedoch über mindestens die Hälfte der Anteile verfügen[299].

---

[290] Schließt der Dritte mit dem Sicherungsnehmer den Sicherungsvertrag, liegt ein Vertrag zugunsten des Hauptschuldners vor, *Bülow,* NJW 97, S. 641 ff, S. 643.

[291] *Bülow,* S. 272, Rn. 983.

[292] *Zieliński*, PS 95, S. 52 ff, S. 64.

[293] *Pottschmidt/Rohr*, S. 230, Rn. 555.

[294] *Król*, PrPrzed Nr. 22/96, S. 27 ff, S. 28.

[295] Art. 158 S. 1 KC iVm Art. 73 § 2 KC; *Pazdan*, Rejent 1/94, S. 17 ff, S. 25.

[296] Art. 36 § 2 KRO.

[297] Art. 17 f KC.

[298] Art. 199 iVm Art. 196 § 2 S. 2 KC.

[299] Art. 199 S. 2 KC.

2. Bedeutung der Forderung

Durch den Sicherungsvertrag kann jede Art von Forderungen - bestehende, künftige, bedingte oder unbedingte, fällige oder noch nicht fällige - mit dem dinglichen Vollrecht Eigentum verknüpft werden (Verknüpfungsfunktion). Durch diese Verknüpfung entsteht kein akzessorisches Recht.

Allerdings stehen die verschiedenen rechtlichen Ebenen einer Sicherungsübereignung (Kreditvertrag, Sicherungsvertrag mit seiner verpflichtenden Wirkung und mit seiner verfügenden Wirkung) nicht unabhängig nebeneinander. Vielmehr bewirkt die Unwirksamkeit des Kreditvertrages regelmäßig die Unwirksamkeit des Sicherungsvertrages[300], da nicht anzunehmen ist, daß der Sicherungsvertrag auch ohne den zu sichernden „Kreditvertrag" abgeschlossen worden wäre. Diese Konsequenz der Unwirksamkeit des Kreditvertrages auf den Sicherungsvertrag hat aber weittragendere Bedeutung als im deutschen Recht. Im deutschen Recht erfaßt die Unwirksamkeit nur den (verpflichtenden) Sicherungsvertrag, nicht aber die hiervon abstrakte Sicherungsübereignung. Das Eigentum an der sicherungsübereigneten Sache kann also nur über den Umweg des Bereicherungsrechts herausverlangt werden. Anders aber das auf dem Kausalitätsprinzip basierende polnische Recht. Hier zieht die Unwirksamkeit des Sicherungsvertrages auch die Unwirksamkeit der (kausalen) „Sicherungsübereignung" nach sich. Das Kausalitätsprinzip in Verbindung mit den Regeln über die Teilnichtigkeit von Rechtsgeschäften führt also, überspitzt formuliert, zu einer (quasi-) akzessorischen Verbindung von gesicherter Forderung und Sicherungsübereignung.

3. Andere Entstehensvoraussetzungen

In der Regel wird eine Sache durch einen verpflichtend-verfügenden Vertrag sicherungsübereignet (Kausalitäts- und Vertragsprinzip). Sind nur der Gattung nach bestimmte oder zukünftige Sachen Gegenstand eines zur Eigentumsübertragung verpflichtenden Vertrages, so tritt die verfügungsrechtliche Wirkung nicht *solo consensu* ein. Erforderlich ist zusätzlich, daß der Erwerber den Besitz an der Sache erlangt. Der Eigentumsübergang hat in solchen Fällen zwei Voraussetzungen: Ein Willensmoment (der verpflichtend-verfügende Vertrag) und ein Vollzugsmoment (die Besitzübertragung). Die Besitzübertragung richtet sich nach den allgemeinen Vorschriften[301]. Da Sinn und Zweck der Sicherungsübereignung ist, daß der Sicherungsgeber den unmittelbaren Besitz an der Sache behalten soll, wird die Besitzübergabe regel-

---

[300] Art. 58 § 3 KC. Entspricht § 139 BGB.

[301] Art. 348 - 351 KC.

mäßig dadurch ersetzt, daß Sicherungsgeber und -nehmer ein Besitzmittlungsverhältnis (Besitzkonstitut, constitutum possessorium) vereinbaren[302].

Das Besitzmittlungsverhältnis ist meist ein unentgeltlicher Verwahrungs-[303] oder ein Leihvertrag[304]. Erforderlich ist nicht, daß die Parteien auf einen gesetzlich geregelten Typ eines Besitzmittlungsverhältnisses zurückgreifen. Sie können das Besitzmittlungsverhältnis im Sicherungsvertrag auch eigenständig regeln (Grundsatz der Vertragsfreiheit[305]). Erforderlich ist, daß das Nutzungs- und Besitzrecht an der sicherungsübereigneten Sache und der Herausgabeanspruch des Sicherungsnehmers geregelt werden. Diese Regelungen können dem Sicherungsvertrag auch durch ergänzende Vertragsauslegung entnommen werden.

Die fehlende Kreditpublizität der Sicherungsübereignung ist ein reformbedürftiger Punkt des polnischen Kreditsicherungsrechts. Fehlende Kreditpublizität führt zu Irrvorstellungen über die Vermögensverhältnisse des Schuldners. Dies wirkt sich insbesondere in der Zwangsvollstreckung und im Konkurs negativ für die nachfolgenden Kreditgläubiger aus. Daneben verleitet die fehlende Offenkundigkeit den Schuldner zu großzügiger Bestellung von Sicherheiten, da er eine öffentliche Bestellung eher vermeiden will als eine heimliche. Zur Lösung der fehlenden Kreditpublizität bietet sich externe oder interne Offenkundigkeit an. Unter externer Offenkundigkeit ist die Registerpublizität oder die Briefpublizität zu verstehen. Bezüglich der Registerpublizität sind hier dieselben Einwände vorzubringen wie beim Registerpfandrecht. Die Briefausstellung lohnt sich nur bei wertvolleren technischen Geräten. Gegen die interne Offenkundigkeit z.B. durch ein vom Schuldner zu führendes Schuldbuch läßt sich einwenden, daß gerade in der wirtschaftlichen Krisensituation das Schuldbuch kaum noch zuverlässig geführt wird. Schriftformerfordernisse, die von öffentlicher Beglaubigung abhängen - wie die Schriftform mit feststehenden Datum[306] -, lösen das Problem der fehlenden Kreditpublizität nicht. Sie dienen lediglich der Vermeidung unredlicher Verhaltensweisen bei der Rückdatierung von Sicherungsverträgen[307].

Sofern der Gegenstand der Sicherungsübereignung der behördlichen Registrierung unterliegt, wird die Sicherungsübereignung erst mit dieser wirksam. Dies betrifft insbesondere Kraftfahrzeuge und Flugzeuge. Da in dem Registrierungsnachweis der Sicherungsnehmer nunmehr als Eigentümer eingetragen ist, wird er vor einem Verlust seines Eigentumsrechts geschützt. Der Voreintrag des Sicherungsnehmers verhindert insoweit einen Gutglaubenserwerb.

---

[302] Art. 349 KC. Ausführlich: *Skąpski*, SC 1969, S. 305 ff, S. 318 f; *Pyziol*, S. 109 ff, S. 132.

[303] Art. 835 - 845 KC. Die Unentgeltlichkeit ergibt sich zumindest aus den Umständen, Art. 826 KC.

[304] Art. 710 - 719 KC. Ausführlich: *Król*, PrPrzed Nr. 22/96, S. 27 ff, S. 28.

[305] Art. 353^1 KC.

[306] Art. 81 KC. Art. 590 KC für den Eigentumsvorbehalt.

[307] Zum vorstehenden ausführlich: *Drobnig*, S. 58 ff.

4. Gutgläubiger Ersterwerb

Die Frage des gutgläubigen Erwerbs von Sicherungseigentum wird in der Konkurrenzsituation zu vorher bestellten Eigentumsvorbehalten oder Sicherungsübereignungen relevant. Sie basiert meist auf einem unredlichen Verhalten des Sicherungsgebers, der sich - in der Krise befindlich - Kredit verschaffen will und dafür Vermögensgüter als Kreditsicherungsmittel braucht.

Der gutgläubige Erwerb des Sicherungseigentums wird meist daran scheitern, daß es an der Inbesitznahme der Sache fehlt. Die Inbesitznahme setzt Eigenbesitz mit unmittelbarer Sachherrschaft voraus. Da bei genau bestimmten Sachen die Sicherungsübereignung rein vertraglich und ohne ein irgendwie geartetes Besitzerfordernis begründet werden kann, sind die Voraussetzungen des gutgläubigen Erwerbs in diesen Fällen nicht erfüllt[308]. Ebensowenig liegt aber auch ein Gutglaubenserwerb bei Vereinbarung eines Besitzmittlungsverhältnisses vor, das bei zukünftigen Sachen und Gattungssachen erforderlich ist. Übergibt der Sicherungsgeber dem Sicherungsnehmer die Sache, z.B. um sie zu verwerten, so erwirbt der Sicherungsnehmer das Sicherungseigentum. Bei abhandengekommenen Sachen ist zusätzlich noch der Ablauf einer dreijährigen Besitzzeit erforderlich. Dies macht einen gutgläubigen Eigentumserwerb grundsätzlich unmöglich. Insbesondere ist die Anrechnung der Besitzzeit des Sicherungsgebers nicht möglich, da er während der Dauer des Sicherungsverhältnisses nicht Eigenbesitzer war. Wird die gesicherte Forderung getilgt und besteht eine auflösende Bedingung, so erwirbt der „wahre" Voreigentümer sein Eigentum an der Sache zurück.

Beispiel: Fabrikant F übereignet einen LKW zur Sicherheit an das Kreditinstitut K. Da er noch einen anderen Kredit benötigt, aber keine Kreditunterlage mehr besitzt, verschweigt er der Bank B gegenüber die Sicherungsübereignung und übereignet ihr ebenfalls den LKW.

K hat das Sicherungseigentum am LKW. B, so scheint es, geht leer aus. Er könnte aber das Anwartschaftsrecht des F erworben haben[309]. Hierzu müßte die gescheiterte Eigentumsübereignung in einen Erwerb des Anwartschaftsrecht umgedeutet werden. Die Voraussetzungen der Umdeutung (konwersja) sind, daß im Falle der Unwirksamkeit eines Rechtsgeschäftes gleichzeitig die Voraussetzungen eines anderen gültigen Rechtsgeschäfts erfüllt worden sind und dieses andere Rechtsgeschäft dem beabsichtigten Zweck des nichtigen Vertrages entspricht und ein entgegenstehender Wille der Vertragsparteien bei Vertragsschluß nicht erkennbar war[310]. Wie bereits besprochen, richtet sich der

---

[308] *Brzozowski,* Firma 7-8/92, S. 47 f, S. 48.

[309] Zum Anwartschaftsrecht: *Gandor*, S. 123 ff; *Szpunar*, PiP 3/63, S. 526, S. 528 f.

[310] Ausführlich: *Wolter/Ignatowicz/Stefaniuk*, S. 302.

Erwerb eines Anwartschaftsrechts nach den für die Übereignung des Eigentums geltenden Vorschriften. Die gescheiterte Sicherungsübereignung enthält also auch die Voraussetzungen für den Erwerb des Anwartschaftsrechts. Wirtschaftlich gesehen kommt der Erwerb einer Anwartschaft zur Sicherheit einer Sicherungsübereignung gleich. Er entspricht daher auch dem mit dem nichtigen Vertrag beabsichtigtem Zweck.

IV. Rechtsgeschäftlicher Nachfolgeerwerb

Bei den akzessorischen Rechten wird die Berechtigung an einem Sicherungsrecht durch die Übertragung der gesicherten Forderung übertragen (Übergangsakzessorietät)[311]. Ein solcher automatischer Mitübergang ist bei der Sicherungsübereignung nicht möglich. Nichtakzessorische Sicherungsrechte müssen nach den für sie geltenden Regeln übertragen werden. Und dies ist der entscheidende Unterschied zu den akzessorischen Rechten: Bei diesen fehlen eigenständige Übertragungsvorschriften. Sie können nur als „Anhängsel" der Forderung ihren Rechtsinhaber wechseln[312]. Wie aber soll bei einem nichtakzessorischen Recht verfahren werden? Denkbar sind zwei Lösungsansätze. Entweder das Sicherungsrecht steht nach einer Abtretung der gesicherten Forderung dem Sicherungsgeber zu oder es wird auf den Zessionar übergeleitet[313]. Beide Alternativen führen den Sicherungsnehmer in einen Interessenkonflikt. Bei der ersten Variante (Rückabwicklung auf den Sicherungsgeber) verstößt er regelmäßig gegen die Verpflichtung dem Zessionar gegenüber ihm die Sicherungsrechte zu verschaffen. Bei der zweiten Variante (Übertragung des Sicherungsrechts auf den Zessionar) verletzt er gegenüber dem Sicherungsgeber sein schuldrechtliches Verfügungsverbot[314]. Eine Überleitung der Sicherungsrechte sollte daher erst dann vom Sicherungsnehmer vorgenommen werden, wenn der Sicherungsgeber zustimmt.

Der Sicherungsgeber kann sein Anwartschaftsrecht übertragen, daß er an der sicherungsübereigneten Sache hat. Die Übertragung des Anwartschaftsrechts richtet sich nach den für das Vollrecht „Eigentum" geltenden Regeln. Erforderlich ist also ein verpflichtend-verfügender Vertrag. Problematisch ist der gutgläubige Erwerb des Anwartschaftsrechts. Zwei Fallkonstellationen sind zu unterscheiden. Bei der ersten besteht überhaupt kein Anwartschafts-

---

[311] Art. 509 § 2 KC.

[312] *Becker-Eberhard*, S. 524 f.

[313] Ausführlich: *Becker-Eberhard*, S. 529 ff.

[314] Art. 57 § 2 KC.

recht, und bei der zweiten Fallkonstellation besteht ein Anwartschaftsrecht, dieses steht aber nicht dem hierüber Verfügenden zu. Die hier behandelte Problematik stellt sich in gleicher Weise beim Eigentumsvorbehalt.

Beispiel für nicht bestehendes Anwartschaftsrecht: E hat dem N einen Lastkraftwagen für eine Woche geliehen. Kurz darauf erzählt er dem G, daß er den LKW an E unter der auflösenden Bedingung der vollständigen Begleichung einer Kreditforderung sicherungsübereignet habe. Diese Kreditforderung sei aber bereits zum weitaus überwiegenden Teil abgetragen. G und N werden sich schnell über die Übertragung des Anwartschaftsrechts handelseinig. Nachdem N dem G die Schlüssel übergeben hat, fährt G mit dem LKW vom Fabrikgelände des N.

Das besondere Wesen des Anwartschaftsrechts besteht in der Verknüpfung von sachenrechtlichen und schuldrechtlichen Elementen. So entwickelt sich das Anwartschaftsrecht nur dann zum Vollrecht, wenn die gesicherte Forderung vollständig zurückgezahlt wird. Existiert die gesicherte Forderung aber überhaupt nicht, so kann die Bedingung, die den Vollrechtserwerb herbeiführt, nicht eintreten. Der Erwerber hat also überhaupt keine Aussicht auf den Erwerb des Vollrechts erhalten, mithin kein Anwartschaftsrecht.

Beispiel für bestehendes Anwartschaftsrecht: N übereignet eine ihm zustehende hochwertige Schleifmaschine an G zur Sicherung einer Kreditforderung unter der auflösenden Bedingung der vollständigen Rückzahlung des Kredits. Die Maschine bleibt im Besitz des N. Nachdem N einen beträchtlichen Teil der Kreditforderung beglichen hat, gerät er erneut in einen Liquiditätsengpaß. Um diesen zu überbrücken, verkauft und überträgt er das Anwartschaftsrecht an der Schleifmaschine, die er aufgrund einer Produktionsumstellung nicht mehr benötigt, an den Fabrikanten F. Da F aber in seiner Fabrikhalle noch Platz für die Schleifmaschine schaffen möchte, wird die Maschine zuerst bei N im Lager untergestellt. Die finanzielle Situation des N verschärft sich drastisch. Um seinen drängenden Verpflichtungen nachzukommen, entschließt sich N sein die Maschine an den zahlungskräftigen B zu übertragen. Da jedoch B von der Sicherungsübereignung an G erfahren hat und auch weiß, daß bereits ein beträchtlicher Teil der Kreditforderung zurückbezahlt sind, kann ihm N nur das Anwartschaftsrecht übertragen. B nimmt die Maschine sofort an sich und schafft sie auf sein außerhalb der Stadt liegendes Fabrikgelände. Nach vollständiger Rückzahlung der Kreditforderung verlangt nun F die Maschine von B heraus.

Problematisch ist, ob B das dem F zustehende Anwartschaftsrecht gutgläubig erworben hat. Grundsätzlich erfolgt die Übertragung eines Anwartschaftsrechts nach den für das Vollrecht geltenden Vorschriften. Fraglich ist aber, ob dieser Grundsatz für den Erwerb vom Berechtigten und für den Erwerb vom Nichtberechtigten gilt. Dies ist der Fall, wenn die Vorschriften über den gutgläubigen Erwerb des Vollrechts „Eigentum" auf den Erwerb des Anwartschaftsrechts analog anzuwenden sind. Analogie setzt das Vorliegen einer unbewußten Regelungslücke und Ähnlichkeit der zu vergleichenden Sachverhalte, in der für die rechtliche Bewertung maßgeblichen Hinsicht, voraus. Eine unbewußte Regelungslücke liegt bezüglich des Anwartschaftsrecht vor. Jedoch ist die Rechtsähnlichkeit zwischen gutgläubigem Erwerb des Eigentumsrechts und des Anwartschaftsrechts zu verneinen. Grundlage des gutgläubigen Erwerbs ist der durch den Besitz vermittelte Rechtsschein. Dieser spricht für die vermeintliche Rechtsinhaberschaft des Veräußerers. Der Rechtsschein Besitz spricht aber nur für das Eigentum. Dies wird dadurch belegt, daß ein Pfandrecht nicht gutgläubig von einem „Scheinpfandgläubiger" erworben werden kann und durch Art. 339 KC. Nach dieser Vorschrift wird vermutet, daß derjenige, der die Herrschaft über eine Sache ausübt, Eigenbesitzer[315] ist. Sagt der Nichtberechtigte aber, daß er nicht Eigentümer, sondern nur ein Anwartschaftsberechtigter sei, so verläßt sich der Erwerber auf das Gerede des Nichtberechtigten und nicht auf die Rechtsscheinsposition des veräußernden Besitzers[316]. Insoweit kann der gutgläubige Erwerber eines Anwartschaftsrechts keinen Schutz erwarten[317]. Art. 169 KC ist also auf das Anwartschaftsrecht nicht analog anzuwenden.

E. Eigentumsvorbehalt

I. Rechtsgeschäftlicher Ersterwerb

1. Vereinbarung der aufschiebenden Bedingung

Der Verkäufer einer Sache kann sich das Eigentum an der Kaufsache vorbehalten. Nach der Auslegungsregel des Art. 589 KC ist das Eigentum aufschiebend bedingt übertragen[318]. Anstelle der aufschiebenden Bedingung können die Vertragsparteien aber auch eine auflösende Bedingung vereinbaren[319]. Beim Eigentumsvorbehalt steht nur die verfügungsrechtliche Wirkung des Kaufvertrages unter der Bedingung der vollständigen Kaufpreiszahlung. Die

---

[315] Nach Art. 336 KC übt der Eigenbesitzer die Herrschaft über die Sache als Eigentümer aus.

[316] *Flume,* § 42, 4c, S. 738.

[317] *Westermann/Gursky,* § 45 III 1 d, S. 368 f m.w.N.. *Szpunar,* Eigentumserwerb, S. 50 f.

[318] *Szpunar,* PiP 6/93, S. 29 ff, S. 33; *Kunicki,* RPEiS 2/67, S. 31 ff, S. 34 m.w.N.

[319] *Rudnicki,* MoP 12/96, S. 437 ff, S. 437; *Szpunar,* PiP 6/93, S. 29 ff, S. 33; *Kunicki,* RPEiS 2/67, S. 31 ff, S. 35.

verpflichtende Wirkung des Kaufvertrages tritt sofort und unbedingt ein[320]. Der Käufer erhält beim Eigentumsvorbehalt ein Anwartschaftsrecht[321].

Das Oberste Gericht hat noch kurz vor Inkrafttreten des Kodeks Cywilny die Möglichkeit verneint, daß Käufer und Verkäufer vereinbaren können, die Eigentumsübertragung durch die vollständige Zahlung des Kaufpreises aufschiebend zu bedingen. Die Kaufpreiszahlung sei kein ungewisses Ereignis, da sie vom Willen des Käufers abhänge und nicht außerhalb der Sphäre der Vertragsparteien liege[322]. Diese Betrachtungsweise war und ist falsch. Es liegt eine Potestativbedingung vor[323].

2. *Schriftform*

Der Eigentumsvorbehalt muß nicht schriftlich vereinbart werden. Wird die Kaufsache dem Käufer übergeben, soll der Eigentumsvorbehalt schriftlich bestätigt werden (Schriftform *ad probationem*)[324]. Soll der Eigentumsvorbehalt den Gläubigern des Käufers gegenüber wirksam sein, muß das Schriftstück ein „feststehendes Datum" haben *(Schriftform ad eventum)*[325].

Die Hauptfunktion des Eigentumsvorbehalts besteht darin, den Verkäufer vor Verfügungen des Käufers und vor den Zugriffen anderer Gläubiger auf die Vorbehaltssache zu schützen. Diese Funktion erfüllt der Eigentumsvorbehalt aber nur bei Drittwirksamkeit. Dies setzt ein Schriftstück mit feststehendem Datum voraus, was die Einschaltung staatlicher Organe erforderlich macht. Hierdurch wird der Eigentumsvorbehalt zu einem schwerfälligen Sicherungsrecht. Dieser Schwerfälligkeit steht kein nennenswerter Vorteil gegenüber. Der Eigentumsvorbehalt ist mit feststehendem oder ohne feststehenden Datum immer ein publizitätsloses Kreditsicherungsmittel. Andere Gläubiger werden auch bei Vorliegen eines Schriftstücks mit feststehendem Datum nicht über die wahren Vermögensverhältnisse informiert. Einziger Vorteil des feststehenden Datums ist die Feststellung, ab wann der Eigentumsvorbehalt (dritt-)wirksam

---

[320] *Katner*, S. 91; *Szpunar*, PiP 3/63, S. 526, S. 530; *Szpunar*, PiP 6/93, S. 29 ff, S. 33 m.w.N; *Kunicki*, RPEiS 2/67, S. 31 ff, S. 32 f, S. 37; *Rudnicki*, MoP 12/96, S. 437 ff, S. 437.

[321] *Rudnicki*, MoP 12/96, S. 437 ff, S. 438. Diese Verfügungsbefugnis kann nur schuldrechtlich beschränkt werden, Art. 57 KC.

[322] *Beschluß des Obersten Gerichtshofes* vom 19.1. 1960 [AZ: 1 CO 4/59] (PiP 12/60, S. 1068).

[323] *Gandor*, S. 109 ff; *Szpunar*, PiP 3/63, S. 526, S. 531.

[324] Art. 590 § 1 S. 1 KC.

[325] Art. 590 § 1 S. 2 KC; *Szpunar*, PiP 6/93, S. 29 ff, S. 32 f; *Kunicki*, RPEiS 2/67, S. 31 ff, S. 33, S. 36 f. Zur Bedeutung dieses Formerfordernisses im Konkurs, Art. 42 polnKO.

ist. Dies kann aber meist ohne größere Mühe festgestellt werden, so daß der durch die Einschaltung staatlicher Organe gewonnene Vorteil der genauen Bestimmtheit des Zeitpunkts der Drittwirksamkeit des Eigentumsvorbehalts in keinem Verhältnis zu dem hierdurch begründeten Nachteil der Schwerfälligkeit der Begründung des Eigentumsvorbehalts steht. Eine Streichung dieses Erfordernisses wird daher empfohlen.

3. Die gesicherte Forderung

Problematisch ist, welche Forderung durch den Eigentumsvorbehalt abgesichert wird. Dies könnte die Kaufpreisforderung oder der Rückgabeanspruch des Verkäufers sein, der bei nichtordnungsgemäßer Erfüllung der Kaufpreiszahlungen durch den Käufer entsteht. Nach richtiger Ansicht sichert der Eigentumsvorbehalt beide Forderungen ab[326]. Die Art und Weise dieser Sicherung unterscheidet den Eigentumsvorbehalt elementar von den übrigen Sicherungsrechten.

Die Kaufpreisforderung wird durch den Eigentumsvorbehalt als Druckmittel und nicht als Befriedigungsmittel abgesichert. Die Aussicht die Kaufsache wieder zu verlieren, ist geeignet die Zahlungsbereitschaft zu erhöhen (Druckmittelfunktion). Der Eigentumsvorbehalt gibt aber kein Befriedigungsrecht an der Vorbehaltssache. Zahlt der Käufer nicht ordnungsgemäß, so tritt der Verkäufer vom Vertrag zurück. Die Kaufpreisforderung erlischt. Eine Verwertung der Vorbehaltssache zwecks Befriedigung der Kaufpreisforderung ist also überhaupt nicht möglich[327]. Daher ist der Eigentumsvorbehalt seiner Funktion nach weder eine Art besitzloses Pfandrecht[328] noch eine speziell ausgeformte „Art" der Sicherungsübereignung. Der Rückgabeanspruch wird durch die dingliche Ausgestaltung des Eigentumsvorbehalts abgesichert. So kann der Verkäufer die Sache im Konkurs des Käufers aussondern und gegen eine Zwangsvollstreckung in diese Sache die Drittwiderspruchsklage erheben. Ebenso ist er auch gegen Verfügungen des Käufers über die Kaufsache geschützt. Dieser Schutz findet seine Grenze aber Gutglaubenserwerb.

Der eigentliche Sinn des Eigentumsvorbehalts liegt in der Wahrung des synallagmatischen Prinzips. Der Verkäufer verschafft dem Käufer den Besitz an der Sache, ohne daß dieser vollständig gezahlt hat. Der Verkäufer verliert also bezüglich seiner Besitzverschaffungspflicht die Einrede des nichterfüllten Vertrages[329]. Dieser Nachteil

---

[326] *Becker-Eberhard*, S. 24 ff.

[327] Der Verkäufer kann die Sache aber aufgrund eines Vollstreckungstitels wegen der Kaufpreisforderung pfänden und verwerten.

[328] *Becker-Eberhard*, S. 28.

[329] Art. 488 § 2 KC. § 320 BGB.

wird dadurch ausgeglichen, daß der Verkäufer sein Eigentum „zurückbehält" und so Druck auf die Zahlungsbereitschaft des Käufers ausüben kann. Zahlt der Käufer trotz dieses Druckes nicht, so kann der Verkäufer seine „Vorleistung rückgängig machen"[330] und Herausgabe der Sache verlangen.

Die konstruktiven Unterschiede zwischen Eigentumsvorbehalt und Pfandrecht/Sicherungsübereignung spiegeln sich auch im strukturellen Aufbau wieder. Bei der Sicherungsübereignung und beim Pfandrecht begegnen wir einer dreigliedrigen Struktur: Der Kreditvertrag als Grundlage der gesicherten Forderung und der Sicherungsvertrag einerseits in seiner verpflichtenden und andererseits in seiner verfügenden Funktion. Diese Konstruktion ergibt sich aus der Tatsache, daß das der gesicherten Forderung zugrundeliegende Rechtsgeschäft keinen „Sicherungsgegenstand" für den Kreditgläubiger zur Verfügung stellt. Dieser Sicherungsgegenstand muß also erst noch durch einen weiteren Rechtsakt (durch einen verpflichtend-verfügenden Sicherungsvertrag oder eine Pfandrechtsbestellung) mit dieser Forderung verbunden werden. Je nach Art dieser Verbundenheit wird von akzessorischem oder nichtakzessorischem Recht gesprochen. Dies ist beim Eigentumsvorbehalt anders. Hier enthält der Kaufvertrag die gesicherte Forderung und die Sicherungsabrede[331]. Der Kaufvertrag enthält gleichzeitig den „Sicherungsgegenstand" als „Leistungsgegenstand". Dies ist beim Kreditvertrag eben nicht der Fall. Der Sicherungsgegenstand muß nicht mit der oder den zu sichernden Forderungen verbunden werden. Diese Verbundenheit besteht bereits durch das Verpflichtungsgeschäft. Aus diesem Grund ist der Eigentumsvorbehalt auch nicht in die Kategorien der Forderungsgebundenheit einzuordnen. Bei der Forderungsgebundenheit geht es um das Problem, wie ein Sicherungsrecht mit einer anderen Forderung verbunden ist.

4. Gutgläubiger Erwerb des Eigentumsvorbehalts

Der nichtberechtigte Verkäufer kann sich das Eigentum an einer Sache nicht vorbehalten. Dahingegen kann der Käufer das im Eigentumsvorbehalt liegende Anwartschaftsrecht gutgläubig erwerben. Es kommt also zu einem Auseinanderfallen von Eigentümerstellung, die beim wirklich Berechtigten liegt, und Gläubigerstellung bezüglich der Kaufpreisforderung, die der nichtberechtigte Verkäufer innehat. Das synallagmatische Prinzip ist also durchbrochen. Doch trotzdem kann der Eigentumsvorbehalt seine Funktion erfüllen. Auf der einen Seite stellt die Aussicht auf den Vollrechtserwerb für den Käufer ohnehin einen genügenden Anreiz für die Zahlung der Kaufpreisraten dar und auf der anderen Seite wird auch der Verkäufer ein Interesse an ordnungsgemäßer Zahlung durch den Käufer haben. Immerhin ist er dem wirklichen Berechtigten zur Herausgabe des Erlangten verpflichtet. Stellt der Käufer also seine Zahlungen ein, so wird der Verkäufer versuchen seine Verpflichtung ge-

[330] *Becker-Eberhard*, S. 27.

[331] *Westermann/Gursky*, § 39 III 1, S. 288.

genüber dem wirklichen Berechtigten durch Rückgabe der Vorbehaltssache zum Erlöschen zu bringen.

II. Rechtsgeschäftlicher Nachfolgeerwerb

Der rechtsgeschäftliche Nachfolgeerwerb kann grundsätzlich in die Aktiv- wie auch in die Passivposition erfolgen. Hierbei sind die für den rechtsgeschäftlichen Nachfolgeerwerb bei der Sicherungsübereignung entwickelten Grundsätze entsprechend auf den Eigentumsvorbehalt übertragbar.

Tritt der Verkäufer seine Kaufpreisforderung ab, so fällt die Eigentümerstellung und das Gläubigerrecht an der noch ausstehenden Forderung auseinander. Das durch den Eigentumsvorbehalt aufrechterhaltene Synallagma der noch ausstehenden Leistungen zerfällt also. Der Eigentumsvorbehalt in der Hand des Verkäufers verliert also seine Zweckbestimmung als Druckmittel bezüglich des Käufers.

Besondere Beachtung verdient noch die rechtliche Stellung des Anwartschaftserwerbers (Nachfolge in die Passivposition). Dieser erhält bei Eintritt der Bedingung das Vollrecht direkt und nicht im Wege des Durchgangserwerbs[332]. Seine Position ist aber dadurch geschwächt, daß sein Recht vom Schicksal des Kaufvertrags abhängt. Erlischt der Kaufvertrag, verliert der Käufer sein Anwartschaftsrecht[333]. Eine Einflußnahme auf das Anwartschaftsrecht durch den Käufer durch eine spätere Veränderung des Kaufvertrages dürfte dahingegen nicht mehr möglich sein (z.B. durch Vereinbarung, daß der Bedingungseintritt nicht schon bei vollständiger Zahlung, sondern erst später eintritt). Dies liegt darin begründet, daß das Anwartschaftsrecht als dingliches Recht nur noch vom Rechtsinhaber verändert werden darf.

F. Pfandrecht an Rechten

I. Allgemein

Ein Pfandrecht an Rechten[334] kann im Wege des rechtsgeschäftlichen Erst- und Nachfolgeerwerbs erworben werden. Belastbar mit einem Pfandrecht sind

---

[332] *Gandor*, S. 123 f.

[333] Er kann aber einen Schadensersatzanspruch haben.

[334] Es werden nur die Unterschiede zum Pfandrecht an Sachen dargestellt. Zum Pfandrecht an Immaterialgüterrechten: *Preussner-Zamorska/Traple,* KSP 92, S. 41 ff.

nur veräußerliche Rechte[335]. An einer hypothekarisch gesicherten Forderung wird jedoch kein Pfandrecht, sondern eine Hypothek bestellt (Subintabulat)[336].

II. Der rechtsgeschäftliche Erwerb

1. Allgemein

Der Erwerb eines Pfandrechts an einem Recht erfordert einen Verpfändungsvertrag. Im übrigen richtet sich die Entstehung des Pfandrechts nach den Vorschriften, die für die Übertragung des zu belastenden Rechts gelten[337]. In bestimmten Fällen ist die Anzeige der Verpfändung an den Forderungsschuldner erforderlich[338]. Der rechtsgeschäftliche Nachfolgeerwerb erfolgt durch Abtretung der gesicherten Forderung[339].

2. Verpfändungsvertrag

Ein Verpfändungsvertrag liegt vor, wenn sich die Parteien einig sind, daß ein Recht mit einem Pfandrecht belastet werden soll[340]. Der Verpfändungsvertrag muß schriftlich mit einem feststehenden Datum abgeschlossen werden[341]. Wird gegen dieses Schriftformerfordernis verstoßen, ist die Bestellung des Pfandrechts unwirksam[342]. Durch diese Regelung soll die Bestimmung des Zeitpunktes erleichtert werden, zu dem das Pfandrecht entstanden ist, um seinen Rang bestimmen zu können[343]. Das Schriftformerfordernis ist hierfür aber

---

[335] Art. 327 KC iVm Art. 509 § 1 KC. Der Pflichtteilsanspruch ist verpfändbar, *Beschluß des Obersten Gerichtshofes* vom 13.2. 1975 [AZ: III CZP 91/74] (OSNCP 1/76, Pos. 6).

[336] Art. 108^{1} ff HypG.

[337] Art. 329 KC.

[338] Art. 329 § 2 KC.

[339] Art. 328 iVm 323 § 1 S. 1 KC; *Mojak*, Palestra 4/86, S. 33 ff, S. 43 ff.

[340] Der Verpfändungsvertrag hat in der Regel verpflichtend-verfügenden Charakter, Art. 245 § 1 iVm Art. 510 KC, *Mojak*, Rejent 10/94, S. 100 ff, S 103. Mojak meint, der verpflichtend-verfügende Charakter des Verpfändungsvertrages ergebe sich aus Art. 329 § 1 KC iVm Art. 510 KC.

[341] Art. 329 § 1 S. 1 KC iVm Art. 81 KC. Ein Schriftstück hat grundsätzlich ein feststehendes Datum, wenn das Datum amtlich beglaubigt wurde.

[342] Art. 73 § 2 KC, *KCK/Majorowicz*, Anm. zu Art. 329 KC, S. 763.

[343] *KCK/Majorowicz*, Anm. zu Art. 329 KC, S. 763; *Troicka-Sosińska*, Rechtsverpfändungsvertrag, MoP 11/97, S. 466 ff.

nur beschränkt geeignet. Ein Pfandrecht an einem Recht entsteht nämlich nicht nur durch den Verpfändungsvertrag: Es müssen noch andere Voraussetzungen (Übergabe einer Sache, Verpfändungsanzeige an den Forderungsschuldner etc.) erfüllt sein. Das Pfandrecht kann also an einem späteren Tag entstanden sein, als der Tag, an dem der Verpfändungsvertrag beglaubigt wurde.

Das Erfordernis des Schriftstücks mit feststehenden Datum erschwert die Bestellung eines Pfandrechts und verursacht (unnötige) Kosten. Da es seinen Sinn - die Bestimmung des Ranges - auch nur in einem geringen Umfang erfüllt, empfiehlt es sich, dieses Erfordernis abzuschaffen. Eine Schriftform ad probationem würde ausreichen.

Die amtliche Beglaubigung des Datums soll auch eine Bank vornehmen können[344]. Dies soll sich aus Art. 95 BankG (Art. 53 Abs. 1 BankG a.F.) ergeben. Diese Auffassung ist nicht zutreffend. Bankbücher sind amtliche Dokumente, wenn in ihnen die Begründung oder die Befreiung von einer Forderung, ein Rechtsverzicht oder die Erteilung eines Kredits enthalten ist. Die Begründung eines Pfandrechts an einem Recht ist jedoch nicht die Begründung einer Forderung, sondern die Bestellung eines beschränkt dinglichen Rechts.

An eine besondere Schriftformvoraussetzung ist die Verpfändung eines GmbH-Geschäftsanteils geknüpft. Sie muß zur Vermeidung der Unwirksamkeit schriftlich abgeschlossen werden[345].

Haben die Parteien Schriftform für die Übertragung eines Rechts vereinbart und bestimmt das die Übertragung bei Nichtwahrung der vereinbarten Form nichtig ist, so ist der Verpfändungsvertrag in dieser Form abzuschließen[346].

3. Andere Entstehensvoraussetzungen

a) Allgemein

Der Verpfändungsvertrag reicht zur Belastung eines Rechts mit einem Pfandrecht nicht aus. Erforderlich ist die Einhaltung der Voraussetzungen, die für die Vollrechtsübertragung erforderlich sind oder, soweit solche für die betreffende Forderung nicht vorhanden sind, eine Anzeige der Verpfändung an den Forderungsschuldner.

---

[344] So *Brol*, S. 18; ablehnend *Janiak*, PPH 1/96, S. 1 ff, S. 5 ff; *Heropolitańska*, S. 315.

[345] Art. 180 KH. Die Übertragung eines Geschäftsanteils ist im deutschen Recht notariell zu beurkunden, § 15 Abs. 3 GmbHG.

[346] Art. 329 § 1 S. 1 iVm Art. 76 S. 1 KC. Haben die Parteien nur die Schriftform vereinbart, ohne jedoch die Rechtsfolgen zu bestimmen, liegt nur eine Schriftform ad probationem vor.

b) Übertragungsvoraussetzungen

Neben dem Verpfändungsvertrag erfordert die Belastung eines Rechts mit einem Pfandrecht noch die Einhaltung derjenigen Voraussetzungen, die für die Übertragung des betreffenden Rechts erforderlich sind. So erfordert z.B. die Verpfändung eines Pfandrechts an einer Sache die Übergabe der Sache[347]. Die Verpfändung einer hypothekarisch gesicherten Forderung erfordert die Eintragung ins Grundbuch (sog. Subintabulat)[348]. Die Verpfändung eines GmbH-Geschäftsanteils ist gegenüber der Gesellschaft erst wirksam, wenn die Gesellschaft von einem der Beteiligten benachrichtigt wird[349]. Die Verpfändung eines vinkulierten GmbH-Geschäftsanteils erfordert die Genehmigung der Gesellschaft[350].

Die Rechte aus einem Inhaber-[351]. oder Namenspapier[352] werden durch dessen Übergabe und Verpfändungsvertrag verpfändet Die Verpfändung einer Namensaktie setzt zusätzlich eine schriftliche Verpfändungserklärung auf der Aktie oder auf einer besonderen Urkunde voraus[353]. Darüber hinaus kann die Verpfändung einer Namensaktie auch von einer Genehmigung der Gesellschaft oder in anderer Weise beschränkt werden[354]. Bei einem Pfandrecht an einem Orderpapier ist neben dem Verpfändungsvertrag und der Übergabe des Wertpapiers noch ein sog. Pfandindossament erforderlich[355]. Das Pfandindossament muß einen Hinweis auf die Verpfändung enthalten (z.B. „waluta na zabezpieczenie“ „Wert zur Sicherheit“; „waluta w zastaw“ „Wert als Pfand“)[356].

---

[347] Art. 329 § 1 S. 1 iVm Art. 307 KC.

[348] Art. 65 Abs. 5 iVm Art. 67 Abs. 1 HypG.

[349] Art. 187 Satz 2 KH.

[350] Art. 181 § 1 KH. Im Gesellschaftsvertrag kann auch eine andere Art der Beschränkung bestimmt werden.

[351] Art. 921^{12} KC. Inhaberpapiere sind die Inhaberaktie, die -schuldverschreibung und auf den Inhaber ausgestellte Schecks.

[352] Art. 912^{16} iVm 912^{8} KC. Ob die Übergabe des Namenspapiers für die Verpfändung erforderlich ist, ist im deutschen Recht umstritten, *Westermann/Gursky*, § 138 I 2, S. 957.

[353] Art. 350 KH; *Frąckowiak*, Rejent 1/95, S. 11 ff, S. 16.

[354] Art. 348 § 2 KH iVm Art. 329 § 1 S. 1 KC. Die Genehmigung ist schriftlich zu erteilen, Art. 348 § 3 KH.

[355] Art. 921^{9} § 3 KC. Indossamente sind bedingungsfeindlich, Art. 12 prWeksl; *Mojak*, Rejent 10/94, S. 100 ff, S. 104 ff.

[356] Art. 19 Abs. 1 prWeksl. *Mojak*, Rejent 10/94, S. 100 ff, S. 106 m.w.N.

Nach deutschem Recht kann ein Pfandindossament offen und verdeckt erfolgen. Das verdeckte Pfandindossament unterscheidet sich äußerlich nicht von einem Vollindossament. Allein der Verpfändungsvertrag begrenzt die Rechte des Pfandgläubigers. Beim verdeckten Pfandrechtsindossament kann das Vollrecht an der wertpapierrechtlich verbrieften Forderung gutgläubig lastenfrei erwerben worden.

Polen hat dem französischen Vorbild folgend einen „papierlosen öffentlichen Wertpapierverkehr" eingeführt[357]. Mit Rücksicht auf den „entmaterialisierten" Zustand der Aktien - sie bestehen lediglich in der Form eines Computereintrags beim Staatsdepot für Wertpapiere (Krajowy Depozyt Papierów Wartościowych) - können auf ihre Übertragung und damit auch auf ihre Verpfändung nicht die allgemeinen Regeln (insbesondere die Übergabe des Wertpapiers) angewandt werden. Börsengängige Aktien werden durch Verpfändungsvertrag und Eintragung im Staatsdepot für Wertpapiere verpfändet[358]. Der Verpfändungsvertrag ist in der qualifizierten Form des Schriftstükkes mit feststehenden Datum abzuschließen[359].

c) Anzeige der Verpfändung

Sofern das Pfandrecht an einer Forderung weder durch Übergabe eines Papiers noch durch Indossament bestellt wird, ist zu seiner Bestellung eine schriftliche Anzeige des Verpfänders an den Forderungsschuldner erforderlich[360]. Das Pfandrecht entsteht erst mit Zugang der Verpfändungsanzeige beim Drittschuldner[361]. Die Offenkundigkeit des Pfandrechts an einer Forderung ist einer der Gründe für die Flucht in die „geheime" Sicherungsabtretung.

Fraglich ist, ob die schriftliche Anzeige des Verpfänders an den „Forderungsschuldner" bei der Verpfändung von börsengängigen Aktien erforderlich ist. Dem Wortlaut des Art. 329 § 2 KC folgend müßte man dieses Erfordernis ablehnen, da das Pfandrecht an einer Aktie kein Pfandrecht an einer Forderung, sondern an einem anderen Recht ist[362]. Andererseits kann man der Aktie eine gewisse Forderungsähnlichkeit nicht abstreiten. Insbesondere dann nicht, wenn man die Aktie als ein sogenanntes „Mischrecht" versteht, das die Vermögens- und die Korporationsrechte des Aktionärs

---

[357] Art. 7 Abs. 1 prPapW; *Cierpiał*, WiRO 11/96, S. 405 ff, S. 407.

[358] Art. 7 § 3 prPapW iVm Art. 329 § 1 KC; *Romanowski*, MoP 4/97, S. 147 ff.; *Sobolewski*, MoP 8/97, S. 304 ff. Zur Rechtslage nach Art. 5 § 5 prPapW a.F.: *Frąckowiak*, Rejent 1/95, S. 11 ff, S. 18; *Jaroński*, S. 38; *Kot*, Rejent 5/93, S. 29 ff, S. 35. *Kot*, Rejent 5/93, S. 29 ff, S. 36.

[359] Börsenmakler verlangen notariell beurkundete Verpfändungsverträge, *Janiak*, PPH 1/96, S. 1 ff, S. 5 Fn. 16.

[360] Art. 329 § 2 KC.

[361] *KKC/Rudnicki*, Art. 329 KC, Anm. 2, S. 376.

[362] Zur Rechtsnatur der Aktie, *Frąckowiak*, Rejent 1/95, S. 11 ff, S. 13 f.

gegen die Aktiengesellschaft verkörpert[363]. Konsequenterweise müßte also bei der Verpfändung einer börsengängigen Aktie der „Forderungsschuldner“ von der Verpfändung durch den Verpfänder benachrichtigt werden[364]. Als „Forderungsschuldner“ im Falle einer börsengängigen Aktie könnte man zunächst den Emittenten (Aktiengesellschaft) auffassen[365]. Nach herrschender Meinung[366] ist das zuständige Maklerbüro zu benachrichtigen.

III. Der gutgläubige und der gesetzliche Erwerb

Ein Pfandrecht an einem Recht kann grundsätzlich nicht gutgläubig erworben werden[367]. Eine Ausnahme liegt vor, wenn eine „Orderwertpapierforderung“ verpfändet wird[368]. Ein Pfandrecht an einem Recht kann ex lege durch Surrogation aus einem Pfandrecht an einer Forderung entstehen.

Beispiel: Pfandgläubiger P hat ein Pfandrecht an der Forderung des Verpfänders V auf Übertragung eines GmbH-Geschäftsanteils des S. Überträgt nun der S seinen Geschäftsanteil auf V, so erwirbt P im Wege gesetzlicher Ersetzung ein Pfandrecht an dem Geschäftsanteil des V.

G. Sicherungsabtretung

I. Allgemein

Die Sicherungsabtretung ist das nichtakzessorische Pendant zum Pfandrecht an Rechten. Sie hat die Rechtsverpfändung praktisch aus dem Wirtschaftsleben verdrängt. Dies liegt an einer Vielzahl von Gründen. So erfordert die Bestellung eines Rechtspfandes, daß der Verpfändungsvertrag schriftlich mit einem feststehenden Datum abzuschließen ist, und zwar auch dann, wenn der Vertrag über die Übertragung des Rechts diese Form nicht benötigt[369]. Ein solcher Formzwang fehlt bei der Sicherungsabtretung. Darüber hinaus ist auch

---

[363] *Frąckowiak*, Rejent 1/95, S. 11 ff, S. 14, S. 18 f.

[364] *KKC/Rudnicki*, Art. 329 KC, Anm. 2, S. 376; *Frąckowiak*, Rejent 1/95, S. 11 ff, S. 18 f; *Janiak*, PPH 1/96, S. 1 ff, S. 6.

[365] *KKC/Rudnicki*, Art. 329 KC, Anm. 2, S. 376.

[366] *Janiak*, PPH 1/96, S. 1 ff, S. 4. *Frąckowiak*, Rejent 1/95, S. 11 ff, S. 19.

[367] *Preussner-Zamorska/Traple*, KSP 92, S. 41 ff, S. 46 ff. Die Art. 309 iVm 169 KC sind eine eng begrenzte Ausnahme zum Grundsatz „*nemo plus iuris in alium transferre potest quam ipse habet*“ und können daher nicht auf das Pfandrecht an Rechten entsprechend angewandt werden.

[368] Art. 19 Abs. 1 iVm Art. 16, 17 prWeksl; *Mojak*, Rejent 10/94, S. 100 ff, S. 105.

[369] Art. 329 § 1 S. 2 KC.

der fehlende Publizitätszwang gegenüber dem Forderungsschuldner ein erheblicher Vorteil der Sicherungsabtretung gegenüber der Rechtsverpfändung[370]. Schließlich richtet sich die Verwertung eines Rechtspfandes nach den Vorschriften über das schwerfällige gerichtliche Vollstreckungsverfahren[371].

Die Sicherungsabtretung ist gleich der Sicherungsübereignung ein nicht gesetzlich geregeltes fiduziarisches Sicherungsmittel. Viele der hiermit zusammenhängenden Probleme wurden bereits bei der Sicherungsübereignung eingehend dargestellt. Die Ausführungen zur Zulässigkeit[372] einer Sicherungsübereignung, zur Bedeutung des Sicherungsvertrages oder der zu sichernden Forderung und zu den verschiedenen Wirksamkeitsproblemen (z.B. Problem des Scheingeschäfts) gelten daher sinngemäß[373].

II. Rechtsgeschäftlicher Ersterwerb

1. Allgemein

Eine Forderung wird in der Regel allein durch den verpflichtend-verfügenden Sicherungsvertrag abgetreten. Allein die Übertragung eines GmbH-Anteils erfordert zur Vermeidung der Unwirksamkeit Schriftform[374]. Die Sicherungsabtretung bewirkt einen Wechsel des Forderungsgläubigers. Das bisherige Vertragsverhältnis zwischen Sicherungszedent und Forderungsschuldner bleibt jedoch bestehen.

2. Sicherungsvertrag

Gleich wie bei der Sicherungsübereignung sind bei der Sicherungsabtretung drei rechtliche Ebenen zu unterscheiden. Das Kreditgeschäft, der Sicherungsvertrag in seiner verpflichtenden Wirkung und der Sicherungsvertrag in seiner verfügenden Wirkung. Auch die Sicherungsabtretung hängt demnach in ihrer Entstehung und der Ausgestaltung der gegenseitigen Vertragspflichten regelmäßig von nur einem Vertrag ab, dem verpflichtend-verfügenden Sicherungsvertrag.

---

[370] Art. 329 § 2 KC.

[371] Art. 328 iVm 312 S. 1 KC.

[372] *Zawada,* S. 40 ff.

[373] *Sitkowska,* PG 5/95, S. 39 ff.

[374] Art. 180 KH.

Eine Forderung wird nach den allgemeinen Vorschriften zur Sicherheit abgetreten, in der Regel durch einen verpflichtend-verfügenden Vertrag[375]. Wird zwischen den Parteien vereinbart, daß der Sicherungsvertrag keine verfügende Wirkung haben soll, so geht die Forderung erst aufgrund eines isoliert-verfügenden Vertrages über, der in seiner Wirksamkeit aber vom rein verpflichtenden Sicherungsvertrag abhängt[376]. Die Konstruktion ist derjenigen bei der Sicherungsübereignung vergleichbar.

Durch die Sicherungsabtretung erhält der Sicherungsnehmer volle Rechtsmacht. Dies entspricht aber nicht dem wirtschaftlichen Zweck, welchen die Parteien mit der Sicherungsabtretung erreichen wollen. Dem Sicherungsnehmer soll eigentlich nur ein geheimes Pfandrecht mit schneller Verwertungsmöglichkeit verschafft werden. Um dies zu erreichen, wird der Sicherungsnehmer im Innenverhältnis gegenüber dem Sicherungsgeber schuldrechtlich gebunden. Dies führt zu einem Treuhandverhältnis.

3. Belastungsgegenstände

Als Gegenstand einer Sicherungsabtretung können alle übertragbaren Vermögensrechte angesehen werden. Eine überragende Stellung innerhalb der „sicherungsabtretungsfähigen" Rechte nehmen die Geldforderungen ein. Eine Geldforderung kann gesamt oder teilweise zur Sicherheit abgetreten werden. Ebenfalls möglich ist die Abtretung von Nebenforderungen, wie z.B. Zinsforderungen. Die Abtretung einer Teilforderung setzt voraus, daß die Gesamtforderung teilbar ist. Teilbar ist jede Geldforderung.

Nach allgemeiner Ansicht können auch künftige und bedingte Forderungen zur Sicherheit abgetreten werden[377]. Künftige Forderungen werden in drei Gruppen eingeteilt[378]. Die erste Gruppe bilden die aufschiebend bedingten und

---

[375] Art. 509 ff KC.

[376] Art. 510 § 2 KC.

[377] *Beschluß des Obersten Gerichtshofes* vom 19.09.97 [AZ: III CZP 45/97] (OSNIC 2/97, Pos. 22); ausführlich: *Heropolitańska*, S. 204 f.; *Strus,* Palestra 11-12/92, S. 34 ff, S. 39; *Mojak*: S. 15. Im deutschen Recht wird die Zulässigkeit der Abtretung künftiger Forderungen aus einem *argumentum a fortiori* aus § 185 Abs. 2 BGB gewonnen, *Palandt/Heinrichs* BGB § 398 Rn. 11 (Anm. 4c). Diese Argumentation ist im polnischen Recht nicht möglich, da eine dem § 185 BGB entsprechende Vorschrift fehlt.

[378] *Zawada,* S. 34 ff; *Mojak,* in: *Jakubecki/Mojak/Niezbecka:* S. 98; *Mojak*, Palestra 4/86, S. 33 ff, S. 38; *Skąpski*, SC 8/66, S. 143 ff, S. 169; *Naworski,* Sicherungsatretung, MoP 5/98, S. 184 ff., S. 188 ff; *Szpunar,* OSP 98, Pos. 137.

befristeten Forderungen[379]. Zur zweiten Gruppe gehören Forderungen, die auf einem bei Abschluß des Sicherungsvertrages bereits existierenden Rechtsverhältnis beruhen. Zur dritten Gruppe gehören Forderungen, bei denen auch das zugrundeliegende Schuldverhältnis noch nicht besteht.

Die Abtretung von aufschiebend bedingten und befristeten Forderungen ist zulässig[380]. Bei der zweiten Gruppe wird das Bestehen einer Anwartschaft angenommen. Diese Anwartschaft kann in analoger Anwendung der Abtretungsvorschriften abgetreten werden[381]. Bei der dritten Gruppe wird vertreten, daß eine analoge Anwendung der Abtretungsvorschriften abzulehnen sei. Es handele sich vielmehr um einen gesetzlich nicht näher bezeichneten Vertrag[382], der den Übergang der Forderung bewirke.

Diese Einteilung ist verfehlt. Sie basiert auf einem fehlerhaften Verständnis des Art. 510 § 1 KC. Der Tatbestand des Art. 510 § 1 KC erfordert einen Kauf-, Tausch-, Schenkungs- oder anderen Vertrag, der zur Übertragung einer Forderung verpflichtet. Der Tatbestand setzt hierbei nicht voraus - weder ausdrücklich noch immanent -, daß sich der Kauf-, Tausch- oder Schenkungsvertrag auf eine Forderung beziehen muß, die bereits besteht[383].

Das Problem liegt auf der Rechtsfolgenseite. Rechtsfolge des Art. 510 § 1 KC ist, daß die Forderung auf den Erwerber übergeht. Dies ist bei einem Vertrag, der zur Übertragung einer künftigen Forderung verpflichtet, nicht möglich, da der Übertragungsgegenstand nicht bzw. noch nicht existent ist. Mit anderen Worten, die verfügungsrechtliche Wirkung kann nicht (sofort) eintreten.

Bei der Übereignung von Sachen ist dieses Problem gesehen und gelöst worden, indem die verfügungsrechtliche Wirkung des Verpflichtungsvertrages von einem Vollzugsmoment, nämlich der Besitzübertragung, abhängig gemacht wurde. Hier hat der Gesetzgeber erkannt, daß der Verpflichtungsvertrag nicht eine sofortige verfügungsrechtliche Wirkung haben kann. Ebenso kann ein Vertrag, der zur Übertragung einer künftigen Forderung verpflichtet, nicht eine sofortige verfügungsrechtliche Wirkung haben. Diese tritt erst ein, wenn die Forderung entsteht. Das Hinzutreten eines Voll-

---

[379] Zu Recht weist *Szpunar,* OSP 98, Pos. 137 darauf hin, daß aufschiebend bedingte und befristete Forderungen nicht zur Gruppe der künftigen Forderungen gehören.

[380] *Szpunar,* OSP 98, Pos. 137.

[381] *Naworski,* Sicherungsatretung, MoP 5/98, S. 184 ff., S. 188.

[382] *Mojak,* in: *Jakubecki/Mojak/Niezbecka:* S. 98; *Naworski,* Sicherungsatretung, MoP 5/98, S. 184 ff., S. 188. Im *Beschluß des Obersten Gerichtshofes* vom 19.09.97 [AZ: III CZP 45/97] (OSNIC 2/97, Pos. 22) wird zur Abtretung von künftigen Forderungen der dritten Gruppe keine Stellung bezogen.

[383] Ebenso wie man sich verpflichten kann, eine künftige Sache zu übertragen, Art. 155 § 2 S. 2 KC.

zugsmoments - gleich der Besitzübertragung bei der Übereignung künftiger Sachen - ist aber weder möglich noch notwendig. Die in der Besitzübertragung liegende Funktion der Bestimmbarkeit übernimmt bei der Abtretung künftiger Forderungen der Abtretungsvertrag[384].

Problematisch bei der Sicherungsabtretung künftiger Forderungen ist, ob der Sicherungsnehmer die künftige Forderung im Wege des Direkterwerbs oder im Wege des Durchgangserwerbs erwirbt[385]. Für einen Durchgangserwerb spricht, daß grundsätzlich nur der Rechtsinhaber eine Forderung wirksam abtreten kann[386]. Nun kann aber nicht nur über das Vollrecht, sondern auch über ein Anwartschaftsrecht verfügt werden[387]. Verfügt der Zedent über ein ihm zustehendes Anwartschaftsrecht, so erwirbt der Zessionar die Forderung bei Vollrechtsentstehung direkt. Die Anwartschaft erstarkt also in seiner Hand zum Vollrecht. Das Problem des Durchgangserwerbs wird hiermit auf den Erwerb des Anwartschaftsrechts vorverlagert.

Doch ab wann kann man von einer „verfügungstauglichen Anwartschaft" sprechen? Eine ausdrückliche Anordnung enthält der Kodeks Cywilny für den bedingt Berechtigten, der alle Rechtshandlungen zur Wahrung seines Rechts vornehmen darf[388]. Dies umfaßt auch die Abtretung[389]. Eine noch nicht derart gesicherte Rechtsposition ist noch nicht abtretbar, da dem polnischen Recht eine Übertragung bloßer Erwerbsaussichten fremd ist[390].

4. Kein gutgläubiger Ersterwerb

Besteht die Forderung nicht oder nicht in dem vom Zedenten angegebenen Umfang, so erwirbt der Zessionar keine Forderung oder die Forderung nur in dem wirklichen Umfang. Eine Durchbrechung des Grundsatzes „nemo plus iuris in alium transferre potest quam ipse habet" sieht das polnische Recht nicht

---

[384] Zur Bestimmbarkeit: *Beschluß des Obersten Gerichtshofes* vom 19.09.97 [AZ: III CZP 45/97] (OSNIC 2/97, Pos. 22); *Strus,* Palestra 11-12/92, S. 34 ff, S. 39; *Niemirka,* MoP 5/96, S. 224 ff, S. 224.

[385] Für Durchgangserwerb: *Beschluß des Obersten Gerichtshofes* vom 19.09.97 [AZ: III CZP 45/97] (OSNIC 2/97, Pos. 22); Zasada, S. 40.

[386] A.A.: *Bülow,* S. 347, Rn. 1223.

[387] *Wolter/Ignatowicz/Stefaniuk*, S. 135 m.w.N.; *Kuropatwiński,* PB 4/98, S. 32 ff, S. 34 f.

[388] Art. 91 KC.

[389] *KCK/Piekarski*, Anm. zu Art. 91 KC, S. 226.

[390] *Wolter/Ignatowicz/Stefaniuk*, S. 135. Zum deutschen Recht: *Larenz*, S. 584 ff m.w.N.

vor[391]. Besteht die Forderung nicht, so haftet der Sicherungsgeber dem Sicherungsnehmer[392].

III. Rechtsgeschäftlicher Nachfolgeerwerb

Der rechtsgeschäftliche Nachfolgeerwerb in die Sicherungsforderung ist in die Aktiv- und in die Passivposition möglich. Die Grundgedanken des rechtsgeschäftlichen Nachfolgeerwerbs bei der Sicherungsübereignung gelten entsprechend. Dies mit der Einschränkung, daß ein gutgläubiger Erwerb einer Forderung unmöglich ist. Das Anwartschaftsrecht an der Sicherungsforderung kann daher nicht gutgläubig erworben werden.

H. Bürgschaft

I. Allgemein

Eine Bürgschaft kommt durch rechtsgeschäftliche Vereinbarung zustande[393]. Die Bürgschaft wird teilweise als abstraktes Rechtsgeschäft bezeichnet. Sie sei eine Ausnahme zum Kausalitätsprinzip[394]. Diese Ansicht ist falsch. Kausal sind Rechtsgeschäfte, die die Vereinbarung über den Rechtsgrund als Bestandteil in sich einschließen. Hierunter fallen die pflichtenbegründenden Verträge. Der Rechtsgrund ist hierbei Teil der vertraglichen Einigung. Der Rechtsgrund der Verpflichtung des Bürgen ist Bestandteil des Bürgschaftsvertrages (causa cavendi)[395]. Die Bürgschaft ist also ein kausales Rechtsge-

---

[391] *Czachórski,* S. 270. Eine dem § 405 BGB entsprechende Vorschrift enthält das polnische Recht nicht.

[392] Art. 516 S. 1 KC. § 437 Abs. 1 BGB. Der Zedent haftet nicht für die Zahlungsunfähigkeit des Schuldners, Art. 516 S. 2 KC.

[393] Die Bürgschaft ist in den Art. 876 ff. KC geregelt. Erteilt eine Bank eine Bürgschaft, sind die Art. 80 ff. BankG zu beachten.

[394] Ausführlich: *Radwański,* System III 2, S. 1061 f; *Pietrzykowski/Ogiegło,* KC, Art. 876 Anm. 9, S. 520; *Łętowska,* RPEiS 2/67, S. 46 ff, S. 61 ff. Die Verfechter der Abstraktheit unterscheiden die Begriffe der Akzessorietät und der Kausalität nicht genau. So bezeichnet *Ohanowicz* (Zitiert nach: *Łętowska,* RPEiS 2/67, S. 46 ff, S. 62 und S. 65) die Bürgschaft als kausal, aber nur sofern sie akzessorisch ist.

[395] *Beschluß des Obersten Gerichtshofes* vom 30.09.96 [AZ: II CRN 62/96] (OSN 7-8/98, Pos. 77); *Radwański,* System III 2, S. 1061; *Radwański/Panowicz-Lipska,* S. 191, Rn. 603.

schäft[396]. Bei abstrakten Rechtsgeschäften ist der Rechtsgrund nicht in der vertraglichen Vereinbarung enthalten, sondern liegt außerhalb des Rechtsgeschäfts. Prototyp abstrakter Rechtsgeschäfte sind die Übereignungsgeschäfte nach deutschem Recht.

II. Rechtsgeschäftlicher Ersterwerb

1. Allgemein

Der Gläubiger erwirbt die Bürgschaftsforderung, wenn ein wirksamer Bürgschaftsvertrag und die gesicherte Hauptforderung bestehen.

2. Der Bürgschaftsvertrag

Die Verpflichtung des Bürgen entsteht, wenn Bürge und Gläubiger einen Bürgschaftsvertrag schließen[397]. Möglich ist auch der Abschluß des „Bürgschaftsvertrages“ zwischen Schuldner und Bürgen in der Form des „Vertrages zugunsten eines Dritten“[398]. Hierdurch erlangt der Gläubiger ein unmittelbares Forderungsrecht gegen den Bürgen. Diese Form des Bürgschaftsvertrages wird praktisch nicht angewandt.

Die Bürgschaftserklärung ist zur Vermeidung der Unwirksamkeit schriftlich abzugeben (Schriftform „ad solemnitatem“)[399]. Die Bürgschaftsurkunde muß daher eigenhändig vom Bürgen unterschrieben werden[400]. Die Bürgschaftsurkunde muß nicht die Worte „Ich bürge“ *(poręczam)* enthalten. Jedoch muß der Wille des Unterzeichnenden erkennbar sein, er werde im Falle der

---

[396] *Beschluß des Obersten Gerichtshofes* vom 30.09.96 [AZ: III CZP 85/96] (OSNIC 1996, Pos. 153; MoP 7/97, S. 277 ff. S. 278).

[397] Das Problem, wenn ein mittelloser Familienangehöriger eine Bürgschaft übernimmt, wird im polnischen Recht nicht diskutiert. Zum deutschen Recht: *Frey,* WM 36/96, S. 1613 ff. *BGH* DB 21/96, S. 1075 ff; *BGH* BB 27/96, S. 1405 ff; *BGH* ZIP 22/96, S. 956 f; *BGH* DB 48/96, S. 2432 ff; ZIP 47/96, S. 1977 ff; LG Bremen ZIP 14/96, S. 634 f; BB 15/96, S. 762 f.

[398] Art. 393 KC. *Radwański,* System III 2, S. 1059.

[399] Art. 876 § 2 KC iVm Art. 73 § 1, 78 KC; *Szpunar*, Rejent 7-8/94, S. 9 ff. §§ 766 S. 1, 126, 125 BGB.

[400] Art. 78 KC. Nach *Szpunar*, Rejent 7-8/94, S. 9 ff, S. 15 genügt ein Telegramm oder ein Telefax nicht. Zum Problem der Blankobürgschaften im deutschen Recht: *Bülow,* ZIP 40/96, S. 1694 ff. *BGH* DB 21/96, S. 1077 ff; ZIP 17/96, S. 745 ff.

Nichterfüllung der Hauptschuld für diese einstehen[401]. Die Unterschrift unter die Schuldurkunde ist nicht ausreichend, da dieser Erklärungshandlung nicht eindeutig der Wille zu entnehmen ist, sich zu verbürgen[402].

Dies gilt jedoch nicht für die Wechselbürgschaft[403]. Bei dieser reicht zur Wahrung der Form die Unterschrift auf der Vorderseite des Wechsels aus[404]. Eine analoge Anwendung dieser Sondervorschrift auf die Bürgschaft verbietet sich. Die Wechselbürgschaft ist ein wechselrechtlicher Haftungsbeitritt eigener Art[405] und hat mit der Bürgschaft außer dem Namen nur wenig gemein[406]. Das Formerfordernis ist auf den Vorvertrag anzuwenden[407]. Vorvertrag ist ein Vertrag, in dem sich der Bürge verpflichtet, einen Bürgschaftsvertrag abzuschließen. Die Bürgschaftserklärung ist nicht in der Form der zu sichernden Forderung zu erklären (z.B. notarielle Beurkundung bei Schenkung, Art. 890 § 1 KC oder beim Grundstückskaufvertrag, Art. 158 KC)[408]. Soll ein Vertreter für den Bürgen die Bürgschaftsurkunde unterschreiben, muß die Vollmacht schriftlich erteilt worden sein[409]. Ein Formverstoß wird nicht durch Erfüllung der Bürgschaftsverpflichtung nicht geheilt[410]. Dies ist erstaunlich, da das polnische Recht die Heilungsmöglichkeit bei der Schenkung kennt[411]. Beide Formvorschriften beruhen auf der gleichen Warnfunktion. Niemand soll sich verpflichten, aus seinem Vermögen etwas ohne vertragsmäßige Austauschleistung herauszugeben, es sei denn, er entschließt sich hierzu nicht voreilig. Es sollen unüberlegte Bürgschaften und Schenkungen verhindert werden. Die Warnfunktion entfällt aber, wenn der Bürge oder der Schenker freiwillig leistet[412]. Ebenso fehlen Sonderbestimmungen für Bürg-

---

[401] *Radwański*, Bürgschaft, S. 16; *Radwański*, System III 2, S. 1060; *Szpunar*, Rejent 7-8/94, S. 9 ff, S. 14; *Radwański/Panowicz-Lipska*, S. 193, Rn. 611.

[402] A.A *Szpunar*, Rejent 7-8/94, S. 9 ff, S. 14 f.

[403] Zur Wechselbürgschaft: *Szpunar*, PiP 8/92, S. 26 ff; *Korczyńska*, Rejent 2/94, S. 30 ff; *Król*, PrPrzed 27/95, S. 26 ff; *Franek*, WiRO 1/99, S. 19.

[404] Art. 31 (Abs. 3) KC; Art. 31 Abs. 3 WG. Die Normen entsprechen sich, da beide Gesetze wortgetreue Übersetzungen des Genfer Abkommens von 1930 über die Rechtsvereinheitlichung des Wechselrechts sind.

[405] *Radwański*, Bürgschaft, S. 16.

[406] Die Wechselbürgschaft ist zum Beispiel nicht akzessorisch; *Szpunar*, Rejent 7-8/94, S. 9 ff, 21 f; zum deutschen Recht: *BGH* NJW 1984, 2088.

[407] *Szpunar*, Rejent 7-8/94, S. 9 ff, S. 18.

[408] *Szpunar*, Rejent 7-8/94, S. 9 ff, S. 18.

[409] Art. 876 § 2 KC iVm Art. 99 KC. Anders: § 167 Abs. 2 BGB.

[410] *Szpunar*, Rejent 7-8/94, S. 9 ff, S. 19. Anders: § 766 Satz 2 BGB.

[411] Art. 890 § 1 S. 2 KC.

[412] *Pottschmidt/Rohr*, S. 11, Rn. 21.

schaftserklärungen unter Kaufleuten[413]. Bei Kaufleuten entfällt die Warnfunktion, da von einem am Geschäftsleben teilnehmenden Kaufmann erwartet werden kann, keine voreiligen Bürgschaftserklärungen abzugeben.

Für die Bürgschaft gelten die allgemeinen Unwirksamkeitsvorschriften. Der Bürge kann seine Bürgschaftserklärung aber nicht anfechten, wenn er im Irrtum über die Zahlungsfähigkeit des Bürgen war und dies selbst dann nicht, wenn der Schuldner diesen Irrtum hervorgerufen hat[414].

3. Bedeutung der Forderung

a) Allgemein

Die Bürgschaft entsteht nur mit der gesicherten Forderung (Entstehensakzessorietät). Die Bürgschaft sichert gesetzliche und vertragliche Ansprüche ab[415]. Die Schuld, für die gebürgt wird, muß inhaltlich bestimmt oder jedenfalls bestimmbar sein (Bestimmtheitsgebot)[416]. Ist die Schuld nicht bestimmt oder bestimmbar, ist der Bürgschaftsvertrag unwirksam. Grundsätzlich richtet sich der Inhalt des Bürgschaftsanspruchs (z.B. Geld- oder Nichtgeldforderung) nach der gesicherten Forderung. Eine Bankbürgschaft ist aber immer eine Geldforderung[417].

Soweit eine Bürgschaft für eine künftige Forderung übernommen wird, muß ein Höchstbetrag vereinbart werden[418]. Wird kein Höchstbetrag verein-

---

[413] Im deutschen Recht gilt für beiderseitige Handelsgeschäfte die Schriftform nicht, §§ 350, 343 HGB.

[414] *Beschluß des Obersten Gerichtshofes* vom 30.09.96 [AZ: III CZP 85/96] (OSN 12/96, S. 6 ff; OSN 7-8/98, Pos. 77; MoP 7/97, S. 277 ff.).

[415] *Radwański,* System III 2, S. 1062. Nach *Szpunar,* Palestra 11-12/92, S. 22 ff, S. 25 kann sich der Bürge auch für verjährte Ansprüche verbürgen. Für andere Naturalobligationen lehnt er diese Möglichkeit ab.

[416] Zur Bestimmbarkeit: *Radwański/Panowicz-Lipska,* S. 194, Rn. 612; *Szpunar,* Personalsicherheiten, S. 72.

[417] Art. 84 BankG.

[418] Art. 878 § 1 KC, *Bączyk,* NP 7-8/79, S. 79 ff. Ein Höchstbetrag ist zu vereinbaren, wenn eine Generalbürgschaft (Bürgschaft für alle bestehenden und künftigen Forderungen) übernommen wird. Wird eine Generalbürgschaft nur für bestimmte Arten von Forderungen übernommen, sind die zu sichernden Forderungen genau zu bestimmen, *Szpunar*, Rejent 7-8/94, S. 9 ff, S. 16 ff. Zum Erfordernis einen Höchstbetrag zu vereinbaren: *BGH* DB 37/96, S. 1871 f; *BGH* ZIP 35/96, S. 1508 ff; *BGH* BB 17/96, S. 868 ff; ZIP 16/96, S. 702 ff; *BGH* ZIP 10/96, S. 456 ff. Zur

bart, ist die Bürgschaft unwirksam. Die Vereinbarung des Höchstbetrags unterliegt der Schriftform[419]. Weder die Erfüllung der Bürgenverbindlichkeit noch das Entstehen der künftigen Forderung heilen das Fehlen dieser Vereinbarung. Diese Vorschrift soll den Bürgen vor der leichtfertigen Übernahme einer Bürgschaft schützen, deren Risiko für ihn nicht überschaubar ist. Der Höchstbetrag muß genau festgelegt sein[420]. Es genügt aber, wenn der Höchstbetrag durch Auslegung ermittelt werden kann[421]. Wird z.B. ein Höchstbetrag von PLN 5.000,00 bis PLN 20.000,00 vereinbart, soll die untere Grenze den Höchstbetrag bilden (Argument: „In favoritem debitoris") [422]. Dies ist falsch. Der Bürge mußte mit einer Haftung bis 20.000,00 PLN rechnen[423]. Der Höchstbetrag kann durch eine Wertklausel bestimmt werden[424]. Bürgschaftserklärung und Bestimmung des Höchstbetrags können in zwei verschiedenen Dokumenten enthalten sein. Erforderlich ist aber, daß der Höchstbetrag vor Entstehung der künftigen Schuld schriftlich vereinbart wurde[425].

Der Begriff der künftigen Forderung umfaßt auch die bedingte Forderung. Dies war früher umstritten[426]. Unter Hinweis auf die Vorgängervorschrift[427], die neben der künftigen Forderung ausdrücklich die bedingte Forderung erwähnte, wurde die Ansicht vertreten, das Schweigen des Kodeks Cywilny deute darauf hin, daß eine Bürgschaft nicht für eine bedingte Forderung übernommen werden könne. Durchgesetzt hat sich aber die gegenteilige Ansicht. Es wurde insbesondere das Argument angeführt, wegen des Grundsatzes der Vertragsfreiheit könne eine Bürgschaft für eine bedingte Forderung übernommen werden[428]. Ebenso stimme die Begrifflichkeit des Kodeks Cywilny

---

Auswirkung der Richtlinie 93/13/EWG vom 5.4.93 auf deutsches Recht, *Reich,* NJW 95, S. 1857 ff.

419 Art. 876 § 2 KC.

420 *Bączyk,* NP 7-8/79, S. 79 ff, S. 81 f.; *Entscheidung des Obersten Gerichtshofes* vom 25.05.1954 [AZ: 2 C 1120/53] (OSN 2/55, Pos. 54).

421 *Radwański*, Bürgschaft, S. 38.

422 *Entscheidung des Obersten Gerichtshofes* vom 12.01.1960 [AZ: 3 CR 436/60] (OSPiKA 3/62, Pos. 69); *Pyzioł,* S. 109 ff, S. 138.

423 *Bączyk,* NP 7-8/79, S. 79 ff, S. 82 f.

424 Art. 358^1 § 2 KC; *Bączyk,* NP 7-8/79, S. 79 ff, S. 82; *Radwański*, SAT, S. 64 f., Rn. 166 ff.

425 Art. 878 § 1 KC.

426 *Radwański*, Bürgschaft, S. 32 f m.w.N; *KCK/Piekarski*, Anm. 1 zu Art. 878 KC, S. 1715.

427 Art. 627 SchuldG 1933.

428 *KCK/Piekarski,* Anm. 2 zu Art. 878 KC, S. 1715.

nicht mit der des SchuldG 1933 überein. Der Begriff „künftig“ sei Bestandteil der Definition der Bedingung und der Befristung[429].

Umstritten ist die Abgrenzung der bestehenden von der künftigen Forderung. Das Oberste Gericht[430] entschied, künftige Unterhaltszahlungen seien keine künftigen Forderungen. Ein Höchstbetrag sei also nicht zu vereinbaren. Die Bürgschaft betreffe die bereits bestehende Unterhaltsverpflichtung des Schuldners; allein die einzelnen aus diesem „Stammrecht“ herrührenden Raten würden erst zukünftig fällig werden. Diese Konstruktion ist falsch. Die einzelnen „Raten“ der Unterhaltsverpflichtung sind eigenständige Forderungsrechte. Sie entstehen erst mit Beginn der entsprechenden Leistungsperiode. Auch der Schutzzweck des Art. 878 § 1 KC spricht bei der Unterhaltsverpflichtung für die Bestimmung eines Höchstbetrages. Der Bürge soll durch die Bestimmung eines Höchstbetrages vor unkontrollierbaren Erweiterungen der Bürgenverpflichtungen geschützt werden. Dieser Schutz ist nur dann nicht erforderlich, wenn die Höhe der Bürgenverpflichtung unmittelbar durch die Hauptschuld bestimmt ist[431]. Läßt sich die Leistungshöhe aber erst aufgrund künftiger Ereignisse bestimmen, so liegt eine künftige Forderung vor.

b) Entstehensakzessorietät (Geschäftsfähigkeit)

Die Bürgschaftsschuld entsteht nur, wenn die Hauptschuld wirksam ist. Stehen der Hauptschuld rechtshindernde Einwendungen entgegen, entsteht die Bürgenschuld nicht. Besondere Beachtung verdient aber die Geschäftsfähigkeit des Hauptschuldners. Nach polnischem Recht muß der Bürge, der eine Bürgschaft für die Schuld einer nicht geschäftsfähigen Person übernommen hat, die Leistung wie der Hauptschuldner erfüllen, wenn er im Zeitpunkt der Bürgschaftserklärung die Geschäftsunfähigkeit dieser Person gekannt hat oder leicht hätte erkennen können[432].

Der Bürge schuldet die Leistung jedoch in diesem Fall nicht wie ein Bürge, sondern wie ein „Hauptschuldner“. Die Rechtsnatur der Bürgschaft als akzessorisches Recht wird also nicht geändert. Vielmehr wird aus der Bürgschaft im Wege der ge-

---

[429] *Radwański*, Bürgschaft, S. 33 weist auf Art. 89 und 116 KC hin. Wie ein Vergleich mit der Regelung beim Pfandrecht erkennen läßt, ist diese Argumentation nicht überzeugend. Nach Art. 306 § 2 KC wird sehr wohl zwischen künftigen und bedingten Forderungen unterschieden.

[430] *Beschluß des Obersten Gerichtshofes* vom 31.01.1986 (OSNCP 1987, Pos. 187).

[431] *Radwański*, Bürgschaft, S. 33.

[432] Art. 877 KC; Diese „Ausnahme“ vom Grundsatz der Akzessorietät ist in allen romanischen Ländern anzutreffen, Art. 2012 Abs. 2 cc, Art. 1939 cod.civ.

setzlichen Umdeutung eine Garantie[433]. Die Vorschriften der Bürgschaft sind daher nicht anwendbar.

Der Ausgleich zwischen Bürge und Hauptschuldner erfolgt nach den Regeln der ungerechtfertigten Bereicherung[434]. Ein gesetzlicher Forderungsübergang nach Art. 518 § 1 KC steht ihm nicht zu (Welche Forderung sollte auch übergehen?). Es liegt eine Garantie und keine Bürgschaft vor. Art. 877 KC ist aber nur anzuwenden, wenn ein Rechtsgeschäft wegen des Fehlens der Geschäftsfähigkeit nichtig ist. Sie ist auf tatsächliche Handlungen eines Minderjährigen unanwendbar[435].

Unzweifelhaft unterfallen Geschäftsunfähige und Entmündigte dieser Regelung. Eine klare Antwort auf die Frage, ob diese Ausnahmevorschrift auch auf beschränkt Geschäftsfähige und teilweise Entmündigte anzuwenden ist, ist ihr nicht zu entnehmen. Die herrschende Lehre[436] bejaht dies. Sie begründet dies mit einem Wortlautargument. Art. 877 KC stellt als Voraussetzung auf: „ ... die wegen fehlender Geschäftsfähigkeit keine Verbindlichkeit eingehen konnte...“. Nun kann sich aber auch ein beschränkt Geschäftsfähiger nicht wirksam ohne Einwilligung des gesetzlichen Vertreters verpflichten. Daher ist diese Vorschrift auch auf beschränkt Geschäftsfähige anzuwenden.

Darüber hinaus muß der Bürge die fehlende Geschäftsfähigkeit gekannt haben oder mit Leichtigkeit erkennen müssen. Legt man diese Vorschrift eng aus, so müßte der Gläubiger dem „Bürgen“ nachweisen, daß er außer der vorliegenden Kenntnis der tatsächlichen Umstände, auf welchen sich die fehlende Geschäftsfähigkeit begründet, auch die rechtliche Einordnung der Fakten als fehlende Geschäftsfähigkeit hätte wissen müssen. Dies ist aber schwer nachweisbar. Die herrschende Meinung stellt darauf ab, ob der „Bürge“ die tatsächlichen Umstände kannte bzw. mit Leichtigkeit erkennen konnte, welche die fehlende Geschäftsfähigkeit begründen.

Nicht erforderlich ist, daß der Gläubiger von der fehlenden Geschäftsfähigkeit nichts wußte, oder daß der Bürge den Gläubiger über die Geschäftsfähigkeit des Hauptschuldners getäuscht oder einen Irrtum dieser Art zumindest bei ihm verursacht hatte. Die Vorschrift schützt den Gläubiger sogar in dem Fall, wenn er mit Leichtigkeit die mangelnde Geschäftsfähigkeit hätte erkennen können. Sofern der Gläubiger aber von der fehlenden Geschäftsfähigkeit wußte und er im Hinblick auf die Garantiehaftung des Art. 877 KC trotzdem die Bürgschaft annahm, so steht dem Bürgen ein Scha-

---

433 *Szpunar*, Palestra 11-12/92, S. 22 ff, S. 25; *Radwański*, Bürgschaft, S. 30 m.w.N; *Pietrzykowski/Ogiegło*, KC, Art. 877 Anm. 2, S. 522. Art. 877 KC entspricht Art. 626 SchuldG 1933. Im französischen Recht spricht Art. 2012 cc für eine „forderungsisolierte Bürgschaft“.

434 Art. 405 KC. So *KCK/Piekarski*, Anm. zu Art. 877 KC, S. 1714.

435 *Radwański*, Bürgschaft, S. 28.

436 *Radwański*, Bürgschaft, S. 29.

densersatzanspruch gegen den Gläubiger auf Befreiung von der Verbindlichkeit zu, bzw. soweit er schon bezahlt hat auf Ersatz des daraus entstandenen Schadens. Darüber hinaus hat der Bürge gegen den Gläubiger die Einrede des „dolo agit, qui petit, quod statim redditurus est".[437] Wußten Bürge und Gläubiger, daß der Hauptschuldner nicht geschäftsfähig ist, ist die Vorschrift des Art. 877 KC ihrem Sinn und Zweck nach nicht anwendbar. Vielmehr haben Bürge und Gläubiger einen normalen Garantievertrag geschlossen[438].

Sinn des Art. 877 KC ist der Schutz des Gläubigers vor einem „nicht loyalen Bürgen", der sich im Bewußtsein verbürgt, er müsse ohnehin nicht für die Verbindlichkeit einstehen[439]. Dieser Schutzgedanke gilt aber für alle rechtshindernden Einwendungen. Der Gläubiger wird durch die Vorschriften über die unerlaubte Handlung im ausreichenden Maße gegen nicht loyale Bürgen geschützt ist. Einer gesetzlich angeordneten Garantiehaftung bedarf es daher nicht. Geschichtlich betrachtet, stammt diese Garantiehaftung aus der früher dominierenden Praxis der Übernahme von Bürgschaften für nah verbundene Menschen[440]. In die heutigen wirtschaftlichen Verhältnisse paßt diese Regelung nicht mehr.

c) Anfechtungsmöglichkeit des Bürgen

Die Ausübung einer bestehenden Anfechtungsmöglichkeit ist wegen ihrer Einwirkung auf den Bestand der Hauptforderung nach deutschem Recht nicht dem Bürgen überlassen, sondern bleibt dem Hauptschuldner[441] vorbehalten. Solange das Anfechtungsrecht aber noch besteht, gibt das Gesetz dem Bürgen eine dilatorische Einrede[442].

Eine Mindermeinung im polnischen Recht vertritt die Auffassung, daß sich der Bürge nicht auf ein Anfechtungsrecht des Hauptschuldners berufen kann. Dies sei nicht möglich, weil das Anfechtungsrecht einen höchstpersönlichen Charakter habe. Auch enthalte das polnische Recht eine § 770 BGB entsprechende Norm nicht[443]. Die gegenteilige Auffassung wird mit einem Hinweis auf Art. 883 § 1 KC begründet. Art. 883 § 1 KC gestatte dem Bürgen, sich auf alle „Zarzuty" (Oberbegriff für Einwendungen, Einreden und Gestaltungs-

---

[437] *KCK/Piekarski*, Anm. zu Art. 877 KC, S. 1714.

[438] *KCK/Piekarski*, Anm. zu Art. 877 KC, S. 1714.

[439] *Radwański*, Bürgschaft, S. 31.

[440] *Max-Planck-Institut*, S. 38.

[441] § 770 Abs. 1 BGB.

[442] § 770 BGB gilt für andere Gestaltungsrechte entsprechend, *Palandt/Sprau* BGB § 770 Rn. 4 (Anm. 4).

[443] *KCK/Piekarski*, Anm. zu Art. 883 KC, S. 1726. Zahlt der Bürge und ficht der Hauptschuldner später an, so kann der Bürge das Gezahlte nach den Vorschriften über die ungerechtfertigte Bereicherung vom Gläubiger zurückfordern.

rechte[444]) zu berufen, die dem Hauptschuldner gegen den Gläubiger zustehen. Da das Anfechtungsrecht ein „Zarzut" sei und das Gesetz für das Anfechtungsrecht keine Ausnahme vorsehe *(lege non distinquente)*, könne sich der Bürge auf das Anfechtungsrecht berufen[445]. Das Anfechtungsrecht des Bürgen sei auch nicht deswegen ausgeschlossen, weil nur das Aufrechnungsrecht in Art. 883 § 1 KC ausdrücklich erwähnt sei. Hiermit sollte nur klargestellt werden, daß der Bürge sich auch auf Rechte des Hauptschuldners berufen könne, die nicht unmittelbar dem verbürgten Vertragsverhältnis zwischen Hauptschuldner und Gläubiger entstammen[446].

Die besseren Argumente sprechen dafür, daß der Bürge sich auf das Anfechtungsrecht des Hauptschuldners berufen kann. Beruht z.B. das Anfechtungsrecht auf einer Drohung oder einer arglistigen Täuschung des Gläubigers, so ist es nur gerecht, daß der Bürge sich auf das Anfechtungsrecht berufen kann. Gleiches gilt für die Irrtumsanfechtung. Die Anfechtung einer Willenserklärung ist ohnehin nur möglich, wenn der Empfänger der Willenserklärung (also der Gläubiger) den Irrtum verursacht hat oder den Irrtum kannte oder leicht hätte erkennen konnte[447]. Der Gläubiger steht der Entstehung des Anfechtungsrechts also näher als der Bürge. Es ist daher folgerichtig, dem Gläubiger das Risiko aufzuerlegen, daß die anfechtbare Verbindlichkeit uneinbringlich ist.

Damit ist noch nicht die Frage beantwortet, wie der Bürge sich auf das Anfechtungsrecht berufen kann. Zwei Modelle stehen zur Verfügung. Der romanische Rechtskreis gewährt dem Bürgen ein eigenständiges Anfechtungsrecht. Wohingegen das deutsche Recht dem Bürgen ein Leistungsverweigerungsrecht gibt. Das polnische Recht folgt - sofern die Möglichkeit der Berufung auf das Anfechtungsrecht bejaht wird - dem romanischen Rechtskreis. Der Bürge hat daher ein eigenständiges Anfechtungsrecht.

Diese Einmischung in die Entscheidungsbefugnis des Hauptschuldners ist mit dem Sinn der Anfechtungsvorschriften nicht zu vereinbaren. Der Anfechtungsberechtigte soll selbst darüber entscheiden, ob er eine von ihm getätigte Willenserklärung aufrecht erhalten will oder vernichten möchte. Billigt man dem Bürgen ein Anfechtungsrecht zu, greift dies unmittelbar in die Vertragsabschlußfreiheit des Hauptschuldners ein. Er ist also nicht mehr Herr seiner eigenen Willenserklärung. Die Lösung des deutschen

---

444 So *Radwański*, Bürgschaft, S. 66; *Szpunar,* Palestra 11-12/92, S. 22 ff, S. 30. A.A. *KCK/Piekarski*, Anm. zu Art. 883 KC, S. 1726.

445 *Radwański*, Bürgschaft, S. 66; *Szpunar,* Palestra 11-12/92, S. 22 ff, S. 29 f.

446 *Radwański*, Bürgschaft, S. 67.

447 Art. 84 § 1 KC.

Rechts achtet dahingegen die Privatautonomie des Hauptschuldners und schützt den Bürgen während der Dauer des Anfechtungsrechts durch eine dilatorische Einrede.

Problematisch ist, wie ein Verzicht des Hauptschuldners sich auf sein Anfechtungsrecht auswirkt. Der Bürge kann grundsätzlich Einwendungen auch dann erheben, wenn der Hauptschuldner auf ihre Geltendmachung verzichtet hat oder den Anspruch des Gläubigers anerkannt hat[448]. In der polnischen Literatur wird für den Verzicht auf ein Anfechtungsrecht keine Ausnahme gemacht[449]. Der Bürge kann also auch noch dann anfechten, wenn der Hauptschuldner auf sein Recht hierzu verzichtet hat. Diese Auffassung hat aber eine konstruktive Klippe zu umschiffen. Durch den Verzicht auf das Anfechtungsrecht erlischt dieses. Die Willenserklärung ist nicht mehr anfechtbar. Die Wirkung einer vom Bürgen nach dem Verzicht des Hauptschuldners getätigten Anfechtung kann sich daher allein auf die Durchsetzbarkeit der Bürgschaft beschränken. Der Hauptschuldner hat bereits zum Ausdruck gebracht, daß er Hauptverbindlichkeit anerkenne. Würde man trotz dieses Faktes ein die Hauptverbindlichkeit betreffendes vollwirksames Anfechtungsrecht zulassen, griffe dies zu weit in die Privatautonomie des Hauptschuldners ein.

4. Erforderliche Genehmigungen

Wird eine Bürgschaft übernommen, muß der Ehepartner des Bürgen der Bürgschaft zustimmen, wenn er mit dem Bürgen im gesetzlichen Güterstand der Gütergemeinschaft[450] lebt und die Bürgschaft die gewöhnliche Verwaltung des gemeinsamen Vermögens übersteigt[451]. Haben die Eheleute einen Güterstand vertraglich vereinbart, so muß der Ehepartner zustimmen, wenn sie das Zustimmungserfordernis nicht abbedungen haben[452].

Das Gesetz und die Rechtsprechung haben den Begriff der „gewöhnlichen Verwaltung" (bisher) nicht definiert. Die Frage, ob eine gewöhnliche Verwaltung vorliegt, ist - so die Rechtsprechung - nach den Umständen des Einzelfalles zu beantworten[453]. Wichtige Kriterien, um diese Frage beantworten zu können, sind: Das Verhältnis der

---

[448] Art. 883 § 2 KC.

[449] Anders der romanische Rechtskreis, *Max-Planck-Institut*, S. 39.

[450] Art. 31 ff KRO.

[451] Art. 36 § 2 S. 2 KRO. Ausführlich: *Urteil des Obersten Gerichtshofes* vom 25.04.95 [AZ: I CRN 48/95] (OSNIC 1995, Pos. 147). *Bączyk*, PiP 6/77, S. 78 ff; *Bączyk*, PB 3/94, S. 12 ff; *Król*, PrPrzed 2/95, S. 24 ff, S. 25; *Kamińska*, MoP 11/95, S. 344 ff, S. 345; *Pietrzykowski/Ogiegło*, KC, Art. 876 Anm. 11, S. 520 f. Der Ehepartner muß nicht zustimmen, wenn die Übernahme der Bürgschaft nur das Sondervermögen (Art. 33 KRO) des Bürgen betrifft.

[452] Art. 47 ff KRO.

[453] *Beschluß des Obersten Gerichtshofes* vom 9.07.93 [AZ: III CZP 94/93] (MoP 6/93, S. 172). Anmerkung: *Dyoniak*, MoP 1/94, S. 22 f.

Bürgschaft zum gemeinsamen Vermögen der Ehepartner und die Auswirkung der Bürgschaft auf das Zusammenleben der Familie[454].

Die Zustimmung kann vorher oder nachher[455] erteilt werden. Die nachträglich erteilte Genehmigung wirkt auf den Zeitpunkt zurück, zu dem der Bürgschaftsvertrag geschlossen wurde. Die Zustimmung ist in derselben Form wie die Bürgschaft zu erteilen[456].

Die Übernahme einer Bürgschaft oder einer Garantie durch eine inländische Person zugunsten einer ausländischen Person für die Erfüllung von einer Verbindlichkeit, die die Leistung von Devisenwerten zum Gegenstand hat, bedarf einer Devisengenehmigung[457]. Einer Genehmigung bedarf es in drei gesetzlich genannten Fällen nicht. Gemeinsam ist den drei Ausnahmefällen, daß sie eine Verbindlichkeit einer inländischen Person zugunsten einer ausländischen Person betreffen. Genehmigungsfreie Verbindlichkeiten betreffen insbesondere den Ankauf von im Ausland befindlichen Waren[458], Dienstleistungen[459] und den Kauf oder die Begründung von Immaterialgüterrechten[460].

III. Rechtsgeschäftlicher Nachfolgeerwerb

Ein Nachfolgeerwerb in das Bürgschaftsverhältnis kann auf der Seite des Bürgen und auf der Seite des Gläubigers eintreten. Als akzessorisches Recht geht die Bürgschaft mit Abtretung der gesicherten Forderung auf den Zessionar über[461]. Die Abtretung allein der Bürgenverbindlichkeit ist nicht möglich. Sie widerspricht dem Prinzip der Akzessorietät und damit dem Inhalt des Bürgschaftsverhältnisses[462]. Die Bürgschaft kann durch eine befreiende Schuldübernahme auf einen anderen Schuldner übergehen. Die befreiende

---

[454] *Beschluß des Obersten Gerichtshofes* vom 25.03.94 [AZ: III CZP 182/93] (OSN 7-8/94, Pos. 146); *Beschluß des Appelationsgerichtes Warschau* vom 28.12.95 [AZ: I ACr 1027/95] (MoP 4/97, S. 155 f.). ausführlich *Heropolitańska*, S. 98 ff; *Król*, PrPrzed 2/95, S. 24 ff, S. 25.

[455] Art. 37 § 1 KRO.

[456] Art. 36 § 2 S. 2 a.E. KRO.

[457] Art. 9 Abs. 1 Nr. 4 DevG.

[458] Art. 9 Abs. 1 Nr. 4 iVm Art. 9 Abs. 1 Nr. 1 lit. b DevG. Erwähnt ist noch der Ankauf von Waren, welche Gegenstand der wirtschaftlichen Einfuhr sind.

[459] Art. 9 Abs. 1 Nr. 4 iVm Art. 9 Abs. 1 Nr. 1 lit. c DevG. Ausgenommen sind Dienstleistungen, die im Inland ausgeführt werden, um den persönlichen Bedarf von natürlichen Personen zu befriedigen.

[460] Art. 9 Abs. 1 Nr. 4 iVm Art. 9 Abs. 1 Nr. 1 lit. d DevG.

[461] Art. 509 § 2 KC.

[462] *Radwański*, SAT, S. 287, Rn. 870.

Schuldübernahme ist ein kausaler Verfügungsvertrag[463]. Unter Beibehaltung der Identität der Schuld führt sie zu einem Schuldnerwechsel. Die Schuldübernahme schließt der übernehmende Dritte mit dem Gläubiger oder mit dem Schuldner ab[464]. Erforderlich ist in beiden Fällen die Zustimmung der jeweils nicht beteiligten Partei[465]. Die Schuldübernahme ist zur Vermeidung der Unwirksamkeit schriftlich zu vereinbaren[466].

IV. Erwerb durch Gesetz (Kreditauftrag)

Nach Art. 44 BankG a.F. entstand eine Bürgschaft, wenn eine Bank beauftragt wurde, einen Kredit an einen Dritten zu vergeben. Bürge für den Rückzahlungsanspruch war der Auftraggeber. Der Kreditauftrag war im Gegensatz zur Bürgschaft formfrei[467]. Eine Bürgschaft entstand nur, wenn einer Bank der Kreditauftrag erteilt wurde[468]. Das neue Bankgesetz enthält keine entsprechende Regelung.

I. Forderungsgarantie

I. Allgemein

Bei einem Garantievertrag verpflichtet sich der Garant dem Garantienehmer gegenüber dafür einzustehen, daß ein bestimmter wirtschaftlicher Erfolg eintritt oder die Gefahr eines bestimmten zukünftigen Schadens sich nicht verwirklicht[469]. Die Erscheinungsformen des Garantievertrages sind aufgrund dieser weit gefaßten Definition äußerst vielfältig. So kann man zwischen der

---

[463] *KCK/Łubkowski*, Vorbem. zu Art. 519 ff KC, S. 1231.

[464] Art. 519 § 2 Nr. 1 bzw. Nr. 2 KC.

[465] Die Zustimmung des Gläubigers ist unwirksam, wenn er nicht wußte, daß der Übernehmer zahlungsunfähig ist, Art. 519 § 2 Nr. 2 a.E. KC. Diesen Vorteil hat der Gläubiger nicht, wenn er den Vertrag mit dem Übernehmer abgeschlossen hat. Der Gläubiger wird verschieden behandelt, weil er sich im zweiten Fall den Übernehmer selbst ausgesucht hat.

[466] Art. 522 KC.

[467] *Szpunar*, Rejent 7-8/94, S. 9 ff, S. 20.

[468] Anders: § 778 BGB. Eine ähnliche Regelung enthielt bereits das römische Recht: *mandatum qualificatum* bzw. *mandatum credendi*. Der Kreditauftrag war auch in Art. 629 SchuldG 1933 geregelt.

[469] *Pisuliński*, MoP 2/94, S. 33 ff, S. 33; *Szpunar*, KPP 1-4/92, S. 161 ff, S. 173 f. Zum deutschen Recht, *Pottschmidt/Rohr*, S. 40, Rn. 77; *Bülow*, S. 385, Rn. 1340.

Leistungsgarantie, der Verhaltensgarantie, der Ausbietungsgarantie und der Anzahlungsgarantie unterscheiden[470]. Für das Kreditsicherungsrecht von besonderem Interesse ist die Forderungsgarantie, die einen Unterfall der Leistungsgarantie darstellt. Bei der Forderungsgarantie verpflichtet sich der Garant dafür einzustehen, daß die Verbindlichkeit eines Dritten erfüllt wird. Ebenso wie die Bürgschaft zeichnet sich die Forderungsgarantie durch ein Dreipersonenverhältnis aus. Dieses wird aus dem Kreditverhältnis zwischen Gläubiger und Schuldner (Valutaverhältnis), dem Auftragsverhältnis zwischen Schuldner und Garant (Deckungsverhältnis)[471] und dem Garantieverhältnis zwischen Garant und Gläubiger (Außenverhältnis) gebildet. Die Forderungsgarantie unterscheidet sich von der Bürgschaft durch die fehlende Akzessorietät. Von besonderer Bedeutung ist die von einer Bank einer anderen Bank erteilte Garantie dafür einzustehen, daß eine Kreditforderung erfüllt werde[472]. Diese Form der Forderungsgarantie ist im Bankgesetz geregelt[473].

Großer Beliebtheit erfreut sich die „unbedingte" (bezwarunkowo) und „unkündbare" (nieodwołalnie) Garantie auf erstes Anfordern (na pierwsze żądanie)[474]. Hierbei bedeutet „unbedingt", daß die Verpflichtung des Garanten nicht von irgendwelchen Bedingungen abhängig gemacht werden darf. „Unkündbar", daß die Garantie nicht einseitig vom Garanten gekündigt werden kann und auf erstes Anfordern, daß der Garant bei Aufforderung durch den Garantienehmer sofort zahlen muß, ohne sich auf Einreden des Hauptschuldners oder eigene Einreden gegen die Inanspruchnahme wehren zu dürfen[475]. Erst in einem „Rückforderungsprozeß" darf der Garant das zu Unrecht Gezahlte zurückfordern. Neben dem Sicherungszweck tritt hier noch die Zielrichtung, den Garantienehmer schnellstmöglich mit liquiden Mitteln zu versorgen[476].

---

[470] *Pisuliński*, MoP 2/94, S. 33 ff, S. 34.

[471] Ausdrücklich: Art. 80 BankG.

[472] *Szpunar*, KPP 1-4/92, S. 161 ff, S. 174.

[473] Art. 80 ff. BankG.

[474] *Beschluß des Obersten Gerichtshofes* vom 16.4.93 [AZ: III CZP 16/93] (OSNCP 10/93, Pos. 166); *Urteil des Obersten Gerichtshofes* vom 25.1.95 [AZ: III CRN 70/94] (OSNIC 1995, Pos. 86; PPH 3/96, S. 29 ff); Entscheidung des Obersten Gerichtshofs vom 28.4. 95 [AZ: III CZP 166/94] (MoPod 12/95, S. 368 ff); *Urteil des Obersten Gerichtshofes* vom 4.10.95 [AZ: II CRN 123/95] (OSN 2/96, Pos. 29); *Urteil des Obersten Gerichtshofes* vom 21.11.97 [AZ: I CKN 825/97] (OSP 98, Pos. 93).

[475] Einführend: *Bączyk*, PiP 4/93, S. 113 ff, S. 114 f; *Lewandowska*, Rzeczpospolita Nr. 254 vom 2.11.95; *Szustak*, PO 8/93, S. 23 f.

[476] Ausführlich: *Bülow*, S. 391 ff, Rn. 1362 ff. Regelmäßig verbindet sich daher mit einer Garantie auf erstes Anfordern ein Aufrechnungsverbot, *Tracz*, PB 2/94, S. 73 ff, S. 81.

II. Rechtsgeschäftlicher Ersterwerb

1. Garantievertrag

Der Garantieanspruch entsteht durch Abschluß des Garantievertrags. Die Zulässigkeit des Garantievertrags ergibt sich aus der Vertragsfreiheit[477]. Der Garantievertrag ist ein einseitig verpflichtender Vertrag[478]. Für die Bankgarantie ergibt sich dies aus Art. 81 iVm Art. 161 Nr. 2 lit. c BankG.

Pisuliński vertritt die Ansicht, die Bankgarantie sei eine einseitige Verpflichtungserklärung[479]. Die Annahme des Gläubigers sei nicht erforderlich. Pisuliński begründet seine Auffassung mit § 3 der Verordnung des Präsidenten der polnischen Nationalbank vom 5. November 1992 (Bankgarantieverordnung[480]). Nach § 3 der Bankgarantieverordnung kommt die „Erteilung der Garantie" in der Form einer an den Garantienehmer gerichteten Erklärung zustande. Von einem Vertragsabschluß oder von einer Annahme durch den Garantienehmer spricht die Verordnung nicht. Hieraus den Schluß zu ziehen, daß die Garantieverpflichtung der Bank bereits mit der Erklärung der Bank zustandekommt, ist verfehlt. Die Verordnung regelt nur wie und unter welchen Umständen eine Bank eine Garantieerklärung abgegeben darf. Sie regelt aber weder positiv noch negativ, wie der Garantieanspruch entsteht. Insoweit ist auf die allgemeinen Regeln Rekurs zu nehmen. Nach den allgemeinen Regeln entsteht ein Anspruch durch den Abschluß eines Vertrages. Soll ein Anspruch bereits durch eine einseitige Erklärung begründet werden, muß dies gesetzlich angeordnet werden. Der Grundsatz der „Vertragsfreiheit" (Art. 353^1 KC) gilt nur für anspruchsbegründende Verträge, nicht aber für anspruchsbegründende Willenserklärungen[481].

Die rechtliche Einordnung des Garantievertrages ist umstritten. Oft wird er zur Gruppe der Verträge über die Leistung durch einen Dritten gezählt[482]. Dies ist nicht

---

477 Art. 353^1 KC. *Pisuliński*, MoP 2/94, S. 33 ff, S. 34; *Rudnicki*, PPH 9/93, S. 1 ff, S. 1.

478 *Tracz,* S. 106 ff., *Radwański/Panowicz-Lipska,* S. 203, Rn. 656; *Litwińska,* PPH 3/96, S. 31 ff, S. 32; *Szpunar*, KPP 1-4/92, S. 161 ff, S. 175; *Rudnicki,* PPH 9/93, S. 1 ff, S. 1; *Entscheidung des Obersten Gerichtshofes* vom 24.06.92 [AZ: III CZP 78/92] (OSP 2/93, Pos. 34); *Entscheidung des Obersten Gerichtshofes* vom 16.04.93 [AZ: II CZP 16/93] (OSNCP 10/93, Pos. 166). Die Entscheidungen des Obersten Gerichtshofes sind ausführlich von *Tracz,* S. 74 ff. besprochen.

479 *Pisuliński,* MoP 2/94, S. 33 ff, S. 36.

480 MP 92, Nr. 36, Pos. 270; Ermächtigungsgrundlage: Art. 88, 182 Abs. 2 BankG iVm der Aufstellung des Präsidenten der Polnischen Nationalbank vom 02.04.1998 (DzUrz NBP 1998, Nr. 5, Pos. 9).

481 *Tracz,* S. 107; a.A.: *Pisuliński,* PB 4/98, S. 37 ff, S. 40 f..

482 Art. 391 KC. *Czachórski,* S. 405; *Siuda,* PP 5/93, S. 25 f, S. 25, Koch, S. 433 ff; *Beschluß des Obersten Gerichtshofes* vom 16.04.93 (OSN 93, Pos. 166).

richtig. Der Garant verpflichtet sich im Regelfall nicht, für den aus der Nichterfüllung entstehenden Schaden aufzukommen[483]. Vielmehr ist Inhalt des Garantievertrages ein eigenständiger Erfüllungsanspruch, dessen Umfang im Garantievertrag an die Höhe der Kreditforderung angelehnt wird[484]. Der Garantievertrag ist auch kein Vertrag zur Befreiung von einer Leistungspflicht[485]. Bei diesem Vertragstyp erhält der Gläubiger im Unterschied zur Forderungsgarantie keinen selbständigen Anspruch gegen den Dritten. Dieser verpflichtet sich nur dem Schuldner gegenüber, ihn von der Leistungspflicht zu befreien[486]. Ebensowenig ist die Forderungsgarantie ein Vertrag zugunsten eines Dritten[487]. Von diesem Vertragstyp unterscheidet sich die Garantie dadurch, daß der Garant sich unmittelbar gegenüber dem Garantienehmer zur Leistung verpflichtet[488]. Die Forderungsgarantie ist auch kein Fall der Anweisung[489]. Wohl erhält der Anweisungsempfänger - gleich wie der Garantienehmer - bei Annahme der Anweisung durch den Angewiesenen einen eigenen Leistungsanspruch. Dieser Leistungsanspruch begründet sich aber nicht auf einem Vertragsverhältnis zwischen Angewiesenem *(Garanten)* und Anweisungsempfänger *(Garantienehmer)*[490].

Nach Art. 40 Abs. 2 BankG a.F. mußte die Bankgarantie zur Vermeidung der Unwirksamkeit schriftlich erteilt werden. Das neue Bankgesetz enthält keine entsprechende Bestimmung. Die Bankgarantie ist also formfrei[491]. Zu beachten ist die Beweisschriftform der Art. 74 f. KC. Die Beweisschriftform ist gewahrt, wenn das Dokument auf einem elektronischen Datenträger für

---

[483] So: *Urteil des Obersten Gerichtshofes* vom 4.10.95 [AZ: II CRN 123/95] (OSN 2/96, Pos. 29); *Szpunar,* PiP 9/93, S. 106 ff, S. 108. Es wird vertreten, die Grundsätze des Schadensersatzrechts seien auf den Umfang des Garantieanspruchs anzuwenden (z.B. Mitverschulden, Art. 362 KC), *Pisuliński*, MoP 2/94, S. 33 ff, S. 35.

[484] *Szpunar,* PiP 9/93, S. 106 ff, S. 108. Für diese Auffassung spricht aber auch der Wortlaut des § 1 Nr. 5 der Bankverordnung: *„Der Betrag, der garantiert werden soll."*; ebenso *Heropolitańska*, S. 152: Der Garant verpflichtet sich eine genau bestimmte Summe für den Fall zu zahlen, daß der Kreditnehmer seinen Kredit nicht tilgt. Zum Verhältnis der Forderungsgarantie zu Art. 391 KC ausführlich: *Tracz,* PB 2/94, S. 73 ff, S. 74 ff; *Jaroński*, S. 126 ff.

[485] Art. 392 KC; *Bieniek,* PiZS 12/92, S. 58 ff, S. 61.

[486] *Pisuliński*, MoP 2/94, S. 33 ff, S. 36.

[487] Art. 393 KC, *Bieniek,* PiZS 12/92, S. 58 ff, S. 61 f. Würde man den Garantievertrag als einen Vertrag zugunsten eines Dritten qualifizieren, könnte sich der Garant auf die Einwendungen des Schuldners berufen, Art. 393 § 3 KC.

[488] *Pisuliński,* MoP 2/94, S. 33 ff, S. 36.

[489] A.A.: *Pisuliński,* MoP 2/94, S. 33 ff, S. 36 f.

[490] Zum deutschen Recht, *Bülow,* S. 386, Rn. 1341. Eine Garantie kann jedoch mit einer Anweisung verbunden werden (bankbestätigende Zahlungsanweisung).

[491] *Radwański/Panowicz-Lipska,* S. 205, Rn. 662; *Tracz,* S. 209 f; *Pisuliński,* PB 4/98, S. 37 ff, S. 40.

längere Dauer errichtet wurde und gesichert ist[492]. Die von einer Privatperson erteilte Garantie ist - in den Grenzen der Art. 74 f. KC - formfrei.

Eine analoge Anwendung des Art. 876 § 2 KC, der die Schriftform für die Bürgschaft vorschreibt, wird wegen der fehlenden Vergleichbarkeit von Bürgschaft und Garantie abgelehnt[493]. Die Garantie sei eben ein forderungsunabhängiges Recht, so daß die Vorschriften der akzessorischen Bürgschaft nicht entsprechend anzuwenden seien. Dem ist in dieser Allgemeinheit nicht zuzustimmen. Richtig an dieser Aussage ist, daß diejenigen Vorschriften des Bürgschaftsrechts nicht auf die Garantie anzuwenden sind, die die Akzessorietät der Bürgschaft voraussetzen. Hierunter fallen die Vorschriften über den Umfang der Bürgenverpflichtung und die über die Einreden gegen die Bürgschaft. Das Schriftformerfordernis bei der Bürgschaft läßt sich aber nicht mit der akzessorischen Verbundenheit erklären. Es dient der Warnung des Bürgen. Niemand soll sich dazu verpflichten, aus seinem Vermögen etwas ohne vertragsmäßige Austauschleistung herauszugeben, es sei denn, er entschließt sich hierzu nicht voreilig. Diese ratio legis liegt auch dem Schriftformerfordernis bei der Schenkung zugrunde, die kein akzessorisches Recht ist. Die gleiche Gefahrenlage ist auch bei der Garantie unter Privatleuten gegeben. Jedoch ist mit Rücksicht auf den Grundsatz der Verkehrssicherheit Art. 876 § 2 KC nicht analog auf die Garantie anwendbar[494]. De lege ferenda sollte eine Schriftform für die Privatgarantie eingeführt werden.

2. Bedeutung der gesicherten Forderung

Forderungsgarantien können grundsätzlich jede Forderungsart absichern. Bei der Bankgarantie verpflichtet sich die Bank immer, eine Geldsumme zu zahlen[495]. Die Forderungsgarantie ist nichtakzessorisch[496]. Die Forderungsgarantie wird oft als abstraktes Sicherungsrecht bezeichnet[497]. Dieser ungenaue

---

492 Art. 7 Abs. 2 BankG.

493 Dies wird nicht ausdrücklich abgelehnt. Grundtenor ist aber, daß die Bürgschaftsregeln allgemein nicht auf die Garantie anwendbar sind, *Pisuliński*, MoP 2/94, S. 33 ff, S. 34. Zur analogen Anwendbarkeit des § 766 S. 1 BGB, *Pottschmidt/Rohr*, S. 5, Rn. 9.

494 *Staudinger/Horn*, BGB § 766 Rn. 4.

495 Art. 81 BankG.

496 *Szpunar*, KPP 1-4/92, S. 161 ff, S. 174; *Litwińska*, PPH 3/96, S. 31 ff, S. 32 f; *Rudnicki*, PPH 9/93, S. 1 ff, S. 1; *Ofiarski*, PP 5/93, S. 26 f, S. 26; *Radwański/ Panowicz-Lipska*, S. 207, Rn. 667.

497 *Heropolitańska/Borowska*, S. 114; *Rudnicki*, PPH Nr. 9/93, S. 1 ff, S. 3. *Pomorska*, S. 97; *Osada/Wędrychowski*, S. 36; *Pyzioł*, S. 109 ff, S. 146 ff; *Radwański/Panowicz-Lipska*, S. 207 ff.; Rn. 668 ff.; *Osada*, S. 108; ausführlich: *Tracz*, S. 74 ff.; 146 ff.; *Olechowski*, PiP 6/97, S. 62 ff.

Gebrauch von Rechtsbegriffen führt zu Mißverständnissen, wie die Glosse von A. Szpunar[498] zum Beschluß des Obersten Gerichts vom 16.4.1993[499] zeigt.

Das Oberste Gericht entschied, der Garant könne sich nicht auf die Einreden des Schuldners gegen die gesicherte Forderung berufen. Diese Entscheidung griff Szpunar mit der Bemerkung an, das Gericht habe zu Unrecht eine abstrakte Verpflichtung des Garanten angenommen. Im polnischen Recht könne der Grundsatz der Kausalität nur durchbrochen werden, wenn dies gesetzlich angeordnet sei[500]. Eine solche Vorschrift fehle aber. Der Garant könne sich daher auf die Einreden des Schuldners berufen.

Diese Argumentation offenbart, daß Nichtakzessorietät und Abstraktheit gleichgesetzt werden[501]. Diese Begriffe sind aber nicht identisch. Die Forderungsgarantie ist vielmehr ein kausales, nichtakzessorisches Rechtsgeschäft. Kausal ist die Forderungsgarantie, weil der Rechtsgrund für die Zahlungsverpflichtung Bestandteil des Garantievertrages (Sicherungsabrede; causa cavendi) ist[502]. Der Garant kann sich daher grundsätzlich auf Einwendungen und Einreden berufen, die auf dem Garantievertrag beruhen.

Eine Meinung sieht als Rechtsgrund der Garantieverpflichtung die gesicherte Forderung an[503]. Die gleiche Ansicht wird auch bei der Sicherungsübereignung vertreten[504]. Diese Ansicht vermengt die Begriffe „abstrakt/kausal“ und „akzessorisch/nichtakzessorisch“. Die Garantieverpflichtung (bzw. die Sicherungsübereignung) wird nicht aufgrund, sondern für die gesicherte Forderung eingegangen wurde. Der Kreditvertrag oder die gesicherte Forderung sind nicht Rechtsgrund der Garantieverpflichtung oder der Sicherungsübereignung. Garantieverpflichtung und Sicherungsübereignung haben ihren Rechtsgrund allein in der vertraglichen Einigung (dem

---

[498] *Szpunar,* PiP 9/93, S. 106 ff.

[499] *Beschluß des Obersten Gerichtshofes* vom 16.4.93 [AZ: III CZP 16/93] (OSNCP 10/93, Pos. 166). Diese Entscheidung wurde im *Beschluß des Obersten Gerichtshofes* vom 28.4.95 [AZ: III CZP 166/94] (MoP 12/95, S. 368 ff) bestätigt.

[500] *Szpunar,* PiP 9/93, S. 106 ff, S. 109; *Szpunar,* Personalsicherheiten, S. 156 ff; a.A.: *Radwański/Panowicz-Lipska,* S. 208, Rn. 668; *Beschluß des Obersten Gerichtshofes* vom 28.4.95 [AZ: III CZP 166/94] (MoP 12/95, S. 368 ff, S. 370): Vertragsparteien können auf der Grundlage der Vertragsfreiheit ihre Verpflichtungen abstrakt gestalten.

[501] *Pisuliński*, MoP 2/94, S. 33 ff, S. 37.

[502] *Tracz,* PB 2/94, S. 73 ff.

[503] *Szpunar,* PiP 9/93, S. 106 ff, S. 109; kritisch: *Pisuliński,* PB 4/98, S. 37 ff, S. 41 f. Nach *Litwińska*, PPH 3/96, S. 31 ff, S. 33 ist der Rechtsgrund (causa cavendi) *außerhalb des Garantievertrages zu suchen*(?). Insoweit soll es sich um einen abstrakten Vertrag handeln.

[504] *Osada,* S. 133.

pflichtenbegründenden Sicherungs- bzw. Garantievertrag) zwischen Sicherungsnehmer und -geber.

Eine andere Meinung sieht als Rechtsgrund der Garantieverpflichtung, das Auftragsverhältnis zwischen Schuldner und Garant an[505]. Das ist falsch. Der Garant übernimmt durch den Auftrag nur die Pflicht, einen Garantievertrag abzuschließen. Die Verpflichtung des Garanten gegenüber dem Garantienehmer entsteht aber mit Abschluß des Garantievertrages. Dieser begründet die Garantieverpflichtung. Der Garantievertrag ist also Rechtsgrund der Garantieverpflichtung. Pflichtenbegründende Verträge sind kausale Verträge, so wie die Pflicht zur Zahlung des Kaufpreises vom Kaufvertrag und die Pflicht zur Zahlung des Mietzinses vom Mietvertrag kausal abhängt.

Die Garantie ist also kausal. Die Feststellung der Kausalität sagt nichts darüber aus, ob der Garant sich auf Einreden des Hauptschuldners berufen kann. Dies würde vielmehr voraussetzen, daß die Garantie mit der gesicherten Forderung akzessorisch verknüpft ist. Gesetzliche Regel ist aber die Nichtakzessorietät. Nur wenn Akzessorietät gesetzlich angeordnet ist, wie bei der Bürgschaft, kann sich der Sicherungsgeber auf Einreden und Einwendungen des Hauptschuldners berufen. Das Argument über die fehlende gesetzliche Bestimmung spricht also gerade für die Nichtakzessorietät der Garantie.

Das Problem des Rechtsgrundes stellt sich auch bei der Garantie auf erstes Anfordern[506]. Bei dieser Sonderform der Forderungsgarantie muß der Garant zahlen, ohne sich auf Einwendungen und Einreden berufen zu können, die ihre Grundlage in der unmittelbaren Rechtsbeziehung Garant zu Garantienehmer haben, wie z.B. die Unwirksamkeit des Garantievertrages[507]. Die Unwirksamkeit des Garantievertrages wirkt sich also, so scheint es, nicht auf die „Wirksamkeit" der Garantieverpflichtung aus. Daher wird von einer „abstrakten Verpflichtung" (zobowiązanie abstrakcyjne albo wyabstrahowane)[508] gesprochen.

---

[505] *Pisuliński*, PB 4/98, S. 37 ff, S. 42.

[506] *Beschluß des Obersten Gerichtshofes* vom 16.4.93 [AZ: III CZP 16/93] (OSNCP 10/93, Pos. 166). *Urteil des Obersten Gerichtshofes* vom 25.1.95 [AZ: III CRN 70/94] (OSNC 5/95, Pos. 86; PPH 3/96, S. 29 ff); Entscheidung des Obersten Gerichtshofs vom 28.4. 95 [AZ: III CZP 166/94] (MoPod 12/95, S. 368 ff); *Urteil des Obersten Gerichtshofes* vom 4.10.95 [AZ: II CRN 123/95] (OSN 2/96, Pos. 29).

[507] *Tracz,* PB 2/94, S. 73 ff, S. 80. Zum deutschen Recht: *Bülow*, S. 389, Rn. 1354.

[508] *Beschluß des Obersten Gerichtshofes* vom 28.4.95 [AZ: III CZP 166/94] (MoP 12/95, S. 368 ff, S. 370); *Rudnicki,* PPH 9/93, S. 1 ff, S. 3; *Tracz,* PB 2/94, S. 73 ff; *Szpunar,* PiP 9/93, S. 106 ff, S. 110.

Diese Begriffswahl ist falsch. Eine „abstrakte Verpflichtung" gibt es nicht. Die Unterscheidung abstrakt zu kausal betrifft Zuwendungsgeschäfte[509]. Zuwendungsgeschäfte sind Rechtsgeschäfte *(czynność prawna)* und keine Verpflichtungen. Sie treten in zwei Grundformen auf: Entweder es wird eine Leistung erbracht oder es wird ein Forderungsrecht auf eine Leistung begründet[510]. Beim Garantievertrag – als einer Form des schuldrechtlichen Zuwendungsgeschäfts - wird eine Forderung auf eine Leistung *(Garantieverpflichtung)* begründet. Die Frage der Abstraktheit bezieht sich demnach nur auf die Rechtsnatur des Garantievertrages *(des Zuwendungsgeschäftes)*. Sie aber bezüglich der Garantieverpflichtung zu stellen, ist schon vom Ansatzpunkt her verfehlt, da es sich bei der Garantieverpflichtung nicht um ein Zuwendungsgeschäft handelt. Vielmehr steht und fällt die Garantieverpflichtung mit der Wirksamkeit des Garantievertrages.

Wie ist es aber nun zu erklären, daß der Garant sich nicht auf die Unwirksamkeit des Garantievertrages berufen darf. Falsch ist die Begründung, der Garant habe bei der Garantie auf erstes Anfordern auf die Erhebung von Unwirksamkeitsgründen verzichtet und begnüge sich seine Einwendungen in einem Rückforderungsprozeß zu erheben. Diese Ansicht stößt auf eine konstruktive Schwierigkeit. Ist der Garantievertrag unwirksam, so ist auch der Verzicht als Bestandteil des Garantievertrages unwirksam[511]. Der Verzicht löst also überhaupt keine Rechtswirkungen aus[512]. Eine Erklärung könnte sein, daß bei der Garantie auf erstes Anfordern zwei Verträge zu unterscheiden sind: Auf der einen Seite der „normale Garantievertrag", der die Garantieverpflichtung begründet und auf der anderen Seite ein abstrakter Schuldvertrag. Der Wille der Vertragsparteien einen abstrakten Schuldvertrag zu begründen, kann in der Formulierung des Garantievertrages gesehen werden, daß „unbedingt" und „auf erstes Anfordern" zu zahlen sei.

Die Zulässigkeit des abstrakten Schuldvertrages ist im polnischen Recht strittig. Die herrschende Meinung verneint die Zulässigkeit[513]. Der Grundsatz der Kausalität könne nur in den ausdrücklich im Gesetz vorgesehenen Fällen durchbrochen werden. Es soll also einen „numerus-clausus" der abstrakten Zuwendungsgeschäfte geben[514].

---

[509] *Flume,* § 12, S. 152 ff.; *Wolter/Ignatowicz/Stefaniuk,* S. 252 ff.; *Grzybowski,* System I, S. 496 ff.

[510] *Flume,* § 12 I 1, S. 152.

[511] Die Regeln über die Teilunwirksamkeit dürften selten anwendbar sein, Art. 58 § 3 KC.

[512] *Tracz,* PB 2/94, S. 73 ff, S. 76.

[513] *Wolter/Ignatowicz/Stefaniuk,* S. 255; *Szpunar,* PiP 9/93, S. 106 ff, S. 110.

[514] A.A.: *Tracz,* PB 2/94, S. 73 ff, S. 76 f.

Die neuere Rechtsprechung bejaht die Zulässigkeit des abstrakten Schuldvertrages[515]. Auf der Grundlage der Vertragsfreiheit sei es den Vertragsparteien erlaubt, ihre Rechtsverhältnisse auch abstrakt, also losgelöst von einer „causa“ zu regeln.

Doch selbst bei Bejahung der Zulässigkeit des abstrakten Schuldvertrages wird das gewünschte Ergebnis nur bedingt erreicht. Anstelle zu fragen, ob der Garantievertrag wirksam ist, muß nunmehr gefragt werden, ob der abstrakte Schuldvertrag wirksam ist. Hierbei wird der abstrakte Schuldvertrag aber meist aus denselben Gründen wie der Garantievertrag unwirksam sein.

Bei der Geschäftsfähigkeit leuchtet dies unmittelbar ein. Das gleiche gilt aber auch für Formvorschriften. Der abstrakte Schuldvertrag bedarf immer der Form, die für die zugrundeliegende Verpflichtung gilt[516] (Argument: Verbot der Gesetzesumgehung[517]). Nichts anderes gilt für einen abstrakten Schuldvertrag, dessen Rechtsgrund ein schriftformbedürftiger Garantievertrag ist.

III. Der rechtsgeschäftliche Nachfolgeerwerb

Die Forderungsgarantie ist nichtakzessorisch. Der Anspruch aus dem Garantievertrag muß selbständig abgetreten werden. Garantieanspruch und gesicherte Forderung können daher auseinanderfallen.

Um dies zu verhindern, war im Bankgesetz a.F. geregelt, daß der Garantieanspruch nur zusammen mit dem Anspruch aus der gesicherten Forderung übertragen werden kann[518]. Bei einem Verstoß gegen diese Regelung war die Abtretung des Garantieanspruchs unwirksam[519].

IV. Der Garantiebeitritt

Beim Garantiebeitritt steht dem Gläubiger für die Erfüllung der Bankgarantie eine weitere Bank ein[520]. Der Garantiebeitritt ist ein Schuldbeitritt[521] und keine einseitige Verpflichtungsbestätigung[522].

---

[515] *Beschluß des Obersten Gerichtshofes* vom 28.4.95 [AZ: III CZP 166/94] (MoP 12/95, S. 368 ff, S. 370).

[516] *Flume,* § 12 II 4 a, S. 167.

[517] Art. 58 § 1 Alt. 2 KC.

[518] Art. 43 BankG a.F., *Rudnicki*, PPH 9/93, S. 1 ff, S. 2.

[519] Die Abtretung verstößt insoweit gegen das Gesetz, Art. 509 § 1 KC iVm Art. 43 BankG a.F.

[520] Art. 83 BankG. Der Garantiebeitritt ist selten. Der Garantienehmer hat bereits durch die Bankgarantie genügend Sicherheit für seinen Kredit erhalten, *Osada/Wędrychowski*, S. 38. Zum Bürgschaftsbeitritt: Art. 83 Abs. 2 BankG.

Eine Mindermeinung tritt für die Einordnung des Garantiebeitritts als Garantie ein[523]. Sie begründet ihre Auffassung mit § 4 Bankverordnung. Nach § 4 der Bankverordnung sind auf den Garantiebeitritt die Vorschriften über die Garantie entsprechend anzuwenden. Dies sagt aber nichts über die Rechtsnatur des Garantiebeitritts aus. Die Bankverordnung regelt nur das Verfahren und die Form des Garantiebeitritts, nicht aber seine Rechtsnatur. Für die Einordnung des Garantiebeitritts als Schuldbeitritt spricht Art. 83 BankG. Nach Art. 83 BankG ist der Gläubiger berechtigt, seinen Garantieanspruch vom Garanten oder vom Beitretenden oder von beiden zusammen bis zur vollständigen Erfüllung zu verlangen. Der Beitretende übernimmt also keine eigene Haftung, sondern tritt dem Garantieanspruch des Garanten bei. Die gesamtschuldnerische Haftung wird durch die Formulierung bekräftigt, daß der Gläubiger die gemeinsame Leistung bis zur vollständigen Erfüllung verlangen könne.

§ 3. Sicherungsphase

A. Allgemein

Zwischen dem Erwerb eines Sicherungsrechts bis hin zu seiner Verwertung kann eine lange Zeit verstreichen. Während dieser Zeit fällt das Sicherungsrecht in einen Zustand der Ruhe und erfüllt seine Sicherungsaufgaben allein durch seine Existenz. Die vom Sicherungsrecht nachzukommenden Sicherungsaufgaben kann man nach den zu schützenden Personen aufteilen. So muß das Sicherungsrecht in erster Linie dem Schutz des Sicherungsnehmers vor Einwirkungen des Sicherungsgebers oder anderer Kreditgläubiger sichern. Andererseits muß der Sicherungsgeber vor Einflüssen geschützt werden, durch die er sein Recht am Sicherungsgegenstand verlieren kann. Um eine in sich geschlossene Darstellung der Einwirkungen der Zwangsvollstreckungs- und Konkursphase zu gewährleisten, werden sie als zwei funktionelle Sonderphasen der Sicherungsphase dargestellt.

---

[521] *Radwański/Panowicz-Lipska*, S. 210, Rn. 675; *Szpunar*, Personalsicherheiten, S. 146 f.; *Szpunar*, Rejent 6/98, S. 89 ff.; S. 97; *Pomorska*, S. 97; *Rudnicki*, PPH 9/93, S. 1 ff, S. 2; *Ofiarski*, PP 5/93, S. 26 f, S. 27; *Pyzioł*, S. 109 ff, S. 148.

[522] So aber *Bączyk*, PB 2/98, S. 57 ff., S. 59 für den Bürgschaftsbeitritt.

[523] *Pisuliński*, MoP 2/94, S. 33 ff, S. 35 f.

B. Schutz des Sicherungsnehmers

I. Allgemein

Der Sicherungsnehmer ist vor drei verschiedenen Einwirkungsquellen zu schützen. Das Sicherungsrecht muß gewährleisten, daß es Rechtshandlungen vom und Veränderungen beim Sicherungsgeber schadlos übersteht, daß es vor Eingriffen Dritter schützt, und daß es Regelungen enthält, welche einer „Ausdünnung des Sicherungsgegenstandes“ entgegenwirken können.

II. Schutz vor dem Sicherungsgeber

1. Allgemein

Während der Sicherungsphase kann der Sicherungsgeber die Rechtsposition des Sicherungsnehmers durch Verfügungen und durch Eingriffe in die Substanz des Sicherungsgegenstandes gefährden. Eine solche Gefährdung kann aber nur bei den sogenannten Realsicherheiten auftreten, da bei den Personalsicherheiten (Bürgschaft und Forderungsgarantie) nicht mit einem bestimmten Gegenstand gehaftet wird, sondern mit dem Vermögen einer Person. Verfügungen über oder Eingriffe in bestimmte Vermögensgegenstände des Bürgen oder Garanten tangieren daher nicht die Haftungsgrundlage dieser Kreditsicherheiten.

2. Verfügungen

Der Sicherungsnehmer wird vor Verfügungen des Sicherungsgebers insbesondere durch die Regeln über den gutgläubigen Erwerb geschützt. Daneben bietet das Registerpfandrecht aber noch die Möglichkeit an, dem Sicherungsgeber eine Verfügung über die Registerpfandsache zu verbieten.

Am besten ist der Sicherungsnehmer vor nachfolgenden Verfügungen des Sicherungsgebers bei Sicherungsrechten an Rechten (Sicherungsabtretung und Pfandrecht) geschützt, da diesen Sicherungsgegenständen gutgläubige Erwerbsarten grundsätzlich unbekannt sind.

Bei der Hypothek basiert der Schutz des Sicherungsnehmers vor Verfügungen des Sicherungsgebers auf dem Grundbuch. Sofern die Hypothek in dieses eingetragen wurde, kann der Hypothekar weiteren Verfügungen und Belastungen über die Sache gelassen entgegensehen. Ein lastenfreier Erwerb oder ein gutgläubiger Erwerb eines Vorrangs sind ausgeschlossen, da die Hypothek vorher eingetragen wurde.

Beim Besitzpfandrecht wird der Schutz des Pfandgläubigers durch seinen Besitz an der Pfandsache vermittelt. Insoweit kann auch der Verpfänder keine Verfügungen vornehmen, die zu einem gutgläubig lastenfreien Erwerb führen können. Es fehlt am Rechtsschein „Besitz" beim Verpfänder.

Die Situation bei anderen Sicherungsrechten an beweglichen Sachen ist hiervon verschieden. Bei der Sicherungsübereignung, beim Registerpfandrecht und beim Eigentumsvorbehalt erhält der Sicherungsgeber den Besitz am Sicherungsgegenstand. Ein Schutz vor gutgläubigen Erwerbsmöglichkeiten durch Zerstörung des Rechtsscheins „Besitz" versagt also[1]. Dies führt beim Eigentumsvorbehalt und bei der Sicherungsübereignung zu einer erheblichen Unsicherheit für den Sicherungsnehmer. Um dieser Unsicherheit Herr zu werden, verlangt der Sicherungsnehmer regelmäßig vom Sicherungsgeber eine Versicherung für die Sache abzuschließen[2].

Beim KC-Registerpfandrecht konnte der Sicherungsgegenstand ohne weiteres gutgläubig lastenfrei erworben werden. Dies lag daran, daß die Bankregister nichtöffentlich bei den Kreditinstituten geführt wurden und daher keinen öffentlichen Glauben besaßen. Dieser Mißstand wurde durch das neueingeführte PfRG-Registerpfandrecht ausgemerzt. Durch den öffentlichen Charakter des Pfandregisters tritt neben den allgemeinen Voraussetzungen des gutgläubigen lastenfreien Erwerbs (entgeltliches Zuwendungsgeschäft, Besitz beim Verpfänder, Inbesitznahme durch den Erwerber) eine erhebliche Einschränkung des guten Glaubens. So kann sich ein Erwerber nicht darauf berufen, daß er die im Register aufgeführten Daten nicht gekannt habe[3]. Diese Vermutung kann nur dann widerlegt werden, wenn der Erwerber nachweist, daß er trotz gehöriger Anstrengungen sich nicht über die betreffenden Registerdaten informieren konnte. Nur in diesem Fall ist der Erwerber gutgläubig[4]. Das Registerpfandrecht erschwert den gutgläubigen Erwerb also in zweifacher Weise. Auf der einen Seite steht die Rechtsvermutung, daß er die Registerdaten kennt und auf der anderen Seite die Beweislastumkehr.

Auslegungsbedürftig ist aber noch, was unter „gehörige Anstrengungen" zu verstehen ist. Um den Sinn des Pfandregisters gerecht zu werden, muß unter den Begriff der gehörigen Anstrengungen die Pflicht subsumiert werden, Einsicht ins Register zu nehmen bzw. Auskunft von der registerführenden Behörde zu verlangen. Genügt der Er-

---

[1] Der Sicherungsnehmer hat nur einen ungesicherten Schadensersatzanspruch gegen den Sicherungsgeber, *Gołaczyński*, OSP 10/94, Pos. 176.

[2] *Manicka-Gołębiewska*, MoP 9/96, S. 284 ff, S. 284.

[3] Art. 38 Abs. 1 PfRG. Dies gilt nicht im Falle des Art. 13 Nr. 2 PfRG, *Schulte*, RIW 98, S. 291, 293.

[4] Art. 38 Abs. 2 PfRG.

werber diesen Anforderungen nicht, so kann er sich nicht auf Gutgläubigkeit berufen. Hieraus wird ersichtlich, wie eingeschränkt die Möglichkeiten eines gutgläubig lastenfreien Erwerbs sind. Sofern der Erwerber Einsicht ins Register genommen hat, wird es ihm kaum gelingen nachzuweisen, daß er sich trotz seiner Einsichtnahme nicht über die erheblichen Daten informieren konnte. Eigentlich kann guter Glaube nur dann angenommen werden, wenn trotz ordnungsgemäßer Suche im Computerregister die betreffenden Daten nicht auffindbar waren. Läßt man neben der persönlichen Einsichtnahme die Pflicht zur Erlangung einer Auskunft durch die Registerbehörde über die betreffenden Registerdaten genügen, erhöht sich die Wahrscheinlichkeit eines gutgläubigen lastenfreien Erwerbs. In diesen Fällen kann sich der Erwerber zum Beweis seiner Gutgläubigkeit auch auf eine Falschauskunft der Registerbehörde berufen[5].

Die Einführung des Pfandregisters und die hiermit verbundene starke Einschränkung des guten Glaubens werden dazu führen, daß fast jede Transaktion von etwas wertvolleren Warengüter nicht ohne einen Blick in das Register auskommt[6]. Dies führt zu einer Verlangsamung des Warenverkehrs und zu einem enormen Verwaltungsaufwand des auskunftpflichtigen Registergerichtes. Diesen Nachteilen stehen keine grundlegenden Vorteile gegenüber. In Ländern, in denen allein die Sicherungsübereignung die Funktion eines besitzlosen Sicherungsrechts innehat, können die Risiken eines gutgläubigen Erwerbs durch eine Versicherung aufgefangen werden. Dies führt weder zu einer Verlangsamung des Warenverkehrs noch zu einer Erhöhung der Verwaltungskosten.

Die weite Einschränkung des guten Glaubens gibt Anlaß zu dogmatischen Bedenken. Grundlage des Erwerbs vom Nichtberechtigten ist der durch die tatsächliche Sachherrschaft an der Sache zum Ausdruck kommende Rechtsschein der Eigentümerstellung. Ist der gute Glaube von einem Register abhängig, so ist Rechtsscheinsgrundlage nicht die tatsächliche Sachherrschaft, sondern das Register. Die Vermutung des Art. 339 KC ist demnach aufgehoben. Eigenbesitzer ist nicht mehr, wer die tatsächliche Sachherrschaft hat. Ein Register bietet sich als Rechtsscheinsgrundlage für den gutgläubigen Erwerb an beweglichen Sachen nicht an. Die Zahl der beweglichen Sachen ist zu hoch, als daß ein Register dem in irgendeiner Weise nachkommen könnte. Zur Lösung dieses Problems bietet sich eine Kennzeichnungspflicht der Pfandrechtsbelastung an dem Pfandgegenstand an[7].

Der Sicherungsgeber kann sich bei beschränkt dinglichen Rechten nicht wirksam verpflichten, über den Sicherungsgegenstand nicht zu verfügen[8]. Im Gegensatz hierzu läßt das PfRG die Vereinbarung eines Verfügungsverbots zu[9]. Diese Vereinbarung erhält durch Eintragung ins Pfandregister Drittwirkung und nimmt an den Rechtsvermutungen des Registers teil[10]. Allein in den eben beschriebenen engen Grenzen des gutgläubigen lastenfreien Erwerbs kann ein Dritter die Sache erwerben. Verstößt der Verpfänder gegen seine

---

[5] *Schulte,* RIW 98, S. 291, 293.

[6] *Pisuliński/Skąpski,* KPP 4/96, S. 747 ff, S. 763.

[7] *Pisuliński/Skąpski,* KPP 4/96, S. 747 ff, S. 753.

Verpflichtung aus dieser Vereinbarung, so kann der Pfandgläubiger sofortige Befriedigung seiner Forderung verlangen[11]. Sollte die Veräußerung jedoch ausnahmsweise wirksam sein, so kann er sich natürlich nicht mehr aus der Pfandsache befriedigen.

Die Vereinbarung des Verfügungsverbotes hat dingliche Wirkung. Der Kreis der dinglichen Rechte wird also um ein Registerpfandrecht erweitert, das den Charakter einer „res extra commercium" hat. Ein solches Recht ist jedoch nicht erforderlich. Die normalen Schutzmechanismen für den Registerpfandnehmer sind ausreichend.

So ist das Verbot der nachfolgenden Belastungen unnötig. Der Pfandnehmer wird durch seinen Rang geschützt. Die dingliche Wirkung der Verbotsvereinbarung ist, soweit nachfolgende Belastungen vorliegen, deckungsgleich mit dem Rangschutz. Ein Unterschied ergibt sich nur, wenn der Erwerber einer nachträglichen Belastung von der Verbotsvereinbarung wußte. In diesem Fall kann er ein nachfolgendes Pfandrecht überhaupt nicht erwerben. Der Schutz des Ranges geht dahingegen nur soweit, daß der Erwerber nur ein nachrangiges Recht erwirbt.

Doch welches Interesse sollte ein vorrangig geschützter Pfandnehmer an dem Ausschluß von nachfolgenden Belastungen haben. Seine Verwertungschancen bleiben gleich. Nachfolgende Belastungen dürfen ihn nicht beeinträchtigen. Daher kann der tiefere Sinn einer solchen Regelung nur im Freihalten nachfolgender Rangstellen liegen. Der Sicherungsnehmer erhält bereits jetzt die Entscheidung über die Kreditunterlage des Sicherungsgebers und dies auch dann, wenn sein Sicherungsinteresse dies überhaupt nicht rechtfertigt. Ein solcher Entzug der Kreditunterlage ist nicht zu rechtfertigen. Vielmehr besteht ein Interesse des Verpfänders und anderer Pfandgläubiger an einer bestmöglichen Ausnutzung der Kreditunterlage des Verpfänders. Diese für alle Zeiten für einen Pfandgläubiger zu reservieren, ist ein nicht durch das Interesse des reservierenden Pfandgläubigers zu rechtfertigender Vorteil.

Allerdings ist zu bedenken, daß es ein Interesse an der Reservierung von Rangstellen geben kann. Dies sollte aber in Abwägung der beteiligten Interessen nicht durch eine Verbotsvereinbarung erfolgen, die einer Sperre des Registers gleichkommt. Vielmehr eröffnet das Gesetz durch die Zulassung des Eintrags eines Registerpfandrechts für eine künftige Forderung die Möglichkeit der Reservierung von Rangstellen. Dies ist ein gerechter Ausgleich der bestehenden Interessen. Das Sicherungsinteresse des Sicherungsnehmers wird geschützt. Der Sicherungsgeber kann die Kreditunterlage weiterhin für seinen Geschäftsbetrieb nutzen, und andere Gläubiger können in Ab-

---

[8] Art. 72 HypG / Art. 311 KC. Diese Vorschriften konkretisieren Art. 57 § 2 KC. Strittig ist, ob dieses Verbot auch auf das Pfandrecht an Rechten anwendbar ist, *KCK/Majorowicz*, Anm. zu Art. 328 KC, S. 763.

[9] Art. 14 Abs. 1 PfRG im Unterschied zu Art. 311 KC; *Pisuliński/Skąpski*, KPP 4/96, S. 747 ff, S. 758; *Gralla*, IWB 97, S. 87 ff, S. 89.

[10] Art. 40 Abs. 1 Nr. 6 PfRG.

[11] Art. 14 Abs. 3 PfRG.

schätzung der bereits an der Pfandsache bestehenden Belastungen selbst beurteilen, ob die Pfandsache eine ausreichende Sicherheit darstellt. Auf jeden Fall wird sie den anderen Gläubigern nicht per se als Kreditunterlage entzogen.

Neben dieser Regelung könnte man noch die Möglichkeit des Rangvorbehalts[12] diskutieren. Durch den Rangvorbehalt kann man eine Rangstelle bis zu einer festgelegten Höhe mit dinglicher Wirkung freihalten. Diese Rechtsfigur unterscheidet sich von der eben diskutierten Möglichkeit dadurch, daß eine künftige Forderung nicht erforderlich ist. Einen solchen Rangvorbehalt könnte sich der Eigentümer ins Register eintragen lassen. Beim Eigentümer kann ein Interesse an der Reservierung einer vorrangigen Stelle dadurch begründet sein, daß er diese vorrangige Stelle für einen ihm wichtigen Kredit benötigen will. Der Schutz anderer nachfolgender Pfandgläubiger sollte gegenüber einem solchen Rangvorbehalt aber dergestalt ausgestaltet sein, daß sie einen Löschungsanspruch erhalten, wenn der Rangvorbehalt nicht in einer gewissen Zeit ausgenutzt wird.

Aber auch das Veräußerungsverbot ist unnötig. Beschränkt dingliche Rechte bleiben auch bei Wechsel der Rechtsinhaberschaft an der Sache bestehen. Rein rechtlich tritt also keine Rechtsverschlechterung ein. Da auch die Möglichkeiten des gutgläubigen Erwerbs identisch geregelt sind, gleichen sich also die dinglichen Wirkungen. Neben der eben bereits besprochenen Reservierung von Rangstellen kann ein solches Verbot eigentlich seinen Sinn nur in der Person des Erwerbers finden. Möglicherweise vertraut der Pfandgläubiger auf die besondere Sorgfalt des Verpfänders im Umgang mit der Pfandsache. Dieses Vertrauen erstreckt sich bei ihm aber nicht auf Dritte. Dieses prinzipiell schützenswerte Interesse des Sicherungsgebers überwiegt aber nicht das Interesse des Rechtsverkehrs, daß Sachen frei veräußerbar sind. Dem Schutz des Sicherungsnehmers ist genüge getan, wenn er in einem solchen Fall sofortige Befriedigung verlangen kann[13]. Die Schaffung einer „res extra commercium“, die Quelle von Unklarheiten und Unsicherheiten im Rechtsverkehr ist[14], ist daher unnötig.

3. Eingriffe

Sofern der Sicherungsgegenstand in der Hand des Sicherungsgebers verbleibt, muß der Sicherungsnehmer gegen Eingriffe in die Sachsubstanz von seiten des Sicherungsgebers oder Dritter besonders geschützt werden.

Bei der Hypothek wird dieser Schutz durch folgende Regelung erreicht: Hat der Eigentümer die Verschlechterung des Grundstücks zu vertreten[15], so

---

[12] Nicht zu verwechseln mit dem Rangvorbehalt nach § 881 BGB. Art. 123 f prRzecz 1946 enthielten noch einen § 881 BGB vergleichbaren Rangvorbehalt.

[13] Art. 14 Abs. 3 PfRG.

[14] *Palandt/Heinrichs* BGB § 137 Rn. 1 (Anm. 1a).

[15] Der Eigenümer ist für eigenes Handeln und für das seiner Gehilfen verantwortlich, Art. 474 KC, *Tracz/Cierpiał/Thurner,* WiRO 3/97, S. 86 ff, S. 89.

kann der Hypothekar von ihm die Rückführung des Grundstücks in den vorherigen Zustand verlangen[16]. Kommt der Eigentümer dieser Verpflichtung nicht nach, kann der Hypothekar sofortige Befriedigung aus dem Grundstück suchen[17]. Ist der Umstand, durch den der Schaden eingetreten ist, jedoch nicht vom Eigentümer sondern von einem Dritten zu vertreten, so unterfällt der Schadensersatzanspruch des Eigentümers gegen den Dritten dem Haftungsverbund der Hypothek[18]. In Frage kommt aber auch ein Schadenseintritt durch höhere Gewalt[19]. Bei den hierbei eventuell bestehenden Ansprüchen gegen einen Versicherungsträger ist zu unterscheiden: Soweit es sich um Ansprüche gegen eine Versicherung handelt, kann das Versicherungsunternehmen ohne Einverständnis des Hypothekars die Versicherungssumme an den Eigentümer auszahlen, soweit hierdurch Ausgaben abgedeckt werden sollen, die der Rückführung des Grundstücks in den Zustand vor Schadenseintritt dienen[20]. In diesem Fall wird das Sicherungsinteresse des Hypothekars nicht berührt, da die Haftungsgrundlage letztendlich gleich bleibt. Dient die Versicherungssumme nicht der Rückführung des Grundstücks in den vorherigen Zustand, kann die Auszahlung der Versicherungssumme nur mit Einverständnis des Hypothekars erfolgen[21].

Beim Registerpfandrecht, bei der Sicherungsübereignung und beim Eigentumsvorbehalt stehen dem Sicherungsnehmer bei übermäßiger Benutzung des Sicherungsgegenstandes Unterlassungs- bzw. Schadensersatzansprüche zu[22]. Unterläßt der Sicherungsgeber die übermäßige Benutzung nicht, so kann der Sicherungsnehmer sein Sicherungsrecht sofort verwerten.

Eine „übermäßige Benutzung" durch den Sicherungsgeber liegt vor, wenn die Sache nicht im Einklang mit ihrer gesellschaftlich-wirtschaftlichen Bestimmung genutzt wird. Insbesondere muß der Sicherungsgeber dafür Sorge tragen, daß die Sache keinen Verschlechterungen unterliegt, die nicht im Rahmen einer ordnungsgemäßen Nutzung liegen. Hierzu zählt die Pflicht, notwendige Reparaturen vorzunehmen und die Repa-

---

[16] Art. 92 S. 1 HypG. Droht die Verschlechterung, so hat der Hypothekar einen Unterlassungsanspruch nach Art. 91 HypG. Dieser ist lex specialis zu Art. 251 KC, *Tracz/Cierpiał/Thurner*, WiRO 3/97, S. 86 ff, S. 89.

[17] Art. 92 S. 2 HypG.

[18] Art. 93 HypG.

[19] *Polak/Scheuring*: HypG, Anm. zu Art. 93 HypG, S. 67.

[20] Art. 89 Abs. 1 S. 1 HypG. Übereinstimmend mit den Bauabschnitten kann ratenweise gezahlt werden, Art. 89 Abs. 1 S. 2 HypG.

[21] Art. 89 Abs. 2 HypG.

[22] Beim Eigentumsvorbehalt erhält der Verkäufer, der die Vorbehaltssache zurücknimmt, einen Vergütungsanspruch, wenn die Sache beschädigt oder abgenutzt ist.

raturkosten zu übernehmen. Der Sicherungsgeber muß dem Sicherungsnehmer die Möglichkeit verschaffen, den Zustand der Sicherungssache zu prüfen. Der Sicherungsnehmer darf den Prüftermin bestimmen[23].

Beim Kauf einer (Vorbehalts-) Sache geht mit der Besitzübergabe die Gefahr des zufälligen Verlustes oder der zufälligen Beschädigung auf den Vorbehaltskäufer über[24]. Der Vorbehaltskäufer bleibt also weiter zur Kaufpreiszahlung verpflichtet, auch wenn die Sache zufällig beschädigt wurde oder untergeht. Der Verkäufer verliert aber sein Druckmittel (Rücknahme der Vorbehaltssache), wenn die Vorbehaltssache zufällig untergeht. Hat ein Dritter den zufälligen Verlust oder die zufällige Beschädigung zu vertreten, hat der Käufer gegen den Dritten einen Schadenersatzanspruch. Der Verkäufer hat grundsätzlich keinen Schadenersatzanspruch. Dem Verkäufer entsteht nämlich kein Schaden, da der Käufer weiter zur Zahlung des Kaufpreises verpflichtet ist und nur sein formelles Eigentumsrecht verletzt wurde[25].

Beim Pfandrecht an einem Recht muß der Sicherungsnehmer vor Eingriffen in den Bestand und die Durchsetzbarkeit des besicherten Rechts gesichert werden. So darf der Pfandgläubiger alle Rechtshandlungen vornehmen, die der Erhaltung des mit dem Pfandrecht belasteten Rechts dienen[26]. Insbesondere kann er eine Klage bei Gericht einreichen, um die Verjährung der mit seinem Pfandrecht belasteten Forderung zu verhindern[27]. Verjährt die Forderung, die mit dem Pfandrecht belastet ist, so kann der Drittschuldner die Einrede der Verjährung auch gegenüber dem Pfandgläubiger erheben. Verjährt die gesicherte Forderung, so kann der Drittschuldner die Verjährungseinrede nicht erheben und der Pfandgläubiger darf die mit dem Pfandrecht belastete Forderung verwerten. Leistet der Drittschuldner, bevor die gesicherte Forderung fällig wird, so können Verpfänder und Pfandgläubiger die Hinterlegung des Leistungsgegenstandes bei Gericht verlangen[28].

---

[23] Zum vorstehenden: Art. 11 Abs. 1 Nr. 1 - 3 PfRG. Für die Sicherungsübereignung ergibt sich diese Pflicht direkt oder durch ergänzende Vertragsauslegung aus dem Sicherungsvertrag.

[24] Art. 548 KC (dispositiv). § 446 Abs. 1 S. 1 BGB. *Rudnicki,* MoP 12/96, S. 437 ff, S. 438; *Szpunar,* PiP 6/93, S. 29 ff, S. 35. Bei der Sicherungsübereignung und beim Pfandrecht ist die Situation vergleichbar. Geht das Sicherungsgut zufällig unter, ist der Kreditnehmer weiter verpflichtet, den Kredit zurückzuzahlen.

[25] A.A.: *Szpunar,* PiP 6/93, S. 29 ff, S. 35. Zur Sicherungsübereignung: *Beschluß des Obersten Gerichtshofes* vom 28.09.95 [AZ: III CZP 125/95] (OSNIC 1995, Pos. 86)

[26] Art. 330 KC.

[27] *KCK/Majorowicz*, Anm. zu Art. 330 KC, S. 763.

[28] Art. 334 KC.

III. Schutz vor anderen Gläubigern

Der Schutz des Sicherungsnehmers vor anderen Gläubigern wird bei der Hypothek und dem Pfandrecht insbesondere durch die Grundsätze der Priorität und des Ranges gewährt. Da diese Grundsätze ihre Hauptbedeutung bei der Erlösverteilung haben, werden sie dort besprochen. Bei der Sicherungsübereignung und Sicherungsabtretung erfolgt dieser Schutz vor anderen Gläubigern durch die Vollrechtsübertragung. Dieser Vorteil wirkt sich insbesondere in der später noch zu besprechenden Zwangsvollstreckungs- *(Gewährung einer Drittwiderspruchsklage)* und Konkursphase *(Gewährung eines Aussonderungsrechts)* aus.

Zu einer Erweiterung dieses durch die Priorität vermittelten Schutzes kann es kommen, wenn der Sicherungsnehmer sich das Sicherungsrecht für andere Forderungen „reservieren" läßt. Reservierungsformen kommen insbesondere bei laufenden Geschäftsbeziehungen in bezug auf höherwertige Sicherungsgüter vor.

Bei der Hypothek kommt das deutsche Recht diesem Bedürfnis durch zwei Regelungen entgegen. Einmal durch die Höchstbetragshypothek[29] und durch die Forderungsauswechslung[30]. Beim Pfandrecht fehlen solche Regelungen. Bei der Sicherungsübereignung und -abtretung werden sogenannte Erweiterungsformen für zulässig erachtet. Bei den Personalsicherheiten stellt sich die Frage der Reservierung von Sicherungsgegenständen nicht, da sie ohnehin keinen Prioritätsschutz vermitteln, den man auf andere Forderungen ausdehnen könnte.

Das polnische Hypothekenrecht kennt als Reservierungsmöglichkeit nur die Kautionshypothek. Die Möglichkeit der Forderungsauswechslung ist nicht bekannt. Beim Pfandrecht gibt es keine Möglichkeit den Vorbehalt auf andere Forderungen zu erweitern. Erweiterungsformen der Sicherungsübereignung und -abtretung dürften zulässig sein.

Problematisch gestaltet sich der erweiterte Eigentumsvorbehalt. Die Zulässigkeit dieser Kreditsicherungsform wird verneint[31]. Als Argument wird angeführt, daß sie ein Verstoß gegen Art. 589 KC sei. Nach dieser Vorschrift dürfe ein Eigentumsvorbehalt nur der Absicherung der ursprünglichen Kaufpreisschuld dienen. Wird diese erfüllt, so müsse das Eigentum an der Sache unverzüglich an den Vorbehaltskäufer übergehen. Ließe man den erweiterten Eigentumsvorbehalt zu, so werde der Übergang des Eigentums entgegen dem Sinn des Art. 589 KC auf ein nicht zu bestimmendes Datum verschoben. Dar-

---

[29] § 1190 BGB.

[30] § 1180 BGB.

[31] *Szpunar*, PiP 6/93, S. 29 ff, S. 38; *Pietrzykowski/Saffan,* KC, Art. 589 Anm. 5, S. 106.

über hinaus nutze der erweiterte Eigentumsvorbehalt die schwache Position und die Unerfahrenheit des Vorbehaltskäufers aus, so daß er auch schon aus diesem Grund unzulässig sei.

Diese Argumente überzeugen nicht. Art. 589 KC schließt den erweiterten Eigentumsvorbehalt nicht aus. Art. 589 KC verbietet nicht, die unter Eigentumsvorbehalt stehende Sache als Kreditunterlage zu nutzen. Ebenso verfehlt ist das Argument, daß diese Kreditsicherungsform per se die schwache Marktposition des Käufers ausnutze. Vielmehr ist im Einzelfall zu prüfen, ob Macht mißbraucht wurde.

Auch aus dogmatischen Erwägungen ergibt sich kein Argument gegen die Zulässigkeit des erweiterten Eigentumsvorbehalts. Bei genauer Betrachtung handelt es sich beim erweiterten Eigentumsvorbehalt um eine Mischform aus einfachem Eigentumsvorbehalt (bezüglich der ursprünglichen Kaufpreisschuld) und Vereinbarung einer Sicherungsübereignung (bezüglich der weiteren zu sichernden Forderungen). Beide Formen sind unabhängig voneinander bedenkenlos anwendbar. Auch ihre Kombination unterliegt keinen Bedenken. Einziger konstruktiver Unterschied zur normalen Sicherungsübereignung ist lediglich, daß der Sicherungsgeber das Sicherungseigentum nicht zuerst auf den Sicherungsnehmer übertragen muß (resp. kann), da dieser bereits das Sicherungseigentum in seinen Händen hält. Tritt die Bedingung ein, handelt es sich demgemäß nicht um eine Rückübertragung, sondern um eine erstmalige Übertragung. Das Ergebnis ist aber in beiden Fällen die treuhänderische Stellung des Sicherungsnehmers.

Die horizontalen Erweiterungen (insbesondere die Konzernklausel) sind rechtspolitisch bedenklich. Erweiterungsformen führen bei dauerhafter Geschäftsverbindung dazu, daß die Sicherungsgegenstände eines Kreditschuldners niemals frei werden. Das Sicherungsgut wird also - meist für kurzfristige Kredite- dem Rechtsverkehr entzogen. Dies führt zu zahlreichen Kollisionen mit anderen Sicherungsrechten[32].

IV. Schutz vor Ausdünnung des Sicherungsgegenstandes

1. Allgemein

Läßt sich ein Gläubiger für die Sicherung eines Kredits einen oder mehrere Sicherungsgegenstände bestellen, so stellen sich ihm zwei Fragen:

1. „Welche Gegenstände des Sicherungsgebers haften neben dem ‚Hauptsicherungsgegenstand‘ für den Kredit mit?“ (Sicherungsumfang, Haftungsverbund) und

---

[32] *Drobnig*, S. 74 ff.

2. „Ergreift das Sicherungsrecht bei Verlust des ‚Hauptsicherungsgegenstandes' einen ‚Ersatzsicherungsgegenstand'?" (Surrogation, Verlängerungs- und Dynamisierungsformen).

Diese beiden Fragestellungen treten nur bei den Realsicherheiten auf, da bei den Personalsicherheiten der Sicherungsgeber ohnehin mit seinem gesamten Vermögen haftet. Aber auch bei den Realsicherheiten überwiegt je nach Art des Sicherungsrechts die eine oder die andere Fragestellung. Allgemein läßt sich feststellen, daß bei den akzessorischen Sicherungsrechten die Verhaftung mit dem ursprünglichen Sicherungsgegenstand stärker ausgeprägt ist als bei den nichtakzessorischen Sicherungsrechten, so daß die Frage nach einem „Ersatzsicherungsgegenstand" bei den akzessorischen Rechten nur beim Untergang des ursprünglichen Sicherungsgegenstandes auftritt (Surrogation nach Art. 332 KC). Aber auch bei den nichtakzessorischen Rechten ist die Anbindung an den „Hauptsicherungsgegenstand" unabhängig vom Rechtsinhaber ein Wesensmerkmal ihrer rechtlichen Ausgestaltung. Eine zu starke Anbindung an den „Hauptsicherungsgegenstand" wird bei den nichtakzessorischen Rechten meist aus wirtschaftlichen Gründen vermieden.

Dies liegt vor allem an folgendem: Die hauptsächliche Kreditunterlage eines Handelsunternehmens sind meist bewegliche Sachen und Rechte, die dem Wirtschaftskreislauf unterliegen. Rohprodukte werden angeschafft, verarbeitet und weiterveräußert. Eine zu starke Anbindung an einen oder mehrere Sicherungsgegenstände würde also dazu führen, daß der Sicherungsnehmer bei Eintritt des Sicherungsfalles den Sicherungsgegenständen „hinterherlaufen" müßte. Gerade bei mehreren Sicherungsgegenständen, die oftmals ihren Inhaber gewechselt haben, müßte er diese ausfindig machen, gegen jeden Einzelnen gerichtliche Schritte einleiten und nachweisen, daß sein Sicherungsrecht nicht durch die Verfügung(en) untergegangen ist. Aber auch der Sicherungsgeber hat kein allzu großes Interesse an einer zu strikten Anbindung an einen bestimmten Sicherungsgegenstand. Dies würde ihn nämlich beim Weiterverkauf dazu „zwingen" die rechtlichen Verhältnisse an den einzelnen Sicherungsgegenständen einem Abnehmer gegenüber offenzulegen. Die gewollt geheime Kreditsicherung würde also in kürzester Zeit bekannt sein. Zulieferer würden die Kreditwürdigkeit bei Vorleistungen anzweifeln. Abnehmer werden kaum bereit sein, sicherungsübereignete Sachen zu kaufen. Um dies zu umgehen, wird die Anbindung an einen bestimmten Sicherungsgegenstand gelockert. Als Ausgleich hierfür tritt anstelle des ursprünglichen Sicherungsgegenstandes ein anderer Sicherungsgegenstand des Sicherungsgebers[33].

Bei der Ausdehnung des Sicherungsrechts auf Ersatzsicherungsgegenstände lassen sich zwei Formen unterscheiden: Verlängerungs- und Dynamisierungsformen. Wesensmerkmal der Verlängerungsformen ist die innere Verbindung von ursprünglichem Sicherungs- und Ersatzsicherungsgegenstand. So kann sich die Sicherung an dem aus dem Verkauf eines Sicherungsgegenstandes erzielten Erlös fortsetzen, oder sie setzt sich bei einer Verarbeitung des Sicherungsgegenstandes an der neu geschaffenen Sache fort. Die Dynamisie-

---

[33] *Drobnig,* S. 30 ff.

rungsformen basieren nicht auf einer solchen inneren Verknüpfung. Bei ihnen werden bestimmte Arten von Sicherungsgegenständen ergriffen. Dies können Waren eines bestimmten Warenlagers sein, dessen Bestand einem ständigen Wechsel unterliegt oder bestimmte Forderungen eines Unternehmens. Dynamisch sind diese Sicherungsformen, weil sich die Zusammensetzung der Sicherungsgegenstände ständig ändert.

2. Verlängerungsformen

Es können grundsätzlich zwei Arten von Verlängerungsformen unterschieden werden: Die Verlängerung durch Herstellerklausel und die durch Vorausabtretung. Neben den Verlängerungsformen gibt es noch die Surrogation beim Pfandrecht.

Bülow[34] erwähnt noch den übertragenen Eigentumsvorbehalt, der als nachgeschalteter oder weitergeleiteter Eigentumsvorbehalt auftritt. Beim nachgeschalteten Eigentumsvorbehalt darf der Käufer die Kaufsache nur mit Eigentumsvorbehalt weiterveräußern. Beim weitergeleiteten Eigentumsvorbehalt werden die Eigentumsvorbehalte, die durch einen nachgeschalteten Eigentumsvorbehalt entstehen, zugunsten des Verkäufers miteinander verbunden. Der Endabnehmer erwirbt das Eigentum an der Kaufsache also erst, wenn der Kaufpreis gegenüber dem Käufer und gegenüber dem Verkäufer vollständig gezahlt ist. Der nachgeschaltete Eigentumsvorbehalt ist zulässig. Der weitergeleitete Eigentumsvorbehalt tritt in ein ähnliches Spannungsverhältnis zum einfachen Eigentumsvorbehalt wie der erweiterte Eigentumsvorbehalt.

Beispiel: Zubehörlieferant Z liefert an Automobilhersteller A Windschutzscheiben unter Eigentumsvorbehalt. Für einen von der B-Bank erteilten Kredit bestellt A der Bank ein Registerpfandrecht an noch nicht eingebauten Motorblöcken. Windschutzscheiben und Motorblöcke werden von A in seine von ihm hergestellten Wagen eingebaut. (Abwandlung: Sicherungsübereignung).

Das Registerpfand erlischt im Gegensatz zum Besitzpfandrecht weder durch Verarbeitung, Verbindung noch Vermischung der Pfandsache[35]. Nach der Umgestaltung der Pfandsache belastet das Registerpfand die durch Verarbeitung, Vermischung oder Verbindung neu entstandene Sache. Die Möglichkeit der Verlängerung des Eigentumsvorbehalts oder der Sicherungsübereignung über die Ereignisse der Verarbeitung, Verbindung und Vermischung hinaus, ist nicht ausdrücklich im polnischen Recht geregelt. Diese Verlängerungsformen dürften aber zulässig sein[36].

---

[34] S. 299 ff, Rn. 1060 ff.

[35] Art. 8 Abs. 1 PfRG. Ähnlich Art. 308 § 2 KC.

[36] *Szpunar*, PiP 6/93, S. 29 ff, S. 38; *Rudnicki,* MoP 12/96, S. 437 ff, S. 442.

Die den Eigentumserwerb bei Verarbeitung, Verbindung und Vermischung regelnden Vorschriften des Art. 192 f KC sind dispositiv. Daher können beim Eigentumsvorbehalt und bei der Sicherungsübereignung Herstellerklauseln vereinbart werden[37]. Nach polnischem Recht ist der Eigentumserwerb bei Verarbeitung, Verbindung und Vermischung im Gegensatz zum deutschen Recht vom guten Glauben abhängig[38]. Wußte der Verarbeitende von dem Fremdeigentum, erhält der Sicherungsnehmer das Eigentum an der neu entstandenen Sache. Eine besondere Herstellerklausel ist nicht erforderlich.

Beispiel: A verkauft dem B Waren unter Eigentumsvorbehalt. Hierbei gestattet er dem B die Waren an Dritte im Rahmen eines ordnungsgemäßen Geschäftsverkehrs weiterzuveräußern und läßt sich die hieraus entstehenden Verkaufsforderungen abtreten. B verkauft einen beträchtlichen Teil der Waren an D. Dieser vereinbart aber mit B, daß die noch nicht von ihm bezahlte Kaufpreisverbindlichkeit nicht abgetreten werden dürfe. Kurz darauf wird B zahlungsunfähig. A verlangt von D Zahlung.

Der verlängerte Eigentumsvorbehalt (oder die verlängerte Sicherungsübereignung) ist zulässig[39]. Der verlängerte Eigentumsvorbehalt ist ein einfacher Eigentumsvorbehalt (bzw. eine einfache Sicherungsübereignung) mit anschließender Sicherungszession einer zukünftigen Forderung. Da der einfache Eigentumsvorbehalt und die Sicherungszession einer zukünftigen Forderung anerkannt sind[40], sind keine Gründe erkennbar, die gegen die Zulässigkeit des verlängerten Eigentumsvorbehalts durch Vorausabtretung sprechen könnten.

Das PfRG-Registerpfandrecht setzt sich - auch ohne eine entsprechende Vereinbarung - an der aus einen Tausch oder Verkauf erhaltene Gegenleistung fort. Bis der Vertragspartner des Verpfänders seine Verpflichtung noch nicht erfüllt hat, setzt sich das Registerpfand an der Forderung auf Leistung des Gegenstandes fort[41]. Die Weiterveräußerung ist aber nur im Rahmen eines ordnungsgemäßen Geschäftsverkehrs zulässig. Daher sind Verpfändungen oder Sicherungsübereignungen der unter verlängerten Eigentumsvorbehalt erhaltenen Ware nicht von der Veräußerungserlaubnis umfaßt. Dem Lieferanten kann

---

[37] *Rudnicki,* MoP 12/96, S. 437 ff, S. 442.

[38] Art. 192 § 2 Alt. 1 KC. Anders: § 950 BGB.

[39] Ausführlich: *Tracz/Zoll,* S. 151 ff; *Rudnicki,* MoP 12/96, S. 437 ff, S. 441 f; kritisch: *Schulze,* WGO 3/97, S. 175 ff, S. 180. Trotz Fehlens einer dem § 185 BGB entsprechenden Vorschrift wird angenommen, daß der Sicherungsgeber über die Sicherungssachen im eigenen Namen verfügen könne, zum KC-Registerpfandrecht: *Fras,* PPH 2/96, S. 16 ff, S. 19.

[40] *Heropolitańska/Borowska*, S. 117.

[41] Art. 10 PfRG.

nicht zugemutet werden, seine Vorbehaltsware den Gläubigerkonkurrenten zur Verfügung zu stellen[42].

Eine besondere Problematik tritt aber auf, wenn der Abnehmer mit dem Vorbehaltskäufer (Sicherungsgeber) ein Abtretungsverbot vereinbart. Hierdurch entsteht wegen der absoluten Wirkung eines solchen Abtretungsverbots eine unabtretbare Forderung. Die zwischen A und B vereinbarte Vorausabtretung ist also wirkungslos. Dieses Ergebnis beeinflußt aber unmittelbar auch die Erlaubnis des A an den B über seine Waren im ordnungsgemäßen Geschäftsverkehr verfügen zu dürfen. Diese Erlaubnis kann - ausgehend von den Interessen der beteiligten Personen - nur so ausgelegt werden, daß sie allein dann wirkt, wenn der Vorbehaltsverkäufer die Forderung aus dem Weiterverkauf erwirbt. Ist dies nicht der Fall, so hat der Vorbehaltskäufer als Nichtberechtigter über die Sache verfügt. Ist diese Verfügung z.B. wegen Bösgläubigkeit des Drittkäufers unwirksam, so kann der Vorbehaltsverkäufer die Sache vom Drittkäufer herausverlangen. Sollte sie jedoch wirksam sein, so kann der Vorbehaltsverkäufer vom Vorbehaltskäufer die Herausgabe des aus der Weiterveräußerung Erlangten nach den Regeln der ungerechtfertigten Bereicherung verlangen[43]. Dies ist jedoch die unabtretbare Kaufpreisforderung. Es kommt also zu einem Widerspruch des vertraglichen Abtretungsverbots zu der Verpflichtung des Vorbehaltskäufers die Forderung nach den Regeln über die ungerechtfertigte Bereicherung abzutreten. Diese Divergenz kann in zweifacher Art aufgelöst werden: Entweder findet die dingliche Wirkung des Abtretungsverbots seine Grenze an den Regeln über die ungerechtfertigte Bereicherung oder dem Abtretungsverbot wird seine absolute Wirkung genommen.

Daneben ist es aber auch rechtspolitisch nicht zu vertreten, daß eins der wichtigsten Sicherungsmittel durch die Willkür eines starken Schuldners als Kreditunterlage ausscheidet[44]. Eine Beschränkung der dinglichen Wirkung des Abtretungsverbots würde sich daher - für den Rechtsverkehr zwischen wirtschaftstreibenden Rechtssubjekten - anbieten[45].

Neben den soeben besprochenen Verlängerungsformen gibt es aber auch noch die Surrogation beim Pfandrecht. Das Pfandrecht an einer Forderung wandelt sich im Falle der Erfüllung in ein Pfandrecht an dem Leistungsgegenstand um. Das Registerpfand setzt sich am Schadensersatz *(bzw. soweit dieser dem Verpfänder noch nicht ausgezahlt wurde, am Anspruch auf Schadensersatz)* aus der Zerstörung, Beschädigung oder aus dem Verlust der Sache fort[46]. Soweit es sich um einen Schadensersatzanspruch handelt, wandelt sich ein Registerpfandrecht an einer Sache in ein Registerpfandrecht an einem Recht um.

---

[42] *Bülow,* S. 365, Rn. 1276.

[43] Art. 410 KC.

[44] *Drobnig,* S. 78 ff.

[45] § 354a HGB. Ausführlich: *Olshausen,* ZIP 24/95, S. 1950 ff.

[46] Art. 10 PfRG.

3. *Dynamisierungsformen*

a) Allgemein

Dynamisierungsformen von Sicherungsmittel treten bei Sachgesamtheiten mit wechselndem Bestand *(Sicherungsübereignung, Registerpfandrecht)* und bei der Globalzession auf.

b) Sachgesamtheiten mit wechselndem Bestand

Paradebeispiel für eine Sachgesamtheit mit wechselndem Bestand[47] ist das Warenlager. Ein solches zeichnet sich dadurch aus, daß Waren dem Lager entnommen werden und neue Waren dem Lager zugeordnet werden. Der Sicherungsgeber hat also ein Interesse, daß die neueingehenden Sachen als Ausgleich für den Verlust der abgehenden Sachen in sein Sicherungseigentum übergehen und dies so schnell wie möglich, da die Gefahr der anderweitigen Verfügung des Sicherungsgebers, der Pfändung der Sachen durch andere Gläubiger oder des Konkurses besteht.

Da die neueingehenden Sachen regelmäßig zukünftige Gattungssachen sind, muß der Sicherungsnehmer Besitz an diesen erlangen, um Eigentümer zu werden[48]. Sicherungsnehmer und -geber können zu diesem Zweck ein vorweggenommenes (antizipiertes) Besitzmittlungsverhältnis vereinbaren. Sie vereinbaren also ein Besitzmittlungsverhältnis bevor der Sicherungsgeber - als veräußernder Besitzmittler - seinerseits Besitz an der Sache hat[49]. Das Besitzmittlungsverhältnis entsteht aber erst, wenn der Sicherungsgeber unmittelbaren Besitz erlangt hat[50].

Das antizipierte Besitzkonstitut ist von der ebenfalls nach polnischem Recht möglichen Vereinbarung eines aufschiebend bedingten Besitzmittlungsverhältnisses und der Vereinbarung einer sogenannten Mantelübereignung, die allein die Art und Weise der noch später selbständig vorzunehmenden Si-

---

[47] *Beschluß des Obersten Gerichtshofes* vom 10.05.1948 [AZ: I C Prez. 18/48] (OSN 1948, Pos. 58); *Tracz/Zoll*, S. 144 ff; *Skąpski*, SC 1969, S. 305 ff, S. 319 f; *Kappes*, Palestra 5-6/95, S. 21 ff, S. 21 ff; *Strus*, Palestra 11-12/92, S. 34 ff, S. 35 f; *Szpunar*, Rejent 11/93, S. 9 ff, S. 20; *Pyzioł*, S. 109 ff, S. 133; *BGH* ZIP 4/97, S. 275 ff (mit Berührung polnischen Rechts).

[48] Art. 155 § 2 KC, *Kappes*, Palestra 5-6/95, S. 21 ff, S. 22.

[49] Art. 155 § 2 und Art. 349 KC sprechen nicht gegen ein antizipiertes Besitzmittlungsverhältnis, *Szlęzak*, Rejent 2/95, S. 111 ff, S. 125. Nicht eindeutig: *Kappes*, Palestra 5-6/95, S. 21 ff, S. 23.

[50] *Szlęzak*, Rejent 2/95, S. 111 ff, S. 118 ff; S. 124, *Kappes*, Palestra 5-6/95, S. 21 ff, S. 23.

cherungsübereignungen festlegt, zu unterscheiden. Die Mantelübereignung erfordert im Gegensatz zum antizipierten Besitzkonstitut jedesmal erneut die Vereinbarung eines Besitzmittlungsverhältnisses, so daß sie auf erhebliche praktische Schwierigkeiten bei Warenlagern stößt, die einer erheblichen Fluktuation unterliegen. Dies würde zu einem permanenten Vereinbarungszwang führen.

Da der erwerbende Sicherungsnehmer keine irgendwie geartete eigenständige Rechtsposition hatte, aus der sich das Eigentum entwickeln konnte, kann es sich bei dem Erwerb des Sicherungseigentums nur um einen vom Sicherungsgeber abgeleiteten Erwerb handeln *(Durchgangserwerb)*[51].

Ein besonderes Problem, daß bei der Gestaltung eines antizipierten Besitzmittlungsverhältnisses bedacht werden muß, ist der Bestimmtheitsgrundsatz. Dieser besagt, daß sich das Eigentum immer nur auf eine ganz bestimmte Sache beziehen kann. Wird nur ein Teil eines Warenlagers übereignet, müssen die sicherungsübereigneten Waren individualisiert werden. Sie sind also von den anderen abzusondern[52]. Diese Absonderung muß bereits im Sicherungsvertrag vorgenommen werden, da es beim Besitzkonstitut nicht zu einer tatsächlichen Besitzübergabe kommt. Die Waren können durch einen Raumsicherungs- oder einen Markierungsvertrag abgesondert werden[53]. Nach Art. 101 Abs. 2 BankG ist der Sicherungsgeber verpflichtet, soweit im Sicherungsvertrag nichts anderes bestimmt wird, ein Warenregister zu führen. Soweit das Warenlager verschiedene Warensorten enthält, kann auch an die Sicherungsübereignung einer gesamten Warengattung gedacht werden. Die Probleme der Bestimmtheit können dadurch umgangen werden, daß der ideelle Miteigentumsanteil am Warenlager übereignet wird[54]. Die Vereinbarung, der Sicherungsgeber sei verpflichtet, dem Sicherungsgut als Ersatz für die verlorengegangenen Waren, Waren gleicher Anzahl, Art und Güte zu verschaffen, reicht nicht aus. Eine dem Sachenrecht genügende Form der Individualisierung ist hierin nicht zu erkennen.

Ein weiteres eng mit dem Erfordernis der Bestimmtheit zusammenhängendes Problem ist die Sicherungsübereignung von Warenlagern, in denen unter Eigentumsvorbehalt gelieferte Waren sich befinden und eingeliefert werden. An diesen erlangt der Sicherungsgeber, solange er nicht ihren Kaufpreis gezahlt, nicht das Eigentum. Grundsätzlich scheidet daher die Möglichkeit des

---

[51] *Szlęzak*, Rejent 2/95, S. 111 ff, S. 124. Zur deutschen Rechtslage: *Westermann/Westermann*, § 44 II, S. 343 ff.

[52] Art. 101 Abs. 2 BankG. *Szpunar*, Rejent 11/93, S. 9 ff, S. 19 ff.

[53] *Niemirka*, MoP 10/95, S. 315 ff, S. 316.

[54] Art. 198, 196 § 1 KC.

rechtsgeschäftlichen Sicherungseigentumserwerbs vom Berechtigten aus. Aber auch ein Erwerb vom Nichtberechtigten kommt nicht in Betracht. Für die zum gutgläubigen Erwerb erforderliche Inbesitznahme[55], die Eigenbesitz mit unmittelbarer Sachherrschaft voraussetzt, reicht die Vereinbarung eines Besitzmittlungsverhältnisses nicht aus. Unterfallen nun aber Sachen mit und ohne Eigentumsvorbehalt dem Aussonderungskriterium, so ist eine Bestimmung, welche Sachen zur Sicherung übereignet werden, nicht mehr allein aufgrund der Vereinbarung im Sicherungsvertrag möglich. Um die Eigentumsverhältnisse festzustellen, müßte Rekurs auf die Vereinbarungen mit den verschiedenen Warenlieferanten genommen werden. Dies widerspricht dem Grundsatz, daß die sachenrechtliche Zuordnung eindeutig sein muß. Im deutschen Recht hilft man sich mit der Konstruktion des Anwartschaftsrechts weiter. Dieses soll gleich wie das Eigentum auf den Sicherungsnehmer übertragen werden. Gerechtfertigt wird das mit dem Argument der Wesensgleichheit von Eigentum und Anwartschaftsrecht und der gleichen Übertragungsmodalität beider Rechte[56]. Aber auch im polnischen Recht ist die Rechtsfigur des Anwartschaftsrecht (*„Ekspektatywa"*) anerkannt[57]. Seine Übereignung richtet sich ebenfalls nach den für das Eigentumsrecht geltenden Vorschriften. Bei Begleichung des Kaufpreises erstarkt das Anwartschaftsrecht zum Vollrecht. Wegen der Wesensgleichheit von Eigentumsrecht und Anwartschaftsrecht ist eine gesonderte Lagerung von Waren unter Eigentumsvorbehalt nicht erforderlich, um dem Erfordernis der Bestimmtheit genüge zu tun. Sie können zusammen mit Sachen gelagert werden, an denen der Sicherungsgeber das Vollrecht besitzt.

c) Registerpfandrecht an Gattungssachen

Oft liegt es im Interesse des Kreditnehmers, eine größere Sachgesamtheit als Kreditsicherung anzubieten. Eine solche Vorgehensweise gerät aber regelmäßig mit zwei sachenrechtlichen Prinzipien in Konflikt: Mit dem Prinzip der Spezialität und dem der Singularsukzession. Wohl könnte man dem Spezialitätsprinzip genüge tun, wenn z.B. bei der Belastung eines Warenlagers jede einzelne Sache in eine Liste aufgenommen werden würde. Dies führt aber zu schier unlösbaren Problemen, wenn das Warenlager aus einer Vielzahl von einzelnen Sachen besteht *(Schraubenlager)*. Das PfRG bietet zur Lösung dieses Problems eine interessante Möglichkeit an. Nach dem PfRG können „Gat-

---

[55] Art. 169 § 1 KC.

[56] *Pottschmidt/Rohr*, S. 221, Rn. 532.

[57] *Gandor*, S. 123 ff; *Szpunar*, PiP 6/93, S. 29 ff, S. 36; *Wolter/Ignatowicz/Stefaniuk*, S. 135 m.w.N.

tungssachen"[58] mit dem Registerpfandrecht belastet werden, wenn im Pfandvertrag die Anzahl und die Art ihrer Aussonderung von Sachen derselben Gattung bestimmt werden. Die Aussonderung kann räumlich oder anhand einer Typbeschreibung erfolgen. Jedoch kollidiert das Erfordernis, die Anzahl festzulegen, mit dem Erfordernis, die Aussonderungsart zu bestimmen[59].

Beispiel: Im Pfandvertrag wird das Registerpfand für 25000 Schrauben in einem genau festgelegten Raum vereinbart. In diesem Raum befinden sich aber 25001 Schrauben.

Die Festlegung der Anzahl führt zu Bestimmtheitsproblemen. Es kann nicht im vornherein festgestellt werden, welche Schraube vom Registerpfand erfaßt ist. Das Registerpfand wäre also wegen Unbestimmtheit unwirksam. Das Erfordernis, die Anzahl festzulegen, ist demnach zu streichen. Ausreichend ist es, die Aussonderungsart zu bestimmen, die die belasteten Gattungssachen objektiv von anderen Sachen unterscheidet.

Interessant wird die Regelung, wenn sie das Problem des Warenlagers mit wechselndem Bestand lösen kann. Der Vorteil des Registerpfandes ist, daß der Verpfänder die Sachen weiterhin verwenden und nutzen kann. Dies umfaßt die Möglichkeit, die Waren zu verkaufen. Der Pfandgläubiger verliert aber sein Registerpfandrecht gemäß Art. 13 Nr. 2 PfRG, wenn die Sachen im ordentlichen Geschäftsverkehr veräußert werden[60]. Das Registerpfandrecht würde also mit der Zeit auslöschen. Im Pfandvertrag kann daher vereinbart werden, daß auch zukünftige Sachen vom Pfandrecht erfaßt werden[61].

Beispiel: Schraubenfrabikant S bestellt der Bank B ein Registerpfandrecht an allen Schrauben, die im Raum (Lager A 12) sich befinden. Der Angestellte A des S verbringt andere Schrauben in diesen Raum.

Unproblematisch ist die Rechtslage, wenn der Verpfänder die dem Aussonderungskriterien unterfallenden „Gattungssachen" erst nach Pfandbestellung erwirbt. Sie werden gemäß Art. 7 Abs. 3 PfRG vom Registerpfandrecht erfaßt.

Ihr Rang bestimmt sich bei Vermischung mit den bereits vorhandenen Registerpfandsachen nach dem Registereintrag[62]. Bleibt eine Vermischung aus, so bestimmt sich ihr Rang nach dem Erwerbsdatum[63]. Die verschiedene Rangbestimmung für ver-

---

[58] Art. 7 Abs. 2 Nr. 2 PfRG.

[59] *Karasek,* KPP 3/98, S. 457 ff, S. 470.

[60] Art. 13 Nr. 2 PfRG.

[61] Art. 7 Abs. 3 PfRG; ausführlich: *Karasek,* KPP 3/98, S. 457 ff, S. 476 ff.

[62] Art. 8 Abs. 2 iVm Art. 16 PfRG.

[63] Art. 7 Abs. 3 PfRG.

mengte und nicht vermengte Sachen erklärt sich wie folgt: Der Rang richtet sich grundsätzlich nach dem Zeitpunkt, zu dem das Pfandrecht entstanden ist. Dieser Grundsatz wird aber durchbrochen, wenn nicht mehr festgestellt werden kann, wann das Pfandrecht an der einzelnen Sache entstanden ist.

Gehörten die Sachen dem Verpfänder bereits im Zeitpunkt der Pfandbestellung, unterfielen sie aber erst später den Aussonderungskriterien, so ist im PfRG ausschließlich der Fall der Vermischung geregelt, da es bei diesem nicht auf den Zeitpunkt des Erwerbs ankommt. Kommt es aber nicht zu einer Vermischung der Gattungssachen, so ist Art. 7 Abs. 3 PfRG seinem Wortlaut nach nicht anzuwenden. Es bietet sich aber eine analoge Anwendung dieser Vorschrift an. Die Sachverhalte des nach Pfandbestellung erfolgten Erwerbs und der nachfolgenden Aussonderung sind rechtsähnlich.

Die analoge Anwendung des Art. 7 Abs. 3 PfRG bei nicht vermischten Gattungssachen führt jedoch bei der Rangbestimmung des Registerpfandrechts zu einer unhaltbaren Konsequenz. Der Rang eines solchen Registerpfandrechts richtet sich nämlich nach dem Erwerbsdatum. Diese liegt aber vor der Pfandbestellung. Demnach richtet sich der Rang also nach einem Datum, welcher vor der Entstehung des Registerpfandrechts liegt. Ein solches Ergebnis liegt aber nicht im Sinn des Gesetzgebers. Bei der Schaffung des Art. 7 Abs. 3 PfRG wurden nur die nach der Verpfändung vorgenommenen Erwerbsakte geregelt[64]. Erforderlich ist also eine dem Willen des Gesetzgebers Rechnung tragende Rangbestimmung. Anstelle des Erwerbsdatums ist vielmehr auf den Zeitpunkt der Aussonderung abzustellen.

Insgesamt bietet sich für die Rangbestimmung nach Art. 7 Abs. 3 S. 2 PfRG, sofern es um den Rang an „Gattungssachen“ geht, nicht der Erwerbstag, sondern der Aussonderungstag an. Die hierfür zu liefernde Begründung ist einfach. Das Pfandrecht entsteht erst mit Aussonderung, sein Rang bestimmt sich aber nach einem Zeitpunkt der möglicherweise zeitlich weit vor diesem Ereignis steht. Eine solche Möglichkeit ist aber prinzipiell zu vermeiden, da die Vorwirkung des Ranges im Endeffekt eine Vorlegung des Erwerbs des Pfandrechts fingiert. Überspitzt formuliert folgt in unserem Beispiel das Pfandrecht dem Rang und nicht - wie es eigentlich sein müßte - der Rang dem Pfandrecht.

d) Registerpfandrecht nach Art. 7 Abs. 1 Nr. 3 PfRG

Die Einführung des Registerpfandrechts an einer Sammlung von beweglichen Sachen und Rechten ist seiner Funktion nach vergleichbar mit der „Floating charge“ des englischen Rechts[65]. Es sind aber auch bedeutende Unterschiede festzustellen.

---

[64] Art. 7 Abs. 3 S. 1 PfRG spricht von Sachen, die der Verpfänder erst in Zukunft erwirbt.

[65] *Gralla,* IWB 97, S. 87 ff, S. 88; *Gralla,* JOR 97, S. 11 ff, S. 14.

Die Floating charge ist eine Art „Unternehmenspfandrecht" an allen Vermögensgütern *(unbewegliche und bewegliche Sachen, Forderungen und Rechts)* eines Unternehmens, welches nach dem Companies Act 1985 besteht. Die Floating charge kann das ganze Unternehmen oder nur einen Teil desselben belasten. Entscheidend ist, daß die dingliche Wirkung des „Unternehmenspfandrechts" erst mit der „crystallisation" eintritt. Dieser Zeitpunkt ist meistens vertraglich festgelegt. Er macht aus der „floating charge" eine „fixed equitable charge". Bis zur „crystallisation" ist das Unternehmen in seiner Verfügungsfreiheit nicht beschränkt[66].

Das PfRG knüpft in seiner Regelung nicht an den Begriff des Unternehmens[67], sondern an den Begriff der „Sammlung von beweglichen Sachen und Rechten, die eine wirtschaftliche Einheit bilden", an. Dies hat zwei Gründe. Zum einen umfaßt ein Unternehmen als Recht auch unbewegliche Sachen. An diesen kann aber nur eine Hypothek, nicht aber ein Pfandrecht bestellt werden[68]. Zum anderen umfaßt der Begriff des Unternehmens auch seine Schulden[69]. Ein Pfandrecht kann aber nur an Aktiva bestellt werden.

Rechtspolitisch enthält die Schaffung eines Unternehmenspfandrechts oder eines diesem Sicherungsrecht angenäherten Sicherungsrechts eine überaus unerwünschte Konsequenz. Sie führt nämlich zur Konzentration der Kreditsicherungsunterlage in der Hand eines Geldkreditgebers[70].

Allerdings ist der Begriff der „Sammlung von beweglichen Sachen und Rechten, die eine wirtschaftliche Einheit bilden" erklärungsbedürftig. Eine wirtschaftliche Einheit bildet eine Sammlung von beweglichen Sachen und Rechten auf jeden Fall dann, wenn sie einem bestimmten Rechtsinhaber ausschließlich zugeordnet werden können. Sofern das Registerpfandrecht nicht alle beweglichen Sachen und Rechte des Rechtsinhabers betreffen soll, müssen sie von den restlichen beweglichen Sachen und Rechten des Rechtsinhabers eindeutig abgegrenzt werden. Nach dem Willen des Gesetzgebers ist diese Abgrenzung anhand des Begriffs der wirtschaftlichen Einheit zu vollziehen. Eine solch fundamentale Abgrenzung anhand eines Begriffs vorzunehmen, der oh-

---

[66] Zur „Floating charge": *Bernstorff*, S. 90 ff.; *Stawecki*, in: *Stawecki/Tomaszewski/Zedler*, S. 193 ff. Beim Registerpfandrecht tritt die dingliche Wirkung sofort mit Bestellung des Pfandrechts ein. Die Möglichkeit der Enthaftung ist daher großzügig geregelt, Art. 13 Nr. 2 PfRG.

[67] Dieser ist in Art. 55^1 KC definiert.

[68] *Stawecki*, Registerpfandrecht, S. 367 ff, S. 375. Nach Art. 5.2 MLST kann ein Charge auch Immobilien erfassen.

[69] Art. 55^1 Nr. 5 KC. Diese Vorschrift wurde eingeführt, weil es im Laufe des Privatisierungsprozesses in den Jahren 90/91 vorkam, daß Investoren Unternehmen vom Staat gekauft haben, ohne die Verbindlichkeiten übernehmen zu müssen.

[70] *Drobnig*, S. 85.

ne jegliche Konturen ist, ist unter dem Aspekt der Bestimmtheit von Sachenrechten eine Quelle von Unklarheiten und Unsicherheiten. So könnte man versucht sein, die wirtschaftliche Einheit von der Zweck- und Zielsetzung des Verpfänders her zu definieren. Nach einer solchen Definition liegt eine wirtschaftliche Einheit von Sachen vor, wenn die demselben wirtschaftlichen Zweck dienen. Diese Zwecksetzung muß aber bereits der Pfandvertrag enthalten. Insoweit hinge die Bestimmtheit nur vom Willen des Verpfänders ab. Erforderlich ist daher dieses Kriterium zu objektivieren. Die Zugehörigkeit der Sache muß sich daher nach außen durch eine Handlung des Verpfänders objektivieren. Dies kann z.B. die Verbringung in das Ladenlokal des Verpfänders sein. Meines Erachtens ist es besser, den Begriff der wirtschaftlichen Einheit durch den der Zuordnung zu einem Rechtssubjekt zu ersetzen. In der Praxis wird es kaum nennenswerte Unterschiede geben. Allerdings gerät die Abgrenzung anhand der Rechtsinhaberschaft nicht in Abstimmungsschwierigkeiten mit dem Prinzip der Bestimmtheit.

e) Globalzession

Kreditforderungen dienen meist der Unternehmensgründung oder dem Ausbau der Firma. Ihre Höhe ist daher oftmals ungleich höher als eine einzelne dem Unternehmen zustehende Forderung. In einem solchen Fall kann das Interesse des Sicherungsnehmers nur dann befriedigt werden, wenn mehr als nur eine Forderung zur Sicherung abgetreten wird. Eine solche Abtretung kann sich aber nicht nur auf gegenwärtige Forderungen beziehen, sondern muß auch die zukünftigen Forderungen mitumfassen. Eine Globalzession, die nur gegenwärtige Forderungen umfaßt, würde sehr schnell nicht mehr den Sicherungszweck erfüllen können, da die gegenwärtigen Forderungen - einen normalen Geschäftsablauf vorausgesetzt - nach und nach durch Erfüllung seitens der Schuldner untergehen. Der Sicherungsnehmer muß also daran interessiert sein, die verlierenden „Sicherungsforderungen" durch andere zu ersetzen. Diese Dynamik erfüllt die Globalzession. Sie ist insoweit aber mit der Sicherungsübereignung von Warenlagern mit wechselndem Bestand vergleichbar.

Technisch gesehen werden bei der Globalzession gegenwärtige und künftige Forderungen des Sicherungsgebers sofort durch einen einheitlichen verpflichtend-verfügenden Sicherungsvertrag auf den Sicherungsnehmer übertragen[71]. Künftige Forderungen erwirbt der Sicherungsnehmer automatisch im

---

[71] *Naworski,* Sicherungsatretung, MoP 5/98, S. 184 ff., S. 187. Soweit es um künftige Forderungen geht, liegt eine Vorausabtretung, bzw. antizipierte Abtretung vor.

Augenblick des Geschäftsabschlusses zwischen Zedent und Drittschuldner. Irgendwelche weiteren Übertragungsakte sind nicht erforderlich. Dies bedeutet aber, daß die von der Globalzession erfaßten künftigen Forderungen bereits durch den Sicherungsvertrag bestimmt werden müssen. Werden die Forderungen nicht hinreichend bestimmt, ist die Abtretung unwirksam. Und genau in der Bestimmtheit der zukünftigen Forderungen liegt ein Hauptproblem der Globalzession.

So wird vertreten, daß bereits im Globalzessionsvertrag die künftigen Forderungen genau bestimmt werden müssen[72]. Und zwar müsse das Rechtsverhältnis, aus welchem die künftige Forderung entstehen wird, die Forderungshöhe und die Parteien des künftigen Schuldverhältnisses genannt werden. Hiermit wird ohne Not der Zeitpunkt der Bestimmtheit auf den Abschluß des Sicherungsvertrages vorverlegt. Dies ist aufgrund des auch gleichzeitig verfügenden Charakters für bereits bestehende Forderungen richtig, für künftige Forderungen ist dies nicht erforderlich. Erst im Moment der Forderungsentstehung ist Bestimmtheit zu verlangen. In diesem Augenblick tritt die Verfügungswirksamkeit ein, wenn die Forderung genau individualisiert werden kann[73]. Der Sicherungsvertrag muß allerdings bereits bei seinem Abschluß die Grundlage für die spätere Bestimmtheit legen: Dies wird „Bestimmbarkeit" genannt. Dementsprechend muß bereits der Sicherungsvertrag Anhaltspunkte für die spätere Bestimmtheit enthalten.

4. Sicherungskollisionen

Gleich dem deutschen Recht fehlt für die kautelarischen Sicherungsrechte ein normiertes Kollisionsrecht. Es liegen bisher noch (fast) keine Lösungsansätze vor[74]. Soweit man aber die Zulässigkeit der Verlängerungs- und Erweiterungsformen zuläßt, wird es über kurz oder lang zu Sicherungskonflikten kommen. Aus der Vielzahl möglicher Konfliktsituationen werden zwei dargestellt: Globalzession vs. verlängertem Eigentumsvorbehalt und Sicherungsübereignung vs. Sicherungsübereignung.

Beispiel: S will ein Unternehmen gründen. Zu diesem Zweck nimmt er bei der B-Bank einen beträchtlichen Kredit auf. Zur Sicherheit dieses Kredits vereinbaren S und die B-Bank eine Globalzession aller gegenwärtigen und zukünftigen Forderungen. Nach Geschäftsaufnahme beliefert der Zulieferer Z den S mit Waren. Sie vereinbaren für diese Waren jeweils den verlängerten Eigentumsvorbehalt.

---

[72] *Mojak*, in: *Jakubecki/Mojak/Niezbecka:* S. 98; *Mojak*: S. 105 f; *Szpunar*, OSP 98, Pos. 137 hält die Globalzession wegen ihrer Unbestimmtheit für unzulässig.

[73] *Zawada*, S. 34 ff.

[74] Ansatzweise bei: *Rudnicki*, MP 12/96, S. 437 ff, S. 442.

Dieser Konflikt zwischen Globalzession und verlängertem Eigentumsvorbehalt ist der klassische Kampf des Geld- mit dem Warenkreditgeber um die Haftungsmasse des Schuldners[75]. Im Prinzip ist der Streit leicht zu entscheiden. Nach dem Grundsatz der Priorität[76] wird Forderungsinhaber der Zessionar, der sich die Forderung zuerst abtreten ließ[77]. Spätere Abtretungen sind unwirksam[78].

Der Grundsatz der Priorität gilt in seiner reinen Form nur bei bereits bestehenden Forderungen. Wurden die Forderungen abgetreten, bevor sie entstanden, so müßten die Abtretungen gleichzeitig im Moment der Forderungsentstehung wirksam werden. Da dies an faktischer Unmöglichkeit scheitert, könnte man den Abtretungen die Wirksamkeit nehmen oder das Prioritätsprinzip auf die zeitliche Reihenfolge der Abtretungsverträge erstrecken. Der zweite Weg wird im deutschen Recht eingeschlagen. Dies führt zu einer Bevorzugung des Geldkreditgebers, da die Globalzession regelmäßig Unternehmensgründungskredite oder langwierige Überziehungskredite absichern. Diese werden (fast) immer zeitlich vor den punktuellen Eigentumsvorbehalten vereinbart. Die Priorität kämpft also zugunsten des Geldkreditgebers. Diese Zuordnung wird (in Deutschland) als ungerecht empfunden. Als Lösungsansätze werden „Alles–oder–Nichts–Lösungen“ oder „Verteilungslösungen“ erwogen.

Die hauptsächlich vertretene Alles-oder-Nichts-Lösung nimmt als Ausgangspunkt das Prioritätsprinzip. Da aber nur eine wirksame Abtretung (=Globalzession) Vorrang vor der Lieferantenabtretung hat, wird die Wirksamkeit durch die Vertragsbruchslehre, durch die Knebelung- oder Gläubigerbenachteiligungslehre und durch die Übersicherungslehre in Frage gestellt[79]. Hierdurch wird der Vorrang des Warenkreditgebers sichergestellt[80]. All diese

---

[75] Zum Problem des vergleichbaren Konflikts von verlängerten Eigentumsvorbehalt zur Globalzession einer Factoring-Gesellschaft: *Drobnig,* S. 44 f.

[76] Dieses sich bei Forderungen aus der Sachlogik ergebende Prinzip findet sich im polnischen Recht als Grundprinzip der Streitentscheidung (z.B. Art. 249 § 1 KC, Art. 12 Abs. 1 HypG.

[77] *Bülow,* S. 415, Rn. 1426 m.w.N; *Drobnig,* S. 42.

[78] Der Erwerb einer *nichtbestehenden Forderung* von einen durch Schuldurkunde legitimierten „Nichtgläubiger“ (§ 405 Alt. 1 BGB) ist dem polnischen Recht unbekannt. Der Erwerb vom Nichtgläubiger führt bei Wechsel- und Scheckübertragungen jedoch zu einer Rechtsänderung, Art. 16 PrWeksl bzw. Art. 19 PrCzek.

[79] *Szpunar,* OSP 98, Pos. 137 hält die Globalzession daher für unzulässig.

[80] Folge diese Vorrangs sind die Freigabeklauseln in den AGB's. Die neueste Literatur ist äußerst umfangreich, hier eine kleine Auswahl: *Canaris,* ZIP 26/96, S. 1109 ff; *Canaris,* ZIP 37-38/96, S. 1577 ff; *Nobbe,* ZIP 15/96, S. 657 ff; *Pfeiffer,* ZIP

Wege sind auch in Polen über die „Treu- und Glauben"-Vorschrift des Art. 58 § 2 KC[81] möglich. Eine ebenfalls diskutierte Alles-oder-Nichts-Lösung nimmt ihren Ausgangspunkt nicht im Prioritätsprinzip. Vielmehr stellt diese Lehre[82] ein sog. Näheprinzip auf. Dem Lieferanten stehe die Forderung aus dem Weiterverkauf näher als dem Geldkreditgeber, da sie das Surrogat für die unter Eigentumsvorbehalt gelieferte Sache darstelle. Diese Überlegungen sind jedoch de lege lata unbrauchbar. Für ein solches Prinzip gibt es keinen Anhaltspunkt im polnischen Recht.

Die Teilungslehren gehen dahingehend einen anderen weg. Sie bestreiten die Geltung des Prioritätsprinzips bei antizipierten Abtretungen. Vielmehr seien alle Abtretungen anteilsmäßig wirksam, da sie alle denselben Entstehungszeitpunkt haben. Dieser Gedanke der teilweisen Wirksamkeit wird dem § 139 BGB entnommen. Interessant ist dann nur noch die Quotenermittlung[83]. Sie wird um so komplizierter je mehr Sicherungsnehmer ins Spiel kommen. Insbesondere stellt sich bei mehreren Beteiligten das Problem, daß nicht immer alle berechtigten Sicherungsgeber bekannt sind. Im Konkurs gibt es dafür eine gesetzlich angeordnete Verfahrensregelung, nach der Konkursforderungen innerhalb bestimmter Fristen anzumelden sind[84]. Nach polnischem Recht nehmen zu spät angemeldete Forderungen nur noch an der Verteilung der noch nicht verteilten Masse teil[85]. Eine solche Verfahrensregelung ist aber für den typischen Zwei-Mann Prozeß unbrauchbar.

Auch Sicherungsübereignungen können miteinander kollidieren. Die Gefahr, die in der fehlenden Publizität der Sicherungsübereignung liegt, ist offenkundig: Die Sicherungsübertragung kann zu einer heimlichen Auszehrung des Aktivvermögens des Sicherungsgebers führen, so daß bei anderen Kredit-

---

2/97, S. 49 ff; *Serick,* BB 35/96, S. 1777 ff; *Serick,* BB 17/96, S. 857 ff; *Serick,* BB 40/95, S. 2013 ff; *Trapp,* NJW 96, S. 2914 ff; *Wiegand/Brunner,* NJW 95, S. 2513 ff; *BGH* ZIP 24/95, S. 1973 ff; *BGH* ZIP 1/96, S. 17 ff; *BGH* ZIP 7/96, S. 323 ff; *BGH* BB 17/96, S. 865 ff; *BGH* ZIP 22/96, S. 957 ff; *BGH* BB 27/96, S. 1402 ff; DB 34/96, S. 1717 ff; *BGH* BB 35/96, S. 1789 ff; DB 35/96, S. 1771 ff; *BGH* BB 36/96, S. 1854 ff; *BGH* BB 7/97, S. 329 f; DB 8/97, S. 421 f.

[81] Die noch aus sozialistischer Zeit stammende Formulierung des Verstoßes gegen die Grundsätze des gesellschaftlichen Zusammenlebens wird im Sinne einer Treu und Glauben Vorschrift ausgelegt.

[82] *Flume,* NJW 1959, S. 913 ff, S. 919. Dagegen *BGHZ* 30, 149, 152.

[83] Dies bezeichnet *Drobnig,* S. 43 zu Recht als das Hauptproblem der Teilungslehre.

[84] §§ 138 ff KO, Art. 150 ff polnKO.

[85] Art. 167 § 2 polnKO.

gebern des Sicherungsgebers eine Irrvorstellung über das in Wahrheit vorhandene vollstreckungsfähige Vermögen des Sicherungsgebers hervorgerufen wird.

Um dieser in der Sicherungskonfliktsituation auftauchenden Gefahr Herr zu werden, wurden von Rechtsprechung und Literatur in Deutschland verschiedene Fallgruppen herausgearbeitet, bei denen eine Sicherungsübertragung unwirksam ist. Hierbei sind vor allem die Fallgruppe der Übersicherung (Knebelung), der Gläubigergefährdung durch Täuschung über die Kreditwürdigkeit, die Verleitung zum Vertragsbruch und die Konkursverschleppung zu nennen. Entscheidungsmaßstab zwischen einer zulässigen und unzulässigen Sicherungsübertragung ist die Generalklausel des § 138 BGB[86].

Die mit der heimlichen Auszehrung des Aktivvermögens verbundenen Gefahren sind in der polnischen Literatur und Rechtsprechung bisher noch nicht angesprochen worden. Eine Lösung strikt nach dem Prioritätsprinzip verbietet sich, da hierdurch die Interessen der zeitlich nachfolgenden Kreditgläubiger nicht beachtet werden. Ein gerechter Interessenausgleich zwischen den verschiedenen Kreditgläubigern kann grundsätzlich nur über die Treu und Glaubens-Vorschrift des polnischen Rechts[87] erreicht werden. Die Abgrenzung zwischen zulässiger und unzulässiger Sicherungsübertragung wird davon abhängen, in welchem Umfang sich ein Sicherungsnehmer für eine Kreditforderung mit Vermögensgegenständen des Sicherungsgebers absichern darf. Sichert er sich nämlich in einem größeren Umfang als erforderlich ab, so liegt eine die Interessen der nachfolgenden Kreditgläubiger verletzende Übersicherung vor, die nicht durch das Sicherungsinteresse des Sicherungsnehmers gerechtfertigt ist. Doch ab wann kann von Übersicherung gesprochen werden. Dies hängt vom Verhältnis zwischen sicherungsbedürftiger Kreditforderung und dem bei einer sachgerechten Verwertung zu erwartenden Erlös ab[88] *(Versilberungswert).* Nach deutschem Recht wird eine Übersicherung angenommen, wenn der „Versilberungswert“ den sicherungsbedürftigen Forderungsbe-

[86] *Pottschmidt/Rohr*, S. 296 ff, Rn. 746 ff.

[87] Art. 58 § 2 KC. Wurde die Sache mit Hilfe von Allgemeinen Geschäftsbedingungen übertragen, ist die Wirksamkeit der Sicherungsübertragung an der AGB-Inhaltskontrolle zu messen. Hatte der Schuldner bei der Sicherheitsbestellung in Absicht der Benachteiligung künftiger Gläubiger gehandelt und war dies dem Sicherungsnehmer bewußt, dann kann auf Antrag eines künftigen Gläubigers die Sicherungsübereignung für unwirksam erklärt werden, Art. 531 § 1 iVm Art. 530, 527 KC.

[88] *Pottschmidt/Rohr*, S. 299 f, Rn. 754.

trag um ca. 20-30 % überschreitet[89]. Eine solche Marge kann derzeit für das polnische Recht nicht festgelegt werden[90].

Sollte Grund der Übersicherung eine Allgemeine Geschäftsbedingung sein, so mißt sich die Wirksamkeit der „Übersicherungsklausel“ an der AGB-Inhaltskontrolle[91]. Hiernach muß die Übersicherung ein „erheblich ungerechtfertigter Vorteil“ sein. Personen, die den Vertrag im Rahmen ihrer wirtschaftlichen Tätigkeit abgeschlossen haben, können sich auf die Inhaltskontrolle nicht berufen[92].

C. Schutz des Sicherungsgebers

I. Allgemein

In der Sicherungsphase muß der Sicherungsgeber dagegen geschützt sein, daß der Sicherungsnehmer als Nichtberechtigter über die Sache verfügt. Der Widerspruch der hierdurch berührten Interessen (Erhaltung des Eigentums; Verkehrsschutz) wird durch die Vorschriften über den gutgläubigen Erwerb aufgelöst.

II. Verfügungen

Bei der Sicherungsübereignung und beim Eigentumsvorbehalt ist der Sicherungsnehmer formell Vollrechtsinhaber. Über dieses Recht kann er als Berechtigter verfügen. Allerdings erwirbt der Erwerber das Eigentum nur belastet mit dem Anwartschaftsrecht des Sicherungsgebers[93]. Zu einem gutgläubig lastenfreien Erwerb wird kaum kommen, da der Sicherungsgeber den Besitz an der Sache hat. Die Voraussetzungen des gutgläubig lastenfreien Erwerbs können nicht erfüllt werden. Schlechter ist die Situation des Sicherungsgebers, wenn er nur einen schuldrechtlichen Anspruch auf Rückübereignung der Sache hat. In diesem Fall erwirbt der Erwerber die Sache lastenfrei. Der Sicherungsgeber hat also nur einen Anspruch auf Schadenersatz gegen den Sicherungsnehmer.

---

[89] *Pottschmidt/Rohr*, S. 299, Rn. 754 (Fn. 31) m.w.N. Zur Sicherungswertberechnung: *BGH* NJW 95, S. 2348 ff.

[90] Zur Kreditvergabepraxis polnischer Banken: *Chudzik*, ZfBB 3/95, S. 204 ff (209).

[91] Art. 385^2 KC.

[92] Art. 385^2 § 2 KC.

[93] *Szpunar*, PiP 6/93, S. 29 ff, S. 35 f.

Der Schutz des Verpfänders ist - trotz seiner formell stärkerer Stellung (Eigentum an der Pfandsache) - im Vergleich zur Sicherungsübereignung und zum Eigentumsvorbehalt schlechter. Verfügt der Pfandgläubiger als Nichtberechtiger über das Eigentum an der Pfandsache, so ist er in der Lage dem Erwerber den Besitz an der Sache zu verschaffen. Soweit der Erwerber in einem solchen Fall gutgläubig ist, so erwirbt er das Eigentum an der Pfandsache. Dem Verpfänder steht also nur noch ein Schadensersatz- bzw. Bereicherungsanspruch gegen den Pfandgläubiger zu.

III. Eingriffe

Der Pfandgläubiger ist verpflichtet, die Pfandsache nach den Vorschriften über die entgeltliche Verwahrung zu erhalten[94]. Nach Art. 841 KC ist der Pfandgläubiger dem Verpfänder schadenersatzpflichtig, wenn er die Pfandsache ohne Zustimmung und ohne zwingende Notwendigkeit gebraucht, einem Dritten übergibt oder die Aufbewahrungsweise der Pfandsache ändert und diese dadurch zerstört oder beschädigt wird. Der Pfandgläubiger haftet auch, wenn die Sache zufällig verloren geht oder beschädigt wird.

Der Pfandgläubiger ist verpflichtet, die Nutzungen der Sache zu vereinnahmen und auf den gesicherten Anspruch anzurechnen[95]. Der Pfandgläubiger kann verlangen, daß ihm die Aufwendungen, zu denen er nicht verpflichtet war, nach den Vorschriften über die Geschäftsführung ohne Auftrag erstattet werden[96]. Erforderlich ist, daß das Handeln des Pfandgläubigers dem Willen des Verpfänders entspricht[97]. Sofern die Pfandsache der Gefahr des Verlustes oder der Beschädigung ausgesetzt ist, so kann der Verpfänder die Hinterlegung bei Gericht oder die Rückgabe der Pfandsache bei gleichzeitiger Bestellung einer anderen Sicherung verlangen[98].

IV. Aufgabe von Sicherungsrechten

Nach deutschem Recht erlischt eine Bürgschaft, wenn der Gläubiger eine andere akzessorische Sicherheit aufgibt. Die Bürgschaft erlischt in der Höhe, in der der Bürge

---

[94] Art. 318 S. 1 KC iVm Art. 835 ff KC.

[95] Art. 319 S. 1 KC (dispositiv). Erlischt das Pfandrecht, ist der Pfandgläubiger zur Rechnungslegung verpflichtet.

[96] Art. 320 KC iVm 752 ff KC.

[97] Art. 754 KC. Dieser Anspruch verjährt innerhalb eines Jahres nach Rückgabe der Sache, Art. 322 KC.

[98] Art. 321 KC.

gegen den anderen Sicherungsgeber Rückgriff hätte nehmen können[99]. Sein Schutz erstreckt sich sogar auf erst nach Bürgschaftsübernahme entstandene Sicherungsrechte[100].

Nach polnischem Recht erlischt die Bürgschaft bei Aufgabe von Sicherungsrechten nicht. Dem Bürgen steht ein Schadensersatzanspruch gegen den Gläubiger zu[101]. Die Aufgabe muß durch den Gläubiger verschuldet sein[102]. Fahrlässigkeit reicht aus. Im Prozeß muß der Gläubiger sein Nichtverschulden beweisen (Beweislastumkehr)[103]. Ein Schaden liegt nur vor, wenn der Bürge vom Gläubiger in Anspruch genommen wurde und bei seinem Rückgriff auf den Schuldner oder einen Sicherungsgeber leer ausgegangen ist[104]. Umstritten ist, ob der Bürge seine Zahlung an den Gläubiger bereits verweigern darf, wenn er beweist, daß er einen Schaden auf jeden Fall erleiden werde, weil der Rückgriff fehlschlagen werde[105]. Dieses Recht, die Zahlung an den Gläubiger zu verweigern, sollte dem Bürgen zuerkannt werden. Wohl ist vor Zahlung und fehlgeschlagenem Rückgriff noch kein Schaden entstanden, so daß kein aufrechenbarer Anspruch entstanden ist. Allerdings gilt der Grundsatz des „dolo agit, qui petit, quod statim redditurus est“. Zahlt der Bürge, obwohl ihm eindeutig ein Schaden entsteht, so kann er seine Leistung zurückfordern. Dies begründet die Einrede des „dolo agit“.

V. Benachrichtigungspflicht über Verspätung

Der Gläubiger muß den Bürgen unverzüglich benachrichtigen, wenn sich der Schuldners mit der Zahlung verspätet[106]. Der Schuldner verspätet sich, wenn er den Leistungstermin nicht einhält. Ein Verschulden ist nicht erfor-

---

[99] § 776 BGB.

[100] § 776 S. 2 BGB.

[101] Art. 887 KC.

[102] Art. 887 iVm 471 KC. *Król*, PrPrzed 9/95, S. 24 ff, S. 27 f.

[103] Art. 471 KC. Ausführlich: *Król*, PrPrzed 9/95, S. 24 ff, S. 27.

[104] *Radwański*, Bürgschaft, S. 82.

[105] *Radwański*, Bürgschaft, S. 82 (Fn. 3).

[106] Art. 880 KC. Ausführlich: *Radwański*, System III 2, S. 1066 ff. Die Überschrift *[Verzug des Schuldners]* der Übersetzung von *Lane/Gralla* ist irreführend (*Lane/Gralla*, in: Stephan Breidenbach (Hrsg.), PL Nr. 200: *[Verzug des Schuldners]*. Art. 880 KC setzt Verspätung und nicht Verzug voraus. Das polnische Recht unterscheidet zwischen der Verspätung (opóźnienie) und dem Verzug (zwłoka). Verspätung liegt vor, wenn der Schulnder den Leistungstermin nicht einhält. Verzug liegt vor, wenn der Schulnder die Verspätung verschuldet hat. Ausführlich: *Radwański*, SAT, S. 228 ff, Rn. 774 ff.

derlich. Der Gläubiger muß den Bürgen unverzüglich benachrichtigen. Die Benachrichtigung ist formfrei. Sie wird mit Zugang beim Bürgen wirksam[107].

Art. 880 KC ist dispositiv[108]. Im Bürgschaftsvertrag kann vom Erfordernis der Benachrichtigung ganz abgesehen werden oder vereinbart werden, daß es zur Erfüllung der Benachrichtigungspflicht nur der Abgabe bedarf und der Zugang nicht erforderlich ist. Genausogut kann die Benachrichtigungspflicht strengeren Voraussetzungen unterworfen werden. So kann vereinbart werden, daß der Gläubiger den Bürgen in einer bestimmten Form benachrichtigen muß (z.B. Zusendung von Dokumenten, aus denen sich die Verspätung ergibt).

Wird die Benachrichtigungspflicht verletzt, begründet dies für den Bürgen einen Schadensersatzanspruch gegen den Gläubiger[109]. Der Schadenersatzanspruch umfaßt die Schäden, die der Bürge dadurch erleidet, daß er wegen der fehlenden Benachrichtigung nicht früher leisten konnte. Dies betrifft die Verpflichtung des Hauptschuldners, bereits bei Verspätung Verspätungszinsen[110] zahlen zu müssen. Schlimmere Folgen sind für den Gläubiger zu befürchten, wenn der Schuldner zahlungsunfähig wird oder andere Sicherungsrechte untergehen, die der Bürge bei Zahlung auf die Schuld erhalten hätte. Hier gilt das zur Aufgabe von Sicherungsrechten Gesagte entsprechend.

D. Zwangsvollstreckung und Sicherungsrecht

I. Allgemein

Ein Sicherungsrecht zeigt seine wahre Qualität erst in der Krisensituation, also wenn andere Gläubiger in das Vermögen und insbesondere in den Sicherungsgegenstand vollstrecken.

Wird in das Vermögen eines Bürgen oder Garanten vollstreckt, hat der Bürgschaftsgläubiger oder Garantienehmer eine äußerst schwache Position. Sie können den Erfolg der Vollstreckung nicht vereiteln, da sie keine Bevorrechtigung an einem bestimmten Vermögensgegenstand haben. Vollstrecken Gläubiger des Bürgschaftsgläu-

---

[107] Art. 61 KC (analog). Die Benachrichtigung ist eine Wissens- und keine Willenserklärung, *Radwański*, Bürgschaft, S. 51 f. Die Voraussetzungen des Zugangs sind mit der deutschen Rechtslage vergleichbar, *KCK/Piekarski*, Anm. 2 zu Art. 61 KC, S. 177. Der Gläubiger muß den Zugang der Benachrichtigung beweisen, *Radwański*, Bürgschaft, S. 51.

[108] *Radwański*, Bürgschaft, S. 52.

[109] Art. 471 KC, *Czachórski*, S. 404; *Kamińska*, MoP 11/95, S. 344 ff, S. 346.

[110] Art. 481 § 1, § 2 KC. Die Übersetzung von *Lane/Gralla* ist irreführend (*Lane/Gralla*, in: Stephan Breidenbach (Hrsg.), Handbuch Wirtschaft und Recht in Osteuropa, PL Nr. 200.) Das Gesetz benutzt den Begriff „opóźnienie“ und nicht „zwłoka“. Richtigerweise hätte man statt „Verzug“ „Verspätung“ übersetzen müssen.

bigers in die gesicherte Forderung, können sie sogar beantragen, daß dem Bürgen verboten wird, an den Bürgschaftsgläubiger zu zahlen[111].

Anders ist die Situation von Sicherungsnehmern, für die eine Realsicherheit bestellt wurde. Sie können je nach Art des Sicherungsrechts verlangen, daß der Sicherungsgegenstand von der Vollstreckung befreit wird oder daß sie bei der Verteilung des Erlöses vorrangig befriedigt werden. Einen besonderen vollstreckungsrechtlichen Schutz bietet noch der Besitz an dem Sicherungsgegenstand.

Die Drittwiderspruchsklage kann nur von einem Dritten erhoben werden. Dritter ist, wer im Vollstreckungstitel weder als Kläger noch als Beklagter genannt ist[112]. Der Beklagte kann „Dritter" sein, wenn sich seine Verurteilung nur auf einen bestimmten Vermögensgegenstand bezogen hat und der Gläubiger in einen anderen Vermögensgegenstand vollstreckt[113]. Der Dritte muß durch die Vollstreckung eine Rechtsbeeinträchtigung erleiden. Er erleidet eine Rechtsbeeinträchtigung, wenn er Eigentümer, Miteigentümer der Forderungsinhaber des Vollstreckungsgegenstandes oder wenn er ein beschränkt dingliches Recht an dem Vollstreckungsgegenstand hat. Der Ersteher erwirbt durch das Vollstreckungsverfahren originäres Eigentum. Die genannten Rechte gehen daher unter[114]. Der Dritte kann die Drittwiderspruchsklage aber trotz Rechtsbeeinträchtigung nicht erheben, wenn seine Beeinträchtigung im Vollstreckungsverfahren auf andere Weise berücksichtigt wird[115]. Eine solche Berücksichtigung liegt vor, wenn sich das durch die Vollstreckung beeinträchtigte Recht in ein Befriedigungsrecht am Verwertungserlös umwandelt[116].

II. Hypothek

Wird in ein hypothekarisch belastetes Grundstück vollstreckt, so kann der Hypothekar die Vollstreckung nicht verhindern. Insbesondere kann er nicht die Drittwiderspruchsklage nach Art. 841 KPC erheben. Der Hypothekar muß die Vollstreckung und den Verlust seiner Hypothek hinnehmen[117]. Sein Rechtsverlust wird auf andere Weise im Vollstreckungsverfahren berücksich-

---

[111] Art. 899 S. 1 KPC.

[112] *Beschluß des Obersten Gerichtshofes* vom 17.10.95 [AZ: III CZP 143/95].

[113] Ausführlich: *Tracz*, PS 7-8/96, S. 89 ff, S. 90.

[114] *Hypothek:* Art. 1000 § 1 S. 1 KPC; *Grundstückseigentum:* 999 § 1 KPC; *Pfandrecht an Sachen und das Eigentum an Mobilien:* Art. 879 KPC.

[115] *Wengerek* I, Art. 841 KPC, Anm. 18b, S. 379.

[116] *Hypothek:* Art. 1000 § 1 S. 2 KPC.

[117] Art. 1000 § 1 S. 1 KPC. Das polnische Vollstreckungsrecht folgt im Gegensatz zum deutschen Recht dem *Löschungs-* und nicht dem *Übernahmeprinzip*.

tigt. Die Hypothek wandelt sich in ein Befriedigungsrecht am Verwertungserlös um[118].

III. Besitzpfandrecht

Die Situation ist beim Besitzpfandrecht anders. Der Pfandgläubiger wird noch zusätzlich durch seinen Besitz an der Pfandsache geschützt. Will also ein Gläubiger des Verpfänders in die Pfandsache vollstrecken, so ist es dem Gerichtsvollzieher grundsätzlich verwehrt, die sich im Besitz des Pfandgläubigers befindliche Sache in Beschlag zu nehmen. Das Beschlagnahmerecht des Gerichtsvollziehers ist nämlich beschränkt auf Sachen, die sich im Gewahrsam des Vollstreckungsschuldners oder -gläubigers befinden[119]. Soll in eine Sache vollstreckt werden, die sich im Gewahrsam einer anderen Person befindet, so ist hierfür das Einverständnis dieser Person erforderlich[120]. Allein schon durch diese Regelung erhält der Pfandgläubiger beim Besitzpfandrecht eine vollstreckungssichere Position. Nimmt der Gerichtsvollzieher die Sache in Besitz, obwohl der Pfandgläubiger nicht sein Einverständnis erklärt hat, verstößt er gegen formelle Vollstreckungsvorschriften. Der Pfandgläubiger kann sich hiergegen mit der „Erinnerungsklage" wehren[121]. Die Klage ist beim zuständigen Rayongericht einzureichen[122]. Verzichtet der Pfandgläubiger auf diesen Schutz, so ist er am Verwertungserlös gemäß seiner vollstreckungs- und pfandrechtlichen Rangstelle zu befriedigen[123].

Sofern Gläubiger des Pfandgläubigers in den Pfandgegenstand vollstrekken, kann der Verpfänder die Drittwiderspruchsklage erheben. Die Vollstrekkungsgläubiger können aber auch in die gesicherte Forderung vollstrecken. Gleichzeitig können sie beantragen, daß dem Verpfänder verboten wird, an

---

118 Art. 1000 § 1 S. 2 KPC.

119 Art. 845 § 2 S. 1 Alt. 1 KPC.

120 Art. 845 § 2 S. 2 KPC. Der Gerichtsvollzieher darf die Sache auch dann in Beschlag nehmen, wenn eine besondere Vorschrift dies zuläßt oder wenn der Besitzer das Eigentum des Schuldners an der Sache ausdrücklich zuerkennt, ausführlich *Wengerek* II, Art. 845 KPC, Anm. 5, S. 11.

121 Art. 767 § 1 KPC. *Wengerek* II, Art. 845 KPC, Anm. 9, S. 14. Im deutschen Recht wird vertreten, daß der besitzende Pfandgläubiger die Drittwiderspruchsklage erheben kann, so *Brox/Walker*, S. 770, Rn. 1418; einschränkend *Thomas/Putzo*, ZPO § 805 Rn. 3 (Anm. 1b). Nach polnischem Recht kann der besitzende Pfandgläubiger die Drittwiderspruchsklage nicht erheben, so *Wengerek* I, Art. 841 KPC, Anm. 18, S. 379.

122 Art. 767 § 1 S. 1 KPC.

123 Art. 1025 § 1 Nr. 6 KPC.

den Pfandgläubiger zu leisten[124]. Die Vollstreckungsgläubiger können die Rechte des Pfandgläubigers (Vollstreckungsschuldners) in Anbetracht des Pfandrechts geltend machen, sobald die gesicherte Forderung beschlagnahmt wurde[125]. Sie können den Pfandgegenstand also verwerten.

IV. Besitzlose Pfandrechte

Bei besitzlosen Pfandrechten kann der Verpfänder, sofern er die tatsächliche Herrschaft über die Registerpfandsache ausübt, die Erinnerungsklage nach § 767 KPC erheben, wenn Gläubiger des Pfandgläubigers in die Registerpfandsache vollstrecken.

Vollstrecken Gläubiger des Verpfänders in die Pfandsache, ist fraglich, ob dem Pfandgläubiger die Drittwiderspruchsklage oder ob ihm lediglich ein Anteil am Vollstreckungserlös zusteht. Die Beantwortung dieser Frage hängt davon ab, ob das besitzlose Pfandrecht in anderer Weise als durch die Drittwiderspruchsklage im Vollstreckungsverfahren berücksichtigt wird. Eine dem Hypothekenrecht vergleichbare Regelung, nach welcher sich das untergegangene Hypothekenrecht in ein Befriedigungsrecht am Erlös umwandelt, fehlt für das Pfandrecht. Da nun aber das Pfandrecht durch den Zuschlag an den Ersteher erlischt[126], könnte man der Auffassung sein, daß ein besitzloses Pfandrecht einzig und alleine durch die Drittwiderspruchsklage geschützt wird[127]. Diese Auffassung steht und fällt aber mit der Frage, ob nicht auch das Pfandrecht sich durch den Zuschlag an den Ersteher in ein Befriedigungsrecht an dem Verwertungserlös umwandelt. Zur Beantwortung dieser Frage ist eine analoge Anwendung des Art. 1000 § 1 Satz 2 KPC, der dieses für die Hypothek vorsieht, nicht nötig. Diese Umwandlung ergibt sich direkt aus dem Gesetz. Wohl ist es richtig, daß das Pfandrecht durch den Zuschlag an den Ersteher untergeht[128] und keine Vorschrift die Umwandlung ausdrücklich vorsieht. Doch trotzdem wird das Pfandrecht in einem Atemzug mit der Hypothek bei der Erlösverteilung an sechster Rangstelle angesprochen[129]. Also muß sich das Pfandrecht durch den Zuschlag an den Ersteher in ein Befriedigungsrecht an den Erlös umwandeln, da ansonsten die Erwähnung des Pfandrechts in der

---

[124] Art. 899 S. 1 KPC.

[125] *Arbeitslohn:* Art. 887 KPC; *Bankkonto:* 893 iVm 887 KPC und *sonstige Forderung:* 902 iVm 887 KPC.

[126] Art. 879 KPC.

[127] *Tracz*, PS 7-8/96, S. 89 ff, S. 106 f.

[128] Art. 879 KPC, *Wengerek* II, Art. 879 KPC, Anm. 2, S. 79.

[129] Art. 1025 § 1 Nr. 6 KPC.

Erlösverteilungsvorschrift des Art. 1025 § 1 Nr. 6 KPC sinnlos wäre. Einer besonderen gesetzlichen Anordnung für diese Umwandlung bedarf es also gar nicht. Überspitzt könnte man formulieren, daß Art. 1000 § 1 Satz 2 KC, der diese Umwandlung ausdrücklich für die Hypothek vorsieht, überflüssig ist.

V. Eigentumsvorbehalt

Der Verkäufer kann die Drittwiderspruchsklage nur dann wirksam gegenüber Gläubigern des Käufers erheben, wenn der Eigentumsvorbehalt schriftlich bestätigt wurde und das Schriftstück ein feststehendes Datum trägt[130].

Aber auch der Käufer kann, wenn Gläubiger des Verkäufers in die Vorbehaltssache vollstrecken, die Drittwiderspruchsklage wegen Verletzung seines Anwartschaftsrechts erheben. Dies folgt aus Art. 91 KC. Nach dieser Vorschrift kann ein bedingt Berechtigter alle Rechtsgeschäfte zur Wahrung seiner Rechte vornehmen. Und dies ist insbesondere dann nötig, wenn in die Vorbehaltssache vollstreckt wird. Hierdurch würde das Anwartschaftsrecht des Käufers ersatzlos untergehen, so daß er seine Rechte durch eine Drittwiderspruchsklage wahrnehmen darf[131]. Besitzt der Käufer noch zusätzlich die Vorbehaltssache, kann er unter gewissen Voraussetzungen die Erinnerungsklage erheben.

Für die Erhebung der Drittwiderspruchsklage durch den Vorbehaltskäufer ist es ohne Belang, ob der Eigentumsvorbehalt schriftlich mit feststehenden Datum bestätigt wurde. Nach dem eindeutigen Wortlaut des Art. 590 § 1 Satz 2 KC schränkt dieses Formerfordernis die Wirksamkeit des Eigentumsvorbehalts nur für die Gläubiger des Käufers ein. Gegenüber Gläubigern des Verkäufers gilt er also auch dann, wenn der Eigentumsvorbehalt nicht schriftlich mit feststehenden Datum bestätigt wurde.

VI. Sicherungstreuhand

Vollstreckt ein Gläubiger des Sicherungsgebers in den Sicherungsgegenstand, so ist der Schutz des Sicherungsnehmers fraglich. Bei einer rein formalen Betrachtungsweise ist ihm eine Drittwiderspruchsklage aufgrund seines Eigentumsrechts zuzubilligen[132]. Ordnet man die Sicherungstreuhand aber funktionell dem besitzlosen Pfandrecht zu (wirtschaftliche Betrachtungsweise), so würde sich das Recht des Sicherungsnehmers an dem Sicherungsgegen-

---

[130] Art. 590 § 1 S. 2 KC. *Tracz*, PS 7-8/96, S. 89 ff, S. 102; *Kunicki,* RPEiS 2/67, S. 31 ff, S. 36.

[131] *Tracz*, PS 7-8/96, S. 89 ff, S. 103.

[132] *Krzynówek*, EP 5/94, S. 106 f; *Pyziol,* S. 109 ff, S. 135.

stand durch die Vollstreckung in ein Befriedigungsrecht am Erlös umwandeln. Eine Drittwiderspruchsklage würde ihm nicht zustehen.

Bei einer Sicherungstreuhand, die nicht unter der auflösenden Bedingung der endgültigen Begleichung der gesicherten Schuld steht, ist noch auf folgendes hinzuweisen: Die Drittwiderspruchsklage des Sicherungsnehmers ist unbegründet, wenn die gesicherte Forderung bereits durch vollständige Zahlung erloschen ist. Ein Berufen auf diese rein formale Rechtsposition ist Rechtsmißbrauch im Sinne des Art. 5 KC.

Vollstreckt ein Gläubiger des Sicherungsnehmers in die sicherungsübereignete Sache, so kann sich der Sicherungsgeber auf die Drittwiderspruchsklage berufen[133]. Dieses Recht ergibt sich ebenso wie beim Eigentumsvorbehalt aus Art. 91 KC. Aber auch wenn nur ein schuldrechtlicher Rückübertragungsanspruch vereinbart wurde, müßte eine Drittwiderspruchsklage begründet sein. Das Sicherungsgut dient dem Sicherungsnehmer nämlich nur zur Sicherung der Forderung gegen den Sicherungsgeber; es soll aber nicht der Befriedigung der Gläubiger des Sicherungsnehmers dienen[134]. Ist jedoch der Sicherungsfall eingetreten, so kann der Sicherungsgeber die Drittwiderspruchsklage nicht mehr erheben.

Da jedoch die sicherungsübereignete Sache grundsätzlich im Gewahrsam des Sicherungsgebers verbleibt, ist eine Beschlagnahme durch den Gerichtsvollzieher grundsätzlich nur dann zulässig, wenn der Sicherungsgeber der Beschlagnahme zustimmt[135]. Liegt seine Zustimmung nicht vor, so kann sich der Sicherungsgeber mit der Erinnerungsklage gegen die Vollstreckungshandlung des Gerichtsvollziehers wehren[136].

E. Konkurs und Sicherungsrecht

I. Allgemein

Kreditsicherheiten werden aufgrund von Mißtrauen verlangt, Mißtrauen in die Solvenz des Kreditnehmers, die Sorge vor dessen wirtschaftlicher Krise. Und leider wird dieses Mißtrauen zu oft bestätigt. In diesem Fall benötigt der Kreditgeber ein Sicherungsmittel, daß ihm ohne Rücksicht auf die wirtschaftliche Krise *(Insolvenz)* des Kreditnehmers Sicherung und Befriedigung wegen seiner Ansprüche verschaffen kann. Inwieweit Sicherungsrechte hierzu in der Lage sind, ist ein Problem des Konkursrechts.

---

[133] *Pyzioł*, S. 109 ff, S. 136.

[134] A.A.: *Pyzioł*, S. 109 ff, S. 136.

[135] Art. 845 § 2 S. 2 KPC.

[136] Art. 767 § 1 KPC.

Das polnische Konkursrecht, das in starker Anlehnung an das deutsche Recht entwickelt wurde[137], basiert auf einer vom Präsidenten der Republik Polen erlassenen Rechtsverordnung aus dem Jahre 1934, die am 01.01.1935 in Kraft trat[138]. Während der Zeit der sozialistischen Planwirtschaft fristete das Konkursrecht ein Schattendasein. Dies änderte sich aber schlagartig mit der Umwälzung des Wirtschaftssystems in den Jahren 1989/90.

II. Konkurs des persönlichen Schuldners

Soweit der vom Sicherungsgeber personenverschiedene persönliche Schuldner in Konkurs fällt, hat der Kreditgeber in diesem Verfahren für seine Kreditforderung lediglich einen Anspruch auf Befriedigung aus der Konkursmasse, welcher an 6. Rangstelle zu bedienen ist[139]. Die Konkursmasse wird anhand einer in der Konkursverordnung genau bestimmten Rangfolge der zu befriedigenden Forderungen verteilt[140]. Diese Rangfolge wird natürlich erst dann wichtig, wenn die Konkursmasse geringer ist als die Summe der zu bedienenden Forderungen. Hierbei richtet sich die Verteilung nach zwei Grundsätzen: Nachrangige Forderungen können erst dann an der Konkursmasse teilhaben, wenn alle vorrangigen Forderungen befriedigt wurden; gleichrangige Forderungen werden im Verhältnis zu ihrer Höhe befriedigt[141].

Der sechsten Rangstelle gehen eine ganze Reihe von Ansprüchen und Kosten vor. Dies sind insbesondere die Verfahrens- und Verwaltungskosten, Unterhaltsverpflichtungen, Unterstützungszahlungen an den Gemeinschuldner und seine Familie, bestimmte Rentenverpflichtungen *(wegen Arbeitsunfähigkeit oder Krankheit)*, Beerdigungskosten, Schulden aus ungerechtfertigter Bereicherung der Masse, Schulden aus gegenseitigen Rechtsgeschäften, deren Erfüllung der Konkursverwalter verlangt hat, Steuern und andere öffentliche Abgaben für die letzten zwei Jahre, Forderungen des Sozialversicherungsträger für das letzte Jahr vor Konkurseröffnung, etc.

Bereits aus dieser kurzen Übersicht wird deutlich, daß für den Kreditgeber im Regelfall wenig überbleiben wird. Um so drängender stellt sich dem Kreditgeber die Frage, welchen Wert sein Sicherungsrecht hat. Dieses wird, sofern der persönliche Schuldner nicht mit dem Sicherungsgeber personenidentisch

---

[137] *Tigges/Lechmann-Becker*, WiRO 4/94, S. 126 ff, S. 126.

[138] Dz.U. 1934 Nr. 93, Pos. 834; Dz.U. 91 Nr. 118, Pos. 512 (vereinheitlichte Textfassung). Deutsche Übersetzung (in Auszügen): *Tigges/Lechmann-Becker*, WiRO 4/94, S. 126 ff, S. 128 ff.

[139] Art. 204 § 1 Nr. 6 polnKO. Mehr als ein Jahr alte Zinsansprüche (gerechnet ab Konkurseröffnung, Art. 15 polnKO) haben sogar nur die 7. Rangstelle.

[140] Art. 204 § 1 polnKO.

[141] Art. 206 polnKO.

ist, vom Konkurs des persönlichen Schuldners unangetastet gelassen. Problematisch gestaltet sich dieser Grundsatz, wenn im Konkurs ein Zwangsvergleich abgeschlossen wurde.

Beispiel: B hat sich für eine Darlehensschuld über 100.000,00 PLN des S dem G gegenüber verbürgt. S fällt in Konkurs. Es kommt zu einem Zwangsvergleich. G darf nach diesem nur noch 5000,00 PLN von S fordern. B beruft sich auf den Zwangsvergleich und verweigert die Zahlung in Höhe von 95000,00 PLN. Abwandlung: B hat sich nicht verbürgt, sondern auf seinem Grundstück eine Hypothek für G bestellt oder eine Sache für diese Schuld an G verpfändet.

An diesem Grenzfall zeigt sich ein Widerspruch von Akzessorietätsprinzip und Sicherungszweck. Auf der einen Seite ist gerade die Absicherung des Gläubigers vor dem Risiko der verminderten Leistungsfähigkeit des Schuldners ein Hauptzweck des Sicherungsrechts. Dies gilt insbesondere im Konkurs. Insoweit trägt der Sicherungsgeber das Insolvenzrisiko[142]. Auf der anderen Seite vermindert sich aber die Schuld des Gemeinschuldners durch den Zwangsvergleich. Dieses teilweise Erlöschen müßte sich auch zugunsten von akzessorischen Sicherungsgebern auswirken. Der Sicherungszweck würde also hinter dem Prinzip der Akzessorietät zurücktreten. Das Konkursrecht sieht diesen Widerspruch und löst ihn zugunsten des Sicherungszweckes. Der Zwangsvergleich läßt die Rechte des Gläubigers gegen den Sicherungsgeber unberührt[143].

III. Konkurs des Sicherungsgebers

1. Allgemein

Beim Konkurs des Sicherungsgebers sind zwei Situationen zu unterscheiden: Entweder es fällt der vom persönlichen Schuldner personenverschiedene Sicherungsgeber in Konkurs *(Dreipersonenverhältnis)* oder das gleiche widerfährt dem sicherungsgebenden persönlichen Schuldner *(Zweipersonenverhältnis)*. Der erste Fall trifft auf alle Arten von Sicherheitsrechten zu, wohingegen ein Konkurs des sicherungsgebenden persönlichen Schuldners selbstverständlich nur bei den Realsicherheiten auftreten kann. Diese Ausgangssituation ist bei der Bewertung von Kreditsicherheiten zu beachten.

---

[142] *Pottschmidt/Rohr*, S. 19, Rn. 36 (Fn. 46).

[143] Art. 194 § 2 polnKO, § 193 S. 2 KO. Ausführlich: *Allerhand*, Art. 193 Anm. 8 ff, S. 677 ff.

So gewähren die Personalsicherheiten[144] im Konkurs des Sicherungsgebers zum Beispiel nur einen Anspruch auf Befriedigung aus der Konkursmasse[145]. Dem Gläubiger steht aber weiterhin noch die Vermögensmasse des persönlichen Schuldners zur Verfügung. Im umgekehrten Fall (Konkurs des persönlichen Schuldners) steht dem Gläubiger immer noch die Vermögensmasse des Bürgen zur Verfügung. Durch diese bei den Personalsicherheiten zwingend vorhandene Zugriffsmöglichkeit auf zwei Vermögensmassen ist der Gläubiger vor dem Insolvenzrisiko einer Vermögensmasse geschützt.

Bei den Realsicherheiten ist die Situation anders. Dem Gläubiger haftet immer nur eine Vermögensmasse. Statt auf eine zweite Vermögensmasse zuzugreifen, wird für den Gläubiger ein bestimmter Vermögensgegenstand für seine Befriedigung „reserviert". Der Umfang dieser „Reservierungen" hat in Polen bereits einen solchen Umfang angenommen, daß für die ungesicherten Gläubiger oft nichts mehr überbleibt[146].

2. Hypothek und Pfandrecht

a) Allgemein

Im Konkurs soll die gesamte Vermögensmasse des Gemeinschuldners den Gläubigern zwecks Befriedigung zur Verfügung stehen. Eine Einzelzwangsvollstreckung zu betreiben, ist mit diesem Grundsatz nicht vereinbar. Bereits eingeleitete Zwangsvollstreckungsverfahren sind auszusetzen[147]. Vollstreckungserlöse, die noch nicht ausgekehrt wurden, sind an die Konkursmasse zu überweisen[148]. Dieser Grundsatz wird zugunsten der Hypothek und dem Pfandrecht durchbrochen. Zwangsvollstreckungsverfahren wegen dieser Rechte werden mit Konkurseröffnung nicht ausgesetzt[149]. Dies wäre auch Unsinn, da

---

[144] Die Konkursordnung erwähnt nur die Bürgschaft. Zur analogen Anwendung auf die Forderungsgarantie: *Jakubecki,* in: *Jakubecki/Mojak/Niezbecka:* S. 276.

[145] Art. 204 § 1 Nr. 6 polnKO.

[146] *Jakubecki,* in: *Jakubecki/Mojak/Niezbecka:* S. 274.

[147] Art. 63 § 1 polnKO. Bei Rechtskraft des Konkurseröffnungsbeschlußes werden diese Verfahren von Rechts wegen eingestellt.

[148] Art. 63 § 2 polnKO.

[149] Art. 63 § 1 polnKO.

im Konkurs Grundstücke und Pfandsachen grundsätzlich im Wege der gerichtlichen Zwangsvollstreckung verwertet werden[150].

b) Pfandrecht

Der Pfandgläubiger ist im Konkurs des Verpfänders verpflichtet, die sich in seinem Gewahrsam befindliche Sache im rechtlich vorgeschriebenen Weg zu verwerten[151]. Dieser Verweis bezieht sich nach herrschender Meinung allein auf die Verwertungsvorschrift des Art. 312 KC und damit auf das gerichtliche Zwangsvollstreckungsverfahren nach Art. 844 KPC[152]. Erforderlich ist, daß der Pfandgläubiger einen Vollstreckungstitel hat, bevor er eine Zwangsvollstreckung einleitet[153].

Der Verweis auf den rechtlich vorgeschriebenen Weg verweist nicht auf die Möglichkeiten, eine Sache durch freihändigen Verkauf[154] oder durch Versteigerung nach den Vorschriften der polnischen Konkursordnung[155] zu verwerten. Der freihändige Verkauf ist dem Konkursverwalter vorbehalten[156]. Die Verwertung durch Versteigerung nach den Vorschriften der polnischen Konkursordnung ist aus zwei Gründen abzulehnen: Erstens kann sie nur der Konkursverwalters beantragen[157]. Zweitens wird diese Verwertungsart zugelassen, da der Konkursverwalter bewegliche Sache mit einem Schätzwert inventarisieren muß. Dieser Schätzwert bildet die Grundlage der Versteigerung[158]. Befindet sich die Sache aber im Besitz eines Pfandgläubigers, so entfällt

[150] Art. 117, 118 polnKO. Zur neuen Rechtslage: *Jakubecki*, PS 1/98, S. 22 ff; *Leśniak*, Rejent 5/98, S. 122 ff.

[151] Art. 117 § 1 S. 1 polnKO.

[152] *Fras*, MoP 8/96, S. 283 ff, S. 283; *Wiśniewski*, PPH 10/93, S. 1 ff, S. 2; *Allerhand*, Art. 117 Anm. 4, S. 462.

[153] *Wiśniewski*, PPH 10/93, S. 1 ff, S. 2.

[154] Art. 115 § 1 S. 1 Alt. 1 polnKO. Erforderlich ist aber die Genehmigung des Konkursrichters.

[155] Art. 115 § 1 S. 1 Alt. 2 polnKO. Ein Vollstreckungstitel mit Klausel ist nicht erforderlich. Die Versteigerung führt der Gerichtsvollzieher oder ein Notar durch. Die Einzelheiten dieser Versteigerung sind in einer aufgrund von Art. 116 § 2 polnKO erlassenen Verordnung vom 10.1.1935 geregelt (s. *LicUpR Polskie Ustawy Nr. 655a*). Sonderregeln bestehen für börsengängige Sachen und für Sachen, die einen Marktpreis haben, Art. 115 § 2 und § 3 polnKO.

[156] *Świeboda*, PS 9/93, S. 35 ff, S. 40.

[157] Art. 115 § 1 S. 2 polnKO.

[158] Daher ist eine erneute Schätzung der Sache entbehrlich, Art. 116 § 1 polnKO. Im Gegensatz erfordert die „normale Versteigerung" einer beschlagnahmten Sache die vorhergehende Schätzung, Art. 853 § 1 KPC.

die Schätzung und damit auch eine Voraussetzung für die Verwertungsmöglichkeiten nach Art. 115 f. polnKO[159].

Auf Antrag des Konkursverwalters kann der Konkursrichter für die Verwertungspflicht des Pfandgläubigers eine Frist bestimmen[160]. Wird die Frist nicht eingehalten, so kann der Konkursverwalter die Sache herausverlangen, um sie im Wege der öffentlichen Versteigerung zu verkaufen[161]. Sofern der Pfandgläubiger die Sache nicht freiwillig herausgibt, ist fraglich, auf welchem Weg der Konkursverwalter sie herausverlangen kann. Hierfür haben sich zwei Meinungen herausgebildet[162]. Die erste Auffassung steht auf den Standpunkt, daß der Konkursverwalter im Wege des gerichtlichen Verfahrens vom Pfandgläubiger die Sache herauszuverlangen hat[163]. Begründet wird diese Auffassung vor allem mit dem Argument, daß sich der Pfandgläubiger nur auf diese Weise gegen eine ungerechtfertigte Inanspruchnahme durch den Konkursverwalter wehren könne. Die zweite Auffassung verweist den Konkursverwalter lediglich an den Konkursrichter. Dieser erläßt dann eine Aufforderung (*polecenie*) an den Pfandgläubiger, die Sache herauszugeben. Eine solche „Aufforderung" sei dann nach Erhalt der Vollstreckungsklausel Grundlage der Beschlagnahme durch den Gerichtsvollzieher. Begründet wird dieser vereinfachte Weg der Durchsetzung des Herausgabeverlangens mit dem Argument, daß die Rechte des Pfandgläubigers *(insbesondere die Priorität)* durch diese Vorgehensweise nicht eingeschränkt werden[164]. Allerdings ist dies wenig überzeugend. Erstens ist keiner Vorschrift des polnischen Konkursrechts ein Vorgehen in Form der Aufforderung zu entnehmen[165] und zweitens benötigt der Pfandgläubiger den Schutz des gerichtlichen Verfahrens allein schon deswegen, weil er sich bereits in diesem Stadium mit der Einwendung verteidigen können muß, daß die Sache überhaupt nicht im Eigentum des Gemeinschuldners steht.

Eine Sache, an der ein Registerpfandrecht besteht, wird im Wege der gerichtlichen Zwangsvollstreckung vom Konkursverwalter verwertet[166]. Der Konkursrichter kann dem Pfandgläubiger gestatten, die Pfandsache freihändig zu verkaufen[167].

---

[159] *Świeboda*, PS 9/93, S. 35 ff, S. 39 f.

[160] Art. 117 § 1 S. 2 polnKO.

[161] Art. 117 § 1 S. 3 polnKO. Empfehlenswert ist es, den freihändigen Verkauf zu gestatten (wie beim Registerpfandrecht: Art. 117 § 4 S. 1 polnKO).

[162] *Fras,* MoP 8/96, S. 283 ff, S. 283.

[163] *Allerhand,* Art. 117 Anm. 12, S. 464.

[164] *Świeboda*, PS 9/93, S. 35 ff, S. 41 m.w.N.

[165] Nach Art. 87 § 2 polnKO darf der Konkursverwalter nur diejenigen Tätigkeiten ausüben, die ihm durch Gesetz übertragen sind.

[166] Art. 117 § 4 polnKO.

[167] Art. 117 § 4 S. 1 Alt. 2 polnKO.

c) Hypothek

Grundstücke, ob mit einer Hypothek belastet oder nicht, sind vom Konkursverwalter zu verwerten, da Sinn des Konkurses die Verteilung der Konkursmasse auf die Gläubiger ist[168]. Das Grundstück muß nach den Vorschriften über das Zwangsversteigerungsverfahren verwertet werden[169]. Grundsätzlich ist daher das gesamte Zwangsversteigerungsverfahren einzuhalten, soweit der Sinn des Konkursrechts dem nicht widerspricht[170]. So muß der Gemeinschuldner nicht gemäß Art. 923 KPC aufgefordert werden, innerhalb von zwei Wochen zu zahlen. Die auf einen Teil des Grundstücks beschränkte Versteigerung gemäß Art. 946 KPC ist nicht möglich, da sie dem Gesamtabwicklungszweck des Konkurses widerspricht[171]. Das Grundstück kann mit Zustimmung des Gläubigerrats durch freihändigen Verkauf verwertet werden[172].

d) Verteilung des Verwertungserlöses

Der Verwertungsgerlös fließt vollständig in die Konkursmasse[173]. Pfandgläubiger und Hypothekar werden aus der Konkursmasse befriedigt[174]. Bestehen mehrere Pfandrechte oder Hypotheken an der Sache, so entscheidet über die Beteiligung am Verwertungserlös die pfandrechtliche (hypothekenrechtliche) Rangstelle des beschränkt dinglichen Rechts[175]. Der Gläubiger eines Registerpfandrechts wird in anderer Form befriedigt. Nach Abdeckung der Vollstreckungskosten wird der Pfandgläubiger eines Registerpfandrechts vorab befriedigt. Der restliche Verwertungserlös fließt in die Konkursmasse[176].

---

[168] *Świeboda*, PS 9/93, S. 35 ff, S. 45.

[169] Art. 118 § 1 polnKO. *Entscheidung des Obersten Gerichtshofes* vom 23.01.96 [AZ: II CRN 188/95] (PPH 12/96, S. 38) mit Anmerkung von *Litwińska*, PPH 12/96, S. 39 f.

[170] *Świeboda*, PS 9/93, S. 35 ff, S. 46. *Entscheidung des Obersten Gerichtshofes* vom 23.01.96 [AZ: II CRN 188/95] (PPH 12/96, S. 38).

[171] *Świeboda*, PS 9/93, S. 35 ff, S. 46.

[172] Art. 118 § 1 polnKO.

[173] Für das Pfandrecht: Art. 117 § 5 S. 1 polnKO; Für die Hypothek: Art. 118 § 2 polnKO. Zur alten Rechtslage: *Świeboda*, PS 9/93, S. 35 ff, S. 40 ff.; *Fras*, MoP 8/96, S. 283 ff.

[174] Art. 204 § 1 Nr. 2 lit. b polnKO.

[175] Art. 204 § 1 Nr. 2 lit b polnKO.

[176] Art. 117 § 4 S. 2 polnKO.

3. Sicherungsübereignung und Sicherungsabtretung

Nach einhelliger Meinung hat der Sicherungsnehmer im Konkurs des Sicherungsgebers ein Aussonderungsrecht[177]. Das Aussonderungsrecht kann sich auf Sachen, Rechte und Forderungen beziehen.

Der Sicherungsnehmer kann die Herausgabe einer sicherungsübereigneten Sache verlangen. Gibt der Konkursverwalter die Sache nicht freiwillig heraus, so entscheidet der Konkursrichter über die Herausgabe der Sache[178]. Versagt der Konkursrichter die Herausgabe der Sache, so muß der Sicherungsnehmer auf Herausgabe klagen[179].

Sofern der Gemeinschuldner die sicherungsübereignete Sache veräußert hat, ist die Gegenleistung dem Aussonderungsberechtigten herauszugeben, soweit sie sich in der Konkursmasse, abgesondert vom übrigen Vermögen, befindet[180].

Hat der Konkursverwalter zu Unrecht über die sicherungsübereignete Sache verfügt, so kann der Aussonderungsberechtigte die Gegenleistung in jedem Fall fordern[181]. Liegt ein Verschulden seitens des Konkursverwalters vor, so erhält der Aussonderungsberechtigte zusätzlich noch einen Schadenersatzanspruch[182].

Nach deutschem Recht erhält der Sicherungsnehmer nur ein Absonderungsrecht, da die Sicherungsübereignung funktionell nur ein besitzloses Pfandrecht ist.

Diese Verwandtschaft läßt es aber auch im polnischen Recht angemessen erscheinen, die Vorschriften über das Registerpfandrecht (vor allem: Art. 117 § 4 polnKO), das ein besitzloses Pfandrecht ist, auf die Sicherungsübereignung analog anzuwenden[183].

---

[177] Art. 28 § 1 polnKO. *Zedler*, PB 2/94, S. 55 ff, S. 56 ff.; *Jakubecki,* in: *Jakubecki/Mojak/Niezbecka:* S. 279; *Pyzioł,* S. 109 ff, S. 136.

[178] Art. 31 § 1 polnKO.

[179] Art. 31 § 3 polnKO.

[180] Art. 28 § 2 polnKO.

[181] Art. 28 § 3 S. 1 polnKO. *Zedler*, PB 2/94, S. 55 ff, S. 58.

[182] Art. 28 § 3 S. 2 polnKO. Diese Ersatzforderung ist an zweiter Rangstelle gemäß Art. 204 § 1 Nr. 2 polnKO zu befriedigen, *Zedler*, PB 2/94, S. 55 ff, S. 58. *Allerhand,* Art. 28 Anm. 16, S. 156 f.

[183] Andeutungsweise: *Jakubecki,* in: *Jakubecki/Mojak/Niezbecka:* S. 276 (Anders: S. 279).

Der Unterschied zwischen Registerpfandrecht und Sicherungsübereignung ist aber selbst bei Anerkennen eines Aussonderungsrechts nicht so gravierend, wie es auf dem ersten Blick den Anschein hat. Durch den Konkursfall tritt regelmäßig auch der Sicherungsfall - also der Ausfall der ordnungsgemäßen Rückzahlung der Kreditraten - ein. Der Sicherungsnehmer ist daher ohnehin verpflichtet, die Sache im Wege des freihändigen Verkaufs zu verwerten und sich an dem erzielten Gewinn zu befriedigen. Einen Mehrerlös muß er an die Konkursmasse herausgeben[184]. Dementsprechend liegt der Vorteil der Sicherungsübereignung allein darin, daß der Sicherungsnehmer die Kontrolle über die Verwertung behält, wohingegen ein Registerpfandrecht unter Kontrolle des Konkursverwalters verkauft wird, sofern nicht sogar der umständliche Weg über das gerichtliche Zwangsvollstreckungsverfahren eingeschlagen werden muß.

Im Konkurs des Sicherungsnehmers steht dem Sicherungsgeber ebenfalls ein Aussonderungsrecht zu[185]. Die herrschende Meinung unterscheidet zwischen dem materiell und dem formell berechtigten Eigentümer[186]. Der materiell berechtigte Eigentümer ist der Sicherungsgeber und der formell berechtigte Eigentümer ist der Sicherungsnehmer.

Nach einer in der Literatur vertretenen Mindermeinung soll jedoch nur dem Sicherungsgeber ein Aussonderungsrecht zustehen, der sein Eigentum unter einer auflösenden Bedingung an den Sicherungsnehmer übereignet hat. Hat der Sicherungsgeber lediglich einen schuldrechtlichen Rückübereignungsanspruch im Sicherungsvertrag vereinbart, könne der Sicherungsnehmer nur diese Forderung zur Konkurstabelle anmelden. Seine Befriedigung erfolge allein aus der Konkursmasse[187].

4. Eigentumsvorbehalt

Das rechtliche Schicksal des Eigentumsvorbehalts im Konkurs ist eng mit der Frage verbunden, ob dieser durch Konkurseröffnung erlischt. Der Eigentumsvorbehalt erlischt bei Konkurseröffnung, wenn er den Gläubigern des Käufers gegenüber unwirksam ist[188]. Der Eigentumsvorbehalt ist den Gläubi-

---

[184] *Jakubecki,* in: *Jakubecki/Mojak/Niezbecka:* S. 294. Behält er den Mehrerlös, so ist er ungerechtfertigt bereichert, Art. 405 KC.

[185] *Pyzioł,* S. 109 ff, S. 136.

[186] *Allerhand,* Art. 28 Anm. 2, S. 152.

[187] *Pyzioł,* S. 109 ff, S. 137.

[188] Art. 42 polnKO gilt nur für den Konkurs des Vorbehaltskäufers.

gern des Käufers gegenüber unwirksam, wenn die Schriftform mit feststehendem Datum nicht eingehalten wurde[189].

Sofern der Eigentumsvorbehalt den Gläubigern des Käufers gegenüber wirksam ist, hat der Konkursverwalter des Käufers ein Wahlrecht[190]. Und zwar zwischen Erfüllung des Vertrages und Rücktritt. Wählt der Konkursverwalter Erfüllung, so verliert der Verkäufer durch endgültige Begleichung der Kaufpreisforderung sein Eigentum an der Vorbehaltssache. Wählt der Konkursverwalter dagegen den Rücktritt[191], so kann der Verkäufer die Sache herausverlangen *(Aussonderungsrecht nach Art. 28 polnKO)*[192]. Sofern der Eigentumsvorbehalt den Gläubigern des Käufers gegenüber unwirksam ist und er deswegen durch Konkurseröffnung erlischt, so fällt die Kaufsache in die Konkursmasse. Der Verkäufer erhält für seine Kaufpreisforderung nur eine Konkursforderung[193].

IV. Konkurs des Sicherungsnehmers

1. Allgemein

Der Konkurs des Sicherungsnehmers führt dazu, daß die gesicherte Forderung und die mit ihr verbundenen Personalsicherheiten mit dem Tag der Konkurseröffnung fällig werden[194]. Der Konkursverwalter kann also vom Bürgen und Garanten Zahlung an die Konkursmasse verlangen.

2. Hypothek und Pfandrecht

Im Konkurs des Pfandgläubigers und des Hypothekars fällt selbstverständlich nur das Pfandrecht bzw. die Hypothek, nicht aber die Pfandsache oder das Grundstück in die Konkursmasse. Verlangt der Verpfänder Herausgabe seiner Pfandsache (Aussonderung aufgrund seines Eigentums), so muß der Konkursverwalter diesem Verlangen gegen Ablösung des Pfandrechts nachgeben. Da die gesicherte Forderung spätestens mit Konkurseröffnung fällig geworden ist,

---

[189] Art. 590 § 1 S. 2 KC iVm Art. 81 KC.

[190] Art. 39 § 1 polnKO, *Allerhand,* Art. 42 Anm. 4, S. 234 f.

[191] Auch der Verkäufer kann bei Verzug des Käufers zurücktreten, Art. 586 KC.

[192] *Allerhand,* Art. 42 Anm. 5, S. 236. In diesem Fall muß der Vorbehaltskäufer allerdings die vom Vorbehaltskäufer bezahlten Raten an die Konkursmasse herausgeben.

[193] Art. 204 § 1 Nr. 6 polnKO.

[194] Art. 32 § 1 polnKO.

kann der Konkursverwalter das Pfandrecht oder die Hypothek zur Befriedigung dieser Forderungen verwerten.

3. Sicherungsübereignung und Sicherungsabtretung

Bei einer rein formellen Betrachtungsweise hätte der Sicherungsgeber im Konkurs des Sicherungsnehmers kein Aussonderungsrecht. Insoweit stünde der Sicherungsgeber wirtschaftlich und rechtlich schlechter als der Pfandgläubiger, dem ein Aussonderungsrecht zusteht. Die sicherungsübereignete Sache müsste vom Konkursverwalter verwertet werden und der Erlös flöße unmittelbar in die Konkursmasse. Die gesicherte Forderung würde erlöschen, sofern der Verwertungserlös den Betrag der gesicherten Forderung erreicht. Der Anspruch des Sicherungsgebers auf Herausgabe des Mehrerlöses wäre nur eine Konkursforderung[195].

Legt man aber eine wirtschaftliche Betrachtungsweise - wie in Deutschland - zugrunde, so steht dem Sicherungsgeber ebenfalls ein Aussonderungsrecht zur Verfügung. Allerdings kann der Konkursverwalter die Freigabe aufgrund des Sicherungsvertrages zurückhalten, bis die gesicherte Forderung erfüllt ist. Wird die gesicherte Forderung aber nicht erfüllt, so kann der Konkursverwalter die Sache verwerten. Allerdings steht dem Sicherungsgeber in diesem Fall ein Anspruch auf Freigabe des Mehrerlöses zu, welcher gegen die Konkursmasse durchzusetzen ist und keine Konkursforderung darstellt.

4. Eigentumsvorbehalt

Im Gegensatz zum Konkurs des Vorbehaltskäufers behält der Eigentumsvorbehalt im Falle des Verkäuferkonkurses seine Wirksamkeit[196]. Zur Anwendung kommen die allgemeinen Vorschriften über nicht erfüllte gegenseitige Verträge[197]. Der Konkursverwalter hat also ein Wahlrecht zwischen Erfüllung und Rücktritt[198].

---

[195] Art. 204 § 1 Nr. 6 polnKO.

[196] Art. 42 polnKO.

[197] Art. 39, 40 polnKO. Ausführlich: *Allerhand,* Art. 42 Anm. 5, S. 235 f.

[198] Hier kann sich das Rücktrittsrecht des Konkursverwalters nicht nur aus dem Konkursrecht, sondern auch aus Art. 586 KC ergeben. Da es beim Rücktritt zu ungerechten Ergebnissen kommen kann, könnte man die Ausübung des Wahlrechts unter das Postulat von Treu und Glauben zu stellen, ausführlich *Medicus*, S. 339 ff, Rn. 480 m.w.N.

§ 4. Beendigungsphase

A. Allgemein

Sicherungsrechte sind in ihrem Bestand vielen Gefahren ausgesetzt. Glücklich kann sich derjenige Gläubiger schätzen, bei dem der Befriedigungserfolg ohne Ausnutzung seines Sicherungsrechts eintritt. Unterbleibt aber der ersehnte Befriedigungserfolg, so stellen sich dem Sicherungsnehmer zwei Fragen:

1. „Besteht mein Sicherungsrecht noch?" (Beendigungsphase) und
2. „Wie kann ich mein Sicherungsrecht verwerten?" (Verwertungsphase).

Daneben löst die Beendigungsphase aber auch eine ganze Reihe von Abwicklungsfragen zwischen den einzelnen am Sicherungsrechtsverhältnis unmittelbar oder mittelbar beteiligten Personen aus: z.B. „Steht dem Sicherungsgeber möglicherweise ein Regreßanspruch gegen den Schuldner zu, oder kann vielleicht dieser vom Sicherungsgeber Ersatz verlangen? Wie sieht der Ausgleich zwischen verschiedenen Sicherungsgebern aus, die für eine Forderung ihre Sicherungen hingaben?" etc.

Diese Vorüberlegungen führen zu einer Dreiteilung. Im ersten Abschnitt werden diejenigen Beendigungsereignisse eines Sicherungsrechtsverhältnisses besprochen, die nicht zu einer Verwertung des Sicherungsrechts führen. Hierbei müssen zwei Fragen beantwortet werden. Erstens, welche Ereignisse führen zur Beendigung und zweitens, wie ist die Rückabwicklung[1] des Sicherungsverhältnisses ausgestaltet. Im zweiten Abschnitt wird es um die Beendigung des Sicherungsverhältnisses durch Verwertung gehen. Die Verwertungsphase setzt sich hauptsächlich aus der Umsetzungs- und Befriedigungsphase zusammen[2]. Zuletzt wird auf die Auswirkungen der Beendigung auf die verschiedenen Rechtsverhältnisse eingegangen.

B. Untergangs- und Rückabwicklungsphase

I. Akzessorische Rechte

1. Allgemein

Akzessorische Rechte können aus drei Gründen „untergehen" *(bzw. auf einen anderen Rechtsinhaber übergehen)*:

---

[1] *Becker-Eberhard*, S. 606 ff.

[2] Ähnlich: *Becker-Eberhard*, S. 251 ff, 637 ff, 675 ff.

(1) durch Veränderung bezüglich der gesicherten Forderung,

(2) durch Veränderung bezüglich des Sicherungsrechts und

(3) durch Veränderung bezüglich des Sicherungsgegenstandes[3].

2. Veränderung bezüglich der gesicherten Forderung

a) Allgemein

Akzessorische Rechte sind in ihrem Bestand unmittelbar abhängig von der gesicherten Forderung. Streng genommen kann man vier verschiedene Typen dieser Abhängigkeit *(Akzessorietät)* unterscheiden. Dies sind die Entstehens-, die Übertragungs-, die Inhalts- und die Erlöschensakzessorietät. Bei der Beendigungsphase sind von besonderem Interesse die Erlöschens- und die Übertragungsakzessorietät. Beide Formen der Akzessorietät bewirken den Untergang eines konkreten Sicherungsverhältnisses. Allerdings unterscheiden sie sich in ihren Wirkungen auf das Sicherungsrecht grundlegend. Die Erlöschensakzessorietät bezeichnet den Umstand, daß das Sicherungsrecht durch Untergang der Forderung seine Existenz verliert[4]. Die Übertragungsakzessorietät berührt dagegen nicht die Existenz des Sicherungsrechts, sondern die Rechtsinhaberschaft. Insoweit ist die Übertragungsakzessorietät ein zweischneidiges Schwert, da sie ein Unterfall der Erwerbs- und der Beendigungsakzessorietät ist. Diese beschriebenen Prinzipien der Akzessorietät lassen sich aber nicht ohne Ausnahmen aufrechterhalten. Als Ausnahmen sind insbesondere die Forderungsauswechslung als auch der gutgläubige Erwerb eines Buchrechts bei nichtexistenter Forderung zu nennen.

Die Einteilung dieses Abschnitts gliedert sich aber nicht nach den verschiedenen Formen der Akzessorietät (z.B. Fälle der Erlöschens-, der Übertragungsakzessorietät oder der Forderungsauswechslung etc.), sondern nach den tatsächlichen Ereignissen der Beendigung. Diese sind: Befriedigung des Gläubigers durch Leistung, Beendigung durch Ausübung eines Gestaltungsrechts und durch Vertrag. Die gesicherte Forderung kann auch untergehen, wenn eine auflösende Bedingung oder ein Endtermin eintritt. Die Einteilung nach den tatsächlichen Beendigungsereignissen hat zwei Vorteile. Erstens zergliedert die Einteilung nach den Gesichtspunkten der Akzessorietät gleiche tatsächliche Handlungen in verschiedene Kategorien. So kann z.B. die Leistung des persönlichen Schuldners ein Unterfall der Erlöschensakzessorietät oder der Forderungsauswechslung sein. Zweitens erhöht sich die Vergleichbarkeit ver-

---

[3] Ausführlich: *Wąsiewicz,* System II, S. 620 ff.

[4] Der Grundsatz der Erlöschensakzessorietät ist ausdrücklich nur im HypG und im PfRG erwähnt: Art. 94 HypG, Art. 18 Abs. 1 PfRG. Bei der Bürgschaft und dem Pfandrecht (anders noch Art. 255 prRzecz 1946) findet er selbstverständlich ebenfalls Anwendung, *Skąpski*, SC 8/66, S. 143 ff, S. 152.

schiedener Rechtsordnungen untereinander, wenn man eine Einteilung nicht nach rechtlichen Kategorien, sondern nach tatsächlichen Ereignissen vornimmt.

Ein Beispiel mag das erläutern: Das deutsche Hypothekenrecht regelt viele Beendigungsereignisse als Unterfälle der Übertragungsakzessorietät (Eigentümergrundschuld!), wohingegen das polnische Hypothekenrecht zum Erlöschen des Sicherungsrechts führt.

b) Akzessorietät und Registerrechte

Bevor aber auf die einzelnen Beendigungsereignisse eingegangen wird, verdient die Erlöschensakzessorietät bei den eintragungspflichtigen Rechte eine genaue Betrachtung. Eine Hypothek entsteht nicht ohne Bestellungsakt. Neben der Entstehung der Forderung treten also noch andere konstitutive Merkmale des Hypothekenerwerbs, wie z.B. der Bestellungsvertrag und die Eintragung ins Grundbuch. Konstruktiv ähnlich verhält sich die Übertragung einer Hypothek. Sie verlangt neben der Abtretung der Forderung noch eine Neueintragung ins Grundbuch, um wirksam zu werden. Anders verhält sich aber das Erlöschen einer Hypothek durch Veränderung an der Forderung. Diese vollzieht sich grundsätzlich allein durch die Veränderung der Forderung. Ein Löschungseintrag der Hypothek hat - im Gegensatz zur Bestellung einer Hypothek - nur deklaratorischen Charakter. Allerdings liegt die Löschung der Hypothek aus dem Grundbuch im Interesse des Eigentümers. Solange nämlich die Hypothek noch nicht aus dem Grundbuch gelöscht wurde, wirkt die Richtigkeitsvermutung des Grundbuchs[5], mit der Gefahr des gutgläubigen Erwerbs des Buchrechts „Hypothek“[6].

Gleich der Hypothek geht auch das Registerpfand bei Erlöschen der gesicherten Forderung ohne Erfordernis eines Löschungseintrags unter. Allerdings kann im Pfandvertrag bestimmt werden, daß das Pfandrecht trotz Erlöschens der gesicherten Forderung nicht untergeht[7]. Die Löschung des Registerpfandrechts erfolgt auf Antrag. Den Antrag können der Verpfänder, der Pfandgläubiger und der Erwerber der Pfandsache stellen, soweit das Registerpfandrecht durch den Erwerb untergegangen ist[8]. Verpfän-

---

[5] Art. 3 Abs. 1 HypG.

[6] Um den Eigenümer vor Schaden zu bewahren, ist der Hypothekar dem Eigenümer zur Mithilfe bei der Rückabwicklung verpflichtet, Art. 100 HypG. So kann er zum Beispiel dem Eigenümer gegenüber verpflichtet sein, eine notariell beurkundete Quittung über die Erfüllung der Hauptschuld durch den persönlichen Schuldner zu besorgen, so *Polak/Scheuring*: HypG, Anm. zu Art. 100 HypG, S. 72. Das Formerfordernis ergibt sich aus Art. 31 HypG.

[7] Art. 18 Abs. 1 PfRG. Die Parteien des Pfandvertrages können also die Akzessorietät durchbrechen. Dogmatisch wäre es besser gewesen, das Pfandrecht bei Untergang der Forderung erlöschen zu lassen und den Parteien die Möglichkeit einer Rangsicherungsvereinbarung zu geben.

[8] Art. 19 PfRG.

der und Erwerber müssen dem Antrag die schriftliche Bestätigung des Pfandgläubigers beilegen, daß das Registerpfand untergegangen ist oder der Pfandgläubiger auf das Registerpfandrecht verzichtet hat oder die rechtskräftige gerichtliche Entscheidung über den Untergang des Pfandrechts[9]. Der Erwerber kann dem Antrag statt dessen die Erklärung des Gerichtsvollziehers beilegen, daß er die Pfandsache im Wege der Zwangsvollstreckung erworben hat[10].

c) Leistung der gesicherten Geldsumme

Idealfall der Beendigung eines akzessorischen Rechts für den Gläubiger ist die Befriedigung seiner Interessen durch Leistung der gesicherten Geldsumme. Da an einem Sicherungsverhältnis mehrere Personen beteiligt sind, kann eine solche Leistung von verschiedenen Personen vorgenommen werden. In Frage kommen insbesondere Leistungen durch den persönlichen Schuldner, durch den Sicherungsgeber, durch andere Gläubiger oder durch andere Sicherungsgeber[11]. Von wem der aufgeführten Personen diese Leistung erbracht wird, hat für den Gläubiger grundsätzlich keine Bedeutung, da er befriedigt wird. Die Rechtsfolgen dieser Leistungen lassen sich in zwei Kategorien einteilen. Soweit dem Leistenden kein Rückgriff gegen eine andere am Sicherungsverhältnis beteiligte Person zusteht, erlischt dieses. Steht dem Leistenden dahingegen ein solcher Rückgriff zu, so erwirbt er regelmäßig auch das Sicherungsrecht. Dies geschieht durch Erwerb der gesicherten Forderung (Übertragungsakzessorietät) oder durch Auswechslung der gesicherten Forderung gegen die Rückgriffsforderung (Forderungsauswechslung).

Bei akzessorischen Rechten erlischt das Sicherungsrecht im Gleichlauf mit der gesicherten Forderung. Um gerade bei der Hypothek nicht in Beweisschwierigkeiten zu kommen, ist es dem persönlichen Schuldner/Eigentümer anzuraten, vom Gläubiger eine Quittung für die erbrachten Leistungen zu verlangen[12].

---

[9] Art. 19 Nr. 2 bzw. Art. 19 Nr. 3 lit a und d PfRG. Ausreichend ist auch eine Bescheinigung des Vollstreckungsrichters über den Verkauf der Pfandsache im Konkursverfahren, Art. 19 Nr. 3 lit. c PfRG.

[10] Art. 19 Nr. 3 lit b PfRG.

[11] Ausführlich zu den Ablösungsrechten: *Hager,* ZIP 4/97, S. 133 ff, S. 134.

[12] Art. 462 § 1 KC. Lehnt der Gläubiger die Erteilung der Quittung ab, so kann der Schuldner die Leistung verweigern oder bei Gericht hinterlegen, Art. 463 KC. Erteilt der Gläubiger die Quittung für eine bestimmte periodische Leistung, so wird hierdurch die widerlegliche Vermutung begründet, daß auch die früher fällig gewordenen periodischen Leistungen erbracht worden sind, Art. 466 S. 2 KC.

d) Durch Gestaltungserklärung

Die gesicherte Forderung kann durch Rücktritt, Kündigung oder Aufrechnung erlöschen.

Ebenso wie nach dem deutschen Recht, aber im Unterschied zu dem romanischen Rechtskreis[13], verlangt das polnische Recht neben der Aufrechnungslage noch die Aufrechnungserklärung[14]. Die Aufrechnung ist der anderen Partei gegenüber zu erklären. Sie wirkt auf den Zeitpunkt zurück, an dem die Aufrechnung möglich geworden ist[15]. Eine Aufrechnungslage besteht, wenn folgende Voraussetzungen erfüllt sind:

1. Gegenseitigkeit der Forderungen, d.h. zwei Personen sind untereinander Gläubiger und Schuldner.
2. Gleichartigkeit. Beide Forderungen müssen einen identischen Gegenstand betreffen. Nach polnischem Recht ist die Gleichartigkeit auf Geld und Sachen gleicher Güte beschränkt, die der Gattung nach bestimmt sind.
3. Fälligkeit. Beide Forderungen müssen fällig sein[16].
4. Durchsetzbarkeit. Die Forderungen müssen vor Gericht oder einen Staatsorgan geltend gemacht werden können.
5. Kein Ausschluß der Aufrechnung[17].

Beispiel 1: B, der sich für eine Forderung des G gegen den S verbürgt hat, wird von G in Anspruch genommen. B rechnet mit einer Forderung des S gegen G aus unerlaubter Handlung auf. Beispiel 2: Wie Beispiel 1. Allerdings ist die Forderung, für welche B sich verbürgt hat aus einer unerlaubten Handlung des S gegen den G entstanden. B rechnet mit einer Kaufpreisforderung des S auf.

Das deutsche Recht gewährt bei Vorliegen einer Aufrechnungslage dem akzessorischen Sicherungsgeber lediglich eine dilatorische Einrede[18]. Diese Einrede ist aber nur gegeben, wenn das Aufrechnungsrecht dem Gläubiger gegen eine fällige Forderung des Schuldners zusteht. Sie darf daher nicht erhoben werden, wenn nur der Schuldner aufrechnen darf[19].

---

[13] *Max-Planck-Institut*, S. 40.

[14] Art. 499 KC.

[15] Art. 499 KC.

[16] Nach § 387 BGB muß nur die Gegenforderung fällig sein. Die Hauptforderung muß nur erfüllbar sein.

[17] Art. 505 KC.

[18] *Bürgschaft:* § 770 Abs. 2 BGB; *Pfandrecht:* § 1211 Abs. 1 BGB iVm § 770 Abs. 2 BGB; *Hypothek:* § 1137 Abs. 1 BGB iVm § 770 Abs. 2 BGB.

[19] Z.B. in den Fällen des §§ 393, 394 BGB.

Nach polnischem Recht darf der (akzessorische) Sicherungsgeber für den Hauptschuldner die Aufrechnung erklären[20]. Im Gegensatz zum deutschen Recht gebührt das Aufrechnungsrecht dem Sicherungsgeber dann, wenn dem persönlichen Schuldner dieses zusteht. Er kann also auch dann aufrechnen, wenn nur dieser zur Aufrechnung befugt ist, nicht aber der Gläubiger.

Dieser Unterschied der rechtlichen Konstruktionen wird an den beiden einleitend aufgeführten Beispielen deutlich. Im ersten Beispiel kann B nach polnischem Recht aufrechnen. Die Einrede der Aufrechnungslage würde ihm nach deutschem Recht aber gerade nicht zustehen. Der Gläubiger darf nämlich nicht gegen eine Forderung aus unerlaubter Handlung aufrechnen[21]. Das zweite Beispiel dreht die Rechtslage um. Hier darf der Bürge die Einrede der Aufrechnungslage erheben. Nach polnischem Recht dürfte der Bürge aber nicht aufrechnen, da diese Verteidigungsmöglichkeit dem Schuldner gerade nicht zusteht[22]. Die unterschiedlichen Regelungen beruhen auf unterschiedlichen Ausgangspunkten. Ausgangspunkt der deutschen Regelung ist die Frage, ob das Sicherungsinteresse des Gläubigers die Inanspruchnahme des Bürgen begründet. Das polnische Recht dahingegen legt mehr Gewicht auf den Gesichtspunkt der „Befriedigungsgemeinschaft" zwischen Schuldner und Bürgen. Im Endeffekt ist diese unterschiedliche Betrachtungsweise mit dem Vorhandensein oder Fehlen des Prinzips der Subsidiarität verbunden. Solange nach deutschem Recht sich der Gläubiger beim Hauptschuldner schadlos halten kann, so soll er auch alle Mittel ausnutzen, bevor er den Sicherungsgeber in Anspruch nimmt. Nach polnischem Recht kann der Gläubiger wahlweise zuerst den Bürgen oder den Schuldner in Anspruch nehmen. Nimmt er den Bürgen in Anspruch, so darf dieser sich der Verteidigungsmittel des Schuldners bedienen.

e) Durch Vertrag

Sicherungsrechte können durch bestimmte Verträge erlöschen oder auf eine andere Personen übergehen. Nicht erforderlich ist, daß die Verträge direkt das Sicherungsrecht betreffen - bzw. als Regelungsinhalt haben.

Einen Fall der bereits behandelten Übergangsakzessorietät ist die Abtretung der gesicherten Forderung. Wird die Forderung abgetreten, so verliert der Zedent[23] seine akzessorischen Sicherungsrechte, die auf den Zessionar übergehen. Wie die Abtretung ausgestaltet ist und sich auf das Sicherungsrecht auswirkt, wurde bereits in der Erwerbsphase besprochen.

---

[20] *Bürgschaft:* Art. 883 § 1 KC; *Hypothek: Polak/Scheuring*: HypG, Anm. zu Art. 73, S. 53; andere Ansicht: *Szpunar*, PiP 8/93, S. 16 ff, S. 24; *Pfandrecht: Skąpski*, SC 8/66, S. 143 ff, S. 158; *KCK/Majorowicz*, Anm. zu Art. 315 KC, S. 758.

[21] § 393 BGB.

[22] Art. 505 Nr. 3 KC.

[23] Art. 509 § 2 KC.

Die befreiende Schuldübernahme ist ein kausaler Verfügungsvertrag[24]. Der Übernahmevertrag wird zwischen dem Übernehmer und dem Gläubiger oder dem Schuldner geschlossen[25]. Die nicht beteiligte Partei muß zustimmen. Die Zustimmung des Gläubigers ist unwirksam, wenn er nicht wußte, daß der Übernehmer zahlungsunfähig ist[26]. Diesen Vorteil hat er nicht, wenn er den Vertrag mit dem Übernehmer geschlossen hat, da er sich den Übernehmer selbst ausgesucht hat, so daß er das Risiko der Zahlungsunfähigkeit tragen muß. Der Schuldübernahmevertrag ist schriftlich abzuschließen[27]. Die Schuldübernahme bewirkt, daß die akzessorischen Sicherungsrechte erlöschen[28]. Pfandrecht und Hypothek bleiben bestehen, wenn der Sicherungsgeber mit dem persönlichen Schuldner personenidentisch ist. Akzessorische Sicherungsrechte erlöschen nicht, wenn der Sicherungsgeber dem Fortbestand der Sicherung zugestimmt hat[29]. Die Einwilligung muß jedoch bereits vor dem Schuldübernahmevertrag erteilt worden sein. Fehlt es an einer solchen Einwilligung, so erlischt das Sicherungsrecht. Eine spätere Genehmigung läßt das Sicherungsrecht nicht wieder aufleben. Erforderlich ist eine Neubestellung[30].

Problematisch ist, ob der Bürge der Schuldübernahme schriftlich zustimmen muß. Für Formfreiheit spricht, daß der Bürge bereits durch die schriftliche Erteilung seiner Bürgschaftserklärung ausreichend vor den Gefahren einer Bürgschaft gewarnt wurde. Eine erneute Warnung ist nicht erforderlich, da durch die Schuldübernahme die Pflichten des Bürgen nicht ausgeweitet wurden. Gegen Formfreiheit spricht die tatsächliche Auswirkung der Schuldübernahme für den Bürgen. Durch den Austausch des Hauptschuldners kann sich die Gefahr, in Anspruch genommen zu werden, deutlich erhöht haben. Um sich dieser Gefahr bewußt zu werden, ist Schriftform auch für die Zustimmung zu fordern[31].

Anzumerken ist ein kleiner Unterschied zum deutschen Hypothekenrecht. Grundsätzlich bewirkt die Schuldübernahme das Erlöschen von akzessorischen Rechten[32].

---

[24] *KCK/Łubkowski*, Vorbem. zu Art. 519 ff KC, S. 1231.

[25] Art. 519 § 2 Nr. 1, Nr. 2 KC.

[26] Art. 519 § 2 Nr. 2 KC

[27] Art. 522 KC.

[28] Art. 525 KC.

[29] Art. 525 a.E. KC.

[30] *KCK/Łubkowski*, Anm. zu Art. 525 KC, S. 1237. Die Schuldübernahme unterscheidet sich durch das Zustimmungserfordernis des Sicherungsgebers grundlegend von der Abtretung. Zu diesem Unterschied: *KCK/Łubkowski*, Anm. zu Art. 525 KC, S. 1237. *Szpunar,* Palestra 11-12/92, S. 22 ff, S. 28.

[31] A.A. *Szpunar*, Rejent 7-8/94, S. 9 ff, S. 19 m.w.N.

[32] § 418 Abs. 1 S. 1 BGB für die Bürgschaft und das Pfandrecht.

Davon ist jedoch die Hypothek ausgenommen. Durch die Schuldübernahme erlischt sie nicht, sondern geht auf den Eigentümer des hypothekarisch belasteten Grundstücks über[33]. Dort wandelt sie sich in eine Eigentümergrundschuld um[34].

Die Vertragsübernahme ist im polnischen Recht nicht geregelt. Die Vorschriften über die Schuldübernahme sind entsprechend anzuwenden. Die Schuldbefreiung ist ein zweiseitiger zwischen Gläubiger und Schuldner abgeschlossener Vertrag[35]. Durch die Schuldbefreiung erlischt die Forderung und damit auch die für sie bestellten akzessorischen Rechte. Die Vertragsaufhebung ist im polnischen Recht nicht geregelt. Sie bewirkt als actus contrarius das Erlöschen des Schuldverhältnisses im weiteren Sinne[36] und führt damit - gleich wie die Schuldbefreiung - zum Erlöschen der Forderung. Im Unterschied zur Schuldbefreiung hat der Aufhebungsvertrag rückwirkende Kraft *(ex tunc)*[37]. Dem Prinzip der Erlöschensakzessorietät folgend erlöschen durch den Aufhebungsvertrag auch die für die Forderung bestellten akzessorischen Sicherungsrechte. Die Novation ist ein zwischen Schuldner und Gläubiger geschlossener Vertrag. Sie liegt vor, wenn zum Zwecke der Tilgung der alten Verbindlichkeit (also mit *animus novandi*) eine andere Leistung gesetzt wird[38]. Inhaltsänderungen sind im Zweifel keine Schulderneuerung[39].

Beispiele für Schulderneuerung: A schuldet dem B noch einen Kaufpreis in Höhe von 1000,00 PLN. Sie vereinbaren, daß anstatt der Zahlung der 1000,00 PLN B dem A ein Pferd übereignen muß. A behält seinen Anspruch auf Zahlung der 1000,00 PLN. Rechtsgrund soll aber eine Schenkung (oder Darlehen - sog. Vereinbarungsdarlehen) sein. Beispiele für Inhaltsänderung: Änderung des Erfüllungsortes oder des Fälligkeitzeitpunktes.

Die Wirkung der Schulderneuerung ist nicht nur das Erlöschen der alten Verbindlichkeit, sondern auch der akzessorischen Rechte, wie Bürgschaft, Pfandrecht und Hypothek. Pfandrecht und Hypothek bleiben aber bestehen, wenn der Sicherungsgeber mit dem persönlichen Schuldner personenidentisch

---

[33] § 418 Abs. 1 S. 2 iVm 1168 Abs. 1 BGB. Das Gesetz fingiert den Verzicht des Gläubigers, *Bülow,* S. 76, Rn. 258.

[34] § 1177 Abs. 1 S. 1 BGB.

[35] Art. 508 KC. Die Schuldbefreiung entspricht dem Erlaßvertrag nach § 397 Abs. 1 BGB.

[36] *Palandt/Heinrichs* BGB § 397 Rn. 1 (Anm. 1b). Im Gegensatz zur Schuldbefreiung, die das Schuldverhältnis im engeren Sinne betrifft.

[37] *Radwański*, SAT, S. 283, Rn. 859.

[38] Art. 506 § 1 KC. Ebenfalls ein Fall der Novation liegt vor, wenn der Rechtsgrund der geschuldeten Leistung geändert wird.

[39] Art. 506 § 2 KC.

ist. Akzessorische Rechte erlöschen auch dann nicht, wenn der Sicherungsgeber dem Fortbestand der Sicherung für die neue Forderung zugestimmt hat[40]. Die Schulderneuerung zwischen einem Gesamtschuldner und dem Gläubiger führt zur Befreiung der übrigen Gesamtschuldner. Diese Wirkung tritt aber nicht ein, wenn der Gläubiger sich seine Rechte vorbehält[41].

Stundet der Gläubiger einem zahlungsfähigen Schuldner seine Schuld und wird dieser während der Stundungsdauer zahlungsunfähig, so wird der Bürge von seiner Verpflichtung frei. Er muß beweisen, daß der Gläubiger vom Schuldner befriedigt worden wäre, wenn jener die Schuld nicht gestundet hätte[42].

3. Veränderung bezüglich des Sicherungsrechts

a) Allgemein

Die akzessorischen Sicherungsrechte gehen nicht nur als „Anhängsel" zur Forderung unter; sie können auch aus *eigenem Recht* ihre Existenz verlieren. Erwähnenswerte Verlustgründe eines Sicherungsrechts in diesem Zusammenhang sind: die Konsolidation, die Kündigung, der Eintritt einer Frist oder auflösenden Bedingung, der Verzicht *(bzw. die Aufhebung)*, die Rückgabe, die versehentliche Löschung eines eintragungspflichtigen Sicherungsrechts aus dem Register und die Hinterlegung.

b) Konsolidation

Ein beschränkt dingliches Recht erlischt, wenn sich Vollrecht und beschränkt dingliches Recht in einer Person vereinigen (Konsolidation)[43]. Nach deutschem Recht erlischt eine Hypothek nicht, wenn der Eigentümer des Grundstücks sie erwirbt[44]. Er erwirbt eine Eigentümergrundschuld.

c) Kündigung

Beispiel: B verbürgt sich dem Vermieter V gegenüber für die Mietzinszahlungen des S einzustehen. B zahlt 12 Monate lang die Miete für S. Nunmehr kündigt er die Bürgschaft.

---

[40] Art. 507 KC.

[41] Art. 374 § 1 KC.

[42] *Szpunar*, Palestra 11-12/92, S. 22 ff, S. 27.

[43] Art. 247 Alt. 1 BGB.

[44] § 889 BGB.

Im Einklang mit dem allgemeinen Grundsatz, daß Dauerschuldverhältnisse gekündigt werden können, hat der BGH die Kündigung einer unbefristeten Bürgschaft für zulässig erachtet[45]. Die Kündigung muß mit einer angemessenen Frist ausgesprochen werden. Sie befreit den Bürgen nur von den Forderungen, die erst nach der Wirksamkeit der Kündigung entstanden sind. Diese Regelung ist von allgemein wirtschaftlichem Interesse. Bürgschaften für „ungewisse“ künftige Schulden erschweren die Planung wirtschaftlicher Tätigkeit und wirken sich auf den Wirtschaftsverkehr aus, da sie zur nicht überschaubaren längerfristigen Bindung von Kapital führen.

Übernimmt der Bürge eine unbefristete Bürgschaft für eine künftige Schuld, so hat er ein gesetzliches Kündigungsrecht[46]. Wegen der besonderen Schutzwirkung für den Bürgen ist dieses Kündigungsrecht zwingendes Recht[47]. Der Bürge braucht die Bürgschaft aber nicht im ganzen zu kündigen. Er kann auch teilweise kündigen[48], insbesondere den Höchstbetrag herabsetzen. Andere Sicherungsgeber haben dieses Kündigungsrecht nur, wenn es vereinbart wurde.

Ob die Kündigung schriftlich bestätigt werden soll, ist umstritten[49]. Nach Art. 77 KC sind Vertragsergänzungen, Vertragsänderungen und einvernehmliche Vertragsaufhebungen schriftlich zu vereinbaren (ad probationem) und ein Rücktritt schriftlich zu erklären, wenn der ursprüngliche Vertrag schriftlich geschlossen wurde.

Art. 77 KC ist auf die Kündigung des gesamten Vertrages nicht unmittelbar anwendbar. Die Kündigung des gesamten Vertrages ist keine Vertragsergänzung und keine Vertragsänderung, da sie zur Aufhebung des Vertrages führt. Die Kündigung ist keine einvernehmliche Vertragsaufhebung, da sie einseitig erklärt wird. Die Kündigung ist kein Rücktritt. Der Rücktritt betrifft den punktuellen Vertrag. Die Kündigung betrifft Dauerschuldverhältnisse.

Art. 77 KC ist aber auf die Kündigung eines Teils der Bürgschaft anwendbar. Kündigt der Bürge nur einen Teil der Bürgschaft, wird die Bürgschaft nicht einseitig aufgehoben, sondern einseitig geändert. Die einseitige Vertragsänderung unterliegt aber im Gegensatz zur einseitigen Vertragsaufhebung dem Schriftformerfordernis des Art. 77 KC.

Kündigt der Bürge die gesamte Bürgschaft, so ist Art. 77 KC analog anzuwenden. Der Rücktritt von einem punktuellen Vertrag und die Kündigung

---

[45] *BGH* WM 1959, 855, 856.

[46] Art. 878 § 2 KC; *Bączyk,* NP 7-8/79, S. 79 ff, S. 83 ff. Es ist ein Gestaltungsrecht.

[47] *Radwański*, Bürgschaft, S. 41.

[48] *Bączyk,* NP 7-8/79, S. 79 ff, S. 85; *Radwański*, Bürgschaft, S. 41.

[49] *Radwański*, Bürgschaft, S. 41 m.w.N.

eines Dauerschuldverhältnisses sind im Rahmen des Art. 77 KC vergleichbare Sachverhalte. Art. 77 KC will gewährleisten, daß schriftlich abgeschlossene Verträge nur in derselben Form geändert oder aufgehoben werden. Dies gilt für punktuelle Verträge und für Dauerschuldverhältnisse gleichermaßen. Der Begriff „Rücktritt" ist daher nur ein pars pro toto der einseitigen Vertragsaufhebung.

d) Frist und auflösende Bedingung

Das polnische Recht regelt ausdrücklich nur die befristete und die bedingte Bürgschaft. Mit Eintritt des Endtermins oder der Bedingung erlischt die Bürgschaft. Eine befristete Bürgschaft für eine künftige Forderung erlischt sogar dann mit Fristablauf, wenn die künftige Forderung noch gar nicht entstanden oder fällig geworden ist[50]. Wird die künftige Forderung noch vor Fristablauf fällig, so erlischt sie trotzdem mit Ablauf der Frist.

Das deutsche Recht regelt die Bürgschaft auf Zeit deutlich komplizierter. Nach der abdingbaren gesetzlichen Regelung muß der Gläubiger nach Fristablauf unverzüglich die Einziehung der Forderung durch Zwangsvollstreckung betreiben, ohne Verzögerung fortsetzen und nach Ablauf des Verfahrens dem Bürgen anzeigen, daß er ihn in Anspruch nehme; andernfalls wird der Bürge frei[51]. Steht dem Bürgen die Einrede der Vorausklage nicht zu, so entfällt dieses Verfahren. Erforderlich ist lediglich, daß der Gläubiger dem Bürgen unverzüglich Anzeige über seine Inanspruchnahme macht[52].

Eine Regelung für das Pfandrecht und die Hypothek fehlt. Trotzdem können auch diese Rechte unter einen Endtermin oder eine auflösende Bedingung gestellt werden. Bei der Hypothek empfiehlt sich zum Schutz des Eigentümers vor einem gutgläubigen Erwerb die Eintragung einer solchen zusätzlichen Vereinbarung ins Grundbuch.

e) Verzicht und Aufhebung

Verzichtet der Pfandgläubiger auf sein Pfandrecht, erlischt es[53]. Verzichtet der Hypothekar auf seine Hypothek, erlischt sie erst, wenn der Verzicht ins Grundbuch eingetragen wurde[54]. Der Hypothekar muß auf die Hypothek in

---

[50] *Radwański*, Bürgschaft, S. 39.

[51] § 777 BGB. Ausführlich: *Palandt/Sprau* BGB § 777 Rn. 2 (Anm. 1b).

[52] § 777 Abs. 1 S. 2 BGB Zum Haftungsumfang: § 777 Abs. 2 BGB.

[53] Art. 246 § 1 S. 1 KC.

[54] Art. 246 § 2 KC, Art. 96 HypG.

notarieller Form verzichten[55]. Der Verzicht ist eine einseitige empfangsbedürftige Willenserklärung[56].

Verzichtet ein Hypothekar nach deutschem Recht auf seine Hypothek, erlischt diese nicht, sondern sie geht auf den Eigentümer über und wandelt sich in eine Eigentümergrundschuld um[57]. Die Eintragung ist konstitutiv. Die Aufhebung einer Hypothek gemäß § 1183 BGB ist ein Sonderfall des deutschen Rechts. Heben Eigentümer und Hypothekar die Hypothek auf, erlischt diese. Die Aufhebung einer Hypothek setzt sich aus zwei „Verzichtserklärungen" zusammen: Der Hypothekar verzichtet auf seine Hypothek und der Eigentümer verzichtet auf seine Eigentümergrundschuld. Im polnischen Recht ist eine Trennung zwischen Verzicht und Aufhebung unnötig, da ihre Wirkung jedesmal nur das Erlöschen der Hypothek sein kann. Die Aufhebung ist daher als einseitiger Verzicht des Hypothekars auszulegen, da der „Aufhebungserklärung des Eigentümers keine eigenständige rechtliche Bedeutung zukommt.

f) Versehentliche Löschung eintragungspflichtiger Rechte

Wird eine Hypothek ohne rechtlichen Grund aus dem Grundbuch gelöscht, so erlischt sie mit Ablauf von zehn Jahren. Diese Vorschrift sichert den Einklang von tatsächlicher Rechtslage und Buchlage. Innerhalb der Zehnjahresfrist steht dem Hypothekar ein Anspruch auf Beseitigung dieses Gegensatzes zu. Diesen Anspruch kann er mit einem ins Grundbuch einzutragenden Widerspruch schützen. Dies verhindert auch einen gutgläubigen lastenfreien Erwerb[58].

Das PfRG enthält keine entsprechende Regelung[59], so daß ein versehentlich gelöschtes Registerpfandrecht ohne zeitliche Befristung bestehen bleibt. Dieser Zustand der Unrichtigkeit des Registers ist aber in Abwägung der Interessen des Rechtsverkehrs mit den Behaltensinteressen des Pfandgläubigers zeitlich zu befristen.

g) Hinterlegung

Der Eigentümer eines Grundstücks kann sich durch Hinterlegung der Hypothekensumme von einer Hypothek befreien[60]. Eine Hypothek erlischt durch

---

[55] Art. 31 Abs. 1 HypG.

[56] Art. 246 § 1 S. 2 KC.

[57] §§ 1168, 1177 Abs. 1 S. 1 BGB.

[58] Ähnliche Vorschriften sind in §§ 1970, 1971 BGB enthalten.

[59] Kritisch: *Pisuliński/Skąpski*, KPP 4/96, S. 747 ff, S. 759.

[60] Art. 99 Abs. 1 HypG. Im deutschen Recht entspricht die Befugnis zur Hinterlegung für den Eigentümer derjenigen des persönlichen Schuldners, § 1142 Abs. 2 BGB.

Hinterlegung, wenn die gesicherte Forderung fällig ist, der Hypothekar sich im Annahmeverzug befindet oder die Befriedigung des Gläubigers aus anderen Gründen erschwert ist und der Eigentümer auf die Rücknahme der hinterlegten Summe verzichtet hat.

Die Löschung der durch die Hinterlegung erloschenen Hypothek aus dem Grundbuch kann auf Antrag des Grundstückseigentümers erfolgen. Sie erfordert eine rechtskräftige Entscheidung über die Rechtmäßigkeit der Hinterlegung sowie einen Beweis dafür, daß das Geld hinterlegt und auf die Rücknahme verzichtet wurde[61].

h) Fehlende Zahlungsaufforderung

Die Bürgenschuld erlischt gemäß Art. 882 KC, wenn für die Hauptschuld ein Fälligkeitstermin nicht bestimmt ist, der Bürge frühestens sechs Monate nach seiner Bürgschaftserklärung vom Gläubiger verlangt hat, den Schuldner zur Zahlung aufzufordern[62] und der Gläubiger diesem Verlangen nicht unverzüglich[63] nachgekommen ist. Hat sich der Bürge für eine künftige Schuld verbürgt, beginnt die Sechsmonatsfrist erst mit Entstehung der Hauptschuld. Hängt die Fälligkeit von einer Kündigung des Gläubigers ab, so muß der Bürge den Gläubiger nach Ablauf der Frist auffordern, zum nächsten Termin zu kündigen. Kündigt der Gläubiger nicht zum nächsten Termin, erlischt die Bürgenschuld.

Der Erlöschensgrund für eine künftige Schuld gemäß Art. 882 KC ist vom Kündigungsrecht des Bürgen für eine künftige Schuld gemäß Art. 878 § 2 KC tatbestandlich abzugrenzen. Art. 882 KC ist ausschließlich anwendbar, wenn die Bürgschaft für die künftige Schuld befristet ist und sobald die künftige Schuld entstanden ist. Ist die Bürgschaft unbefristet und die künftige Schuld noch nicht entstanden, kann der Bürge gemäß Art. 878 § 2 KC seine Bürgschaft kündigen[64].

Die Fälligkeit hängt beim Darlehensrückzahlungsanspruch gemäß Art. 723 KC von einer Kündigung ab. Der Kreditnehmer muß, soweit ein bestimmter Rückzahlungstermin nicht vereinbart ist, das Darlehen innerhalb von sechs Wochen nach der Kündigung durch den Darlehensgeber zurückzahlen. Teilweise wird behauptet, daß auch die

---

[61] Art. 99 Abs. 2 HypG.

[62] Dieser „Umweg" ist erforderlich, da der Bürge durch eine eigene Zahlungsaufforderung an den Schuldner keine rechtlichen Folgen auslöst, *Radwański*, Bürgschaft, S. 63.

[63] Art. 882 iVm 455 KC. Unverzüglich heißt innerhalb der gewöhnlichen Ausführung dieser Tätigkeit für die konkrete Leistung, *Radwański*, SAT, S. 242, Rn. 722.

[64] *KCK/Piekarski*, Anm. 3 zu Art. 878 KC, S. 1717.

Kündigung eines Miet- oder Pachtverhältnisses Art. 882 KC unterfällt[65]. Das ist falsch. Die Fälligkeit von Zinsforderungen ist gesetzlich bestimmt[66] und nicht von einer Kündigung abhängig. Die Kündigung des Miet- oder Pachtverhältnisses stellt also nicht die Fälligkeit der Zinsforderungen her, sondern beendet das gesamte Dauerschuldverhältnis. Der Bürge kann sich bei Miet- und Pachtverhältnissen gemäß Art. 878 § 2 BGB von seiner Bürgenschuld lösen. Mietzinsforderungen für noch nicht begonnene Leistungsperioden sind künftige Forderungen, so daß der Bürge vor Beginn der Leistungsperiode seine Bürgschaft gemäß Art. 878 § 2 KC kündigen kann. Ist die Bürgschaft befristet, kann der Bürge vor Ablauf der Frist nicht kündigen.

In der älteren Literatur findet sich die Ansicht, daß der Bürge für den Schuldner, sofern dieser ein Kündigungsrecht hat, die Kündigung vornehmen dürfe und damit die Fälligkeit selbst herbeiführen könne[67]. Das Kündigungsrecht des Bürgen folge unmittelbar aus Art. 883 § 1 KC (vorher: Art. 635 § 1 SchuldG 1933). Der Bürge könne daher für den Schuldner kündigen oder den Gläubiger zur Kündigung auffordern. Die Verpflichtung des Bürgen kann aber gemäß Art. 882 KC nur erlöschen, wenn der Bürge den Gläubiger zur Kündigung auffordert. Gegen diese Ansicht spricht, daß Art. 882 KC lex specialis zu Art. 883 § 1 KC ist[68]. Der Bürge kann die Fälligkeit der Forderung nur über den Weg des Art. 882 KC herbeiführen. Art. 882 KC ist insoweit eine abschließende Regelung. Falls der Bürge die Fälligkeit der Forderung herbeiführen will, muß er vom Gläubiger verlangen, den Schuldner zur Zahlung aufzufordern oder zu kündigen. Diese Regelung entspricht auch dem Grundsatz, daß der Schuldner seine Gestaltungsrechte grundsätzlich persönlich ausüben soll und Art. 883 § 1 KC als Ausnahmevorschrift eng auszulegen ist.

i) Art. 50 PfRG

Ein KC-Registerpfandrecht erlosch innerhalb von 3 Monaten nach Inkrafttreten des PfRG-Gesetzes, wenn innerhalb dieser Frist kein Antrag auf Eintragung ins neuzuschaffende Pfandregister gestellt wurde[69]. Dem Antrag waren der Pfandvertrag und ein Auszug aus dem Pfandregister beizulegen[70].

Das Gesetz erwähnt nicht ausdrücklich, wie der Rang eines solchen Rechtes zu bestimmen ist. Würde man auf dieses Recht bereits die Regelungen des PfRG anwenden, so würde sich der Rang nach dem Datum ihres Eintrags in das neuzuschaffende Register bestimmen. Hierdurch könnte sich eine deutliche Rangverschlechterung ergeben.

---

[65] So *Radwański*, Bürgschaft, S. 62.

[66] Art. 669 § 2 Alt. 2 KC.

[67] Nachweise zur älteren Literatur sind bei: *KCK/Piekarski*, Anm. zu Art. 882 KC, S. 1726.

[68] *KCK/Piekarski*, Anm. zu Art. 882 KC, S. 1726.

[69] Art. 50 PfRG.

[70] Art. 50 Abs. 3 PfRG.

Auf der anderen Seite könnte man den Rang nach dem Entstehungszeitpunkt des alten „KC-Pfandrechts“ bestimmen. Dies wäre der Tag der Eintragung in das „alte“ Bankregister. Dies würde aber eine große Unsicherheit in das neuzuschaffende Register in den ersten 3 Monaten hineinbringen. Innerhalb dieser Zeitspanne kann sich kein Pfandgläubiger auf die Lastenfreiheit der Pfandsache verlassen.

4. Veränderung bezüglich des Sicherungsgegenstandes

a) Allgemein

Dieser Verlustgrund betrifft nur das Pfandrecht und die Hypothek. Er fehlt bei der Bürgschaft, da der Bürgschaft ein spezieller Sicherungsgegenstand fehlt. Der Verlust des Sicherungsrechts durch Veränderung bezüglich des Sicherungsgegenstandes kann in unterschiedlichster Weise auftreten. Zu nennen sind die Fälle der Konsolidation (Erwerb des Sicherungsgegenstandes durch den Sicherungsnehmer)[71], die Enteignung eines Grundstücks[72], des Fundes[73], der Rückgabe der Pfandsache[74], des gutgläubigen lastenfreien Erwerbs an dem Sicherungsgegenstand[75], der Ersitzung, der Verarbeitung, Verbindung, Vermischung, des Untergangs des Sicherungsgegenstandes[76] und des Erwerbs des Sicherungsgegenstandes im Zwangsversteigerungsverfahren. Einige der Verlustgründe treten nur beim Pfandrecht auf.

---

[71] Art. 247 Alt. 2 KC.

[72] Wird ein Grundstück enteignet, so erlöschen hiermit grundsätzlich auch die beschränkt dinglichen Rechte. In Ausnahmefällen können beschränkt dingliche Rechte trotz Enteignung am Grundstück bestehen bleiben, Art. 53 Abs. 1 Nr. 1 GospGruntU. Ausführlich zur Enteignung: *Tigges,* WiRO 1/96, S. 1 ff, S. 4.

[73] Der Eigentumserwerb an beweglichen Sachen durch Fund (Art. 187 KC) führt, da es ein originärer und nicht ein abgeleiteter Erwerb ist, zum Erlöschen des Pfandrechts. An Geld, Wertpapieren, Kostbarkeiten sowie Sachen, welche einen künstlerischen oder wissenschaftlichen Wert haben, erwirbt der Staat Eigentum. An diesen Sachen steht dem Finder nur ein Finderlohn in Höhe von 10 % des Wertes der Sache zu. An anderen Sachen kann der Finder Eigentum erwerben.

[74] Art. 325 Abs. 1 KC.

[75] Der gutgläubig lastenfreie Erwerb eines Sicherungsgegenstandes richtet sich nach den Grundsätzen über den gutgläubigen Erwerb.

[76] So Art. 241 KC für Lasten auf einem Erbbaurecht, das erlischt. *Beschluß des Obersten Gerichtshofes* vom 22.9.95 [AZ: III CZP 119/95] (OSNC 12/95, Pos. 180). *Rudnicki*, PS 2/96, S. 60 ff.

b) Gutgläubig lastenfreier Erwerb

Einen gutgläubig lastenfreien Erwerb gibt es bei der Hypothek, beim Besitzpfandrecht und beim Registerpfandrecht. Bei der Hypothek und beim Pfandrecht richtet sich dieser Erwerb nach den allgemeinen Vorschriften. Beim PfRG-Registerpfandrecht ist der gute Glaube an die Lastenfreiheit im Gegensatz zum Besitzpfandrecht erheblich eingeschränkt. Von den Einschränkungen des guten Glaubens durch das Register werden aber Sachen nicht erfaßt, die im üblichen Rahmen der wirtschaftlichen Tätigkeit des Verpfänders veräußert werden[77]. In diesem Fall richtet sich der gute Glaube nach den allgemeinen Vorschriften.

Beispiel: Auf dem Schmuckgeschäft des V ist ein Pfandrecht alle beweglichen Sachen betreffend für die Bank B bestellt worden. Erwirbt nun jemand von V eine goldene Uhr, so ist von ihm nicht zu erwarten, daß er die Belastung dieser Sache im Register nachprüft. Erwirbt er aber von ihm eine Vitrine, welche der Ausstellung der Schmuckstücke diente, so trifft ihn die Nachprüfungspflicht über eine etwaig bestehende Belastung, da diese Veräußerung nicht mehr im üblichen Rahmen der wirtschaftlichen Tätigkeit liegt.

c) Ersitzung

Das polnische Recht unterscheidet zwischen der Ersitzung einer unbeweglichen und der Ersitzung an einer beweglichen Sache. Voraussetzung der Ersitzung an einer unbeweglichen Sache sind der Eigenbesitz und der Ablauf einer 20- bzw. 30jährigen Eigenbesitzzeit[78]. Die Länge der Frist hängt von der Gut- bzw. Bösgläubigkeit des Eigenbesitzers ab. Ein gutgläubiger Eigenbesitzer erwirbt das Grundstück bereits nach 20 Jahren[79], ein bösgläubiger Eigenbesitzer erst nach 30 Jahren[80]. Sofern aber ein Minderjähriger Eigentümer des Grundstücks ist, das ersessen werden soll, so kann die Ersitzung erst 2 Jahre nach Eintritt der Volljährigkeit erfolgen[81]. Die Ersitzung ist ein originärer Eigentumserwerb[82]. Belastungen, die das Eigentumsrecht des vorherigen Eigentümers belastet haben, können daher grundsätzlich nicht das Eigentumsrecht

---

[77] Art. 38 Abs. 1 PfRG nimmt Art. 13 Nr. 2 PfRG ausdrücklich aus seinem Anwendungsbereich heraus.

[78] Art. 172 KC. Einführend: *Tigges,* WiRO 1/96, S. 1 ff, S. 3 f. Ausführlich: *Piątkowski,* System II, S. 309 ff.

[79] Art. 172 § 1 KC. Zum Begriff der Gutgläubigkeit: *Piątkowski,* System II, S. 333.

[80] Art. 172 § 2 KC.

[81] Art. 173 KC.

[82] Allgemeine Ansicht: *KCK/Majorowicz*, Anm. 4 zu Art. 172 KC, S. 475 m.w.N.

des Eigentümers beschränken, der sein Eigentum durch Ersitzung erworben hat[83]. Von diesem Grundsatz wird aber für im Grundbuch aufgeführte Rechte - wie z.B. der Hypothek - eine Ausnahme gemacht[84]. Die Ersitzung erfordert im Gegensatz zum deutschen Recht[85] nicht die Eintragung des Ersitzers im Grundbuch.

Die Ersitzung an einer beweglichen Sache setzt Eigenbesitz, Ablauf einer dreijährigen Frist und Gutgläubigkeit nicht nur im Moment des Besitzerwerbs[86], sondern während der gesamten Ersitzungszeit voraus[87]. Obwohl auch die Ersitzung einer beweglichen Sache ein originärer Eigentumserwerb ist, erlöschen beschränkt dingliche Rechte an dieser Sache nur, wenn ihnen gegenüber Gutgläubigkeit besteht. Dies ist nicht ausdrücklich im Kodeks Cywilny geregelt. Ergibt sich aber in Analogie zu dem gutgläubigen lastenfreien Erwerb einer beweglichen Sache[88].

d) Zwangsversteigerung

Der Ersteher einer unbeweglichen Sache erlangt das Eigentum an dem Grundstück im Wege der Zwangsvollstreckung grundsätzlich ohne irgendwelche Belastungen[89]. Die Belastungen am Grundstück wandeln sich in Befriedigungsrechte am Versteigerungserlös um[90].

Hypotheken, die kraft Gesetzes entstanden sind, bleiben bestehen, soweit sie nicht am Versteigerungserlös teilhaben konnten[91]. Dieser Fall dürfte aber äußerst selten eintreten, da gesetzliche Hypotheken regelmäßig Steuerschulden absichern[92], die bei der Verteilung des Versteigerungserlöses an aussichtsreicher (3.) Rangstelle befriedigt

---

[83] *Ignatowicz*, S. 111.

[84] *KCK/Majorowicz*, Anm. 4 zu Art. 172 KC, S. 475. *Piątkowski*, System II, S. 340. *Entscheidung des Obersten Gerichtshofes* vom 20.12.1967 [AZ: III CR 59/67] (OSN 1968, Pos. 128); Gralla, Polen, JOR 96, S. 303 ff, S. 317.

[85] § 900 Abs. 1 S. 1 BGB.

[86] So noch Art. 52 prRecz 1946.

[87] Art. 174 KC, *Piątkowski*, System II, S. 346.

[88] Analog Art. 170 KC, so *Piątkowski*, System II, S. 346. § 945 BGB.

[89] Art. 1000 § 1 S. 1 KPC.

[90] Art. 1000 § 1 S. 2 KPC.

[91] Art. 1000 § 2 Nr. 1 KPC.

[92] Art. 33 ff. OP.

werden[93]. Wird die gesicherte Steuerschuld befriedigt, erlischt die gesetzliche Hypothek. Soweit es aber nicht zu einer Befriedigung des Staates kommt, bleibt die Hypothek bestehen. Hierdurch wird eine erhebliche Unsicherheit ins Grundbuch hineingetragen, da der Ersteher aufgrund der oft fehlenden Eintragung der „Steuerhypothek" den wahren Wert des Grundstücks nicht erkennen kann.

Der Ersteher erlangt das Eigentum an einer beweglichen Sache ohne irgendwelche Belastungen[94]. Es handelt sich um einen originären Rechtserwerb, der zum Verlust des Pfandrechts führt[95]. Der Ersteher erwirbt kein Eigentum, wenn der Vollstreckungsschuldner nicht Eigentümer der versteigerten Sache war und er (der Ersteher) bösgläubig war[96].

e) Verarbeitung, Verbindung und Vermischung

Das polnische Recht enthält keine allgemeine Regel, wie sich die Verarbeitung, Verbindung oder Vermischung einer Sache auf ein beschränkt dingliches Recht auswirkt[97]. Das PfRG-Registerpfandrecht geht durch Verarbeitung, Verbindung oder Vermischung nicht unter[98]. Im Gegensatz hierzu geht das Besitzpfandrecht durch Verarbeitung, Verbindung oder Vermischung unter[99]. Dies ergibt sich aus einem Umkehrschluß zu Art. 8 und 9 PfRG und Art. 308 § 2 K[100].

Das Besitzpfandrecht erlischt nicht, wenn die Verarbeitung, Verbindung oder Vermischung zu keinen Veränderungen an den Eigentumsverhältnissen geführt haben.

---

[93] So *Wengerek* II, Art. 1000 KPC, Anm. 3, S. 314. Unverständlicherweise wird in diesem Zusammenhang die Vorgängervorschrift des Art. 24 SteuerschuldG bzw. der Art. 33 ff. OP erwähnt.

[94] Art. 879 S. 1 KPC.

[95] *Wengerek* II, Art. 879 KPC, Anm. 2, S. 71.

[96] So *Wengerek* II, Art. 879 KPC, Anm. 2, S. 71. Diese Ansicht wird auch im deutschen Recht vertreten. Die herrschende Meinung läßt allerdings einen Erwerb unabhängig von einem guten oder bösen Glauben eintreten, zum vorstehenden: *Thomas/Putzo*, ZPO § 817 Rn. 9 (Anm. 4b) m.w.N.

[97] Für das Eigentum: Verarbeitung: Art. 192 KC. Verbindung, Vermischung: Art. 193 KC. Das polnische Recht enthält grundsätzlich keine Bestimmung für die Teilung einer Sache; *Karasek,* KPP 3/98, S. 457 ff, S. 465 schlägt vor, daß das Registerpfandrecht nach Teilung der Sache alle Teile der Sache gemeinsam belaste (Gesamtpfandrecht), Art. 76 Abs. 1 HypG analog.

[98] Art. 8 und 9 PfRG. Zum KC-Registerpfandrecht: Art. 308 § 2 KC a.F.

[99] Anders das deutsche Recht: § 949 BGB. Bei der Verarbeitung erlöschen Rechte Dritter, § 950 Abs. 2 BGB.

[100] *KKC/Rudnicki*, Art. 193 KC, Anm. 1, S. 185.

Dies ist bei der Verarbeitung der Fall, wenn der Verarbeiter im bösen Glauben gehandelt hat oder der Wert der Materialien höher ist als der Wert des Arbeitsaufwandes[101]. Bei der Verbindung bleibt es beim Alleineigentum, wenn eine Sache einen wesentlich höheren Wert als die übrigen Sachen hat[102].

f) Wesentlicher Bestandteil

Wird eine bewegliche Sache mit einem Grundstück in der Weise verbunden, daß sie dessen Bestandteil[103] wird, so erlischt ein an ihr bestehendes Pfandrecht[104]. Dies gilt auch für das PfRG-Registerpfandrecht[105]. Der Pfandgläubiger kann aber vom Eigentümer verlangen, daß ihm eine Hypothek bestellt wird[106]. Gleichzeitig kann der Pfandgläubiger beantragen, daß das Grundbuchgericht einen Widerspruch ins Grundbuch einträgt[107]. Sofern eine künftige Forderung durch das Registerpfand abgesichert wird, ist nur die Eintragung einer Kautionshypothek zulässig.

Diese Regelung ist nicht akzeptabel. Warum soll ein Grundstücksbesitzer, der sein Haus renovieren oder ein Haus auf seinem Grundstück bauen will, für all die Kredite des Bauunternehmers mit seinem Grundstück haften?[108] Nur weil möglicherweise ein Belastungsgegenstand mit seinem Grundstück verbunden wird? Eine solche Regelung würde erheblich das Risiko der Immobilienfinanzierung erhöhen, möglicherweise sogar aufgrund kaum übersehbarer Folgekosten ein Investitionsstop zur Folge haben. Um dem Problem des Erlöschens eines Pfandgegenstandes durch Verbindung entgegenzutreten, bietet sich demnach nicht die Übertragung des Sicherungsrisikos auf einen unbeteiligten Dritten an. Vielmehr ist diesem Problem mit den Dynamisierungsformen der Sicherungsrechte entgegenzutreten.

Die Höhe der Haftungssumme richtet sich nach dem Wert der mit dem Grundstück verbundenen Sachen. Dieser Regelung ist nicht zu folgen. Ausgangspunkt der Bestimmung des Haftungsumfangs einer Hypothek - aber auch eines Pfandrechts - kann nur die zu sichernde Forderung und nicht der Wert der belasteten Sachen sein. Dies ergibt

---

[101] Art. 192 § 2 KC.

[102] Art. 193 § 2 iVm Art. 47 § 1 KC. Diese Regelung ist auf die Vermischung ananlog anzuwenden.

[103] Art. 47 § 2 KC definiert den Begriff des Bestandteils.

[104] Art. 47 § 1 KC.

[105] Art. 9 Abs. 1 PfRG. Die Eigentumserstreckung auf wesentliche Bestandteile ist in Art. 191 KC geregelt.

[106] Art. 9 Abs. 2 PfRG.

[107] Art. 9 Abs. 3 PfRG.

[108] Kritisch: *Pisuliński/Skąpski,* KPP 4/96, S. 747 ff, S. 756 f; *Karasek,* KPP 3/98, S. 457 ff, S. 463.

sich aus dem Prinzip der Inhaltsakzessorietät. Hierdurch und nicht durch den Wert eines Sicherungsgegenstandes wird das Verwertungsinteresse des Hypothekars oder des Pfandgläubigers bestimmt. Der Wert der belasteten Sache gibt nur Auskunft über die reellen Befriedigungsmöglichkeiten des Sicherungnehmers. Diese Grundüberlegung zum Ausgangspunkt genommen, sind zwei Fallvarianten zu unterscheiden: (1) Forderungsbetrag geringer als Wert der belasteten Sachen und (2) Forderungsbetrag höher als Wert der belasteten Sachen.

Bei Fallvariante 1 (Forderungsbetrag geringer als der Wert der belasteten Sache) spricht außer dem Argument der Inhaltsakzessorietät noch folgendes für die Eintragung des Forderungsbetrags als Haftungssumme: Die Eintragung eines den Forderungsbetrag übersteigenden Werts der belasteten Sachen führt zu Irritationen im Hypotheken- und Grundbuchrecht. Dem Prinzip der Entstehensakzessorietät folgend entsteht die Hypothek nur in Höhe der Forderung und niemals in Höhe des Werts der belasteten Sachen. Das Grundbuch wird also durch die Eintragung einer am Wert der belasteten Sache ausgerichteten Haftungssumme teilweise unrichtig und ist somit Grundlage für einen gutgläubigen Nachfolgeerwerb. Daneben besteht in einem solchen Fall auch die Verpflichtung die Buchlage der wirklichen Rechtslage anzupassen, so daß die zur Zeit in Aussicht genommene Regelung die Verpflichtung zur Berichtigung nach sich zieht.

Fallvariante 2 (Forderungsbetrag höher als Wert der belasteten Sachen) ist komplizierter. Es sind zwei Regelungen denkbar. Entweder die Haftungssumme richtet sich nach dem unbegrenzten Forderungsbetrag oder nach dem durch den Wert der Sachen begrenzten Forderungsbetrag. Für das zweite Modell spricht die Überlegung, daß durch die „Umwandlung" des Sicherungsgegenstandes die reelle Möglichkeit der Verwertung nicht erhöht werden soll.

g) Rückgabe der Pfandsache

Das Besitzpfandrecht erlischt, wenn die belastete Sache dem Eigentümer zurückgegeben wird. Die Rückgabe ist oft Ausdruck des Verzichts des Pfandgläubigers auf das Pfandrecht. Aber auch wenn der Pfandgläubiger sich trotz der Rückgabe das Pfandrecht vorbehalten will, so ist ein solcher Wille unbeachtlich[109]. Allerdings erlischt das Pfandrecht dann nicht durch Rückgabe, wenn an dem Pfandrecht ein weiteres Pfandrecht besteht oder es für einen Dritten beschlagnahmt wurde[110].

---

[109] Art. 325 § 1 KC. Vergleiche: § 1253 Abs. 1 BGB, *Baur/Stürner*, § 55 VI Nr. 2, S. 601.

[110] Art. 325 § 2 KC.

II. Nichtakzessorische Rechte und Eigentumsvorbehalt

1. Allgemein

Gleich wie bei den akzessorischen Rechten kann man die Beendigungsereignisse nichtakzessorischer Rechte nach Forderung, Sicherungsrecht und Sicherungsgegenstand einteilen.

Der Eigentumsvorbehalt wird zusammen mit den nichtakzessorischen Rechten behandelt, da er in seiner Regelungstechnik mit diesen nah verwandt ist. Dies bedeutet aber nicht, daß nicht auch wesentliche Unterschiede zwischen ihnen bestehen. Diese gilt es aufzuzeigen.

2. Veränderung bezüglich der gesicherten Forderung

Verlust des Sicherungsrechts durch Veränderung bezüglich der gesicherten Forderung? Dies mag auf den ersten Blick verwundern und den Einwand heraufbeschwören, nichtakzessorische Rechte zeichnen sich doch gerade durch ihre Forderungsungebundenheit aus. Dem ist zu entgegnen, nichtakzessorisch bedeutet nicht forderungslos. Vielmehr fehlt diesen Rechten, die vom Gesetzgeber vorgesehene automatische Anknüpfung an ein Forderungsrecht. Diese Anknüpfung wird aber vertraglich hergestellt. Diese vertragliche Anknüpfung wandelt das Voll- in ein Sicherungsrecht um. Da den nichtakzessorischen Rechten die gesetzlich vorgesehene Akzessorietät von Forderungsverlust und Sicherungsrechtsverlust fehlt, ist bei diesen Rechten strikt zwischen Untergangsphase und Rückabwicklungsphase zu unterscheiden. Erst wenn beide Phasen abgeschlossen sind, ist das Sicherungsrechtsverhältnis beendet.

Welche Beendigungsereignisse zur Rückabwicklung des Sicherungsrechtsverhältnisses führen, ist im Sicherungsvertrag festgelegt. Grundsätzlich wird dies die Erfüllung oder ein anderer Erlöschensgrund der gesicherten Forderung sein. Die Vertragsparteien können aber auch vereinbaren, daß die erloschene Forderung durch eine andere Forderung ersetzt wird. Wird eine Schuldübernahme oder Novation ohne Einwilligung des personenverschiedenen Sicherungsgebers vorgenommen, so sind die Art. 507, 525 KC analog auf die Sicherungsübereignung, Sicherungsabtretung und den Garantievertrag anzuwenden[111]. Dies folgt aus der ratio legis dieser Vorschriften, einem Sicherungsgeber nicht eine andere Forderung oder einen neuen Schuldner ohne sein Einverständnis aufzudrängen. Ebenso wird das Sicherungsverhältnis zwischen Sicherungsgeber und bisherigem Sicherungsnehmer in die Rückabwicklungs-

---

[111] Zum deutschen Recht: *Palandt/Heinrichs* BGB § 418 Rn. 1 (Anm. 1). *Larenz*, S. 609 m.w.N.

phase übergeleitet, wenn dieser die gesicherte Forderung auf einen anderen überträgt.

Erlischt die gesicherte Forderung, so tritt das Sicherungsverhältnis in die Rückabwicklungsphase ein. Für die Rückabwicklung haben sich zwei Regelungstechniken herausgebildet[112]. So kann bereits das Sicherungseigentum unter der auflösenden Bedingung der Erfüllung bzw. des Erlöschens der gesicherten Forderung stehen. Tritt die Bedingung ein, so fällt das Eigentum ohne weiteres auf den Sicherungsgeber zurück. Genauso gut können die Parteien auch vereinbaren, daß bei Eintritt eines Beendigungsereignisses das Sicherungsrecht nicht automatisch auf den Sicherungsgeber zurückfällt, sondern diesem lediglich ein bedingter schuldrechtlicher Rückübertragungsanspruch eingeräumt wird. In diesem Fall ist nach Bedingungseintritt noch ein isoliert verfügender Vertrag erforderlich.

Die Unterschiede beider Regelungen sind beträchtlich. So erhält der Sicherungsgeber nur in der ersten Variante ein Anwartschaftsrecht, das gegen Zwischenverfügungen des Sicherungsnehmers geschützt ist[113]. Wird das Sicherungseigentum z.B. als Vollrecht auf einen gutgläubigen Erwerber übertragen, so erlischt das Anwartschaftsrecht nur, wenn der Erwerber die Sache in Besitz nimmt[114]. Der Sicherungsgeber kann das Anwartschaftsrecht als weitere Kreditunterlage benutzen. Das Anwartschaftsrecht wird für einen weiteren Kreditgeber um so interessanter je mehr Raten bereits auf den „ersten Kredit" gezahlt sind. Wird im Gegensatz hierzu allerdings nur ein schuldrechtlicher Rückübertragungsanspruch vereinbart, so verbessert sich die Position des Kreditgebers erheblich. In diesem Fall bleibt er auch nach Rückzahlung des Kredits formal Vollrechtsinhaber und er kann das Sicherungsrecht auf einen Nachfolgekredit überleiten, ohne sich Gedanken über Zwischenverfügungen des Sicherungsgebers über ein Anwartschaftsrecht machen zu müssen.

Die Abgrenzung zwischen diesen beiden Möglichkeiten ist beim Eigentumsvorbehalt einfacher. Nach der gesetzlichen Auslegungsregel des Art. 589 KC gilt im Zweifel eine aufschiebende Bedingung als vereinbart. Hierdurch erlangt der Vorbehaltskäufer ähnlich wie der Sicherungsgeber bei vereinbarter auflösender Bedingung ein Anwartschaftsrecht.

Ein besonderes Problem der „Rückabwicklung" von Sicherungsrechten liegt vor, wenn die Forderungsinhaberschaft wechselt. Bei den akzessorischen Rechten wird das bisherige Sicherungsverhältnis beendet, und das Sicherungs-

---

[112] *Tracz/Zoll*, S. 36 ff; *Gołaczyński*, Rejent 1/95, S. 47 ff, S. 67 ff.; *Heropolitańska*, S. 203; *Osada*, S. 132.

[113] Art. 92 KC.

[114] Art. 92 § 2 iVm Art. 170 S. 1 KC.

recht geht mit dem Forderungsrecht automatisch gemäß Art. 509 § 2 KC auf den neuen Sicherungsnehmer über.

Ein solcher automatischer Mitübergang ist aber bei den nichtakzessorischen Rechten nicht möglich. Sie müssen nach den für sie geltenden Regeln übertragen werden. Und dies ist der entscheidende Unterschied zu den akzessorischen Rechten: Bei diesen fehlen eigenständige Übertragungsvorschriften. Sie können nur als „Anhängsel" der Forderung ihren Rechtsinhaber wechseln[115].

Wie aber soll bei nichtakzessorischen Rechten verfahren werden? Denkbar sind grundsätzlich zwei Lösungsansätze. Das Sicherungsrecht wird wie im Falle der Erfüllung der Forderung rückabgewickelt oder es wird auf den Zessionar übergeleitet[116]. Beide Alternativen führen den Sicherungsnehmer in einen Interessenkonflikt. Bei der ersten Variante (Rückabwicklung auf den Sicherungsgeber) verstößt er regelmäßig gegen die Verpflichtung, dem Zessionar das Sicherungsrecht zu verschaffen. Bei der zweiten Variante (Übertragung des Sicherungsrecht auf den Zessionar) verletzt er sein schuldrechtliches Verfügungsverbot[117]. Eine Überleitung der Sicherungsrechte sollte daher erst dann vom Sicherungsnehmer vorgenommen werden, wenn der Sicherungsgeber zustimmt.

Beim Eigentumsvorbehalt verhält es sich ähnlich. Wird die Kaufpreisforderung abgetreten, so wird die Kaufpreisforderung vom Vorbehaltseigentum getrennt. Das Synallagma zwischen diesen beiden noch ausstehenden „Leistungen" wird also durchbrochen. Als Druckmittel in der Hand des Vorbehaltsverkäufers, der aber nicht mehr Gläubiger der Kaufpreisforderung ist, ist das Vorbehaltseigentum nunmehr wertlos. Insbesondere wird der Vorbehaltseigentümer kaum noch ein Interesse daran haben, bei Vollstreckungszugriff von seiten anderer Gläubiger sein Eigentum zu schützen. Denkbar sind also auch hier die beiden oben beschriebenen Lösungsansätze.

Etwas anders gestaltet sich die Rückabwicklung bei der Forderungsgarantie. Bei dieser wurde ja kein „Vollrecht" im Sinne des Sachenrechts auf den Sicherungsnehmer übertragen. Vielmehr bekam der Sicherungsnehmer nur ein zusätzliches Forderungsrecht. Dieses kann aber - im Gegensatz zur Sicherungsübereignung und -abtretung - nicht rückabgewickelt werden. Erforderlich ist vielmehr, daß der Garant in die Lage versetzt wird, sich gegen eine (ungerechtfertigte) Inanspruchnahme durch den Garantienehmer zu wehren. Hierfür wird er im Regelfall ein Dokument des Garantienehmers benötigen, das die Beendigung des Garantieverhältnisses bestätigt.

---

[115] *Becker-Eberhard*, S. 524 f.

[116] Ausführlich: *Becker-Eberhard*, S. 529 ff.

3. Veränderung bezüglich des Sicherungsrechts

Die Sicherungstreuhand und der Eigentumsvorbehalt können im Einvernehmen der Vertragsparteien aufgehoben werden. Erforderlich ist hierzu, sofern keine Bedingung vereinbart wurde, die „Rückübereignung" des Sicherungsgegenstandes. Ebenso können die Parteien im Sicherungsvertrag ein Kündigungsrecht vereinbaren oder das Sicherungsrecht an eine Frist oder auflösende Bedingung knüpfen. Die zuletzt genannten Beendigungsgründe gelten auch für die Forderungsgarantie.

4. Veränderung bezüglich des Sicherungsgegenstandes

Die Sicherungsübereignung und der Eigentumsvorbehalt können durch alle Arten des originären Eigentumserwerbs untergehen[118]. Sofern der Sicherungsgeber über das Sicherungsgut als Nichtberechtigter verfügt, geht der Eigentumsvorbehalt (bzw. das Sicherungsrecht) bei Vorliegen der Voraussetzungen des gutgläubigen Erwerbs unter. Verfügt auf der anderen Seite der Sicherungsnehmer, ohne auf das Anwartschaftsrecht des Sicherungsgebers hinzuweisen, so erlischt das Anwartschaftsrecht bei Vorliegen der Voraussetzungen des gutgläubig lastenfreien Erwerbs. Erforderlich ist, daß der gutgläubige Erwerber den Besitz an der Sache erlangt. Erlangt er keinen Besitz, erwirbt er das Eigentum an der Sache belastet mit dem Anwartschaftsrecht des Sicherungsgebers.

C. Verwertungsphase

I. Allgemein

Die Verwertungsphase teilt sich in vier Abschnitte. Der erste Abschnitt ist der „Eintritt des Sicherungsfalles". Ab diesem Moment wird die zweite Funktion eines Sicherungsmittels aktiviert: Der Befriedigungszweck. Dieser tritt nicht an die Stelle des vorher allein herrschenden Sicherungszwecks, sondern neben ihn[119]. Der zweite Abschnitt ist eine Phase der erneuten Ruhe. Diese Zwischenphase ähnelt der Sicherungsphase. Dies liegt daran, daß der Sicherungsnehmer nicht unverzüglich das Sicherungsrecht nach Eintritt des Sicherungsfalles verwerten muß. Er kann vielmehr noch auf eine ordnungsgemäße Leistung hoffen. Solange der Gläubiger trotz Eintritts des Sicherungsfalles

---

[117] Art. 57 § 2 KC.

[118] *Rudnicki,* MoP 12/96, S. 437 ff, S. 438.

[119] Ausführlich: *Becker-Eberhard*, S. 643 m.w.N.

abwartet, steht im Vordergrund der Sicherungszweck. Diese Zwischenphase wird beendet, wenn der Gläubiger sich entschließt, das Sicherungsrecht in die aus der Forderung geschuldete Leistung umzusetzen (Umsetzungsphase). Diese „Umsetzung" ist erforderlich, da in den seltensten Fällen Sicherungsrecht und die aus der gesicherten Forderung geschuldete Leistung identisch sind[120]. Sobald diese „Umsetzung" abgeschlossen ist, geht es in der sog. Befriedigungsphase[121] nur noch darum, dem Gläubiger mit Hilfe des aus dem Sicherungsrecht erlösten Betrages wegen seiner zugrundeliegenden Forderung zu befriedigen. Für den Gläubiger (oder die Gläubiger) zur Befriedigung nicht erforderliche Überschüsse sind an den Sicherungsgeber abzuführen. Hiermit endet dann auch das Sicherungsverhältnis.

II. Eintritt des Sicherungsfalles

1. Fälligkeit und Durchsetzbarkeit

Der Sicherungsfall tritt ein, wenn die Forderung fällig und durchsetzbar ist. Die am Sicherungsverhältnis beteiligten Personen können den Sicherungsfall von anderen Voraussetzungen abhängig machen, z.B. vom Verzug des persönlichen Schuldners.

Wurde eine Frist für die Leistung nicht bestimmt, muß der Schuldner unverzüglich nach Aufforderung seitens des Gläubigers leisten[122]. Die Fälligkeit der Leistung kann aber auch von einer Leistungsfrist oder von einer Kündigung abhängig gemacht werden[123]. Bei einer Hypothek ist die Kündigung des Gläubigers nur dann gegenüber dem Eigentümer wirksam, wenn sie auch ihm gegenüber vorgenommen wurde[124].

Bei der Forderungsgarantie wird der Eintritt des Sicherungsfalles *(sog. Garantiefall)* oft von bestimmten Voraussetzungen abhängig gemacht (bedingte Garantie)[125]. Zu erwähnen ist die Pflicht, ein Dokument vorzulegen, aus dem hervorgeht, daß die gesicherte Forderung nicht erfüllt wurde. Der Garant ist aber nicht verpflichtet, ohne Auf-

---

[120] *Becker-Eberhard*, S. 645.

[121] *Becker-Eberhard*, S. 675 ff.

[122] Art. 455 KC.

[123] *KCK/Piekarski*, Anm. zu Art. 455 KC, S. 1139.

[124] Art. 78 Abs. 1 HypG, *Szpunar*, PiP 8/93, S. 16 ff, S. 24. Ist die Fälligkeit von einer Kündigung seitens des Schuldners abhängig, so kann auch der Eigenümer kündigen, Art. 78 Abs. 2 HypG. Die Kündigung gegenüber oder von einem nichtberechtigten Bucheigentümer ist sogar dann wirksam, wenn der Hypothekar bösgläubig war, Art. 78 Abs. 3 HypG.

[125] Art. 81 BankG. Beispiele bei: *Tracz*, S. 224 ff.

forderung seine Garantieverpflichtung zu begleichen. Diese Verpflichtung tritt erst mit Abruf der Garantie durch den Gläubigers ein[126].

2. System der Einreden

Der Sicherungsgeber kann sich gegen seine Inanspruchnahme mit Einwendungen und Einreden wehren. Die rechtsvernichtenden und die rechtshindernden Einwendungen wurden in der Entstehungs- und Beendigungsphase besprochen. Bei den nunmehr zu besprechenden Einreden geht es um die Verteidigungsrechte des Sicherungsgebers, die er der Durchsetzbarkeit des Sicherungsrechts entgegensetzen kann. Die Einreden akzessorischer Sicherungsgeber sind von denen nichtakzessorischer Sicherungsgeber verschieden. Ersterer kann sich auf Einreden aus dem zugrundeliegenden Kreditverhältnis berufen (Durchsetzbarkeitsakzessorietät). Dies ist dem nichtakzessorischen Sicherungsgeber verwehrt.

Der akzessorische Sicherungsgeber kann sich in zweifacher Weise auf Einreden berufen[127]. Einmal auf diejenigen Einreden, die ihm aus einem unmittelbaren Rechtsverhältnis mit dem Sicherungsnehmer zustehen (Einreden aus dem Sicherungsverhältnis; exceptiones ex iure proprio), und er kann sich auf diejenigen Einreden berufen, die dem Hauptschuldner gegen den Gläubiger/Sicherungsnehmer zustehen (exceptiones ex iure debitoris)[128]. Diese Einreden verliert er auch nicht durch einen Verzicht des Hauptschuldners[129]. Der Sicherungsgeber selbst muß auf die Geltendmachung der Einrede verzichten. Der Sicherungsgeber kann sich aber nicht auf alle Einreden des Hauptschuldners berufen. So ist ihm z.B. die Einrede der beschränkten Erbenhaftung verwehrt.

Das dem BGB zugrundeliegende System der Einreden gegen akzessorische Rechte weicht von dem eben skizzierten leicht ab. Im deutschem Recht sind die Einreden in drei und nicht in zwei Gruppen zu unterteilen. Neben den zwei bereits im polnischem Recht beschriebenen Einredegruppen tritt im deutschen Recht noch eine dritte Gruppe,

---

[126] *Osada/Wędrychowski*, S. 36. *Beschluß des Obersten Gerichtshofes* vom 16.4.93 [AZ: III CZP 16/93] (OSNCP 10/93, Pos. 166).

[127] *Skąpski*, SC 8/66, S. 143 ff, S. 157 ff; *Szpunar,* Palestra 11-12/92, S. 22 ff, S. 29 f; *Król*, PrPrzed 9/95, S. 24 ff, S. 24 ff.

[128] *Pfandrecht:* Art. 315 KC, *Hypothek:* Art. 73 HypG, *Bürgschaft:* Art. 883 § 1 KC. Der Sicherungsgeber kann sich auf die dilatorischen und die peremptorischen Einreden berufen, *Radwański*, Bürgschaft, S. 65. Ausführlich: *Szpunar*, PiP 8/93, S. 16 ff, S. 24 ff; *Mojak*, Palestra 4/86, S. 33 ff, S. 41 ff.

[129] *Pfandrecht:* Art. 315 KC, *Hypothek:* Art. 73 HypG, *Bürgschaft:* Art. 883 § 2 KC.

zu welcher zwei Einreden zu zählen sind: Die Einrede der Anfechtbarkeit und die Einrede der Aufrechenbarkeit des Hauptverhältnisses[130]. Der Sicherungsgeber kann nach deutschem Recht nicht für den Schuldner anfechten oder aufrechnen. Im polnischem Recht kann der Sicherungsgeber diese Gestaltungsrechte nach herrschender Meinung selbst ausüben.

Im Gegensatz zu den akzessorischen Rechten kann der nichtakzessorische Sicherungsgeber sich nicht auf Einreden aus dem Verhältnis zwischen Schuldner und Gläubiger (Valutaverhältnis) berufen. Genausowenig ist es ihm erlaubt, Einreden aus seinem Verhältnis zum Schuldner (Deckungsverhältnis) herzuleiten. Einzig die Einreden aus dem Sicherungsvertrag oder die sich aus einer unmittelbaren Rechtsbeziehung zwischen ihm und dem Sicherungsnehmer ergeben, bleiben erhalten[131].

3. Einrede der beschränkten Erbenhaftung

Zweck der Sicherungsrechte ist der Schutz vor dem Insolvenzrisiko des Hauptschuldners. Dieser Zweck kann mit dem Akzessorietätsprinzip in Widerspruch stehen. Hauptanwendungsfall dieser Konkurrenzsituation ist die Einrede der beschränkten Erbenhaftung. Diese Einrede kann der Sicherungsgeber nicht erheben[132]. Das Akzessorietätsprinzip ist also zugunsten des Schutzes vor dem Insolvenzrisiko eingeschränkt[133].

Warum dies so ist, vermag ein kurzer Einblick in die Konstruktion und Funktion der beschränkten Erbenhaftung klären: Gegenüber der Erbschaft kann sich der Erbe auf drei verschiedene Weisen verhalten. Er kann die Erbschaft mit oder ohne Beschränkungen annehmen oder er kann sie ausschlagen[134]. Nimmt der Erbe die Erbschaft unter dem Vorbehalt der Inventarerichtung an, so beschränkt sich seine Haftung für die Nachlaßverbindlichkeiten auf den im Inventar festgestellten Guthabenswert des Nachlasses[135]. Diesen Weg wird der Erbe wählen, wenn der Nachlaß überschuldet ist. Die Beschränkung der Erbenhaftung verteilt also das Insolvenzrisiko zugunsten des Erben auf die Gläubiger des Erblassers. Diese sollen nur auf die Haftungsmasse des Erblas-

---

[130] *Bürgschaft:* § 770 BGB, *Hypothek:* §§ 1137 Abs. 1 S. 1 iVm 770 BGB, *Pfandrecht:* §§ 1211 Abs. 1 S. 1 iVm 770 BGB.

[131] *Osada/Wędrychowski*, S. 36 f. *Beschluß des Obersten Gerichtshofes* vom 16.4.93 [AZ: III CZP 16/93] (OSNCP 10/93, Pos. 166).

[132] *Pfandrecht:* Art. 316 KC, *Hypothek:* Art. 74 HypG, ausführlich *Szpunar*, PiP 8/93, S. 16 ff, S. 20 f, *Bürgschaft:* Art. 883 § 3 KC, *Urteil des Obersten Gerichtshofes* vom 19.10.1984 [AZ: I CR 175/84] (OSPiKA 1986, Pos. 83).

[133] *Szpunar,* Palestra 11-12/92, S. 22 ff, S. 31; *Radwański,* System III 2, S. 1065.

[134] Art. 1012 KC.

[135] Art. 1031 § 2 S. 1 KC. Diese Haftung entfällt, wenn der Erbe arglistig zum Nachlaß gehörende Gegenstände nicht inventarisiert oder wenn er nicht vorhandene Schulden inventarisiert hat, Art. 1031 § 2 S. 2 KC.

sers[136] zugreifen dürfen. Im Vertrauen auf diese und nicht auf die Haftungsmasse der Erben haben sie dem Erblasser Kredit gegeben. Anders muß aber die Verteilung des Insolvenzrisikos im Verhältnis zu den Sicherungsgebern ausgestaltet sein. Sinn der Sicherungsrechte ist ja gerade die Übernahme des Insolvenzrisikos[137]. Daher geht in diesem Fall der Sicherungszweck dem Akzessorietätsprinzip vor. Hiervon wird aber eine Ausnahme gemacht, wenn eine Zwangshypothek aufgrund eines Titels eingetragen wurde, der bereits die beschränkte Erbenhaftung enthält. In diesem Fall darf sich der Eigentümer auf die beschränkte Erbenhaftung berufen[138].

4. Einrede der Verjährung

Die Bürgschafts- und die Garantieforderung verjähren grundsätzlich in zehn Jahren. Die Verjährungsfrist verkürzt sich auf drei Jahre, wenn der Anspruch im Zusammenhang mit der Führung einer wirtschaftlichen Tätigkeit steht[139]. Wurde die Bürgschaft oder die Garantie von einer Bank erteilt, verjährt der Anspruch in sechs Jahren[140]. Die Verjährungsfrist beginnt, wenn der Anspruch fällig wird[141].

Der Bürge kann sich auf die Verjährung der Hauptforderung berufen[142]. Der Bürge hat dieses Recht auch dann, wenn seine eigene Bürgenverbindlichkeit noch nicht verjährt ist[143]. Art. 87 BankG ist keine Sondervorschrift zu Art. 883 § 1 KC. Art. 87 BankG regelt die Verjährung der Bürgenverbindlichkeit, also eine exceptiones ex iure proprio. Das Recht des Bürgen sich gemäß Art. 883 § 1 KC auf die exceptiones ex iure debitoris zu berufen, wird durch Art. 87 BankG nicht eingeschränkt.

---

136 Der Erbe haftet (nach Annahme unter dem Vorbehalt der Inventarerrichtung) mit seinem gesamten Vermögen, allerdings nur bis zum im Inventar festgestellten Wert der Erbschaft (*pro viribus hereditatis*), *KKC/Skowrońska* Art. 1031 KC, Anm. 6. Bis zur Annahme der Erbschaft haftet er nur mit der Erbschaftsmasse (*cum viribus hereditatis*), *KKC/Skowrońska* Art. 1030 KC, Anm. 3.

137 *Szpunar*, PiP 8/93, S. 16 ff, S. 20.

138 *Entscheidung des Obersten Gerichtshofes* vom 2.September 1983 [AZ: III CZP 40/83] (OSPiKA 5/84, Pos. 110).

139 Art. 118 KC.

140 Art. 87 BankG.

141 Art. 120 § 1 S. 1 KC.

142 *Radwański*, Bürgschaft, S. 65; *Radwański*, System III 2, S. 1067 f.

143 A.A.: *Szpunar*, Rejent 6/98, S. 89 ff. 91.

Der Verpfänder, der Eigentümer eines hypothekarisch belasteten Grundstücks[144] und alle nichtakzessorischen Sicherungsgeber können sich nicht auf die verjährung der Hauptforderung berufen. Pfandrecht und Hypothek sind insoweit nichtakzessorisch[145]. Verpfänder und Eigentümer können aber die Verjährungseinrede gegen Zins- und Nebenleistungsansprüche erheben[146].

5. *Prinzip der Subsidiarität*

Die Verwertung der Bürgschaft steht in vielen Rechtssystemen unter dem Prinzip der Subsidiarität[147]. Dieser Grundsatz besagt, daß der Bürge erst zahlen muß, wenn der Hauptschuldner erfolglos in Anspruch genommen wurde. Die Pflicht der vorherigen Inanspruchnahme kann verschieden ausgestaltet sein. So verlangen das deutsche und das französische Recht den vorherigen gescheiterten Zwangsvollstreckungsversuch gegen den Hauptschuldner. Das österreichische Recht beläßt es bei einer außergerichtlichen Zahlungsaufforderung an den Hauptschuldner[148]. Rechtstechnisch ist die Subsidiarität mit der dilatorischen Einrede der Vorausklage durchsetzbar[149]. Im deutschen Recht reicht es für die Einrede der Vorausklage aus, sie zu erheben. Andere Rechtsordnungen verlangen noch zusätzlich, daß der Bürge dem Gläubiger die Kosten der Vorausklage vorschießt und ihm die Vermögensgegenstände des Hauptschuldners bezeichnet[150]. Dieses Subsidiaritätsprinzip wird aber nicht ausnahmslos durchgeführt. Insbesondere kann der Bürge auf seine Einrede der Vorausklage verzichten[151]. Hierdurch entsteht nach deutschem Recht eine selbstschuldnerische Bürgschaft.

Nach polnischem Recht haften Bürge und Hauptschuldner gesamtschuldnerisch[152]. Der Gläubiger hat also die Wahl, wen er in Anspruch nehmen will.

---

[144] *Pfandrecht:* Art. 317 KC, *Hypothek:* Art. 77 HypG. Ausführlich: *Szpunar*, PiP 8/93, S. 16 ff, S. 21. Zum deutschen Recht, § 223 Abs. 1 BGB.

[145] Die Akzessorietät wird zugunstendes Sicherungszeckes durchbrochen, *Skąpski*, SC 8/66, S. 143 ff, S. 153.

[146] *Pfandrecht:* Art. 317 KC, *Hypothek:* Art. 77 HypG. Zum deutschen Recht, § 223 Abs. 3 BGB.

[147] Das Subsidiaritätsprinzip war bereits dem römischen Recht bekannt. Ihm folgen unter anderem das deutsche Recht (§ 771 BGB); das französische Recht (Art. 2021 cc) und das niederländische Recht (Art. 1868 BW).

[148] § 1355 ABGB.

[149] § 771 BGB; Art. 2022 cc.

[150] Art. 2033 cc.

[151] § 773 Nr. 1 BGB.

[152] Art. 881 KC; das italienische Recht geht ebenfalls vom Prinzip der gesamtschuldnerischen Haftung aus, Art. 1944 cod. civ., *Radwański,* System III 2, S. 1057 ff.

Durch Parteivereinbarung kann die Bürgschaft subsidiär ausgestaltet werden[153].

Die solidarische Haftung war bereits dem SchuldG 1933 bekannt[154]. Der Bürge konnte aber erst in Anspruch genommen werden, nachdem er über die Verspätung des Schuldners benachrichtigt wurde. Die Bürgenschuld wurde mit Ablauf einer Woche ab Benachrichtigung fällig[155]. Der Kodeks Cywilny hat dieses Relikt des Subsidiaritätsprinzips nicht übernommen. Nach einer Mindermeinung soll die Verspätungsbenachrichtigung nach Art. 880 KC eine Fälligkeitsvoraussetzung der Bürgschaft sein[156]. Dies ist falsch. Der Bürge erhält durch die Verspätungsbenachrichtigung nur die Möglichkeit, durch sofortige Zahlung die Folgen der Schuldnerverspätung (Verspätungszinsen) abzuwenden.

6. Der einredefreie Erwerb

Bei der Hypothek gibt es zusätzlich noch die Möglichkeit des gutgläubig einredefreien Erwerbs. Dieser bezieht sich auf die Einreden, die dem Sicherungsgeber aus seinem Verhältnis gegen den Sicherungsnehmer zustehen[157], und auf die Einreden, die gegen die gesicherte Forderung bestehen[158]. Die Voraussetzungen des gutgläubig einredefreien Erwerbs entsprechen denen des gutgläubig lastenfreien Erwerbs.

7. Die Garantie auf erstes Anfordern

Besondere Beachtung bei der Konstruktion der Einreden bei nichtakzessorischen Rechten verdient die Garantie auf erstes Anfordern[159]. Bei dieser Son-

---

[153] *Radwański*, System III 2, S. 1059.

[154] *Radwański*, Bürgschaft, S. 54 f.

[155] Art. 633 SchuldG 1933, *Drozd*, NP 1/71, S. 21 ff, S. 22.

[156] *Szpunar*, Palestra 11-12/92, S. 22 ff, S. 28; *Szpunar*, Personalsicherheiten, S. 98; *Król*, PrPrzed 7/95, S. 28 ff, S. 31, a.A.: *Radwański*, System III 2, S. 1058; *Radwański/Panowicz-Lipska*, S. 198, Rn. 635.

[157] Dies ist den allgemeinen Regeln über den gutgläubigen Erwerb zu entnehmen, Art. 6 ff HypG. Eine dem § 1157 BGB vergleichbare spezielle Vorschrift ist nicht vorhanden.

[158] Art. 80 HypG entspricht § 1138 BGB. Art. 80 HypG ist eine Ausnahme zu Art. 513 § 1 KC. Ausführlich zu dem Verhältnis der Art. 512 f KC zu den Art. 79 ff HypG: *Szpunar*, PiP 8/93, S. 16 ff, S. 19.

[159] *Beschluß des Obersten Gerichtshofes* vom 16.4.93 [AZ: III CZP 16/93] (OSNCP 10/93, Pos. 166). *Urteil des Obersten Gerichtshofes* vom 25.1.95 [AZ: III CRN 70/94] (OSNC 5/95, Pos. 86; PPH 3/96, S. 29 ff); Entscheidung des Obersten Gerichtshofs vom 28.4. 95 [AZ: III CZP 166/94] (MoPod 12/95, S. 368 ff); *Urteil des Obersten*

derform der Forderungsgarantie muß der Garant bei Inanspruchnahme durch den Garantienehmer sofort zahlen, ohne sich auf Einreden berufen zu können und ohne auch nur nachprüfen zu dürfen, ob der Garantiefall eingetreten ist[160]. Der Garantienehmer kann sich also auf eine sogenannte formale Berechtigung berufen, ohne materiell zur Entgegennahme der Leistung berechtigt zu sein[161]. Stellt sich später heraus, daß der Garantiefall nicht eingetreten ist und auch nicht mehr eintreten wird, so kann der Garant das Geleistete vom Garantienehmer zurückfordern. Die Garantie auf erstes Anfordern führt also zu einer Umkehr der Prozeßrollen.

Der Garant kann sich bei der unbedingten Garantie auf erstes Anfordern jedoch auf die Einrede der Verjährung berufen. Dagegen spricht nicht, daß der Garant bei der unbedingten Garantie auf die Erhebung seiner Einreden (vorübergehend) verzichtet hat. Der Garant kann vor Verjährung nicht wirksam auf die Verjährungseinrede verzichten[162]. Die Verjährungseinrede kann auch nicht in den Rückforderungsprozeß zwischen Garant und Garantienehmer verlagert werden. Zahlt der Garant, obwohl der Anspruch verjährt ist, kann er das Geleistete gemäß Art. 411 Nr. 3 KC nicht vom Garantienehmer nach den Grundsätzen der ungerechtfertigten Bereicherung zurückverlangen.

Die Garantie auf erstes Anfordern erweitert die rechtliche Stellung des Garantienehmers erheblich zuungunsten des Garanten. Der Garantienehmer hat daher Mißbrauchsmöglichkeiten.

Beispiel: Eine Garantie wird mißbraucht, wenn die Forderung bereits erloschen ist, dies dem Garantienehmer bekannt ist und er trotzdem Zahlung verlangt.

In einem solchen Fall kann sich der Garant gegen eine Inanspruchnahme durch den Garantienehmer auf Rechtsmißbrauch berufen[163]. Um aber nicht zu

---

Gerichtshofes vom 4.10.95 [AZ: II CRN 123/95] (OSN 2/96, Pos. 29).s. zur Bürgschaft auf erstes Anfordern: *BGH* NJW 97, S. 255 f; BB 50/96, S. 2586 f; *BGH* ZIP 4/96, S. 172 ff. *OLG Düsseldorf* BB 38/96, S. 1957.

[160] Zu den formellen Anforderungen beim extend-or-pay Verlangen: *BGH* ZIP 10/96, S. 454 ff.

[161] *Tracz,* PB 2/94, S. 73 ff, S. 80.

[162] Art. 117 § 2 KC. *Szpunar,* Personalsicherheiten, S. 174 f.; a.A.: *Radwański/ Panowicz-Lipska,* S. 209, Rn. 671.

[163] Art. 5 KC; *Tracz,* S. 271 ff.; *Bączyk,* PiP 4/93, S. 113 ff, S. 116; *Radwański/ Panowicz-Lipska,* S. 210, Rn. 672 f.; *Beschluß des Obersten Gerichtshofes* vom

einer übermäßigen Einschränkung der strengen Haftung aus einer Garantie auf erstes Anfordern zu gelangen, hat die Rechtsprechung den Einwand des Rechtsmißbrauchs nur gelten lassen, wenn dieser offensichtlich ist[164]. Also z.B. wenn der Garant anhand von Urkunden beweisen kann, daß der materielle Garantiefall nicht eingetreten ist. Ist der Einwand des Rechtsmißbrauchs dahingegen nicht offensichtlich, muß der Garant sofort zahlen. Der Garant kann das Geleistete aber mit der Begründung des Rechtsmißbrauchs in einem Rückzahlungsprozeß zurückverlangen[165].

III. Umsetzungsphase

1. Allgemein

Die Dauer und Effektivität der polnischen Zwangsvollstreckung werden stark kritisiert[166]. Die Ursachen, welche für diesen Mißstand vorgebracht werden, kann man in zwei Gruppen aufteilen: Wirtschaftliche Gründe (wirtschaftliche Lage der Schuldner und finanzielle, organisatorische und personelle Ausstattung des Gerichtswesens) und Legislative Gründe (komplizierte, undurchsichtige Regelung der Zwangsvollstreckung, die teilweise den Bedürfnissen der Marktwirtschaft nicht angepaßt ist; die gesetzgeberische Gestaltung und Organisation der Vollzugsorgane ist nicht gelungen[167]).

27.06.95 [AZ: III CZP 76/95] (OSN 2/96, Pos. 13). Ausführlich zum Rechtsmißbrauch: *Grzybowski*, System I, S. 262 ff.

[164] *Beschluß des Obersten Gerichtshofes* vom 16.04.93 [AZ: III CZP 16/93] (OSNCP 10/93, Pos. 166). *Urteil des Obersten Gerichtshofes* vom 25.01.95 [AZ: III CRN 70/94] (OSNC 5/95, Pos. 86; PPH 3/96, S. 29 ff); *Osada/Wędrychowski*, S. 37 f.

[165] *Beschluß des Obersten Gerichtshofs* vom 28.04.94 [AZ: III CZP 166/94] (MoP 12/95, S. 368 ff).

[166] So dauert die Vollstreckung wegen einer Hypothek in ein Grundstück in Polen üblicherweise ein bis zwei Jahre, *Kuglarz/Stöcker*, LK 18/96, S. 562 ff, S. 565. Die wirtschaftlichen und gesellschaftlichen Änderungen haben zu einem drastischen Ansteigen der Vollstreckungssachen geführt, *Lubiński*, ZZP 4/92 (105), S. 413 ff, S. 416.

[167] *Lubiński*, ZZP 4/92 (105), S. 413 ff. Wegen der Mißstände wurde aus den Kreisen der Gerichtsvollzieher ein Gesetzesentwurf der gerichtlichen Zwangsvollstreckungsorgane vorbereitet.

2. Hypothek

a) Allgemein

Die Umsetzungsphase bei der Hypothek muß zwei Fragen beantworten:

1. Welche Gegenstände stehen dem Hypothekar zur Umsetzung in seine gewünschte Leistung zur Verfügung? (Frage nach dem Haftungsverbund) und
2. In welcher Form kann der Hypothekar diese Gegenstände in seine gewünschte Leistung umsetzen?

b) Haftungsverbund

Die Hypothek erfaßt neben dem Grundstück auch die Bestandteile, das Zubehör und die Nutzungen der belasteten Immobilie[168]. Darüber hinaus unterfallen auch Miet- und Pachtzinsforderungen dem Haftungsverbund der Hypothek. Über die Zugehörigkeit zum Haftungsverbund entscheidet der Moment der Beschlagnahme[169]. Bis zu diesem Zeitpunkt können Zubehör, Bestandteile und die Nutzungen der Sache aus dem „Haftungsverbund" ausscheiden.

Von der Hauptsache getrennte Bestandteile und Zubehörsachen, die ihre Zubehöreigenschaft durch Verkauf verloren haben[170], verbleiben im Haftungsverbund der Hypothek, bis sie vom Grundstück entfernt werden. Sie scheiden aber trotz Verbleibens auf dem Grundstück aus dem Haftungsverbund aus, wenn sie in den Grenzen einer ordentlichen Wirtschaft verkauft wurden und der Vertrag mit einem feststehenden Datum versehen wurde[171]. Auch im deutschen Recht tritt eine Enthaftung grundsätzlich nur bei Vorliegen von Entfernung und Veräußerung ein[172]. Im Gegensatz zum polnischen Recht läßt das deutsche Recht eine Enthaftung auch ohne Veräußerung zu, soweit eine Entfernung der betreffenden Sachen im Rahmen einer ordnungsgemäßen Wirtschaft erfolgte[173]. Eine Enthaftung ohne Entfernung ist dem deutschen Recht dahingegen unbekannt.

Ein Bestandteil oder eine gezogene Frucht werden aus dem Haftungsverbund der Hypothek bereits durch Trennung herausgelöst, wenn ein Nutzungsziehungsberechtig-

---

[168] Art. 84 ff HypG. Zum Begriff des Zubehörs: *Grzybowski,* System I, S. 420 ff.

[169] Art. 929 KPC.

[170] Nach Art. 52 § 2 KC kann eine Sache nur Zubehör sein, wenn sie dem Eigentümer der Hauptsache gehört.

[171] Art. 85 Abs. 1 HypG; Art. 86 HypG.

[172] § 1121 BGB.

[173] § 1122 BGB.

ter vorhanden ist[174]. Nutzungsziehungsberechtigt sind insbesondere der Pächter[175], der Nießbraucher[176] und der Berechtigte einer Nutzungsdienstbarkeit[177]. Sie erwerben das Eigentum an den gezogenen Nutzungen der Sache originär und ihr Nutzungsziehungsrecht wird nicht durch eine Hypothek entwertet. Beim Nießbrauch und bei der Dienstbarkeit kann sich der Nutzungsziehungsberechtigte aber nur dann auf die Enthaftung berufen, wenn sein dingliches Recht Priorität vor der Hypothek hat. Ist dies nicht der Fall, so werden auch die gezogenen Nutzungen von der Hypothek erfaßt.

Miet- und Pachtzinsforderungen kann der Eigentümer des Grundstücks ohne weiters auch nach der Belastung seines Grundstücks mit der Hypothek bis zur Beschlagnahme einziehen[178]. Wird das Grundstück aber beschlagnahmt, so hat eine Miet- oder Pachtzinszahlung für mehr als einen nach der Beschlagnahme fallenden Leistungsabschnitt keine Wirkung gegenüber dem Hypothekar[179]. Dies gilt aber dann nicht, wenn die Zahlungen vom Grundbuch vor Eintragung der Hypothek erfaßt waren[180]. Im Gegensatz zum deutschen Recht fehlt eine Regelung für den Fall, daß der Eigentümer eines hypothekarisch belasteten Grundstücks dieses ohne die Miet- oder Pachtzinsforderungen an einen Dritten veräußert. Hier spricht vieles für eine analoge Anwendung des Art. 88 HypG[181]. Ebenso beschränkt das polnische Recht den Haftungsverbund auf Miet- und Pachtzinsforderungen sieht aber keine Erstreckung auf sonstige wiederkehrende Leistungen vor[182].

c) Umsetzung

Die Hypothek gibt dem Hypothekar das Recht sich zu befriedigen, indem er das Grundstück verwertet. Dieses Befriedigungsrecht kann in zweifacher Weise aufgefaßt werden. Zum einen kann es ein Duldungsanspruch gegen den Eigentümer sein[183]. Bei

---

[174] Art. 85 Abs. 2 HypG.

[175] Art. 85 Abs. 2 HypG iVm Art. 693, 55, 190 KC.

[176] Art. 85 Abs. 2 HypG iVm Art. 252, 55, 190 KC.

[177] Art. 85 Abs. 2 HypG iVm Art. 285 § 1 Alt. 1, 55, 190 KC.

[178] Art. 88 HypG. § 1124 Abs. 2 BGB.

[179] Im deutschen Recht sind Verfügungen über die Miet- oder Pachtzinsforderungen für eine spätere Zeit als den zur Zeit der Beschlagnahme laufenden Monat gegenüber dem Hypothekar unwirksam, § 1124 Abs. 2 BGB. Erfolgt die Beschlagnahme erst nach dem 15. eines Monats, so ist auch eine Verfügung, die sich auf den folgenden Kalendermonat bezieht noch wirksam.

[180] Art. 88 Abs. 2 S. 1 HypG. Gleiches gilt für Abtretung zukünftiger Mietzinsforderungen, Art. 88 Abs. 2 S. 2 HypG.

[181] Nach § 1124 Abs. 3 BGB ist § 1124 Abs. 1, 2 BGB entsprechend anzuwenden.

[182] § 1126 BGB. Insoweit schränkt Art. 88 HypG Art. 55 § 2 KC ein.

[183] So die h.M in Deutschland zum Wesen des hypothekarischen Anspruchs, *Baur/Stürner*, § 36 II 2, S. 360; a.A.: *Westermann/Eickmann*, § 93, S. 685 f.

dieser Konstruktion ist der Eigentümer des Grundstücks kein „persönlicher Schuldner". Seine Verpflichtung beruht einzig darauf, die Zwangsvollstreckung in das Grundstück zu dulden. Zum anderen könnte man den Eigentümer als weiteren Schuldner des Hypothekengläubigers ansehen. Insoweit würde er sich vom persönlichen Schuldner nur dadurch unterscheiden, daß seine Verpflichtung durch die Hypothek und das belastete Grundstück begrenzt sind. Dem Gesetz ist keine klare Entscheidung zu entnehmen. In der Literatur überwiegt jedoch die zweite Ansicht[184].

Der Hypothekar darf sich aus dem verpfändeten Grundstück nur im Wege der gerichtlichen Zwangsversteigerung befriedigen[185]. Eine entgegenstehende Vereinbarung ist unwirksam[186]. Diese Beschränkung auf das gerichtliche Zwangsvollstreckungsverfahren gilt im Gegensatz zum deutschen Recht[187] auch noch nach Fälligkeit der gesicherten Forderung. So bleibt es dem Hypothekar verwehrt, die Verwertung auf eine andere Art als durch die mitunter langwierige Zwangsvollstreckung zu betreiben. In Frage würden insbesondere „Privatversteigerungen" und Übertragung des Grundstücks zum Zwecke der Befriedigung an den Hypothekar kommen.

Die Zwangsvollstreckung setzt voraus, daß der Hypothekar einen Vollstreckungstitel hat[188]. Vollstreckungstitel sind Urteile[189] und notarielle Urkunden, in denen sich der Schuldner der sofortigen Zwangsvollstreckung unterwirft[190].

---

[184] *Ignatowicz*, S. 244 m.w.N; *Piasecki*, HypG, Art. 75 HypG Anm. 4, S. 162; ausführlich zu dieser Fragestellung: *Pisuliński*, Rejent 9/92, S. 50 ff, S. 63 ff. Zu der beim Pfandrecht sich entsprechend stellenden Frage: *Skąpski*, SC 8/66, S. 143 ff, S. 155 ff; *Fras,* Palestra 9-10/95, S. 21 ff, S. 24.

[185] Art. 75 HypG. Ausführlich: *Troicka-Sosińska*, MoP 8/94, S. 250 ff, S. 253 f.

[186] Art. 75 S. 2 HypG, *Tracz/Cierpial/Thurner, Wi*RO 3/97, S. 86 ff, S. 90.

[187] § 1149 BGB. *BGH* NJW 95, S. 2635 ff.

[188] Art. 776 KPC. *Pyzioł,* S. 109 ff, S. 128.

[189] Art. 777 Nr. 1 KPC. Einen Vollstreckungstitel zu erlangen, wird dadurch erleichtert, daß das Bestehen der gesicherten Forderung wegen des Hypothekeneintrags widerleglich vermutet wird, Art. 71 HypG, *Szpunar*, PiP 8/93, S. 16 ff, S. 18. Dies gilt aber nicht für die Kautionshypothek, Art. 105 HypG.

[190] Art. 777 Nr. 4 KPC. Ausführlich: *Góral,* MoP 3/93, S. 73 f; *Knoppek,* PiP 12/91, S. 67 ff. Erforderlich ist dann aber noch die Vollstreckungsklausel, *Szczepiński*, Palestra 7-8/94, S. 122 ff, S. 123. Bei einer Höchstbetragshypothek ist dies nicht möglich. Nach Art. 170 § 1 polnKO ist auch die „Konkurstabelle" ein Vollstreckungstitel gegen den Gemeinschuldner.

Der Hypothekar kann die Zwangsversteigerung betreiben, wenn er einen Vollstreckungstitel mit Vollstreckungsklausel hat[191]. Die Zwangsversteigerung ist in mehrere Abschnitte aufgeteilt: Beschlagnahme, Beschreibung und Schätzung des Grundstücks, Bekanntmachung der Zwangsversteigerung, Zwangsversteigerung, Zuschlag und die Zuerkennung des Grundstückseigentums an den Ersteher.

Das Grundstück wird beschlagnahmt, wenn der Gerichtsvollzieher den Schuldner auffordert, innerhalb von zwei Wochen die geschuldete Leistung zu erbringen[192]. Die Beschlagnahme umfaßt das Grundstück und alle Gegenstände, die von der Hypothek erfaßt wurden *(Haftungsverbund)*[193]. Die Beschlagnahme bewirkt, daß Verfügungen über das Grundstück keinen Einfluß auf das weitere Zwangsversteigerungsverfahren haben[194]. Der Erwerber des Grundstücks kann an dem Zwangsversteigerungsverfahren - wie der Schuldner - teilnehmen[195]. Der Gerichtsvollzieher beantragt beim zuständigen Gericht, den Zwangsversteigerungsvermerk unverzüglich ins Grundbuch einzutragen[196].

Nach Ablauf der vom Gerichtsvollzieher dem Schuldner gestellten Zahlungsfrist wird das Grundstück in dem sogenannten Beschreibungs- und Schätzungsprotokoll[197] genau beschrieben und sein Schätzwert[198] angegeben. Sofern der Schätzwert den Wert der Vollstreckungsforderung übersteigt, kann der Gerichtsvollzieher auf Antrag des Gläubigers oder des Schuldners einen Teil des Grundstücks vom Zwangsversteigerungsverfahren ausschließen[199].

Nach erfolgreich abgeschlossener Schätzung gibt der Gerichtsvollzieher die Zwangsversteigerung bekannt. Der Zwangsversteigerungstermin darf aber nicht früher als einen Monat nach Rechtskraft des Schätzungsprotokolls stattfinden[200]. Die Bekanntmachung der Zwangsversteigerung hat insbesondere folgende Hinweise zu enthalten: Die genaue Bezeichnung des Grundstücks, den Vor- und Zunamen des Schuldners, die Angabe des Grundbuchs, Zeit und Ort der Zwangsversteigerung, den Schätz-

---

[191] Diese ist in den Art. 921 ff KPC geregelt.

[192] Art. 925 § 1 KPC iVm Art. 923 KPC.

[193] Art. 929 § 1 KPC. ausführlich im Sicherungsumfang.

[194] Art. 930 § 1 S. 1 KPC.

[195] Art. 930 § 1 S. 2 KPC.

[196] Art. 924 KPC.

[197] Art. 947 KPC.

[198] Die Schätzung erfolgt durch vom Gerichtsvollzieher bestellte Sachverständige, Art. 948 § 1 KPC.

[199] Art. 946 KPC.

[200] Art. 952 KPC.

wert und das „geringste Gebot"[201], die Höhe der Garantie, die ein Bieter hinterlegen muß, um an der Zwangsversteigerung teilnehmen zu dürfen, und den Zeitpunkt, zu dem das Grundstück in Einsicht genommen werden kann.

Um am Zwangsversteigerungsverfahren[202] teilnehmen zu dürfen, müssen die Teilnehmer einen Garantiebetrag bei Gericht hinterlegen[203]. Der Garantiebetrag beträgt 1/10 des Schätzwertes. Nach Beendigung des Zwangsversteigerungsverfahrens wird der Garantiebetrag den Teilnehmern wieder ausgehändigt. Allein die Garantie des Erstehers wird einbehalten[204]. Die Zwangsversteigerung wird vom Gerichtsvollzieher unter der Aufsicht eines Richters durchgeführt[205]. In der Zwangsversteigerung beträgt das „geringste Gebot" im ersten Termin 3/4 des Schätzwertes[206]. Niedere Gebote sind nicht zulässig. Abgegebene Gebote verlieren ihre Bindungskraft, wenn ein höheres Gebot abgegeben wurde[207]. Die Zwangsversteigerung wird durch den Gerichtsvollzieher geschlossen, wenn nach dreimaligen Aufruf kein höheres Gebot mehr abgegeben wird. Daraufhin benennt der Gerichtsvollzieher den Teilnehmer, welcher das höchste Gebot abgegeben hat[208]. Wurde kein Gebot abgegeben, so ist auf Antrag des Gläubigers ein zweites Versteigerungsverfahren anzustrengen. In diesem beträgt das Mindestgebot 2/3 des Schätzwertes[209]. Wenn das Grundstück auch im zweiten Versteigerungsverfahren nicht veräußert wird, kann der Vollstreckungsgläubiger das Grundstück mit Befriedigungswirkung übernehmen. Er muß aber mindestens 2/3 des Schätzwertes zahlen[210].

Nach der Schließung des Versteigerungsverfahrens entscheidet der aufsichtsführende Richter über den Zuschlag des Grundstücks an den Meistbie-

---

[201] Das geringste Gebot ist diejenige Summe, zu welcher das Grundstück in der Zwangsversteigerung zugeschlagen werden darf. Es beträgt im ersten Zwangsversteigerungsverfahren dreiviertel des Schätzwertes, Art. 965 KPC; im zweiten Verfahren 2/3 des Schätzwertes, Art. 983 KPC.

[202] Das Zwangsversteigerungsverfahren erfolgt mündlich, Art. 978 § 1 KPC.

[203] Art. 962 KPC.

[204] Art. 963 KPC. Zahlt der Ersteher nicht den Versteigerungsbetrag, so verliert er den Garantiebetrag und die Wirkungen des Zuschlags erlöschen, Art. 969 § 1 KPC.

[205] Art. 972 KPC.

[206] Art. 965 KPC.

[207] Art. 978 § 3 KPC.

[208] Art. 980 KPC. § 73 Abs. 2 ZVG.

[209] Art. 983 KPC.

[210] Art. 984 § 1 KPC.

tenden[211]. Der Zuschlag wird erst nach Anhörung des Meistbietenden und der übrigen Teilnehmer am Versteigerungsverfahren erteilt, soweit keine Versagungsgründe vorliegen[212]. Die Entscheidung über den Zuschlag hat den Vor- und Zunamen des Erstehers, die genaue Bezeichnung des Grundstücks, den Tag des Zuschlags und den Erstehungspreis zu enthalten[213]. Der Zuschlag bewirkt, daß der Meistbietende ein Recht auf Zuerkennung des Eigentums erhält[214].

Das Gericht entscheidet über die Zuerkennung des Grundstückseigentums. Sie darf erst nach Rechtskraft des Zuschlags und der Erfüllung der Versteigerungsbedingungen (Zahlung des Versteigerungsbetrags) durch den Ersteher ergehen[215]. Nach Rechtskraft der Zuerkennungsentscheidung ist der Ersteher Eigentümer des Grundstücks[216]. Der Ersteher wird aufgrund der Zuerkennungsentscheidung ins Grundbuch eingetragen. Wird die Zuerkennungsentscheidung rechtskräftig, erlöschen alle Rechte am Grundstück (Löschungsprinzip)[217]. An die Stelle dieser Rechte tritt das Recht sich am Versteigerungserlös in der Rangfolge des Art. 1025 KPC zu befriedigen (Surrogationsprinzip).

Gesetzlich entstandene Rechte, wie z.B. die Hypothek des Staates für Steuerschulden, bleiben bestehen[218]. Diese „Erhaltungsvorschrift" ist ein Unsicherheitsfaktor der Zwangsversteigerung. Diese Rechte unterliegen nämlich (bisher) keinem Eintragungszwang. Die Bietern können daher die genaue Höhe der bestehenbleibenden Belastungen des Grundstücks nur schwer ermitteln.

Das polnische Recht weicht in wesentlichen Punkten vom deutschen Recht ab. So folgt das deutsche Recht im Gegensatz zum polnischen Recht nicht dem Löschungs-,

---

[211] Art. 987 KPC. Verweigert das Gericht den Zuschlag, so findet auf Antrag des Gläubigers ein erneutes Versteigerungsverfahren statt, Art. 992 KPC.

[212] Art. 991 KPC. Versagungsgrund ist die Verletzung von Verfahrensvorschriften, soweit sie Einfluß auf das Ergebnis der Zwangsversteigerung haben können. Ebenso ein Versagungsgrund stellt es dar, wenn ein Teilnehmer nicht ordnungsgemäß von der Versteigerung informiert wurde. zum deutschen Recht: §§ 83 ff ZVG.

[213] Art. 990 KPC.

[214] Art. 995 KPC.

[215] Art. 998 § 1 KPC.

[216] Art. 999 § 1 KPC.

[217] Art. 1000 § 1 KPC.

[218] Art. 1000 § 2 Nr. 1 KPC. Unter bestimmten Voraussetzungen bleiben auch bestimmte Dienstbarkeiten, Nießbrauchrechte und Leibrentenrechte erhalten, Art. 1000 § 2 und 3 KPC.

sondern dem Übernahmeprinzip[219]. Rechte, die dem betreibenden Gläubiger im Range vorgehen, müssen also vom Ersteher übernommen werden. Sie bleiben bestehen[220]. Hieraus ergibt sich die Konsequenz, daß das geringste Gebot nicht starr anhand eines Schätzwertes festgelegt wird, sondern anhand der vorgehenden Rechte[221]. Dies kann dazu führen, daß das geringste Gebot im Vergleich zum Grundstückswert sehr gering ausfällt. Um der hierin verborgenen Gefahr der Verschleuderung von Grundstückswerten zu entgehen, ist ein Zuschlag daher nur zu erteilen, wenn das Meistgebot mindestens die Hälfte des Grundstückswertes erreicht (sog. Mindestgebot)[222]. Da der Ersteher die dem betreibenden Gläubiger vorgehenden Rechte übernehmen muß, verringert sich gleichzeitig auch seine Verpflichtung das von ihm abgegebene Meistgebot sofort vollständig in bar zu entrichten. Der Ersteher muß nur denjenigen Betrag zahlen, welcher nach Abzug des Werts der vorrangigen Rechte verbleibt. Dies sind im Regelfall die Kosten[223] und der den Wert der verbleibenden Rechte überschießende Teil des Meistgebots (sog. Bargebot)[224]. Die Vorteile des Übernahmeprinzips liegen auf der Hand. Wohl erwirbt der Ersteher bei Geltung des Löschungsprinzips (fast)[225] lastenfrei; hierfür muß er aber einen höheren Betrag an Bargeld aufbringen[226]. Dies begrenzt von vornherein die Bietergruppe. Daneben bewirkt das Löschungsprinzip, daß die vorrangigen Hypotheken fällig gestellt werden, ohne daß für den Hypothekar in diesem Augenblick bereits ein „Befriedigungsinteresse“ besteht. Die Hypothek wird also - früher als gewollt - vom Sicherungszweck zum Befriedigungszweck umgestellt.

Der zweite wichtige Unterschied zwischen beiden Rechtsordnungen liegt in der Ausgestaltung des Eigentumserwerbsverfahrens für den Ersteher. Nach polnischem Recht schließt das Zwangsversteigerungsverfahren mit der Verkündung des Meistgebots. Nach Schließung entscheidet der aufsichtsführende Richter über den Zuschlag des Grundstücks an den Ersteher. Dieser Zuschlag gibt aber nur ein Recht auf die Zuerkennungsentscheidung, führt aber selbst nicht zum Eigentumserwerb. Erst nach

---

[219] § 52 Abs. 1 S. 1 ZVG.

[220] Das Recht des die Zwangsvollstreckung betreibenden Gläubigers wird dahingegen gelöscht. Allerdings kann sein Fortbestand gemäß Art. 92 Abs. 2 und Abs. 3 ZVG vereinbart werden.

[221] § 44 Abs. 1 ZVG. Zum geringsten Gebot zählen natürlich auch die Verfahrenskosten.

[222] Art. 85a Abs. 1 ZVG.

[223] Und bestimmte in §§ 10 Nr.1-3, 12 Nr.1, 2 ZVG enthaltene Ansprüche. Deckt das Meistgebot nur die Kosten und die eben erwähnten Ansprüche wird von Mindestbargebot gesprochen. In diesem Fall geht der betreibende Gläubiger leer aus. Da ein Zuschlag aber nur bei einem Meistgebot erteilt wird, welches wertmäßig mindestens der Hälfte des Grundstückswertes entspricht (§ 85a ZVG), dürfte ein Zuschlag in Höhe des Mindestbargebots eher die Ausnahme sein.

[224] Art. 49 ZVG.

[225] Art. 1000 § 2 und § 3 KPC.

[226] Mindestens 3/4 oder 2/3 des Grundstückswertes.

Rechtskraft des Zuschlags und Erfüllung der Versteigerungsbedingungen durch den Ersteher entscheidet das Gericht über die Zuerkennung des Eigentums. Der Ersteher erwirbt das Eigentum aber erst nach Rechtskraft dieser Entscheidung[227]. Im Gegensatz zu diesem dreigliedrigen Verfahren ist der Eigentumserwerb für den Meistbietenden im deutschen Recht zweigliedrig aufgebaut. Nach Verkündung des Meistbietenden im Versteigerungstermin entscheidet das Vollstreckungsgericht über den Zuschlag. Der Zuschlag hat aber im Gegensatz zum polnischen Recht eigentumsübertragende Wirkung. Ein dritter Verfahrensschritt ist daher unnötig[228].

3. Pfandrecht an Sachen/Bankpfandrecht

Bevor aufgezeigt wird, in welchen Formen der Pfandgläubiger die Pfandsache in die gewünschte Leistung umsetzen kann, ist zunächst zu klären, welche Gegenstände von der Umsetzungsbefugnis des Pfandgläubigers ergriffen werden. Dies ist die Frage nach dem Sicherungsumfang.

Das Pfandrecht an einer Sache kann die Bestandteile des Sicherungsgegenstandes[229], das Zubehör[230] und die Nutzungen der Sache[231] erfassen. Sofern es sich um Zubehör der Sache handelt, ist zweierlei erforderlich: Auf der einen Seite darf aus dem Inhalt des Verpfändungsvertrages kein der Verpfändung des Zubehörs entgegenstehender Wille zu entnehmen sein[232] und auf der anderen Seite müssen auch bezüglich des Zubehörs die Besitzanforderungen des Art. 307 KC erfüllt werden. Regelmäßig ist also die Besitzerlangung an dem Zubehör durch den Pfandgläubiger erforderlich[233]. Sollen auch die Nutzungen der Sache[234] vom Pfandrecht erfaßt werden, ist eine diesbezügliche Vereinbarung erforderlich. Fehlt eine solche, so muß der Pfandgläubiger sie vereinnahmen und auf die Forderung anrechnen[235].

---

[227] Art. 999 § 1 KPC.

[228] Allerdings kann die eigentumsübertragende Wirkung des Zuschlags durch Beschluß später wieder aufgehoben werden, § 90 ZVG.

[229] Art. 47 KC. *KCK/Majorowicz*, Anm. 4 zu Art. 306 KC, S. 750.

[230] Art. 51 f KC. *KCK/Majorowicz*, Anm. 4 zu Art. 306 KC, S. 750 f. Zum Begriff des Zubehörs: *Grzybowski,* System I, S. 420 ff.

[231] Art. 53 KC. *KCK/Majorowicz*, Anm. 4 zu Art. 306 KC, S. 751.

[232] Nach Art. 52 KC erstrecken sich Geschäfte über die Hauptsache nur dann auf das Zubehör, wenn sich aus dem Inhalt des Rechtsgeschäftes nicht etwas anderes ergibt.

[233] *KCK/Majorowicz*, Anm. 4 zu Art. 306 KC, S. 750.

[234] Der Begriff „natürliche Nutzungen" umfaßt die Früchte der Sache und die Bestandteile, die von der Sache getrennt wurden, Art. 53 KC.

[235] Art. 319 KC.

Der Pfandgläubiger muß die Pfandsache nach den Vorschriften über das gerichtliche Vollstreckungsverfahren verwerten[236]. Vollstreckungstitel und Vollstreckungsklausel sind daher unumgängliche Voraussetzungen[237]. Die Vollstreckung führt der Gerichtsvollzieher auf Antrag des Pfandgläubigers aus. Sie erfolgt im Wege der öffentlichen Versteigerung[238]. Nach der Beschlagnahme der Sache muß diese geschätzt werden[239]. In der Zwangsversteigerung beträgt das geringste Gebot im ersten Termin 3/4 des Schätzwertes[240]. Wird die Sache im ersten Termin nicht verkauft, so beträgt das geringste Gebot die Hälfte des Schätzwertes[241]. Der Ersteher erwirbt das Eigentum an der versteigerten Sache, wenn er den gebotenen Betrag bezahlt, nach Rechtskraft des Zuschlags[242].

4. Registerpfandrecht nach dem PfRG

a) Allgemein

Die Verwertung ist im PfRG ausführlich geregelt[243]. Die Verwertungsmöglichkeiten des Registerpfandes sind gegenüber der bisherigen Rechtslage deutlich verbessert worden[244]. Diese sind: Das gerichtliche Vollstreckungsverfahren[245], die Geltung der Verfallklausel für bestimmte Pfandgegenstände[246] (bestimmte Wertpapiere, Pfandgegenstand ist eine Sache des allgemeinen Warenumlaufs, der Wert des Pfandgegenstandes wurde im Pfandvertrag festgelegt), der Pfandverkauf und die Übernahme der Verwaltung oder Verpachtung eines Unternehmens, in welchem sich der Pfandgegenstand befindet[247]. Sofern

---

[236] Art. 312 KC iVm Art. 864 ff KPC.

[237] *Ignatowicz*, S. 271; *Pyzioł*, S. 109 ff, S. 119.

[238] Art. 867 § 1 KPC. Einführend: *Fras*, Palestra 9-10/95, S. 21 ff, S. 24 ff; *Leśniak*, Rejent 7-8/95, S. 53 ff, S. 69 ff.

[239] Art. 853 § 1 KPC.

[240] Art. 867 § 2 S. 1 KPC.

[241] Art. 867 § 2 S. 3 KPC.

[242] Art. 874 KPC.

[243] Art. 20 ff PfRG.

[244] Vorbild der Neuregelung waren die Art. 509 - 517 KH a.F. Ausführlich: Amtliche Begründung des Ministerrates, KPP 1/96, S. 121 ff, S. 134; *Kapeliński*, DzUzKP 3/97, S. 3.

[245] Art. 21 PfRG. Insoweit gleich Art. 312 S. 1 KC.

[246] Art. 22 PfRG; ausführlich zur Verfallklausel: *Roman*, Rejent 9/98, S. 88 ff.

[247] Art. 27 PfRG; ausführlich: Zedler, in: *Stawecki/Tomaszewski/Zedler*, S. 97 ff.

der Pfandvertrag keine Bestimmung über die Verwertungsart enthält, ist das gerichtliche Vollstreckungsverfahren anzuwenden.

Der Pfandverkauf ist im Wege der öffentlichen Versteigerung durch einen Notar oder Gerichtsvollzieher durchzuführen. Der Pfandverkauf darf aber nicht früher als 14 Tage nach Fälligkeit der Forderung durchgeführt werden[248]. Das genaue Verfahren des Pfandverkaufs wird durch eine Anordnung des Justizministers festgelegt[249]. Das Verwertungssystem des PfRG ist nicht an ein Forderungsregisterpfandrecht angepaßt.

b) Ertragsbefriedigungsvereinbarung

Im Pfandvertrag kann vereinbart werden, die Verwertung aus den Erträgen des Unternehmens vorzunehmen, in dem sich die Pfandsache befindet. Zu diesem Zweck kann der Pfandnehmer die Übernahme der Verwaltung fordern. In diesem Fall muß der Verwalter aber vorher im Pfandvertrag bestimmt worden sein. Anstelle dieser „Zwangsverwaltung" kann der Pfandnehmer aber auch die Verpachtung des Unternehmens verlangen, soweit dies im Pfandvertrag vorgesehen ist. In diesem Fall wird die gesicherte Forderung aus den Pachtzinsen befriedigt.

Die Befriedigung des Sicherungsnehmers aus den Erträgen und Nutzungen des Sicherungsgegenstandes ist für das Kreditsicherungsrecht nichts ungewöhnliches[250]. Ungewöhnlich ist allerdings die im PfRG enthaltene Ertragsbefriedigungsvereinbarung bei einem Unternehmen.

Die Ertragsbefriedigungsvereinbarung führt zu einer Divergenz von Haftungsgrundlage (Sicherungsgegenstand) und Verwertungsgrundlage (Verwertungsgegenstand=Unternehmen). Diese Divergenz verstößt gegen den Grundsatz, daß bei einer Realsicherheit Haftungsgrundlage und Verwertungsgrundlage identisch sein müssen. Wird gegen diesen Grundsatz verstoßen, wandelt sich die Realsicherheit in eine Personalsicherheit um. Dies führt insbesondere bei der Rangbestimmung zu schwerwiegenden Problemen. Ein Unternehmen kann daher nur dann Verwertungsgrundlage sein, wenn es gleichzeitig Haftungsgrundlage ist. Hierfür ist die Einführung eines Unternehmenspfandrechts erforderlich.

Die Divergenz von Haftungs- und Verwertungsgrundlage ergibt sich daraus, daß bei der Ertragsbefriedigungsvereinbarung das gesamte Unternehmen Verwertungsgrundlage ist, Haftungsgrundlage ist jedoch nur ein bestimmter Sicherungsgegenstand.

---

[248] Art. 24 Abs. 1 PfRG.

[249] Art. 24 Abs. 2 PfRG.

[250] Art. 319 KC.

Nach dem Wortlaut des Gesetzes ist es gleichgültig, ob dieser Sicherungsgegenstand 100%, 50% oder nur 10% des Unternehmens ausmacht.

Das Gesetz gibt dem Pfandgläubiger das Recht sich aus den Erträgen des Unternehmens zu befriedigen. Was unter Ertrag im Sinne des PfRG zu verstehen ist, ist nicht eindeutig. Das Gesetz verwendet den Begriff des Ertrages auf zweifacher Weise. In Art. 27 Abs. 1 PfRG steht „przychód" (Einkünfte) und in Art. 34 PfRG steht „dochód" (Einkommen). Nimmt man das Körperschaftsteuerrecht bei der Auslegung dieser Begriffe zu Rate so kommt man zu folgendem Ergebnis: Einkommen (dochód) ist der Überschuß der Einkünfte (przychód) über die Erwerbskosten[251]. Welcher Begriff ist nun aber ausschlaggebend?

Legt man diesen Wörtern Prioritätsbedeutung bei[252], würde man zu folgendem Ergebnis kommen: Bei einer Befriedigung aus den Einkünften *(przychód)* - also vor Abzug der Kosten, wie z.B. Arbeitslohnforderungen und Zuliefererforderungen - hätte der Registerpfandgläubigers Befriedigungsvorrang vor den Erwerbskosten. Erfolgt die Befriedigung aber erst aus dem Einkommen *(dochód)*, so hätten die Erwerbskosten Befriedigungsvorrang vor der Kreditforderung des Registerpfandgläubigers.

Der Begriff „Ertrag" hat keine Prioritätsbedeutung. Das Registerpfandrecht löst sich bei der Ertragsbefriedigungsvereinbarung von seiner Haftungsgrundlage, die bei einer Realsicherheit nur auf einen bestimmten Sicherungsgegenstand begrenzt ist, und ergreift statt dessen das Vermögen in der Gestalt des Unternehmensertrages. Das Vermögen als Haftungsgrundlage kann aber - wie bei der Bürgschaft und bei der Garantie - keinen Prioritätsschutz bieten. Richtig ist daher, daß der Registerpfandgläubiger sich aus den Einkünften (przychód) nicht vor-, sondern gleichrangig neben den (übrigen) Erwerbskosten befriedigen darf. Aus diesem Grunde ist der Begriff „dochód" in Art. 34 PfRG durch den Begriff „przychód" zu ersetzen.

Die Regelung über die Ertragsbefriedigungsvereinbarung durchbricht den Grundsatz, daß das Pfandrecht dem Pfandgläubiger nur ein Verwertungsrecht an einem genau bestimmten Sicherungsgegenstand gibt. Der Gläubiger erlangt bei der Ertragsbefriedigungsvereinbarung Befriedigung nicht aus dem Verwertungserlös aus einer genau bestimmten Sache, sondern aus dem Vermögen. Die Realsicherheit „Registerpfandrecht" nimmt also Züge einer Personalsicherheit an. Durch diese Lösung der Verwertung von der tatsächlichen Haftungsgrundlage (dem Pfandgegenstand) wird fraglich, in welchem Umfang der Ertrag des Unternehmens überhaupt für die Kreditforderung des Pfandgläubigers haftet. Die Verwertung kann begrenzt sein auf den Wert des Sicherungs-

[251] Art. 7 Abs. 2 polnKStG.

[252] *Pisuliński/Skąpski,* KPP 4/96, S. 747 ff, S. 761.

gegenstandes, oder sie ist unabhängig von der Pfandsache. Die erste Möglichkeit wandelt die tatsächliche Haftungsgrundlage in eine wertmäßige Haftungsgrundlage um. Die zweite Möglichkeit ist ein durch die Hintertür ins Gesetz gelangtes, dürftig geregeltes „Unternehmenspfandrecht".

Folgende Gründe sprechen für die Begrenzung der Verwertungsmöglichkeit auf den Wert des Sicherungsgegenstandes. Bejaht man nämlich die zweite Möglichkeit, wird problematisch, warum das Gesetz überhaupt noch die Anbindung an einen bestimmten Pfandgegenstand verlangt. Wichtig ist in diesen Fällen eigentlich nur die „Ertragsbefriedigungsvereinbarung". Darüber hinaus ist bei den Realsicherheiten die Begrenzung der Verwertungschancen auf die Haftungsgrundlage ein ihnen innewohnendes Prinzip, welches insbesondere das Prinzip der Priorität rechtfertigt[253]. Und schließlich hat sich das PfRG bei der Bestimmung der Pfandgegenstände gegen ein Unternehmenspfandrecht ausgesprochen[254].

Sollte ein Unternehmenspfandrecht gemeint sein, so ist eine ausführliche Regelung der im Zusammenhang mit einem solchen Unternehmenspfandrecht auftretenden Probleme unerläßlich[255]. Hierbei ist insbesondere zu bedenken, daß nach Art. 55^1 KC auch Grundstücke (Hypothek als gesetzlich vorgesehenes Sicherungsmittel unter Ausschluß des Pfandrechts) und Schulden (per se pfandrechtsuntauglich) zu den Bestandteilen eines Unternehmens gehören. Auch müßten die Fragen der Priorität eingehend geregelt werden, z.B. wie verhält sich ein Unternehmenspfandrecht zu einem Pfandrecht an einer Sache, die später „Bestandteil" des Unternehmens geworden ist? Ebenso müßte über den Standort der Registrierung eines solchen Unternehmenspfandrechts nachgedacht werden. Hierfür würde sich neben dem allgemeinen Pfandrechtsregister auch das Handels- bzw. Unternehmensregister anbieten.

Bei der Ertragsbefriedigungsvereinbarung kann der Pfandgläubiger die Verwaltung oder Verpachtung des Unternehmens verlangen. Zu einem solchen Verlangen wird es aber nur kommen, wenn der Verpfänder die Kreditforderung nicht ordnungsgemäß zurückzahlt. Grund hierfür wird die wirtschaftliche Krise des Verpfänders sein. Nun drängt sich aber unweigerlich die Frage auf, wer ein bereits in die Krise geratenes Unternehmen pachten und dafür auch noch einen Pachtzins zahlen will. Hieraus wird ersichtlich, daß die Verwertungsmöglichkeit durch Verpachtung des Unternehmens meist am Fehlen bereitwilliger Pächter scheitern wird.

---

[253] Aus diesem Grund gibt es bei „echten Personalsicherheiten" auch keine Streitentscheidung nach dem Prinzip der Priorität.

[254] Art. 7 Abs. 2 PfRG. So ausdrücklich auch die amtliche Begründung des Ministerrates, KPP 1/96, S. 121 ff, S. 133. Kritisch: *Radwański/Frąckowiak/Kępiński/Kruczalak/Mączyński*, BRL 11/95, S. 131 ff, S. 134. *Pisuliński/Skąpski*, KPP 4/96, S. 747 ff, S. 761 bezeichnen den Inhalt des Art. 27 PfRG als vollkommen unverständlich, da der Gesetzesentwurf überhaupt kein Unternehmenspfandrecht vorsieht.

[255] Eine ausführliche Regelung des Unternehmenspfandrechts enthält z.B. das Model Law on Secured Transactions.

Aber auch die Verwaltung des Unternehmens ist nicht unproblematisch[256]. Zunächst einmal ist jemand zu finden, der durch seine Persönlichkeit und Fachkenntnis für die Führung des Unternehmens besser geeignet ist als der Verpfänder. Ist er dies nicht, so trägt er nicht zur Steigerung des Unternehmensertrages bei. Vielmehr wird der Unternehmensertrag noch verringert, weil die Verwaltungskosten dem Registerpfandrecht vorgehen[257]. Insoweit fehlt es an einem Interesse des Pfandgläubigers einen Verwalter einzusetzen. Darüber hinaus wird, wenn der Pfandgläubiger die Fremdverwaltung des Unternehmens verlangt, die wirtschaftliche Krise meist schon so fortgeschritten sein, daß ohnehin der Konkurs des Unternehmens eintritt. In diesem Fall übernimmt der Konkursverwalter das weitere Verfahren. Einen allzu großen Anwendungsbereich wird der Ertragsbefriedigungsvereinbarung daher nicht zu kommen.

c) Verfallklausel

Eine Verfallklausel kann nur bei Gegenständen vereinbart werden, bei denen der Wert objektiv nachvollziehbar bestimmt werden kann Wertpapiere (Börsenpreis), Waren des allgemeinen Warenumlaufs (Marktpreis)[258]. Sofern ein Wertpapier mit Verfallklausel verpfändet wird, muß noch die Wertpapierkommission ihre Genehmigung zu der Verfallklausel erteilen. In der Genehmigung werden auch die Bedingungen für den Verfall bestimmt. Hiermit soll die Umgehung von zwingendem Wertpapierrecht verhindert werden[259].

Der Pfandgläubiger erwirbt das Eigentum an der Pfandsache, wenn er die Eigentumsübernahme erklärt. Diese Erklärung kann aber erst nach Ablauf des Tages abgegeben werden, an dem die gesicherte Forderung fällig wird[260]. Das Gesetz sagt nicht, wem gegenüber die Erklärung abzugeben ist. Empfehlenswert ist, die Erklärung beim Verpfänder und beim Registergericht einzureichen. Bei beiden Adressaten besteht ein schützenswertes Interesse an dieser Benachrichtigung. Auf der einen Seite erfährt der Verpfänder durch diese Erklärung, daß er sein Eigentum an seiner Sache verloren hat, auf der anderen Seite besteht ein allgemeines Interesse daran, daß das Register richtig ist. Rechtsbegründende Bedeutung dürfte aber nur die Benachrichtigung an das Registergericht haben. Hierdurch wird sichergestellt, daß die Richtigkeit des

---

[256] Die Regelung der Verwaltung sind äußerst dürftig. Insbesondere fehlen Bestimmungen über das Verhältnis zwischen Verwalter und Pfandgläubiger (Pflicht zur Rechnungslegung, Kontrollrechte etc.), zwischen Verwalter und Verpfänder und Verwalter zu den Gläubigern und Schuldnern des Verpfänders.

[257] Dies ist nicht ausdrücklich geregelt. Es wird sich aber kaum ein Verwalter finden, wenn nicht sicher ist, daß seine Dienste entlohnt werden.

[258] Art. 27 Abs. 1 PfRG, Art. 23 PfRG, *Kapeliński,* DzUzKP 3/97, S. 3.

[259] So die amtliche Begründung des Ministerrates, KPP 1/96, S. 121 ff, S. 135.

[260] Art. 22 Abs. 2 PfRG.

Registers nicht von Ereignissen abhängt, die das Registergericht nicht überprüfen kann.[261].

Unmittelbar bevor der Pfandgläubiger die Eigentumsübernahme erklärt, muß er den Verpfänder über die Einleitung der Verwertung schriftlich benachrichtigen[262]. Daraufhin hat der Verpfänder das Recht innerhalb von 7 Tagen ab Zugang dieser Benachrichtigung die Forderung zu erfüllen oder bei Gericht Klage mit dem Feststellungsbegehren zu erheben, daß die gesicherte Forderung nicht bestehe oder nicht fällig sei[263]. Der Pfandgläubiger darf aber schon vor Ablauf dieser 7-Tages-Frist die Eigentumsübernahme erklären.

Wie sich eine fristgerechte Befriedigung oder eine Klageerhebung auf eine vorher erfolgte Eigentumsübernahme auswirkt, ist im PfRG nicht geregelt. Nach der Regelung des Regierungsentwurfes führte eine fristgerechte Befriedigung zur rückwirkenden Unwirksamkeit der Eigentumsübernahme[264]. Diese Lösung bringt eine große Unsicherheit in die sachenrechtlichen Rechtsverhältnisse. Bei einer fristgerechten Feststellungsklage kann die rückwirkende Unwirksamkeit sogar erst nach Monaten eintreten. Solange der Pfandgläubiger aber bereits vor Fristablauf die Eigentumsübernahme erklären kann, kann eine fristgerechte Befriedigung nur zur rückwirkenden Unwirksamkeit führen. Vorzugswürdig wäre daher eine Regelung, die die Eigentumsübernahme vom Ablauf der 7-Tagesfrist nach Benachrichtigung über die Verwertung abhängig machen würde. Befriedigt der Schuldner den Pfandgläubiger in dieser Zeit oder erhebt er eine Feststellungsklage, so erwirbt der Pfandgläubiger kein Eigentum.

5. Pfandrecht an Rechten

Beim Pfandrecht an einem Recht ist zu unterscheiden. Ist ein sonstiges Vermögensrecht als eine Forderung mit einem Pfandrecht belastet, ist das Pfandrecht an diesem Recht im Wege des gerichtlichen Vollstreckungsverfahrens zu verwerten[265]. Die Befriedigung des Pfandgläubigers erfolgt also beim

---

[261] Diese Regelung gilt nicht für Wertpapiere. Die Bedingungen für die Eigentumsübernahme bei mit einem Registerpfandrecht belastetem Wertpapier legt die Wertpapierkommission für jeden einzelnen Fall gesondert fest, Art. 22 Abs. 1 Nr. 1 PfRG.

[262] Art. 25 S. 1 PfRG.

[263] Art. 25 S. 2 PfRG.

[264] Art. 28 Abs. 4 PfRG (Regierungsentwurf).

[265] Art. 328 iVm 312 KC und Art. 909 KPC iVm 895 ff KPC. Ähnlich § 1277 BGB.

Pfandrecht an einem Recht - gleich wie bei einem Pfandrecht an einer beweglichen Sache - im Wege der öffentlichen Versteigerung[266]. Sie wird unter der Leitung des Gerichtsvollziehers durchgeführt[267].

Sofern aber eine Forderung Gegenstand des Pfandrechts ist, richtet sich die Verwertung nicht *(unmittelbar)* nach den Vorschriften über das Vollstreckungsverfahren[268]. Vielmehr ist diesem Verfahren ein „Surrogationsverfahren" vorgeschaltet. Der Schuldner muß zunächst einmal seine gegen ihn gerichtete Forderung erfüllen. Hierbei darf der Schuldner aber nur an Gläubiger und Pfandgläubiger gemeinsam leisten[269]. Allerdings tritt durch diese Leistung noch kein Befriedigungserfolg beim Pfandgläubiger ein. Das Pfandrecht an der Forderung verwandelt sich vielmehr in ein Pfandrecht an dem geleisteten Gegenstand *(Sache oder sonstiges Vermögensrecht)* um[270]. Nach dieser Surrogation erfolgt dann die Verwertung ebenfalls anhand des gerichtlichen Vollstreckungsverfahrens[271].

Ist jedoch eine Geldforderung Gegenstand des Pfandrechts, so kann der Pfandgläubiger anstelle der Leistung *(an ihn und den Verpfänder gemeinsam)* die Abtretung der belasteten Forderung bis zur Höhe der gesicherten Forderung verlangen[272]. In diesem Fall ist der Pfandgläubiger berechtigt die Leistung unmittelbar vom Schuldner verlangen.

Hängt die Fälligkeit der belasteten Forderung von einer Kündigung ab, so kann der Verpfänder ohne Zustimmung des Pfandgläubigers kündigen[273]. Das Kündigungsrecht des Pfandgläubigers - die belastete Forderung betreffend - kann erst nach Fälligkeit und nur in Höhe der gesicherten Forderung vorgenommen werden[274]. Vor Fälligkeit

---

[266] Nach Art. 909, 908 § 2 KPC sind die Vorschriften über die öffentliche Versteigerung einer beweglichen Sache entsprechend auf das belastete Recht anzuwenden.

[267] Art. 895 § 1 KPC.

[268] Auch im deutschen Recht ist die Verwertung einer gesicherten Forderung nicht nach den Vorschriften über das Vollstreckungsverfahren durchzuführen, §§ 1281 ff BGB.

[269] Art. 333 KC.

[270] Art. 332 KC.

[271] Art. 312 S. 1 KC.

[272] Art. 335 S. 1 KC. Die Abtretung richtet sich nach den Art. 509 ff KC. Für den ihm abgetretenen Teil der Forderung steht dem Pfandgläubiger die Priorität vor dem Gläubiger/Verpfänder der belasteten Forderung zu. Unklar ist, ob die Abtretung an Zahlungsstatt oder nur erfüllungshalber erfolgt. Im deutschen Recht ist diese Frage zugunsten der Leistung an Zahlungsstatt entschieden, § 1282 Abs. 1 S. 3 BGB.

[273] Art. 331 § 1 S. 1 KC.

[274] Art. 331 § 1 S. 2 KC.

der gesicherten Forderung hat der Pfandgläubiger ja auch noch kein durchsetzbares Verwertungsrecht. Sofern die Fälligkeit der belasteten Forderung von der Kündigung des Drittschuldners abhängt, kann dieser die Kündigung auch gegenüber dem Pfandgläubiger erklären[275].

Nach Pfandreife hat der Pfandgläubiger nach deutschem Recht das Recht, die Forderung einzuziehen und der Drittschuldner darf nur noch an ihn leisten[276]. Leistet der Drittschuldner an den einziehungsberechtigten Pfandgläubiger, so erlischt die gesicherte Forderung[277]. Im polnischen Recht kann der Schuldner nach Eintritt der Pfandreife nur an Pfandgläubiger und Gläubiger gemeinsam leisten. Ein eigenständiges Einziehungsrecht für den Pfandgläubiger besteht nicht. Es muß also immer der Umweg über die Abtretung der Forderung genommen werden[278]. Ein eigenständiges Einziehungsrecht des Pfandgläubigers nach Pfandreife würde die Abwicklung des Sicherungsverhältnisses um einiges beschleunigen.

6. Sicherungsübereignung

Einer der Vorteile der Sicherungsübereignung im Vergleich zum Pfandrecht ist, der Sicherungsnehmer muß das Sicherungsgut nicht im Wege der gerichtlichen Versteigerung verwerten. Er kann die Sache freihändig verkaufen[279]. Der Sicherungsgeber muß die Sache zum Zwecke der Verwertung an den Sicherungsnehmer herausgeben[280]. Diesem Herausgabeverlangen kann der Sicherungsgeber kein Besitzrecht entgegenhalten. Der Sicherungsgeber hat sein Besitzrecht durch den Eintritt des Verwertungsfalles verloren.

---

[275] Art. 331 § 2 KC.

[276] § 1282 Abs. 1 S. 1 BGB.

[277] § 1288 Abs. 2 BGB. Ist der Verpfänder aber nicht gleichzeitig persönlicher Schuldner der gesicherten Forderung, so geht diese auf den Verpfänder über, Art. 518 § 1 Nr. 1 KC. §§ 1273 Abs. 2 BGB iVm 1225 BGB.

[278] Im deutschen Recht alternativ zum Einziehungsrecht: § 1282 Abs. 1 S. 3 BGB.

[279] *Beschluß des Obersten Gerichtshofes* vom 5.5.93 [AZ: III CZP 54/93] (OSP 10/94, Pos. 176). Ebenso *Urteil des Obersten Gerichtshofes* vom 27.6.95 [AZ: I CR 7/95] (PPH 10/96, S. 37 ff). Dieses Urteil wird ausführlich von *Litwińska,* PPH 3/96, S. 31 ff und *Bączyk,* PB 4/94, S. 79 ff besprochen. Ausführlich: *Jakubecki,* in: *Jakubecki/Mojak/Niezbecka:* S. 293; *Skowrońska*, PUG 3/93, S. 20 ff, S. 23; *Zieliński,* Rejent 7-8/97, S. 149 ff, S. 151 f.

[280] Gibt der Sicherungsgeber die Sache nicht freiwillig heraus, so ist der Sicherungsnehmer gezwungen, den gerichtlichen Weg einzuschlagen. Die Herausgabe kann vom Gerichtsvollzieher auf der Grundlage der Art. 1041 ff KPC erzwungen werden. In bestimmten Fällen kann das Zurückbehalten der sicherungsübereigneten Sache als Unterschlagung nach Art. 204 § 2 KK gewertet werden, so *Gołaczyński*, OSP 10/94, Pos. 176.

Die Befriedigung des Sicherungsnehmers durch Anrechnung des Wertes der sicherungsübereigneten Sache auf die gesicherte Forderung soll unzulässig sein[281]. Begründet wird dies damit, Rechtsgrund der Sicherungsübereignung sei eine causa cavendi (Sicherungscausa)[282]. Die Sicherungscausa verbiete die vollkommene Übernahme des Sicherungsgutes in das Vermögen des Sicherungsnehmers. Hierfür sei die Vereinbarung einer causa solvendi (Befriedigungscausa) erforderlich.

Diese Auffassung schränkt die Bedeutung des Sicherungsrechts über Gebühr ein. Vielmehr ist Rechtsgrund der Sicherungsübereignung ein doppelter. Auf der einen Seite soll die Sicherungsübereignung die Rückzahlung des Kredits sichern (Sicherungszweck), auf der anderen Seite soll die sicherungsübereignete Sache bei Eintritt des Sicherungsfalles aber auch der Befriedigung des Sicherungsnehmers für seine Kreditforderung dienen (Befriedigungszweck)[283].

Die beiden aufgeführten Zwecke der Sicherungsübereignung stehen nicht unabhängig zueinander. Die Sicherungscausa ist während der Sicherungsphase der Rechtsgrund für das Behaltendürfen der Sache. Die Sicherungscausa schränkt den Befriedigungszweck bis zum Eintritt des Sicherungsfalles ein. Der Befriedigungszweck ist während der Sicherungsphase nur latent vorhanden. Fällt die gesicherte Forderung während der Sicherungsphase durch Erfüllung fort, verliert die Sicherungscausa und der Befriedigungszweck ihren Sinn. Das Behaltendürfen der Sicherungsware durch den Sicherungsnehmer verliert den rechtfertigenden Grund. Der Sicherungsnehmer ist zur „Rückabwicklung“ des Sicherungsverhältnisses verpflichtet.

Tritt der Sicherungsfall ein, tritt der Befriedigungszweck neben den Sicherungszweck. Der Gläubiger darf sich ab jetzt aus dem Sicherungsrecht, das nun ein Befriedigungs- und Sicherungsmittel darstellt, Befriedigung für seine Forderung verschaffen. Insoweit kann man - überspitzt formuliert - feststellen, daß die Leistung sicherungshalber auf dem Wege zur Erfüllung liegt (oder besser gesagt: liegen kann)[284]. Der Sicherungsnehmer muß aber nicht die Verwertung des Sicherungsrechts anstreben. Vielmehr kann er auch noch weiterhin versuchen die gesicherte Forderung zu realisieren und sich mit der Funktion des Sicherungsrechts als Sicherungsmittel zufrieden ge-

---

[281] Zum Problem einer unwirksamen Verwertungsvereinbarung, *BGH* NJW 95, S. 2221 ff.

[282] *Beschluß des Obersten Gerichtshofes* vom 5.5.93 [AZ: III CZP 54/93] (OSP 10/94, Pos. 176), auch *Gołaczyński*, OSP 10/94, Pos. 176; *Skowrońska*, PP 11/93, S. 31 f, S. 31; *Szpunar*, PS 5/96, S. 69 ff, S. 71; *Pazdan*, Rejent 1/94, S. 17 ff, S. 26; *Skąpski*, SC 1969, S. 305 ff, S. 315. Zum Einfluß deutschen Rechts: *Łętowska*, RPEiS 2/67, S. 46 ff, S. 65.

[283] Nach *Jakubecki*, in: *Jakubecki/Mojak/Niezbecka:* S. 293 ist noch eine zusätzliche Vereinbarung der Vertragsparteien nach Eintritt des Sicherungsfalles erforderlich.

[284] *Becker-Eberhard*, S. 240 ff.

ben[285]. Wählt er aber den Weg über die Verwertung des Sicherungsrechts, so ist es letztendlich eine Frage der Ausgestaltung des Sicherungsvertrages, in welcher Form die Befriedigung aus dem Sicherungsrecht erfolgen soll. Allein aus der „formalen Bezeichnung" des Rechtsgrundes als causa cavendi oder causa solvendi ist also kein Argument gegen die Zulässigkeit einer Anrechnungsvereinbarung zu gewinnen.

Die Aufrechnungsvereinbarung kann aber unzulässig sein, wenn es der Schutz der kreditsuchenden Personen verlangt. So ist die Gefahr nicht von der Hand zu weisen, daß durch eine vom Kreditgeber nachteilhaft beeinflußte Bewertung der Sicherungsware der Kreditnehmer wucherisch übervorteilt werden kann[286]. Ein solcher Schutz muß aber nicht unbedingt in einem absoluten Verbot der Anrechnungsvereinbarungen enden. Genausogut kann dieser Schutz auch im nachhinein greifen, so daß bei wucherischer Ausnutzung einer Anrechnungsvereinbarung diese für unwirksam erklärt wird und der Sicherungsnehmer auf den Weg des freihändigen Verkaufs angewiesen ist.

7. Sicherungsabtretung

Eine sicherungsabgetretene Forderung wird in der Regel durch Einziehung verwertet. Der Sicherungsnehmer kann die Forderung selbstverständlich auch abtreten. Der eingezogene Betrag bzw. der Kaufpreis für die abgetretene Forderung steht dem Sicherungsnehmer in Höhe der gesicherten Forderung zu. Den Mehrerlös muß er an den Sicherungsgeber herausgeben. Ein zur Sicherheit abgetretenes Recht, das nicht eingezogen werden kann, ist freihändig zu verkaufen. Der Sicherungsnehmer ist nicht an die Verwertungsregeln des Pfandrechts an Rechten gebunden.

8. Bürgschaft und Forderungsgarantie

Die Bürgschaft und die Forderungsgarantie müssen nicht „umgesetzt" werden. Die Bürgschaft richtet sich stets auf dieselbe Leistung wie die gesicherte Forderung und die Forderungsgarantie auf Leistung eines bestimmten Garantiebetrages. Der Gläubiger muß diese Leistung nur noch beim Bürgen (Garanten) - notfalls unter Inanspruchnahme gerichtlicher Hilfe - herausverlangen.

---

[285] So auch: *BGH* NJW 1980, S. 226 ff, S. 227. Diese Kumulation der Möglichkeiten unterscheidet die Leistung sicherungshalber elementar von einer Leistung erfüllungshalber, ausführlich: *Becker-Eberhard*, S. 244 ff.

[286] Dieser Gedanke liegt auch dem Verbot der Verfallvereinbarung zugrunde, Art. 312 S. 1 KC, Art. 75 HypG. Im deutschen Recht ist dieses Verbot auf die Zeit vor Pfandreife beschränkt, §§ 1229, 1149 BGB.

Beispiel: Bank A erteilt S einen Kredit. Bank B bürgt. S zahlt nicht. Bank A will Bank B aus der Bürgschaft in Anspruch nehmen. Kann Bank A einen Bankvollstreckungstitel gegen Bank B ausstellen?

Bank A kann einen Bankvollstreckungstitel gegen Bank B ausstellen, wenn die Erteilung der Bürgschaft durch Bank B ein Bankgeschäft ist. Die Entgegennahme der Bürgschaft durch Bank A ist - im Gegensatz zu Art. 11 Abs. 1 Nr. 7 BankG a.F. - kein Bankgeschäft[287]. Allerdings ist die Erteilung der Bürgschaft durch Bank B ein Bankgeschäft[288]. Fraglich ist daher, ob Bank A einen Bankvollstreckungstitel ausstellen darf, wenn das Rechtsgeschäft nicht für sich, sondern nur für Bank B - als Schuldnerin - ein Bankgeschäft ist. Der Wortlaut der Art. 96 ff BankG ist nicht eindeutig. Gegen die Befugnis spricht, daß der Gesetzgeber die Entgegennahme einer Bürgschaft im Gegensatz zur alten Rechtslage nicht als Bankgeschäft bezeichnet[289]. Ebenso spricht der Sinn und Zweck der Art. 96 ff. BankG gegen die Befugnis. Die Art. 96 ff. BankG sollen die Vollstreckungsrechte der Banken erweitern. Sie sollen aber nicht die Vollstreckung gegen Banken erleichtern. Dies wäre aber der Fall, da Bank A keinen Bankvollstreckungstitel ausstellen dürfte, wenn Bürge eine Privatperson ist[290]. Für die Befugnis, einen Bankvollstreckungstitel ausstellen zu dürfen, spricht auch nicht die Inhaltsakzessorietät der Bürgschaft[291]. Der Grundsatz der Akzessorietät beschränkt sich grundsätzlich auf materiellrechtliche Wirkungen. Eine prozeß- oder vollstreckungsrechtliche Akzessorietät gibt es nicht. Auch führt die Inhaltsakzessorietät nicht dazu, daß die Bürgschaft ein Bankgeschäft wird, weil die Hauptforderung ein Bankgeschäft ist. Die Inhaltsakzessorietät wirkt sich nur auf den (Leistungs-)Inhalt und Umfang aus, nicht aber auf die Rechtsnatur und rechtliche Einordnung der Bürgschaft. Eine Bürgschaft wird ja auch kein Kaufvertrag, wenn die gesicherte Forderung eine Kaufpreisforderung ist. Bank A kann also gegen Bank B keinen Bankvollstreckungstitel ausstellen.

---

[287] *Pawłaszcze*, PPH 3/98, S. 19 ff, S. 20.

[288] Art. 5 Abs. 2 Nr. 8 BankG. *Bączyk*, PB 2/98, S. 57 ff, S. 62 ff. nimmt daher ein Bankgeschäft im Sinne der Art. 96 ff. BankG an.

[289] Die Entgegennahme einer Bürgschaft ist gemäß Art. 5 Abs. 1 Nr. 4 des Gesetzes vom 24.06.94 über die Restrukturierung der Genossenschaftsbanken und der Nahrungsgüterwirtschaftsbanken sowie über die Änderung anderer Gesetze (Dz.U. 95, Nr. 4, Pos. 369) ein Bankgeschäft.

[290] *Szpunar*, Rejent 6/98, S. 89 ff.; S. 100. Diese Konequenz nimmt *Bączyk*, PB 2/98, S. 57 ff, S. 64 hin.

[291] *Bączyk*, PB 2/98, S. 57 ff, S. 64; a.A.: *Szpunar*, Rejent 6/98, S. 89 ff.; S. 101.

IV. Befriedigungsphase

1. Allgemein

Ist das Sicherungsrecht in die geschuldete Leistung umgesetzt worden, geht es um die Frage, wie der Sicherungsnehmer aus dem Verwertungserlös befriedigt wird. Hierbei sind zwei Fragen zu unterscheiden: In welcher Höhe steht ihm ein Befriedigungsrecht am Erlös zu *(Frage nach dem Haftungsumfang)?* und zweitens, wie wird der Erlös zwischen ihm, dem Sicherungsgeber und anderen Gläubigern verteilt *(Frage nach der Erlösverteilung)?*

2. Haftungsumfang

Bei nichtakzessorischen Rechten wird der „Haftungsumfang" durch den Sicherungsvertrag festgelegt. Bei der Forderungsgarantie wird ein bestimmter Garantiebetrag im Garantievertrag festgelegt. Dieser lehnt sich an den Betrag der gesicherten Forderung an. Der Haftungsumfang bleibt aber trotzdem unabhängig von der gesicherten Forderung[292]. Stellt sich später heraus, daß der Forderungsbetrag geringer als der Garantiebetrag war, so kann der Garant das Zuvielgeleistete vom Garantienehmer zurückverlangen. Der „wirkliche Haftungsumfang" wird also erst im Nachfolgeprozeß festgelegt. Ist dahingegen der Forderungsbetrag höher als der Garantiebetrag, so schützt der Garantiebetrag den Garanten wie ein Höchstbetrag. In diesem Fall ist der Garant also grundsätzlich besser als der Bürge gestellt.

Nicht ganz so unabhängig ist die Bestimmung des Haftungsumfangs bei der Sicherungsübereignung und -abtretung. Hier wird im Sicherungsvertrag auf eine bestimmte gesicherte Forderung oder mehrere Bezug genommen. Der Umfang dieser Forderungen bestimmt dann regelmäßig den Haftungsumfang der Sicherungsübereignung bzw. -abtretung. Im Sicherungsvertrag kann der Haftungsumfang natürlich auch auf bestimmte Nebenansprüche zu der gesicherten Forderung ausgedehnt werden, wie z.B. Zins- und Verzugsansprüche, Kündigungs- und Rechtsverfolgungskosten. Im Gegensatz zur Forderungsgarantie ist die Bestimmung eines „Garantiebetrages" nicht erforderlich.

Bei akzessorischen Rechten ist der Begriff des Haftungsumfangs unmittelbar mit dem Begriff der Inhaltsakzessorietät verbunden. Das Sicherungsrecht sichert die Forderung daher nur in dem Umfang ab, in dem sie besteht. Allerdings ist die Akzessorietät eingeschränkt. So haftet der vom Hauptschuldner personenverschiedene akzessorische Sicherungsgeber nicht dafür, daß der

---

[292] *Osada/Wędrychowski*, S. 40.

Hauptschuldner mit dem Gläubiger die Forderung rechtsgeschäftlich erweitern, nachdem die Sicherheit bestellt wurde[293]. Neben dem Hauptanspruch sichern akzessorische Rechte auch bestimmte andere Nebenansprüche ab. Erwähnenswert sind Verzugs- und Zinsansprüche, Ansprüche wegen der Kosten einer Kündigung oder Rechtsverfolgung und der Anspruch auf Zahlung einer Vertragsstrafen[294].

Bei der Hypothek und dem PfRG-Registerpfandrecht wird diese Inhaltsakzessorietät noch durch die eingetragene Forderungssumme bzw. durch den Höchstbetrag eingeschränkt. Beim PfRG-Registerpfandrecht ergeben sich hieraus Rechtsanwendungsprobleme. Im Registerpfandrecht ist nicht geregelt, wie Nebenansprüche abgesichert werden, so daß die allgemeine pfandrechtliche Regelung anzuwenden wäre[295], nach der das Registerpfandrecht unbeschränkt für alle Nebenansprüche haften würde. Diese ergeben sich aber nicht unmittelbar aus dem Register. Die analoge Anwendung der einschlägigen Regeln des HypG bietet sich daher an[296].

Akzessorische Sicherungsgeber haften für die Zahlung der gesetzlichen Verspätungszinsen[297]. Ihre Zinshöhe beträgt seit dem 15.04.1998 33 %[298]. In Ausnahme zu der allgemeinen Regel, daß sich weder der Eigentümer noch der Verpfänder auf die Einrede der Verjährung der Hauptforderung berufen darf, steht ihnen dieses Recht aber bei Inanspruchnahme wegen verjährter Zinsen zu. Dies gilt für gesetzliche und für vertraglich vereinbarte Zinsen[299]. Die normale Vertragshypothek haftet sogar dann für die gesetzlichen Verspätungszinsen, wenn sie nicht in der eingetragenen Kapitalsumme enthalten sind[300]. Dies gilt jedoch nicht für die Kautionshypothek. Bei dieser werden

---

[293] *Bürgschaft:* Art. 879 § 2 KC entspricht § 769 Abs. 1 S. 3 BGB (dispositives Recht). *Pfandrecht: Skąpski*, SC 8/66, S. 143 ff, S. 153; *KCK/Majorowicz*, Anm. zu Art. 314 KC, S. 758.

[294] *Szpunar,* Palestra 11-12/92, S. 22 ff, S. 26; *Król*, PrPrzed 7/95, S. 28 ff, S. 28 ff.

[295] Art. 1 Abs. 2 PfRG iVm Art. 314 KC.

[296] Dies betrifft insbesondere Art. 104 KC für das PfRG-Kautionsregisterpfandrecht. Ebenso *Pisuliński/Skąpski,* KPP 4/96, S. 747 ff, S. 754 f.

[297] *Bürgschaft:* Art. 879 § 1 KC, *Szpunar,* Palestra 11-12/92, S. 22 ff, S. 26; *Pfandrecht:* Art. 314 KC, *Hypothek:* Art. 69 HypG. Die gesetzlichen Verspätungszinsen sind in Art. 481 KC geregelt.

[298] Art. 359 § 3 KC iVm der Verordnung des Ministerrates vom 07.04.1998 (Dz.U. 98 Nr. 45, Pos. 270).

[299] Der Grundsatz des Ausschlusses der Verjährungseinrede ergibt sich aus: *Pfandrecht:* Art. 317 S. 1 KC, *Hypothek:* Art. 77 HypG. Die Ausnahme für die Zinsen und Nebenansprüche sind in *Pfandrecht:* Art. 317 S. 2 KC, *Hypothek:* Art. 69 HypG enthalten.

[300] *Polak/Scheuring*: HypG, Anm. zu Art. 69 HypG, S. 50. Im Zwangsversteigerungsverfahren (Erlösverteilung) müssen gleich- und nachrangige Hypothekengläubiger nur diejenigen Zinsen gegen sich gelten lassen, die in den letzten beiden

gesetzliche Verspätungszinsen nur dann erfaßt, wenn sie von der Kapitalsumme gedeckt sind[301]. Eine Ausweitung des Haftungsumfangs über die Höchstsumme hinaus, ist nicht möglich.

Des weiteren haften sie für vertraglich vereinbarte Zinsen[302]. Bei der normalen Vertragshypothek werden die vertraglich vereinbarten Zinsen im Gegensatz zu den gesetzlichen Verspätungszinsen nur dann erfaßt, wenn sie ins Grundbuch eingetragen wurden[303]. Von der Kautionshypothek werden die vertraglich vereinbarten Zinsen wiederum - wie die gesetzlichen Verspätungszinsen - nur dann vom Haftungsumfang ergriffen, wenn sie von der eingetragenen Höchstsumme gedeckt sind. Unter welchen Bedingungen der Bürge für vertraglich vereinbarte Zinsen haftet, ist umstritten. Dieser Streit betrifft insbesondere die Zinsen beim Darlehens- bzw. beim Kreditvertrag. Ausgehend davon, daß es keinen gesetzlichen Grundsatz gebe, daß die Hingabe von Geld auf Zeit mit einer Verzinsung verbunden sei, hierzu vielmehr eine Vereinbarung der Parteien vonnöten sei[304], wird die Haftung des Bürgen für die Zinsen nur dann bejaht, wenn dieser bei der Übernahme der Bürgschaft die Verzinsung der Verbindlichkeit und deren Höhe gekannt hat. Dieser Argumentation wird entgegengehalten, daß dem Gläubiger nicht zuzumuten sei, Beweis darüber zu führen, ob der Bürge von der Verzinsung wußte oder nicht. Vielmehr liege es im Interesse des Bürgen, daß er sich über den gesamten Inhalt des Vertrages informiere[305]. Diese für den Gläubiger bestehenden Beweisschwierigkeiten können aber mit einem Anscheinsbeweis umgangen werden. Ausreichend für die Führung des Beweises müßte es sein, daß zwischen Gläubiger und Hauptschuldner ein Vertrag über die Hingabe von Geld abgeschlossen wurde. In diesem Fall ist von einer Verzinsung auszugehen. Nunmehr hat der Bürge zu beweisen, daß er über das ob oder wie der Verzinsung im Unwissen war.

Ebenfalls wird für die notwendigen Kosten der Rechtsverfolgung gehaftet[306]. Die Vertragshypothek haftet für die Kosten der Rechtsverfolgung auch dann, wenn sie nicht ins Grundbuch eingetragen wurden. Sie brauchen in der eingetragenen Kapitalsumme nicht enthalten zu sein[307]. Dieser Grundsatz gilt wiederum nicht für die Kauti-

---

Jahren vor der Vollstreckung entstanden sind, Art. 1025 § 3 S. 2 KPC. Die restlichen Zinsen werden nachrangig an achter Rangstelle befriedigt, Art. 1025 § 3 S. 3 KPC.

[301] Art. 104 HypG.

[302] *Bürgschaft:* Art. 879 § 1 KC, *Pfandrecht:* Art. 314 KC, *Hypothek:* Art. 69 HypG.

[303] *Polak/Scheuring*: HypG, Anm. zu Art. 69 HypG, S. 50. *Tracz/Cierpiał/Thurner, WiRO* 3/97, S. 86 ff, S. 86, Fn. 6.

[304] Art. 359 § 1 KC.

[305] *Radwański*, Bürgschaft, S. 44.

[306] *Bürgschaft:* Art. 879 § 1 KC, *Kamińska,* MoP 11/95, S. 344 ff, S. 346; *Pfandrecht:* Art. 314 KC, *Hypothek:* Art. 69 HypG.

[307] Sofern es aber um die Befriedigung in der Zwangsvollstreckung geht, müssen gleich- und nachrangige Hypothekengläubiger Verfahrenskosten nur in Höhe von 10 % der Kapitalsumme gegen sich gelten lassen, Art. 1025 § 3 S. 2 KPC. Die restlichen

onshypothek. Verfahrenskosten werden bei ihr - wie bei den Zinsen - nur dann erfaßt, wenn sie von der Kapitalsumme gedeckt sind[308]. Bürge und Verpfänder haften auch für Schadensersatz wegen Nicht- oder Schlechterfüllung[309]. Liegen die Voraussetzungen des Schuldnerverzugs vor, so haften die Sicherungsgeber für den hieraus entstandenen Verzugsschaden und für den Anspruch auf Schadensersatz wegen Nichterfüllung, wenn die Leistung für den Gläubiger kein Interesse mehr hat[310]. Sofern bereits bei Vertragsschluß eine Vertragsstrafe für den Fall der Nicht- oder Schlechterfüllung vereinbart war, so haften Bürge und Verpfänder auch hierfür[311]. Die genannten Ansprüche können von der Vertragshypothek nur bei Eintragung erfaßt werden. Bei der Kautionshypothek müssen sie von der Höchstsumme umfaßt sein.

Das Pfandrecht sichert noch die Ansprüche des Pfandgläubigers auf Ersatz seiner Aufwendungen auf die Pfandsache. Dies ist ein aus der Natur des Pfandrechts zu verstehender Sonderfall der Ausweitung des Haftungsumfangs. Er liegt darin begründet, daß nur beim Pfandrecht der Pfandgläubiger die Pfandsache in Besitz hat. Es sind zwei Arten von Aufwendungsansprüchen zu unterscheiden. Einmal die Aufwendungen, zu denen er aufgrund des Verwahrungsverhältnisses verpflichtet und zum zweiten die Aufwendungen, zu denen er nicht verpflichtet gewesen ist. Im ersten Fall ergibt sich sein Anspruch aus dem Verwahrungsverhältnis[312]. Im zweiten Fall richten sich seine Ansprüche nach den Grundsätzen der Geschäftsführung ohne Auftrag[313].

Kosten werden nachrangig befriedigt, Art. 1025 § 3 S. 3 KPC und zwar an achter Stelle.

308 Art. 104 HypG.

309 *Bürgschaft:* Art. 879 § 1 KC, *KCK/Piekarski*, Anm. zu Art. 879 KC, S. 1719; *Szpunar,* Palestra 11-12/92, S. 22 ff, S. 26; *Pfandrecht:* Art. 314 KC.

310 *Verzugsschaden:* Art. 477 § 1 KC, *Schadensersatz wegen Nichterfüllung:* Art. 477 § 2 KC. Zur Verantwortlichkeit des *Bürgen* für diese Ansprüche, *Radwański*, Bürgschaft, S. 44. Insoweit geht das Prinzip der akzessorischen Haftung (Art. 879 § 1 KC) dem Prinzip der gesamtschuldnerischen Haftung (Art. 881 iVm 371 KC) vor. Zur Verantwortlichkeit des *Verpfänders*: Art. 314 KC.

311 Art. 483, 484 KC. Sie können verlangen, die Vertragsstrafe herabzusetzen, wenn die Verbindlichkeit des Hauptschuldners teilweise erfüllt ist oder wenn die Vertragsstrafe erheblich überhöht ist, Art. 484 § 2 KC.

312 Art. 318 iVm 842 KC.

313 Art. 320 iVm 752 ff KC.

3. Erlösverteilung

a) Allgemein

Bei der Erlösverteilung geht es um die Frage, wie der aus der Verwertung des Sicherungsrechts gewonnene Erlös zwischen den an einem Sicherungsverhältnis mittelbar oder unmittelbar beteiligten Personen verteilt wird.

b) Sicherungsübereignung und -abtretung

Bei der Sicherungsübereignung bzw. -abtretung erfolgt die Verwertung des Sicherungsrechts meist durch freihändigen Verkauf bzw. durch Einziehung der Sicherungsforderung. Nach Einbehalten des für seine Befriedigung erforderlichen Betrages muß der Sicherungsnehmer den Überschuß an den Sicherungsgeber herausgeben. Hat der Sicherungsgeber auch sein Anwartschaftsrecht an der sicherungsübereigneten Sache einem anderen Kreditgeber zur Sicherheit übereignet, so steht diesem der Überschuß an dem Vollstreckungserlös zu.

c) Bürgschaft und Forderungsgarantie

Bei der Bürgschaft kommt es aufgrund der Akzessorietät zu einem Gleichlauf von Umfang und Inhalt zwischen Bürgenschuld und Hauptforderung[314]. Dieser Gleichlauf kann nur durch ein Rechtsgeschäft gestört werden, das die Hauptforderung nach Bürgschaftsübernahme erweitert. Da diese Störung aber darauf beruht, daß die Hauptforderung erweitert wird, kann die Bürgenschuld nie größer als die Hauptforderung sein. Der Bürge zahlt also nie „zu viel“. Eine Erlösverteilung ist daher nicht erforderlich.

Anders verhält es sich bei der Forderungsgarantie. Hier fehlt das Band der Inhaltsakzessorietät zwischen gesicherter Forderung und Forderungsgarantie. Vielmehr muß der Garant regelmäßig zahlen, ohne überprüfen zu dürfen, ob und in welchem Umfang die gesicherte Forderung besteht. Soweit die gesicherte Forderung nicht oder in einem geringeren Umfang besteht, der Garant aber den Garantiebetrag bezahlt hat, wird fraglich, wie der Garant und von wem er das „zu viel Gezahlte“ zurückerhält.

---

[314] Eine Bankbürgschaft ist aber selbst dann eine Geldforderung, wenn die Hauptforderung eine Nichtgeldforderung ist, Art. 84 BankG.

Fraglich ist, ob der Garant einen Rückzahlungsanspruch gegen den Garantienehmer aus ungerechtfertigter Bereicherung hat[315]. Dieser Anspruch setzt voraus, daß der Garant den Garantiebetrag ohne rechtlichen Grund an den Garantienehmer geleistet hat. Der Garant hat aufgrund des wirksamen Garantievertrages und nicht aufgrund des unwirksamen Kreditvertrages geleistet. Er hat mit Rechtsgrund geleistet. Der Garant hat also keinen Anspruch gegen den Garantienehmenr aus ungerechtfertigter Bereicherung[316]. Der Garant hat aber einen Aufwendungsersatzanspruch gegen den Schuldner.

Der persönliche Schuldner kann den gezahlten Garantiebetrag vom Garantienehmer als ungerechtfertigte Bereicherung zurückfordern. Die Zahlung des Garantiebetrages durch den Garanten ist eine Eigenleistung des Garanten auf seine Garantieverpflichtung und eine Fremdleistung auf die gesicherte Forderung[317]. Der Garant leistete auf die gesicherte Forderung ohne rechtlichen Grund, da diese nicht bestand. Teilweise wird gefordert, daß die Vermögensverschiebung zwischen Bereichertem und Entreichertem unmittelbar sein muß[318]. Sofern dieser Ansicht gefolgt wird, wäre die „mittelbare“ Vermögensverschiebung zwischen persönlichem Schuldner und Garantienehmer nicht anspruchsbegründend.

d) Hypothek und Pfandrecht

(a) Allgemein

Bei der Hypothek und dem Pfandrecht richtet sich die Erlösverteilung nach den Vorschriften der gerichtlichen Zwangsvollstreckung[319]. Für die Erlösverteilung wird ein Verteilungsplan vom Gerichtsvollzieher[320] oder vom Vollstreckungsgericht[321] aufgestellt. Über die Errichtung des Planes sind der Vollstreckungsschuldner und die übrigen Teilnehmer des Vollstreckungsverfahren zu informieren[322]. Einreden gegen den Verteilungsplan sind innerhalb von zwei Wochen ab Benachrichtigung beim Vollstrek-

---

[315] Urteil des Obersten Gerichtshofes vom 4.10.95 [AZ: II CRN 123/95] (OSN 2/96, Pos. 29). Einführend zur ungerechtfertigten Bereicherung: *Tracz,* S. 311 ff.; *Ohanowicz,* System III 1, S. 470 ff; *Czachórski,* S. 131 ff.

[316] Zum deutschen Recht: *Bülow,* S. 390, Rn. 1358 m.w.N.

[317] Für die Bürgschaft: *Szpunar,* Palestra 11-12/92, S. 22 ff, S. 23 m.w.N.

[318] *Radwański*, SAT, S. 219, Rn. 656 m.w.N.

[319] Art. 1023 ff, 1033 f, 1035 ff KPC. Ausführlich: *Szpunar,* Rejent 10/97, S. 9 ff.

[320] Art. 1033 KPC bei der Verwertung eines Pfandrechts ist der Gerichtsvolltzieher hierfür zuständig. Der Plan ist unverzüglich nach Zahlung des Verwertungserlöses an die Gerichtskasse aufzustellen.

[321] Art. 1035 KPC. Bei der Verwertung einer Hypothek ist das Vollstreckungsgericht zuständig. Der Plan ist unverzüglich nach Rechtskraft der Zuerkennungsentscheidung über die Eigentumsübernahme zu errichten.

[322] Art. 1027 § 1 KPC.

kungsgericht zu erheben[323]. Die Verteilung des Erlöses unter den verschiedenen Gläubigern am Grundstück richtet sich nach der Erlösverteilungsvorschrift des Art. 1025 KPC[324]. Nach dieser Vorschrift wird der Erlös nach einer bestimmten Rangfolge unter den verschiedenen Gläubigern verteilt.

Es gibt zwei Grundsätze der Erlösverteilung: (1. Grundsatz:) Reicht der Erlös nicht zur Befriedigung aller Gläubiger aus, so sind die rangbesseren Gläubiger vorweg bei der Befriedigung zu berücksichtigen. (2. Grundsatz:) Sollte der Erlös nicht für die Befriedigung aller Gläubiger einer Gruppe ausreichen, so ist der Erlös im Verhältnis der Forderungen zu verteilen[325]. Etwas anderes gilt für die sechste Gruppe (Hypothek und Pfandrecht). Diese sind nach ihrem Rangverhältnis (Priorität) untereinander zu befriedigen.

Nachdem der Vorrang von Kreditforderungen mit Wirkung zum 1. Januar 1998 aufgehoben wurde[326], sind nur noch der Vorrang von Steuerverbindlichkeiten[327] und von bestimmten „Sozialforderungen"[328] diskussionswürdig. Mit Wirkung zum 01.01.1998 haben bestimmte Bankhypothekenforderungen einen Vollstreckungsvorrang[329].

Beispiel: G hat Steuerschulden. Sein Grundstück ist mit einer Steuerhypothek belastet. Hypothekar H betreibt die Zwangsversteigerung. Wie ist die Steuerverbindlichkeit am Erlös beteiligt? Abwandlung: G veräußert das Grundstück an E. H, nunmehr ein Hypothekar des E betreibt die Zwangsvollstreckung.

Die Befriedigung wegen der hypothekarisch gesicherten Steuerverbindlichkeiten müßte an sechster Rangstelle erfolgen. Dem ist nicht so. Steuerverbindlichkeiten sind bereits an dritter Rangstelle zu bedienen. Die Steuerhypothek erlischt, bevor es zur Verteilung des Erlöses innerhalb der sechsten Ranggruppe kommt[330]. Unter diesem

---

[323] Art. 1027 § 2 KPC. Das Vollstreckungsgericht entscheidet auch über Einreden gegen die Aufstellung des Planes durch den Gerichtsvollzieher, Art. 1027 § 3 KPC. Gegen die Entscheidung des Vollstreckungsgerichts über die Einreden steht das Rechtsmittel der Beschwerde offen, Art. 1028 § 2 KPC.

[324] Ausführlich: *Kunicki*, PS 11-12/96, S. 74 ff.

[325] Art. 1026 § 1 KPC.

[326] Art. 47 Nr. 3 iVm Art. 52 PfRG. Zum Konflikt von Prioritäts- und Proportionalitätsgrundsatz, *Kuglarz/Stöcker*, LK 18/96, S. 562 ff, S. 565; *Fras*, Palestra 9-10/95, S. 21 ff, S. 25; *Zedler*, PB 2/95, S. 76 ff, S. 78.

[327] Art. 1025 § 1 Nr. 3 KPC.

[328] Art. 1025 § 1 Nr. 1a, Nr. 2 KPC.

[329] Art. 1025 § 1 Nr. 2a KPC iVm. dem Gesetz über Pfandbriefe und Hypothekenbanken vom 29.08.1997 (Dz.U. 97, Nr. 140, Pos. 940).

[330] *Tracz/Cierpiał/Thurner*, *WiRO* 3/97, S. 86 ff, S. 90, Fn. 56; *Pisuliński*, Rejent 12/97, S. 81 ff, S. 86; *Szpunar*, Rejent 10/97, S. 17.

Aspekt ist die Steuerhypothek sinnlos. Erst in der Abwandlung bekommt die sechste Rangstelle für die hypothekarisch gesicherte Steuerverbindlichkeit einen Sinn. Steuerverbindlichkeiten können nämlich nur dann in der dritten Ranggruppe befriedigt werden, wenn der Eigentümer auch persönlicher Schuldner dieser Verbindlichkeiten ist[331]. Der erwerbende Eigentümer haftet aber nur wegen der auf seinem Grundstück haftenden Hypothek für diese Ansprüche.

Steuerhypotheken unterliegen grundsätzlich nicht dem Prioritätsprinzip. Eine Steuerhypothek geht jeder gewöhnlichen Hypothek vor. Unbeachtlich hierbei ist, ob die Steuerhypothek im Grundbuch eingetragen wurde oder nicht[332]. Ist das Grundstück aber mit einer Hypothek belastet, die einen langfristigen „Wohnungsbankkredit" absichert, entscheidet über den Vorrang zwischen Steuerhypothek und der Bankhypothek die Reihenfolge der Eintragungsanträge[333]. Wurde eine Steuerhypothek ins Grundbuch eingetragen, ist sie vor den Steuerhypotheken vorrangig zu befriedigen, die nicht ins Grundbuch eingetragen wurden[334]. Das Prioritätsprinzip gilt zwischen Steuerhypotheken, die nicht ins Grundbuch eingetragen wurden. Das Gesetz regelt nicht das Verhältnis von Steuerhypotheken, die ins Grundbuch eingetragen wurden. Insoweit ist die allgemeine Prioritätsregel des Art. 12 Abs. 1 HypG anzuwenden.

Nach Art. 1025 § 1 Nr. 1a, Nr. 2 KPC haben bestimmte Ansprüche aus sozial motivierten Gründen Vorrang vor hypothekarisch und pfandrechtlich gesicherten Forderungen. Dieser Vorrang umfaßt Unterhaltsleistungen, Forderungen aus einem Arbeitsverhältnis sowie Rentenansprüche wegen der Herbeiführung einer Krankheit, der Erwerbsunfähigkeit, der Verkrüppelung oder des Todes - wie auch die Kosten der letzten Krankheit und die Beerdigungskosten des persönlichen Schuldners.

Die Kosten für die letzte Krankheit und die Beerdigungskosten unterfallen aber nur dann dem Vorrang, wenn der Vollstreckungsschuldner während des Versteigerungsverfahrens (nach Erteilung der Vollstreckungsklausel) stirbt[335].

Ansonsten ist anzumerken, daß eine unbegrenzte Zulassung solcher Unterhalts-, Renten- und Lohnansprüche stark den Sicherungswert eines Sicherungsrechts beeinträchtigt. Diese Belastungen sind weder dem Grundbuch noch einem Pfandregister zu entnehmen. Ebensowenig werden sie bei der Besitzerlangung an der Pfandsache offenkundig. Sicherungsnehmer können also den wahren Wert ihres Sicherungsrechts nur annähernd erahnen. Die hiermit verbundene Unsicherheit bei der Kreditvergabe muß nicht erörtert werden.

---

[331] *Pisuliński,* Rejent 12/97, S. 81 ff, S. 86.

[332] Art. 34 § 5 OP.

[333] Art. 34 § 6 OP.

[334] Art. 36 § 2 OP.

[335] *Wengerek* II, Art. 1025 KPC, Anm. 5, S. 338.

Das Spannungsverhältnis der verschiedenen Gläubiger untereinander sollte nach folgenden Grundgedanken aufgelöst werden: Grundsatz einer Regelung sollte die Erkenntnis sein, daß einem dinglich gesicherten Sicherungsnehmer auch nur dinglich gesicherte, mithin offenkundige Rechte vorgehen dürfen. Dieser Grundsatz darf nur in Ausnahmefällen (z.B. aus humanitären Gründen) unterlaufen werden. Bei der Bestimmung der Ausnahmefälle ist eine Abwägung der einander gegenüber stehenden Interessen vorzunehmen. Für die Sicherungsnehmer spricht das Interesse die Verwertungschancen eines Sicherungsrechts bestimmen zu können; für die Unterhalts-, Renten- und Lohnansprüche spricht die soziale Verantwortung des Vollstreckungsschuldners. Um dieses Spannungsverhältnis auflösen zu können, sollten die genannten Ansprüche für den Vorrang zeitlich beschränkt werden[336]. Ältere Ansprüche sind dann prinzipiell nicht mehr vorrangig zu befriedigen. Da aber - insbesondere bei ausstehenden Arbeitslohnforderungen - ein besonders schützenswürdiges Interesse an der Befriedigung der Arbeitnehmer wegen noch ausstehender Arbeitslohnforderungen besteht, könnte man in Abwägung mit dem Interesse der Sicherungsnehmer an der Offenkundigkeit von Belastungen an die Einführung von Zwangshypotheken und Zwangsregisterpfandrechte für solche Ansprüche denken.

(b) Art. 1025 § 1 Nr. 6 KPC

Maßstab der Erlösverteilung nach Art. 1025 § 1 Nr. 6 KPC ist das Prioritätsprinzip. Dieses Prinzip regelt das Verhältnis mehrerer beschränkt dinglicher Rechte an einer Sache[337]. Nach der Grundregel des Art. 249 § 1 KC darf das später entstandene Recht nicht unter Beeinträchtigung des früher entstandenen Rechts ausgeübt werden.

Der Rang einer Hypothek richtet sich nach dem Tag der Wirksamkeit der Eintragung des Rechts[338]. Die Wirksamkeit der Eintragung hängt nicht vom Tag der Eintragung, sondern vom Tag des gestellten Eintragungsantrages ab[339]. Hypotheken, deren Eintragungsanträge am gleichen Tag gestellt wurden, haben den gleichen Rang. Auf die genaue Tageszeit des Antrags kommt es nicht an[340].

---

[336] Z.B. das nur die Ansprüche einen Vorrang haben, die im letzten Monat vor der Eröffnung des Vollstreckungsverfahrens enststanden sind. Durch die zeitliche Beschränkung werden die Verwertungschancen wieder vorhersehbarer.

[337] *Wąsiewicz,* System II, S. 616.

[338] Art. 12 HypG, ausführlich *Piasecki*, HypG, Art. 12, S. 49 f.

[339] Art. 29 HypG, *Piasecki*, HypG, Art. 12 Anm. 2, S. 50; *Tracz/Cierpiał/Thurner,* *W*iRO 3/97, S. 86 ff, S. 89. Ist die Hypothek von Amts wegen einzutragen, entscheidet der Tag der Verfahrenseinleitung, *Schulze,* WGO 3/97, S. 175 ff, S. 184.

[340] *Piasecki*, HypG, Art. 12 Anm. 4, S. 50.

Nach einer im Schrifttum vertretenen Ansicht sollen gesetzliche Hypotheken, die gemäß Art. 66 HypG ohne Eintragung entstehen, immer Vorrang vor eintragungspflichtigen Hypotheken ohne Rücksicht auf ihren Entstehungszeitpunkt haben[341].

Nach Art. 249 § 1 KC darf ein später entstandenes beschränkt dingliches Recht nicht unter Beeinträchtigung des früher entstandenen ausgeübt werden. Dies ist der Grundsatz der Priorität. Für das Pfandrecht, so scheint es, wird dieses zeitliche Prioritätsprinzip umgekehrt. Das nachfolgende Pfandrecht genießt nämlich Priorität vor dem zeitlich vorhergehenden Pfandrecht[342]. Dies tritt aber nicht bei Bösgläubigkeit des nachfolgenden Pfandgläubigers ein. Bei Kenntnis oder grobfahrlässiger Unkenntnis muß er das zeitlich erste Pfandrecht gegen sich gelten lassen. Art. 310 KC kehrt daher nur scheinbar das Prioritätsprinzip um. In Wirklichkeit löst die „umgedrehte Priorität" lediglich die Spannung zwischen Prioritätsprinzip und Verkehrsschutz. Die "umgedrehte" Formulierung enthält nur eine Beweistlastverteilung und entspricht daher § 1208 BGB.

Die Prioritätsänderung[343] erfordert einen Vertrag zwischen dem Inhaber des zurücktretenden Rechts und dem Inhaber des die Priorität erwerbenden Rechts[344]. Wird das Rangverhältnis zwischen Hypotheken geändert, so wird die Rangänderung erst mit Eintragung wirksam[345]. Die Änderung der Priorität darf die Situation der Rechte, die zwischen den beiden an der Prioritätsänderung liegenden Rechten sich befinden, nicht verschlechtern[346]. Daher ist eine Zustimmung dieser Berechtigten zur Prioritätsänderung auch nicht erforderlich. Allerdings kann die Situation dieser Zwischenrechte verschlechtert werden, wenn sie der Rangänderung zustimmen. Insoweit würde es sich um mehrere „Prioritätsänderungsverträge" handeln. In konsequenter Anwendung des Grundsatzes, daß der Prioritätsänderungsvertrag die Zwischenrechte nicht berühren darf, wird dieser Vertrag im Zeitpunkt des Erlöschens des die Priorität abgebenden Rechtes unwirksam[347].

---

[341] So *Rudnicki*, HypG, Art. 66 HypG Anm. 3, S. 226. Bei der Frage der Priorität zwischen mehreren gesetzlichen Hypotheken sollen die allgemeinen Rangvorschriften (Art. 11 HypG und Art. 249 KC) gelten; a.A.: *Tracz/Cierpiał/Thurner, Wi*RO 3/97, S. 86 ff, S. 89 und S. 91.

[342] Art. 310 KC.

[343] Art. 250 § 1 S. 1 KC.

[344] Art. 250 § 2 S. 1 KC. Der Vertrag ist formfrei. Art. 75 KC ist zu beachten.

[345] Art. 250 § 2 S. 2 KC. Art. 31 Abs. 1 HypG ist zu beachten.

[346] Art. 250 § 1 S. 2 KC.

[347] Art. 250 § 3 KC.

Dieser Grundsatz kannte noch unter der Geltung des „Prawo Rzeczowe 1946“ (Sachenrecht 1946) zwei bemerkenswerte Ausnahmen. Nach Art. 122 § 1 prRzecz 1946 hatte das Erlöschen einer Hypothek, welche am Prioritätsänderungsvertrag beteiligt war, keine Auswirkung auf die Priorität der anderen Hypothek[348]. Nach Art. 122 § 2 prRzecz 1946 hatte auch das Erlöschen kraft Rechtsgeschäftes keine Auswirkung auf die Priorität[349]. Die zweite Ausnahme geht sogar noch wesentlich weiter als § 880 Abs. 4 BGB, welcher nur die Priorität des vortretenden Rechts bei Aufhebung des zurücktretenden Rechts unberührt läßt. Wird dahingegen das vortretende Recht durch Rechtsgeschäft (oder kraft Gesetzes) aufgehoben, so tritt das zurückgetretende Recht wieder vor die Zwischenrechte[350]. Sofern durch den Prioritätsänderungsvertrag Rechte Dritter berührt werden, so ist für die Änderung ihr Einverständnis erforderlich[351]. Die Erklärung des Dritten hat gegenüber einer der Vertragsparteien zu erfolgen[352].

e) Registerpfandrecht

(a) Allgemein

Das PfRG regelt das Rang- und Prioritätsverhältnis abweichend von den beim Pfandrecht und der Hypothek aufgezeigten Grundsätzen. Gegenüber anderen beschränkt dinglichen Rechten entscheidet der Entstehungszeitpunkt, so daß später entstandene Rechte nicht zum Nachteil des Registerpfandgläubigers ausgeübt werden können[353]. Ist dieselbe Sache mit zwei oder mehreren Registerpfandrechten belastet, so entscheidet über den Rang dieser Rechte der Tag des Eintragungsantrags[354]. Am selben Tag gestellte Eintragungsanträge haben denselben Rang[355].

(b) Vorrangverhältnis nach Art. 20 PfRG

Art. 20 PfRG regelt ausführlich, welche Forderungen dem Registerpfandrecht bei der Befriedigung aus dem Verwertungserlös vorgehen. Dies sind die Vollstreckungskosten, Unterhaltsverbindlichkeiten, Arbeitslohnforderungen,

---

[348] *KCK/Ignatowicz*, Anm. zu Art. 250 KC, S. 681.

[349] *Wąsiewicz*, System II, S. 619.

[350] *Palandt/Bassenge* BGB § 880 Rn. 7 (Anm. 3c).

[351] Art. 248 § 2 S. 1 KC. § 880 Abs. 3 iVm 876 BGB.

[352] Art. 248 § 2 S. 2 KC.

[353] Art. 15 PfRG. Ausführlich: *Płonka*, KPP 4/96, S. 765 ff, S. 766 ff.

[354] Art. 16 S. 1 PfRG. *Pisuliński/Skąpski*, KPP 4/96, S. 747 ff, S. 758 halten diese Norm für zu generell geregelt.

[355] Art. 16 S. 3 PfRG.

die nicht älter als drei Monate sind, sowie Rentenansprüche wegen der Herbeiführung einer Krankheit, der Erwerbsunfähigkeit, der Verkrüppelung oder des Todes - wie auch die Kosten der letzten Krankheit und die Beerdigungskosten des persönlichen Schuldners.

Im Gegensatz zu Art. 1025 KPC geht das gesetzliche Pfandrecht des Staates für Steuerschulden nicht per se dem Registerpfandrecht vor. Es erhält nur dann einen Befriedigungsvorrang, wenn es vor Entstehung des Registerpfandrechts bereits im Steuerpfandregister eingetragen war[356].

Art. 20 PfRG ist aus mehreren Gründen reformbedürftig[357]. Zunächst einmal wiederholt Art. 20 PfRG den allgemeinen aus Art. 306 KC sprechenden Grundsatz, daß kraft des (Register-)Pfandrechts der Gläubiger aus der Sache Befriedigung für seine abgesicherte Forderung mit Vorrang vor bestimmten anderen Gläubigern erlangen kann. Daneben ist aber auch die dem Art. 1025 KPC nachempfundene Aufzählung der bevorrechtigten Forderungen überflüssig, nicht genau und systemwidrig. Überflüssig ist sie soweit sie Art. 1025 wiederholt. Nicht genau ist sie, soweit kein Rangverhältnis der bevorrechtigten Forderungen untereinander statuiert wird. Systemwidrig schließlich ist sie, weil sie das Registerpfandrecht gegenüber dem Besitzpfandrecht bevorteilt. Diese Besserstellung ist aber weder bei der zeitlichen Beschränkung der Arbeitslohnforderungen noch beim Eintragungszwang für Steuerpfandrechte mit den Unterschied von Besitz- zu Registerpfandrecht zu rechtfertigen. Erforderlich ist eine Reform des Art. 1025 KPC, nicht aber die Schaffung einer neuen Norm.

(c) Verbindung, Vermischung und Verarbeitung

Bestanden an den verschiedenen Pfandsachen vor der Verbindung, Verarbeitung oder Vermischung mehrere Registerpfandrechte, so richtet sich ihr Rangverhältnis nach dem Tag des Registereintrags[358]. Diese Bestimmung des Rangverhältnisses führt aber dann zu ungerechten Ergebnissen, wenn die Pfandsachen vor der Verbindung einen erheblich verschiedenen Wert haben.

Beispiel: Bei der Herstellung eines neuen Motorrads (Wert 30.000,00 PLN) verwendet der Motorradhersteller Schrauben (im Gesamtwert von 2.000,00 PLN), die mit einem Pfandrecht der Bank B für eine Kreditforderung in Höhe von 25.000,00 PLN belastet sind und einen Motor (Wert 18.000,00 PLN), der mit dem Pfandrecht der Bank C (Kreditforderung ebenfalls 25.000,00 PLN) belastet ist. Das Pfandrecht der Bank B wurde vor dem der Bank C ins Register eingetragen. Es kommt wie es kommen mußte: Das Motorrad wird versteigert. Es wird ein Versteigerungserlös von 10.000,00 PLN erreicht. Wie sieht die Verteilung des Erlöses nach der gesetzlichen Regelung aus?

---

[356] Art. 20 Abs. 2 PfRG iVm Art. 42 § 4 OP.

[357] Ausführlich: *Pisuliński/Skąpski,* KPP 4/96, S. 747 ff, S. 760.

[358] Art. 8 Abs. 2 iVm Art. 16 PfRG.

Das Pfandrecht der Bank B an der neu entstandenen Sache hat wegen der zeitlich früheren Registereintragung Vorrang vor dem Pfandrecht der Bank C. Nach der gesetzlichen Regelung erhält der erstrangige Pfandgläubiger B also die gesamten 10.000,00 PLN ausgezahlt. Pfandgläubiger C geht leer aus. Dieses Ergebnis ist untragbar. Pfandgläubiger C hatte sich für seine Forderung eine hochwertige Pfandsache ausgesucht. Irgendwelche Vorbelastungen waren dem Register nicht zu entnehmen. Pfandgläubiger B hatte sich dahingegen eine minderwertige Pfandsache ausgesucht. Seine Befriedigungsaussichten bei Verwertung der Pfandsache waren minimal. Durch die Verbindung drehten sich die Befriedigungsaussichten um.

Dieses Ergebnis verstößt auch gegen das Prioritätsprinzip. Das Prinzip der Priorität oder der Rangordnung gilt grundsätzlich nur für Belastungen an einer einzelnen Sache. Werden aber zwei Sachen miteinander verbunden, so verliert dieses Prinzip im Verhältnis der Pfandrechte an den verschiedenen Sachen zueinander seine innere Rechtfertigung. Nein, vielmehr noch: Würde das Prinzip der Priorität auch bei verbundenen Sachen in der vom Gesetz vorgeschlagenen Weise durchgeführt werden, so wird es ad absurdum geführt werden. Zur Erklärung mag folgendes dienen: Das Prinzip der Priorität ist ein Instrument der Rechtssicherheit. Es soll dem Pfandgläubiger bereits bei Bestellung seines Pfandrechts die Möglichkeit verschaffen, anhand seines Ranges und des Wertes der Sache seine reellen Verwertungschancen einschätzen zu können. Überträgt man nun aber dieses Prinzip auf die Fälle der Verbindung, so entwertet sich das Prioritätsprinzip selbst. Niemand kann nämlich bei einer Sicherheitsbestellung voraussehen, wieviel Variationen der Verbindung auf den Sicherungsgegenstand zukommen. Die Einschätzung der reellen Verwertungschanchen wird also zum Glücksspiel. Das Prinzip der Priorität wird also zu einem Instrument der Rechtsunsicherheit.

Ein ähnliches Problem wie die Verbindung von beweglichen Sachen, die mit einem Registerpfandrecht belastet sind, ist die Vereinigung oder Zuschreibung von hypothekarisch belasteten Grundstücken[359]. Vereinigung und Zuschreibung haben gemeinsam, daß bei ihnen aus zwei oder mehreren Grundstücken durch Eintragung unter einer neuen Nummer des Bestandsverzeichnisses[360] ein einziges neues Grundstück entsteht. Die Zuschreibung ist nur eine besondere Art der Vereinigung, die sich materiell nur im Hinblick auf § 1131 BGB von dieser in ihren Wirkungen unterscheidet[361]. Werden nun mehrere Grundstücke miteinander vereinigt, so erstrecken sich die nur an einem Grundstücksteil bestehenden Hypotheken nicht auf die anderen Grundstücksteile[362]. Bei der Zuschreibung erstrecken sich dahingegen die Hypotheken des herrschenden Grundstücks auch auf das zugeschriebene Grundstück[363]. Aber auch in diesem Fall

---

[359] §§ 890, 1131 BGB.

[360] § 13 Abs. 1 S. 2 GBVfG.

[361] *Palandt/Bassenge* BGB § 890 Rn. 1 (Anm. 1 a).

[362] *BGH* DNotZ 78, S. 156.

[363] § 1131 S. 1 BGB.

wird bei der Rangbestimmung zwischen den einzelnen Hypotheken nicht das Prinzip der Priorität angewandt. Vielmehr gehen die Hypotheken an dem zugeschriebenen Grundstück den Hypotheken des herrschenden Grundstücks ohne Rücksicht auf den zeitlichen Vorrang der Eintragung vor[364]. Durch diese Regelung wird das Prinzip der Priorität zu einem voll funktionsfähigen Instrument der Rechtssicherheit. Jeder Hypothekar kann bereits bei der Bestellung der Hypothek aufgrund der Eintragungen ins Grundbuch erkennen, welchen Rang und welche reellen Verwertungschancen er hat. Eine Vereinigung oder Zuschreibung des belasteten Grundstücks verändert nichts an seinen Verwertungschanchen, da ihm „seine Stellung an seiner Haftungsgrundlage" erhalten bleibt. Andere Hypotheken muß er also nicht fürchten.

Wie kann man diese Grundgedanken auf das Registerpfandrecht übertragen? Im Gegensatz zur Vereinigung oder Zuschreibung von Grundstücken bleibt bei der Verbindung oder Vermischung die Haftungsgrundlage (Pfandsache vor Verbindung/Vermischung) selten äußerlich trennbar bestehen. Es entsteht eine vollkommen neue Sache. Eine Lösung nach dem Motto: Pfandgläubiger B könne sich an den Schrauben, Pfandgläubiger C an dem Motorblock Befriedigung verschaffen, würde zur Zerschlagung von Wirtschaftswerten (Zerlegung des Motorrads zu Befriedigungszwecken) führen und widerspräche daher auch den Interessen der Sicherungsnehmer. Die Lösung des Problems liegt also nicht in der Beibehaltung der tatsächlichen, sondern der wertmäßigen Haftungsgrundlage.

Eine solche wertmäßige Aufteilung kommt in ähnlicher Form auch bei der Bestimmung von Miteigentumsanteilen vor, die wegen der Verbindung von beweglichen Sachen entstanden sind[365]. Auch in diesem Fall erlöschen die Eigentumsrechte an den einzelnen beweglichen Sachen durch die Verbindung. Sie werden aber ersetzt durch Miteigentumsanteile an der neu hergestellten Sache. Das Verhältnis der einzelnen Miteigentumsanteile untereinander bestimmt sich nach dem Verhältnis des Wertes der miteinander verbundenen Sachen[366]. Dieses Prinzip der wertmäßigen Haftungsgrundlage findet sich auch in § 949 Satz 2 BGB.

Die wertmäßige Haftungsgrundlage ist wie folgt festzulegen: Die wertmäßige Haftungsgrundlage (wH) am Gesamtwert der neuhergestellten Sache (GW_{nS}) verhält sich wie der Wert der Registerpfandsache (W_{PfS}) zu dem Gesamtwert aller Registerpfandsachen (GW_{PfS}) vor der Verbindung. Dies kann man in einer mathematischen Formel festhalten:

$$wH = \frac{(W_{PfS} \times GW_{nS})}{GW_{PfS}}$$

---

[364] § 1131 S. 2 BGB.

[365] Art. 193 § 1 KC.

[366] Art. 193 § 1 S. 2 KC.

Wenden wir die Formel auf unser Beispiel an: Wie sieht die wertmäßige Haftungsgrundlage der Pfandsache „Motorblock" an der neuhergestellten Pfandsache aus?

$$wH = \frac{18.000{,}00 \text{ PLN} \times 30.000{,}00 \text{ PLN}}{20.000{,}00 \text{ PLN}} \Leftrightarrow wH = 27.000{,}00 \text{ PLN}$$

Die wertmäßige Haftungsgrundlage der Pfandsache „Motorblock" an der neuhergestellten Sache beträgt also 27.000,00 PLN. Wendet man dieselbe Formel auf die wertmäßige Haftungsgrundlage der Pfandsache „Schrauben" an, so erhält man 3000,00 PLN als Ergebnis. Kommt es zu einer Versteigerung der neuhergestellten Pfandsache setzen sich die wertmäßigen Haftungsgrundlagen verhältnismäßig am Versteigerungserlös fort. Anders ausgedrückt: Der Anteil am Versteigerungserlös aus der Registerpfandsache (Ant_{PfS}) am Gesamtwert des Versteigerungserlös (GW_{Ver}) verhält sich wie der Wert der Pfandsache zu dem Gesamtwert aller Pfandsachen vor der Verbindung. In einer mathematischen Formel ausgedrückt, sieht dies wie folgt aus:

$$AntPfS = \frac{(W_{PfS} \times GW_{Ver})}{GW_{PfS}}$$

Mit dieser Formel läßt sich sehr einfach der Anteil der *Registerpfandsache „Motorblock"* am Versteigerungserlös errechnen. Er beträgt 9000,00 PLN. Der Anteil der *Registerpfandsache „Schrauben"* beträgt 1000,00 PLN. Dies bedeutet für unser Beispiel: Auf den Pfandgläubiger C entfallen 9000,00 PLN und auf den Pfandgläubiger B 1000,00 PLN.

Versuchen wir nun das „Prinzip der wertmäßigen Haftungsgrundlage" auf schwieriger liegende Beispiele anzuwenden. Was passiert, wenn mehrere Registerpfandrechte an einer Pfandsache vorhanden sind? Und: Wie ist zu entscheiden, wenn Registerpfandrechte ihre wertmäßige Haftungsgrundlage nicht ausschöpfen? Ein Beispiel für die erste Frage:

Beispiel: Pfandsache 1: Wert 60 000,00 PLN belastet mit Pfandrecht vom 12. 1.98 für Kreditforderung im Wert von 40 000,00 PLN und mit Pfandrecht vom 14.1.98 für Kreditforderung in Höhe von 50000,00 PLN; Pfandsache 2: Wert 40 000,00 PLN belastet mit Pfandrecht vom 11.1.98 für Kreditforderung in Höhe von 50000,00 PLN und mit Pfandrecht vom 13. 1.98 für Kreditforderung im Wert von 50 000,00 PLN; Gesamtwert der Pfandrechte vor Verbindung: 100.000,00 PLN; Wert der neu hergestellten Sache: 180000,00 PLN; Versteigerungserlös: 125000,00 PLN.

Da zwei Pfandsachen verbunden wurden, bestimmen ihre Werte die wertmäßigen Haftungsgrundlagen für die jeweiligen Pfandrechte. Pfandsache 1 hat demnach einen Anteil am Versteigerungserlös in Höhe von 75.000,00 PLN. Pfandsache 2 einen Anteil am Versteigerungserlös in Höhe von 50.000,00 PLN. An den 75000,00 PLN müssen sich die Pfandrechte, welche an der Pfandsache 1 bestanden haben, gemäß ihrer Rangordnung schadlos halten. Auf das Pfandrecht vom 12.1.1998 sind also 40000,00 PLN auszuzahlen und auf das vom 14.1.98 35000,00 PLN. Das Pfandrechte vom 11.1.98 erhält 50000,00 PLN. Das vom 13.1.1998 geht leer aus. Bei Anwendung der PfRG-Regelung kommt es zu folgender Verteilung: Pfandrecht vom 11.1.98: 50000,00 PLN; Pfandrecht vom 12.1.1998: 40000,00 PLN; Pfandrecht vom 13.1.1998: 35000,00 PLN; Pfandrecht vom 14.1.98: nichts.

An diesem Beispiel wird der Vorteil des Prinzips der wertmäßigen Haftungsgrundlage ein weiteres Mal deutlich. Jedes Pfandrecht erhält seine von Anfang an zustehende Verwertungsgrundlage auch noch nach der Verbindung zugesprochen. Daher ist es gerechtfertigt, daß das später entstandene Pfandrecht vom 14.1.1998 Vorrang vor dem vom 13.1.1998 hat. Bei Bestellung des Pfandrechts vom 14.1.1998 diente diesem ein höherer Sicherungsgegenstandswert, an welchem - trotz des zweiten Ranges - die Chance der Befriedigung bestand. Das Pfandrecht vom 13.1.1998 hatte jedoch nur eine geringe Aussicht auf Befriedigung. Der Sicherungswert war in Anbetracht des vorrangigen Pfandrechts zu niedrig. Bei Anwendung der PfRG-Regelung kann sich das Pfandrecht aber an der wertmäßigen Haftungsgrundlage des Pfandrechts vom 14.1.1998 schadlos halten. Dies widerspricht dem Grundsatz der Voraussehbarkeit von Verwertungschancen. Das Prinzip der wertmäßigen Haftungsgrundlage läßt also die nominelle Haftungsgrundlage der jeweiligen Pfandrechte und die alten Rangverhältnisse der Pfandrechte an einer Pfandsache untereinander an der neuen Sache fortbestehen. Hierdurch wird ein höchstmögliches Maß an Sicherheit für den Sicherungsnehmer bei Bestellung eines Registerpfandrechts erreicht.

Allgemein läßt sich also formulieren: Treffen Pfandrechte an verschiedenen Pfandsachen und Pfandrechte an der gleichen Pfandsache bei der Verbindung aufeinander, so bestimmt sich die Verwertung im Verhältnis der Pfandrechte an den verschiedenen Pfandsachen ebenfalls nach dem Prinzip der wertmäßigen Haftungsgrundlage. Soweit es aber um die Pfandrechte an der gleichen Pfandsache geht, setzt sich das Prioritätsprinzip zwischen diesen Rechten fort.

Beispiel: Pfandsache 1: Wert 40 000,00 PLN; Pfandrecht vom 12.1.1998 für Kreditforderung im Wert von 20 000,00 PLN; Pfandsache 2: Wert 30 000,00 PLN; Pfandrecht vom 10.1.1998 für Kreditforderung im Wert von 50 000,00 PLN; Pfandsache 3: Wert 30 000,00 PLN; Pfandrecht vom 11.1.1998 für Kreditforderung im Wert von 50 000,00 PLN; Gesamtwert der Pfandsachen vor Verbindung: 100.000,00 PLN; Wert der neuen Sache: 120000,00 PLN; Versteigerungserlös: 100000,00 PLN.

Der Verteilungsschlüssel nach den bisher aufgestellten Regeln, würde wie folgt lauten: Pfandgläubiger 1: 20000,00 PLN; Pfandgläubiger 2: 30000,00 PLN; Pfandgläubiger 3: 30000,00 PLN. Vorhanden ist aber noch eine Verteilungsmasse von 20000,00 PLN. Diese wurde vom Pfandrecht, welches auf der Pfandsache 1 lastete, nicht gebraucht. Es handelt sich dementsprechend um eine frei gewordene Verteilungsmasse. Doch auch in diesem Fall verbietet sich eine Streitentscheidung nach dem Prinzip der

Priorität *(z.B. Vorrang des Pfandrechts 2, weil es früher entstanden ist)*. Vielmehr ist der überbleibende Versteigerungserlös *(hier 20.000,00 PLN)* zwischen den noch nicht vollständig befriedigten Pfandrechten nach dem Verhältnis ihrer wertmäßigen Haftungsgrundlagen zueinander aufzuteilen. Es entfallen also auf das Pfandrecht 2 und 3 je weitere 10.000,00 PLN. Insgesamt erhalten die Pfandgläubiger 2 und 3 also 40.000,00 PLN.

(d) Ertragsbefriedigungsvereinbarung

Beispiel: Unternehmer U vereinbart ein Registerpfandrecht mit Pfandgläubiger A für eine Kreditforderung in Höhe von 250.000,00 PLN an seiner Produktionsmaschine mit der Seriennummer ES 21/R (Wert 20.000,00 PLN). Der Antrag auf Eintragung wird am 12.1 gestellt. Die Eintragung findet am 15.1. statt. Ebenso vereinbart U mit B ein Registerpfandrecht an seinem Warenlager im Wert vom 2.000.000,00 PLN für eine Kreditforderung in Höhe von 2.500.000,00 PLN. Der Antrag auf Eintragung wird am 16.1. gestellt. Die Eintragung erfolgt am 19.1. In beiden Fällen enthält der Pfandvertrag die Klausel, daß der Pfandgläubiger sich aus den Erträgen des Unternehmens befriedigen kann.

Das PfRG kennt kein Pfandrecht an einem Unternehmen als Gesamtheit. Durch die Formulierung des Art. 7 Abs. 2 Nr. 3 PfRG „Mit einem Registerpfandrecht kann insbesondere belastet werden: Eine Sammlung von beweglichen Sachen und Rechten, die eine wirtschaftliche Einheit darstellen, auch wenn ihre Zusammensetzung veränderlich ist" sollte ein den modernen Bedürfnissen angepaßtes „fließendes Pfandrecht" geschaffen werden, nicht aber ein Pfandrecht an einem Unternehmen, da es Gegenstände - wie Grundstücke und Schulden - umfaßt, die nicht pfandrechtstauglich sind[367]. Um aber trotzdem im Endeffekt die gleiche Wirkung, wie bei einem Pfandrecht an einem Unternehmen zu erzielen, wählt das Gesetz eine recht eigenartige Konstruktion. Nach dieser kann sich der Pfandgläubiger aus den Erträgen des Unternehmens für die gesicherte Summe befriedigen, wenn der Pfandgegenstand ein Bestandteil des Unternehmens ist und diese Verwertungsart im Pfandvertrag vorgesehen ist. Diese Regelung verstößt gegen den Grundsatz, daß eine Realsicherheit nur das Recht verleiht, aus dem verhafteten Gegenstand - nicht aber aus dem restlichen Vermögen - Befriedigung zu verlangen. Ist aber Haftungsgrundlage nicht mehr ein bestimmter Vermögensgegenstand, sondern das Vermögen in seiner Gesamtheit, so entfällt die innere Berechtigung für die Anwendung des Prioritätsprinzips. Insoweit vermitteln Ertragsbefriedigungsvereinbarungen keine Priorität gegenüber nachfolgenden Vereinbarungen die-

---

[367] So die amtliche Begründung des Ministerrates, KPP 1/96, S. 121 ff, S. 133. Für ein Registerpfandrecht an einem Unternehmen: *Radwański/Frąckowiak/Kępiński/ Kruczalak/Mączyński,* BRL 11/95, S. 131 ff, S. 134.

ser Art. Die Befriedigung aus dem Ertrag des Unternehmens kann also nur gleichrangig erfolgen.

Auch geht der Einwand fehl, daß die Ertragsbefriedigungsvereinbarung aus dem Register zu entnehmen sei, so daß jeder nachfolgende Registerpfandgläubiger dieses „Unternehmens“ bei der Belastung eines Unternehmensgegenstandes genau wisse, daß er nur nachrangig aus dem Ertrag zu befriedigen ist. Eine solche Auffassung übersieht, daß es im Verhältnis Registerpfandgläubiger zu ungesicherten Gläubigern bei der Verteilung des Ertrages kein Vorrangverhältnis gibt. Würde es aber im Verhältnis von Registerpfandgläubigern mit Ertragsbefriedigungsvereinbarung ein solches Vorrangverhältnis geben, so würden ungesicherte Gläubiger besser stehen als der „nachrangige“ Registerpfandgläubiger. Das Registerpfandrecht als dingliches „Vorrecht“ würde also ad absurdum geführt.

(e) Herausgabe des Resterlöses an den Verpfänder

Sofern vom Verwertungserlös nach der Verteilung etwas übrig bleibt, so ist der Rest an den Verpfänder herauszugeben. Bei der Verfallklausel schreibt das Gesetz vor, daß es zwischen Pfandgläubiger und Verpfänder zu einer endgültigen Abrechnung innerhalb von 14 Tagen kommen soll[368].

V. Der Eigentumsvorbehalt

1. Allgemeines

Der einfache Eigentumsvorbehalt ist kein Befriedigungsmittel. Daher tritt der Eigentumsvorbehalt niemals in die Befriedigungsphase ein. Insbesondere widersprechen ein freihändiger Verkauf und eine Erlösverteilung dem Zweck des Eigentumsvorbehaltes. Der Eigentumsvorbehalt ist nur Druckmittel dafür, daß der Käufer die Kaufpreisforderung erfüllt. Er wird nicht wie andere Sicherungsrechte verwertet.

2. Rücktrittsrecht des Vorbehaltsverkäufers

Erfüllt der Vorbehaltskäufer seine Verpflichtungen nicht ordnungsgemäß, so kann der Vorbehaltsverkäufer unter gewissen Voraussetzungen vom Kaufvertrag zurücktreten und so die gesicherte Forderung und das Anwartschaftsrecht des Vorbehaltskäufers zum Erlöschen bringen. Sofern durch den Eigentumsvorbehalt ein Ratenkaufvertrag im Sinne des Art. 583 KC[369] abgesichert

---

[368] Art. 23 Abs. 3 PfRG.

[369] Diese Regelung betrifft nur Ratenkaufverträge, die im Tätigkeitsbereich eines Unternehmens mit einer natürlichen Person abgeschlossen wurden. Das polnische

wird, kann der Vorbehaltsverkäufer vom Vertrag zurücktreten, wenn der Käufer mit mindestens zwei Raten im Verzug ist und der Gesamtbetrag der rückständigen Raten ein Fünftel des vertraglichen Kaufpreises übersteigt. Des weiteren muß der Verkäufer dem Käufer noch eine angemessene Nachfrist zur Zahlung des Rückstandes mit der Androhung bei fruchtlosen Ablauf der Frist vom Vertrag zurückzutreten[370]. Sofern kein Ratenkauf vereinbart wurde, kann der Verkäufer nach den allgemeinen Regeln vom Vertrag zurücktreten[371]. Ein Rücktrittsrecht setzt demnach voraus, daß der Käufer mit seiner Verpflichtung in Verzug ist und der Verkäufer ihm eine Nachfrist mit Ablehnungsandrohung gesetzt hat. Ist die Vorbehaltssache dem Käufer ausgehändigt worden, so soll die Rücktrittserklärung schriftlich erfolgen[372].

Im Falle des vollzogenen Rücktritts hat der Vorbehaltsverkäufer gegen den Käufer einen Anspruch auf angemessene Vergütung für die Abnutzung oder Beschädigung der Vorbehaltssache[373]. Über den Wortlaut hinaus wird dieser Vergütungsanspruch sogar für die normale Nutzung der Sache gewährt[374]. Demgegenüber hat der Vorbehaltskäufer einen Anspruch gegen den Verkäufer auf Rückzahlung der bereits erbrachten Kaufpreiszahlungen[375].

3. *Verjährung der Kaufpreisforderung*

Problematisch gestaltet sich aber die Ausübung des Rücktrittsrechts, wenn die zugrundeliegende Kaufpreisforderung bereits verjährt ist[376]. In diesem Fall braucht der Verkäufer die noch ausstehende Kaufpreisforderung nicht mehr zu begleichen[377]. Waren aber bereits vor Beginn der Verjährung alle Voraussetzungen für die Ausübung des Rücktrittsrechts erfüllt, so könnte man unbeachtet der Verjährung der Kaufpreisforderung annehmen, daß der Vorbehalts-

---

Recht gewährt dem Vorbehaltsverkäufer im Gegensatz zum deutschen Recht kein Rücktrittsrecht allein auf der Grundlage des Schuldnerverzugs, § 455 BGB.

[370] Art. 586 § 2 KC. Die Regelung entspricht §§ 13 Abs. 1, 12 Abs. 1 VerbrKrG: *Bülow*, S. 152, Rn. 594.

[371] Art. 491 KC. Ausführlich: *Szpunar*, PiP 6/93, S. 29 ff, S. 34; *Bieniek*, PiZS 10-11/92, S. 61 ff, S 73.

[372] Art. 77 iVm Art. 589 § 1 S. 1 KC, *Szpunar*, PiP 6/93, S. 29 ff, S. 34.

[373] Art. 591 KC. Ausführlich: *Kunicki*, RPEiS 2/67, S. 31 ff, S. 42 ff.

[374] *Szpunar*, PiP 6/93, S. 29 ff, S. 34; *Gandor*, S. 154.

[375] Art. 494 KC, *Kunicki*, RPEiS 2/67, S. 31 ff, S. 38.

[376] Ausführlich: *Kunicki*, RPEiS 2/67, S. 31 ff, S. 44. Zum deutschen Recht: *Bülow*, S. 165 f, Rn. 658 ff. Die Verjährungsfrist beträgt regelmäßig zwei Jahre, Art. 554 KC.

[377] Art. 117 § 2 KC.

verkäufer seinen Rücktritt ausüben darf. Einer solcher Konstruktion widerspricht aber auf dem ersten Blick der Grundgedanke der Verjährung. Immerhin müßte sich der Käufer bei der Verteidigung gegen das Rücktrittsrecht auf die zugrundeliegende Kaufpreisforderung berufen. Dies soll aber gerade durch die Einrede der Verjährung vermieden werden.

Diesem Argument könnte man entgegenhalten, daß bei der Verwertung anderer Sicherungsrechte, wie beim Pfandrecht und der Hypothek, die Einrede der Verjährung gerade ausgeschlossen ist[378]. Man könnte also an eine analoge Anwendung *(Gesamtanalogie)* dieser Vorschriften auf den Eigentumsvorbehalt denken. Doch einmal abgesehen vom Vorliegen einer unbewußten Regelungslücke, sind die Sachverhalte nicht in der für die entsprechende Anwendung maßgeblichen Hinsicht rechtsähnlich. Beim Pfandrecht und der Hypothek erhält der Sicherungsnehmer ein akzessorisches Verwertungsrecht. Erfüllt der Schuldner nicht seine Verpflichtungen aus dem gesicherten Rechtsgeschäft, dann kann sich der Sicherungsnehmer Befriedigung für seine Forderung aus dem Sicherungsgegenstand suchen. Dies sogar dann, wenn die Forderung verjährt ist. Anders verhält es sich aber beim Eigentumsvorbehalt. Dieser ist überhaupt kein Verwertungsrecht, sondern letztendlich nur die Aufrechterhaltung des synallagmatischen Prinzips. Durch das Zurückbehalten des Eigentums und der Möglichkeit der Ausübung des Rücktrittsrechts soll auf den Käufer Druck zur Begleichung seiner Kaufpreisverbindlichkeit ausgeübt werden. Verjährt dahingegen die Kaufpreisforderung, so wird auch das synallagmatische Zug-um-Zug-Prinzip durchbrochen und damit dem Eigentumsvorbehalt und dem Rücktrittsrechts der Boden entzogen. Dem kann man auch nicht entgegenhalten, daß bei den akzessorischen Rechten durch die Androhung der Verwertung ebenfalls Erfüllungszwang ausgeübt wird. Dieser Erfüllungszwang ist nämlich nur ein Nebeneffekt des Verwertungsrechts. Eine Verwertungsfunktion fehlt aber beim Eigentumsvorbehalt.

D. Regreß und Sicherungsausgleich

I. Regreß

1. Allgemein

Befriedigt ein Sicherungsgeber, der ein akzessorisches Sicherungsrecht zur Sicherung der Hauptschuld bestellt hat, den Sicherungsnehmer, so steht ihm ein Regreßanspruch gegen den Hauptschuldner zu[379]. Dieser Regreß wird

---

[378] *Pfandrecht:* Art. 317 S. 1 KC, *Hypothek:* Art. 77 HypG. Der Bürge kann die Einrede der Verjährung erheben.

[379] Art. 518 § 1 Nr. 1 KC. Das Ablösungsrecht des Hypothekars bzw. des Verpfänders ergibt sich aus Art. 356 § 2 KC, *Tracz/Cierpiał/Thurner, WiRO* 3/97, S. 86 ff,90.

rechtstechnisch so ausgestaltet, daß die Hauptforderung durch die Zahlung des Sicherungsgebers nicht erlischt, sondern ex lege auf diesen übergeht. Bei nichtakzessorischen Sicherungsrechten steht dem Sicherungsgeber in der Regel ein Anspruch auf Aufwendungsersatz gegen den persönlichen Schuldner aufgrund des zugrundeliegenden Auftragsverhältnisses zu[380]. Er kann sich zusätzlich auch die Hauptforderung abtreten lassen. In diesem Fall kauft der Sicherungsgeber die Hauptforderung dem Sicherungsnehmer ab. Seine Leistung ist daher nichts anderes als die Kaufpreiszahlung.

2. *Hypothek*

Bei Vorliegen eines Dreipersonenverhältnisses wird in der Regel der persönliche Schuldner im Innenverhältnis zum Eigentümer der letztlich Leistungsverpflichtete sein. Zahlt der Eigentümer auf die gesicherte Forderung, so erhält er diese gemäß Art. 518 § 1 Nr. 1 KC. Da das polnische Recht eine Eigentümerhypothek nicht vorsieht, erlischt die Hypothek[381]. Es kann aber zu dem Sonderfall kommen, daß im Innenverhältnis Schuldner - Eigentümer der Eigentümer der letztlich Leistungsverpflichtete sein soll.

Beispiel: A veräußert sein Grundstück an B. Das Grundstück ist mit einer Hypothek des H belastet. Zwischen A und B wird vereinbart, daß B unter Anrechnung auf den Kaufpreis die Schuld des A gegenüber den H übernehmen soll. H verweigert die Genehmigung zu dieser Schuldübernahme. Kurz darauf zahlt A den Forderungsbetrag an H.

Nachdem A das Grundstück an B veräußert hat, ist B Eigentümer geworden und A blieb persönlicher Schuldner der hypothekarisch gesicherten Forderung, da H die Schuldübernahme nicht genehmigt hat. Die Übertragung des Grundstücks führte also zu einer Trennung von persönlichem Schuldner und Sicherungsgeber. A hat auf die Hypothek gezahlt, so daß diese erlosch. Dem Prinzip der Akzessorietät folgend müßte auch die Hypothek erlöschen. Da aber der Eigentümer B der letztlich Leistungsverpflichtete ist[382], wird das Akzessorietätsprinzip durchbrochen und die Hypothek geht auf den persönlichen Schuldner über[383]. Da die Hypothek kraft Gesetzes übergeht, hat eine spätere Eintragung lediglich deklaratorischen Charakter. Diese Wohltat des gesetzlichen Übergangs der Hypothek auf den persönlichen Schuldner ist mit der Be-

---

[380] Art. 742 KC. § 670 BGB.

[381] Anders: Art. 229 prRecz 1946. §§ 1143, 1177 Abs. 2 BGB.

[382] Der Übernehmer haftet dem Schuldner bei einer mißglückten Schuldübernahme nach Art. 521 § 2 KC.

[383] Art. 97 S. 1 HypG. Art. 97 HypG entspricht § 1164 Abs. 1 BGB.

friedigungsgemeinschaft von Forderung und Hypothek zu begründen. Dem letztlich leistungsverpflichteten Eigentümer soll das Vermögensopfer des persönlichen Schuldners nicht dergestalt zugute kommen, daß eine Belastung an seinem Grundstück erlischt.

Nach deutschem Recht steht der Befriedigung des Gläubigers durch den Schuldner der Fall gleich, wenn Forderung und Schuld sich in einer Person vereinigen[384]. Dem polnischen Recht fehlt eine entsprechende Regelung. Einer analogen Anwendung des Art. 97 HypG auf den Fall der Vereinigung dürfte aber kein Hindernis entgegenstehen.

Beispiel: A hat dem V ein hypothekarisch belastetes Grundstück vermacht. Die Hypothek sicherte eine Forderung des G gegen den A. Der Erbe (E) des A überträgt das Grundstück mit all seinen Belastungen an V. Kurz darauf nimmt G den E in Anspruch. Dieser zahlt.

Durch die Vollziehung des Vermächtnisses fällt die Stellung des persönlichen Schuldners und die des Sicherungsgebers auseinander. Der Vermächtnisnehmer erhält das Grundstück samt aller Belastungen. Der Erbe bleibt trotz Vollziehung des Vermächtnisses persönlicher Schuldner der gesicherten Forderung. Diesen Sonderfall hat das deutsche Erbrecht geregelt. Den Vermächtnisnehmer trifft im Verhältnis zum Erben die Pflicht zur rechtzeitigen Befriedigung des Gläubigers[385]. Letztlich leistungsverpflichtet ist daher der Vermächtnisnehmer. Das polnische Erb- oder Hypothekenrecht enthält für diesen Fall keine Regelung.

3. Bürgschaft

Bei der Bürgschaft hängt das Innenverhältnis zwischen Bürge und Hauptschuldner von drei Fragen ab. Erstens: Wie ist der Regreßanspruch rechtstechnisch ausgestaltet? Zweitens: Wie wirkt sich die Unterlassung von Benachrichtigungspflichten über die Bezahlung der Schuld auf das Innenverhältnis aus? Und drittens: Welche rechtlichen Möglichkeiten stehen dem Bürgen bei einer gerichtlichen Inanspruchnahme durch den Gläubiger zur Verfügung, um seine Prozeßaussichten für seinen Regreßanspruch gegen den Hauptschuldner zu erhöhen?

Die Anwendbarkeit des allgemeinen Regreßanspruchs bereitet bei der Bürgschaft Probleme. Der Bürge haftet neben dem Hauptschuldner wie ein

---

[384] § 1164 Abs. 2 BGB.

[385] §§ 2166 ff BGB. Diese Befreiungspflicht besteht aber nur bis zur Höhe des Grundstückswerts. Übersteigt die Belastung den Grundstückswert, so steht dem Vermächtnisnehmer gegen den Erben in Höhe des übersteigenden Teils ein Rückgriffsanspruch zu.

Gesamtschuldner, Art. 881 KC. Der Rückgriff zwischen Gesamtschuldnern richtet sich nicht nach Art. 518 KC, sondern nach Art. 376 KC. Nach dieser Vorschrift kann der leistende Gesamtschuldner, soweit nicht etwas anderes vereinbart ist, nur Erstattung zu gleichen Teilen verlangen[386]. Der zweite Nachteil dieser Rückgriffsnorm ist, daß im Gegensatz zum gesetzlichen Forderungsübergang bei der Gesamtschuld die Forderung erlischt und damit auch die für sie bestellten akzessorischen Sicherungsrechte. Trotzdem soll bei der Bürgschaft der gesetzliche Forderungsübergang (Art. 518 KC) anwendbar sein. Begründet wird dies mit dem Argument, daß die Norm des Art. 881 KC nur im Außenverhältnis zum Gläubiger anwendbar ist, das Innenverhältnis - und damit den Regreß zum Schuldner - nicht betrifft[387].

Begleicht der Bürge oder der Schuldner die gesicherte Forderung, entstehen Benachrichtigungspflichten. Die Rechtsfolgen für die Verletzung dieser Pflichten unterscheiden sich vom deutschen Recht.

Zahlt der Bürge, so muß er den Schuldner unverzüglich benachrichtigen. Erfüllt er seine Benachrichtigungspflicht nicht und zahlt der gutgläubige Schuldner ebenfalls auf seine Schuld, so kann der Bürge die Rückzahlung dessen, was er dem Gläubiger gezahlt hat, nicht verlangen[388]. Sinn dieser Vorschrift ist ein zweifacher: Auf der einen Seite soll durch die Benachrichtigung verhindert werden, daß der Gläubiger zweimal die Leistung erhält[389] und auf der anderen Seite soll der Schuldner davor geschützt werden, zweimal zu zahlen. Diese Norm ist analog auch dann anzuwenden, wenn der Bürge keine Geldleistung, sondern eine Sachleistung erbracht hat[390]. Die Benachrichtigung kann in jeder beliebigen Form erfolgen. Ratsam ist allerdings eine Form zu wählen, die den Beweis über die Erfüllung dieser Benachrichtigungspflicht im Prozeß erleichtert. Bösgläubig ist ein Schuldner, wenn er Kenntnis oder fahrlässige Unkenntnis von der Benachrichtigung hatte[391]. Allerdings wird gemäß Art. 7 KC der gute Glaube beim Schuldner vermutet.

---

[386] Art. 376 § 1 S. 2 KC. Aus der Natur der Bürgschaft dürfte sich eine andere Verteilung ergeben.

[387] *Drozd,* NP 1/71, S. 21 ff, S. 25.

[388] Art. 885 KC; *Król*, PrPrzed 9/95, S. 24 ff, S. 26.

[389] *Radwański*, Bürgschaft, S. 76.

[390] *KCK/Piekarski*, Anm. zu Art. 885 KC, S. 1729.

[391] *KCK/Bryl*, Anm. 2 zu Art. 7 KC, S. 69. Es ist zwischen gewöhnlicher und qualifizierter Fahrlässigkeit zu unterscheiden. Welche Art der Fahrlässigkeit vorliegt, ist durch Auslegung der Norm zu ermitteln.

Sofern sich der Schuldner auf die Schutzvorschrift des Art. 885 KC berufen kann, verliert der Bürge seinen Rückgriffsanspruch gegen den Schuldner. Er erhält aber einen Bereicherungsanspruch gegen den Gläubiger[392]. Dieser Anspruch ist aber schwächer als der erloschene Rückgriffsanspruch. Beim Rückgriffsanspruch gehen die akzessorischen Sicherungsrechte auf den Bürgen über. Durch das Erlöschen der Forderung hat der Bürge diese Sicherheiten verloren.

Der Bürge muß auch nach deutschem Recht Leistungen des gutgläubigen Schuldners an den Gläubiger gegen sich gelten lassen[393]. Der Unterschied der beiden Regelungen ist aber ein zweifacher. Auf der einen Seite besteht eine Diskrepanz in dem Fall, wenn der Bürge den Schuldner unverzüglich benachrichtigt hat, dieser aber die Benachrichtigung noch nicht erhalten hat oder nicht von ihr Kenntnis genommen hat. In diesem Fall braucht der Bürge nach polnischem Recht eine Leistung des Schuldners nicht gegen sich gelten lassen, wohl aber nach deutschem Recht. Der zweite Unterschied liegt darin, daß der Schuldner auch bei fahrlässiger Unkenntnis noch gutgläubig ist[394].

Erfüllt der Schuldner die Schuld, muß er den Bürgen unverzüglich benachrichtigen, soweit die Bürgschaft mit Wissen des Schuldners erteilt wurde. Unterläßt er dies, so kann der gutgläubige Bürge, der den Gläubiger befriedigt hat, vom Schuldner die Rückzahlung dessen verlangen, was er an den Gläubiger geleistet hat[395]. Da der Bürge auf eine bereits erloschene Schuld gezahlt hat, geht die Hauptforderung nicht auf ihn über. Unterläßt der Schuldner den Bürgen zu benachrichtigen, erhält der Bürge einen Ausgleichsanspruch gegen den Schuldner. Dieser Ausgleichsanspruch ist aber nicht mit (akzessorischen) Sicherheiten gesichert. Diese sind durch die Erfüllung des Schuldners untergegangen.

In der Regel verklagt der Gläubiger zuerst den Bürgen. Wird der Bürge vom Gläubiger in Anspruch genommen, so muß der Bürge den Schuldner unverzüglich hiervon in Kenntnis setzen und ihn zur Beteiligung am Rechtsstreit auffordern[396]. Die Streitverkündigung wirkt sich erst im Nachfolgeprozeß zwischen Bürge und Schuldner aus. Beteiligt sich der Hauptschuldner nicht an dem zwischen Bürgen und Hauptgläubiger geführten Rechtsstreit, so kann er

---

[392] Art. 410 § 1 KC; *Radwański,* System III 2, S. 1069. Daneben kann er noch einen Schadenersatzanspruch haben: *KCK/Piekarski,* Anm. zu Art. 885 KC, S. 1729.

[393] Art. 774, 412, 407 Abs. 1 BGB.

[394] § 407 Abs. 1 BGB.

[395] Art. 886 KC.

[396] Art. 884 § 1 KC. *Radwański,* System III 2, S. 1069. Ähnlich: Art. 72 Abs. 1 ZPO.

im Nachfolgeprozeß dem Bürgen keine Einwendungen entgegenhalten, die ihm gegen den Gläubiger zugestanden haben und die der Bürge nicht erhoben hat, weil er sie nicht gekannt hat[397].

II. Sicherungsausgleich

1. Sicherungsausgleich akzessorischer Sicherungsgeber

Beispiel: B hatte sich für einen Kredit des S bei G verbürgt. Nach Inanspruchnahme durch G zahlt B. C hatte sich ebenfalls für diesen Kredit verbürgt. B verlangt nun von C Zahlung.

Die Forderung des Gläubigers geht auf den akzessorischen Sicherungsgeber über[398]. Gleichzeitig gehen die akzessorischen Sicherungsrechte über[399]. B könnte also von C Zahlung verlangen. Ein Wettlauf der Sicherungsgeber ist das Ergebnis[400].

Um diesem Ergebnis zu entgehen, hat sich eine andere Konstruktion durchgesetzt. Haben sich mehrere Bürgen für eine Forderung verbürgt, so haften sie untereinander wie Gesamtschuldner, da Art. 881 KC nicht nur im Verhältnis Hauptschuldner zum Bürgen, sondern auch bei mehreren Bürgen untereinander gilt[401]. Zahlt ein Bürge, so erhält er aufgrund des Gesamtschuldverhältnisses einen Erstattungsanspruch gemäß Art. 376 KC gegen die Mitbürgen. Die Ansprüche des Gläubigers gegen die Mitbürgen gehen unter. Sie gehen nicht wie andere akzessorische Rechte gemäß Art. 509 § 2 KC auf den zahlenden Bürgen über. Die Höhe des Erstattungsanspruchs richtet sich nach dem Innenverhältnis zwischen den Bürgen. Fehlt eine Vereinbarung, so sind die Bürgen zu gleichen Teilen verpflichtet. B kann also nur anteilsmäßig Zahlung von C verlangen.

Abwandlung 1: Es stehen sich zwei Verpfänder bzw. zwei Eigentümer, die ihr Grundstück für ein und dieselbe Forderung hypothekarisch belastet haben gegenüber.

---

[397] Art. 884 § 2 KC. Ähnlich: § 74 Abs. 3 iVm § 68 ZPO.

[398] *Pfandrecht und Hypothek:* Art. 518 § 1 Nr. 1 Alt. 2 KC (§§ 1225 S. 1 BGB bzw. § 1143 Abs. 1 S. 1 BGB), *Bürgschaft:* Art. 518 § 1 Nr.1 Alt. 1 KC (§ 774 Abs. 1 BGB).

[399] Art. 509 § 2 KC. §§ 412, 401 BGB.

[400] *Drozd,* NP 1/71, S. 21 ff, S. 27: „komische Konsequenz".

[401] So *Entscheidung des Obersten Gerichtshofes* vom 26.08.1969 [AZ: II CR 429/69] (OSPiKA 1/71; Pos. 4) mit Anmerkung von *Ohanowicz*, OSPiKA 1/71; Pos. 4; *Drozd,* NP 1/71, S. 21 ff, S. 26 ff; *Zieliński,* NP 12/71, S. 1799; *Radwański*, Bürgschaft, S. 59; *Król*, PrPrzed 7/95, S. 28 ff, S. 31; *Pyziol*, S. 109 ff, S. 143; *Radwański/Panowicz-Lipska,* S. 202, Rn. 654. Ähnlich: §§ 774 Abs. 2, 769 BGB.

Abwandlung 2: G möchte einen Teil seines mit einer Hypothek des H belasteten Grundstücks an E verkaufen. Beim Verkauf sichert G dem E zu, daß der H nicht in den Grundstücksteil des E vollstrecken wird. Die Teilung des Grundstücks wird ordnungsgemäß vollzogen. Kurze Zeit später vollstreckt H in den Grundstücksteil des E.

Bei Abwandlung 2 ist durch die Teilung des Grundstücks eine sogenannte Gesamthypothek entstanden[402]. Jedes Grundstück haftet für die ganze Forderung. Der Hypothekar kann Befriedigung nach seinem Belieben aus jedem der Grundstücke ganz oder zum Teil suchen[403]. Befriedigt nun ein Eigentümer den Hypothekar, so geht die Hypothek an dem anderen Grundstück auf diesen Eigentümer in Höhe seines Ersatzanspruches über[404].

Bei Abwandlung 1 liegt keine Gesamthypothek vor. Folgt man der gesetzlichen Regelung, so erhält der zuerst zahlende Eigentümer die Hauptforderung und die akzessorischen Rechte[405]. Er könnte also in voller Höhe am Grundstück des anderen Eigentümers Rückgriff nehmen. Dieses Ergebnis widerspricht aber eklatant den Interessen der Sicherungsgeber. Diese verfolgen nämlich einen gemeinsamen Zweck, die Absicherung der Ansprüche des Gläubigers. Für die Frage, wer die Verpflichtung im Innenverhältnis letztlich zu tragen hat, gibt es zwischen den verschiedenen Eigentümern grundsätzlich kein Rangverhältnis. Die vorgefundene gesetzliche Entscheidung nach dem Motto: „Wer zuerst kommt, mahlt zuerst“ entspricht kaum den Interessen der Eigentümer zueinander. Den Interessen der Eigentümer entspricht vielmehr die Rechtslage bei der Gesamthypothek. Fraglich ist also, ob Art. 98 HypG analog auf diesen Fall anwendbar ist. Für diese Analogie ist ein zweifacher Schritt nötig: Erstens ist die Regelung des vollständigen Übergangs akzessorischer Rechte in teleologischer Reduktion einzuengen und zweitens ist auf die hierdurch entstandene Gesetzeslücke Art. 98 HypG analog anzuwenden.

Art. 509 § 2 KC ist teleologisch zu reduzieren, da sie den Interessen der Eigentümern widerspricht. Es liegt eine „verdeckte Regelungslücke“ vor. Die Norm ist einzuschränken. Erfüllt ein anderer akzessorischer Sicherungsgeber die Hauptforderung, gehen akzessorische Rechte nicht mit der Hauptforderung über. Dies bedeutet aber nicht, daß die Hypothek überhaupt nicht übergeht. Hiergegen spricht der Rechtsgrundsatz, der den Art. 509 § 2 KC, Art. 97 HypG und 98 HypG zugrundeliegt: „Wer eine Forderung befriedigt und dieses Vermögensopfer nicht endgültig tragen soll, soll für seinen Anspruch gegen den letztlich Leistungsverpflichteten ebenso gesichert sein, wie der Gläubiger, der von ihm die Leistung erlangt hat.“

---

[402] Eine Gesamthypothek kann nur durch Teilung eines Grundstücks nach polnischem Recht entstehen, Art. 76 HypG. Ausführlicher *Polak/Scheuring*: HypG, Anm. 1 zu Art. 76, S. 55.

[403] Nach deutschem Recht kann der Hypothekar eine Gesamthypothek in Einzelhypotheken zerlegen, die nur einen Teil der Forderungen absichern, § 1132 Abs. 2 BGB.

[404] Art. 98 HypG. § 1173 Abs. 2 BGB.

[405] Art. 518 § 1 Nr. 1 iVm 509 § 2 KC.

Durch die teleologische Reduktion des Art. 509 § 2 KC ist eine unbewußte Gesetzeslücke entstanden. Um diese Lücke zu schließen, bietet es sich an, Art. 98 HypG analog anzuwenden. Nach Art. 98 HypG kann bei einer Gesamthypothek der zahlende Eigentümer nicht vollständig auf den nicht zahlenden Eigentümer zurückgreifen. Er erhält lediglich einen Erstattungsanspruch. Die Höhe des Erstattungsanspruchs wird durch das Innenverhältnis zwischen den Eigentümern bestimmt. Die Hypothek geht ebenfalls auf den zahlenden Eigentümer über. Dort sichert sie aber nicht mehr die Hauptforderung ab, sondern den Erstattungsanspruch. Die Interessenlage, die dem Art. 98 HypG zugrundeliegt, liegt auch dem Verhältnis zweier Eigentümer zugrunde, die jeweils durch eine Einzelhypothek eine Forderung absichern. Die verschiedene Rechtsnatur von Gesamthypothek (in Art. 98 HypG geregelt) und Einzelhypothek (nicht geregelt) ist ohne Einfluß auf diese Interessenlage. Art. 98 HypG ist also analog anzuwenden. Die Hypothek geht daher auf den zahlenden Eigentümer über. Dort sichert sie nicht mehr die Hauptforderung, sondern den Erstattungsanspruch des zahlenden Eigentümers gegen den nicht zahlenden Eigentümer gemäß Art. 376 KC ab. Der gemeinsame Zweck, der für eine gesamtschuldnerische Haftung erforderlich ist, ergibt sich aus der gemeinsamen Sicherung einer Forderung. Dieser verbindet die beiden Eigentümer derart, daß sie im Innenverhältnis die Schuld anteilsmäßig zu tragen haben, soweit nichts anderes vereinbart wurde.

Diese anteilsmäßige Haftung gilt auch für Pfandrechte untereinander. Aus der verschiedenen Natur des Sicherungsgegenstandes (bewegliche Sache im Vergleich zum Grundstück) ergibt sich keine andere Beurteilung.

Beispiel: B hatte sich für einen Kredit des S bei G verbürgt, wurde auch in Anspruch genommen und zahlte. Für den Kredit hat P dem G außerdem noch ein Pfandrecht an seinem Antik-Eßtisch aus dem 13. Jahrhundert bestellt. B möchte aus dem Pfandrecht Befriedigung suchen. Abwandlung 1: Für die Forderung ist noch eine Hypothek an dem Grundstück des E errichtet worden. Abwandlung 2: P bzw. E zahlen vor B und wenden sich an B mit der Bitte um Zahlung.

Auch beim Verhältnis ungleicher akzessorischer Sicherungsgeber untereinander ergibt sich kein anderes Bild. Insbesondere ist dem polnischen Recht keine Bevorzugung eines bestimmten Sicherungsgebers zu entnehmen[406]. Vielmehr verfolgen persönliche und dingliche Sicherungsgeber nur den einen gemeinsamen Zweck, die Hauptschuld abzusichern. Die Sicherungsgeber sind gemäß Art. 376 KC grundsätzlich zu gleichen Teilen verpflichtet. Die dinglichen Sicherungsrechte sichern diesen Ersatzanspruch ab (gesetzliche Forderungsauswechslung[407]).

---

[406] Zum Verhältnis Bürgschaft zur Sicherungsübereignung: *Beschluß des Obersten Gerichtshofes* vom 5.5.93 [AZ: III CZP 54/93] (OSP 10/94, Pos. 176).

[407] Gesamtanalogie zu Art. 509 § 2 KC, Art. 97, 98 HypG.

2. *Sicherungsausgleich nichtakzessorischer Sicherungsgeber*

Beispiel: Für einen Kredit des S übereignen A einen LKW und B eine Maschine C zur Sicherheit. S zahlt nicht. C verlangt von A Herausgabe des LKWs. A braucht den LKW aber für seinen Betrieb. Er zahlt daher die ausstehende Summe. Kann A von B die Herausgabe der Machine verlangen?

A durfte die Verwertung seines LKWs abwenden, indem er die Hauptschuld beglich[408]. Durch diese Leistung erlosch die Hauptforderung[409]. B hat gegen C durch die Leistung einen Anspruch auf Rückübereignung der Maschine erhalten, falls sie nicht automatisch ins Eigentum des B zurückgefallen ist. Dem A verbleibt nur ein ungesicherter Anspruch auf Aufwendungsersatz gegen S. Die Position des A könnte wie folgt gestärkt werden: A hat nicht auf die Hauptforderung geleistet, sondern dem C die Forderung abgekauft. Da aber nichtakzessorische Rechte nicht mit der abgetretenen Forderung übergehen, ist dem A auch hiermit nicht weitergeholfen. C müsste also die sicherungsübereignete Machine an A übereignen. Einer solchen Verfügung kann B aufgrund des Sicherungsvertrages widersprechen. Fraglich ist, ob dieses Widerspruchsrecht nicht eingeschränkt ist, wenn die Verfügung unter Weitergabe des Sicherungszwecks stattfindet[410]. Dies ist zu bejahen, wenn beide Sicherungsgeber im Innenverhältnis den Ausfall des Hauptschuldners im Endeffekt gemeinsam zu tragen haben. Eine Entscheidung nach dem Motto: „Wer zuerst zahlt, den bestraft das Leben“ ist nicht mit einem modernen Kreditsicherungsrecht vereinbar.

Akzeptiert man eine solche Konstruktion, so ist es kein weiter Weg zu der Annahme, daß die Verfügung über das Sicherungsrecht auch unter Auswechslung der Sicherungsforderung geschehen kann. An die Stelle der Hauptforderung tritt der in entsprechender Anwendung des Art. 376 KC begründete Ersatzanspruch des A gegen den B. Die Sicherung des Ersatzanspruches statt der Hauptschuld ist im Verhältnis A zu B interessengerecht. Die Hauptschuld hat für das Verhältnis A zu B keine Aussagekraft.

3. *Sicherungsausgleich andersartiger Sicherungsgeber*

Zahlt ein nichtakzessorischer Sicherungsgeber, so erhält er das akzessorische Sicherungsrecht nach den unter Nummer 1 dargelegten Grundsätzen. Im umgekehrten Fall sind die Ausführungen zu Nummer 2 entsprechend heranzuziehen[411].

---

[408] Art. 356 § 2 KC.

[409] Art. 518 KC ist nicht anwendbar.

[410] Ausführlich: *Becker-Eberhard*, S. 602 ff.

[411] Zum Konkurrenzverhältnis Bürgschaft - Sicherungsübereignung: *Beschluß des Obersten Gerichtshofes* vom 5.5.93 [AZ: III CZP 54/93] (OSP 10/94, Pos. 176) und *Bączyk,* PB 4/94, S. 79 ff, 81 f.

Dritter Teil

Zusammenfassung der Reformvorschläge

Bereits in der Einführung wurde darauf hingewiesen, daß das polnische Kreditsicherungsrecht unter den vergleichbaren Rechten des ehemaligen Ostblocks eine Sonderstellung einnimmt. Regelungsdichte und wissenschaftliche Ausarbeitung der einzelnen Institute des Kreditsicherungsrechts sind auf einem - auch unter Berücksichtigung des deutschen Rechts - hohen Standard. Die wichtigsten Reformvorschläge sind hier noch einmal stichwortartig aufgezählt:

Reformvorschläge allgemeiner Art:

- Neufassung der Art. 155 ff KC: Erwerb eines Grundstücks von der Eintragung ins Grundbuch abhängig machen.
- Neuregelung der Art. 232 ff KC: Bestellung eines Erbbaurechts nicht nur an staatlichen Grundstücken zulassen.
- Neufassung der Art. 385 ff KC: Ausführliche Regelung des Rechts der Allgemeinen Geschäftsbedingungen.
- Neufassung des Art. 509 § 1 KC: Einschränkung der absoluten Wirkung des Abtretungsverbotes, zumindest für den Rechtsverkehr zwischen wirtschaftstreibenden Rechtssubjekten.
- Neufassung des Art. 509 § 2 KC: Neuregelung des Sicherungsausgleiches zwischen den Sicherungsgebern untereinander.
- Regelung des Kollisionsrechts bei Zusammentreffen von Erweiterungs-, Dynamisierungs- und Verlängerungsformen.
- *Oder: Beschränkungen der Erweiterungs-, Dynamisierungs- und Verlängerungsformen einführen*[1].

---

[1] Ausführlich: *Drobnig,* S. 68 ff.

- Neufassung des Art. 1025 § 1 Nr. 1a, 2 KPC: Vorrang von ungesicherten sozial motivierten Forderungen grundsätzlich aufheben oder von einer zeitlichen Beschränkung abhängig machen. Statt dessen den betroffenen Personengruppen grundsätzlich für ihre Ansprüche Zwangshypotheken oder Registerzwangspfandrechte zukommen lassen.
- Aufhebung des Art. 1025 § 1 Nr. 3 KPC: Kein Vorrang von ungesicherten Steuern in der Zwangsvollstreckung.
- Aufhebung des Art. 1025 § 1 Nr. 5 KPC: Kein Vorrang von ungesicherten Bankkreditforderungen[2].
- Neuregelung des NierCudzU: Abschaffung der Genehmigungspflicht für den Immobilienerwerb durch EG-Ausländer

Hypothek:

- Erweiterung des HypG: Einführung einer Sicherungsgrundschuld.
- Neufassung der Art. 65 und Art. 76 HypG: Einführung einer vertraglichen Gesamthypothek.
- Neufassung der Art. 67, 79 ff HypG: Einführung einer Briefhypothek.
- Neufassung des Art. 68 HypG: Die Absicherung von künftigen und aufschiebend bedingten Forderungen durch die normale Hypothek ermöglichen.
- Neufassung des Art. 75 HypG: Die Verwertung einer Hypothek nicht nur im Wege des gerichtlichen Zwangsvollstreckungsverfahrens zulassen.
- Erweiterung der Art. 79 ff, 94 ff HypG: Die Forderungsauswechslung zulassen.
- Neufassung des Art. 80 HypG: Regelung des gutgläubigen Nachfolgeerwerbs bei Fehlen der Forderung.
- Erweiterung des Art. 97 HypG: Regelung für den Fall der Konfusion von Forderungsrecht und Schuld beim persönlichen Schuldner.
- Neufassung der Art. 107 Satz 2 HypG: Bei der Wertpapierhypothek die Übertragung der Hypothek nicht von einer Eintragung, sondern nur von der ordnungsgemäßen Übertragung des Wertpapiers abhängig machen.
- Erweiterung des Art. 332 KC auf die Hypothek: Regelung der Surrogati-

---

[2] Art. 47 Nr. 3, 52 PfRG. Aufhebung dieser Norm mit Wirkung zum 01.01.98.

- Neufassung des Art. 1000 KPC: Einführung des Surrogations- anstelle des Löschungsprinzips in der Zwangsvollstreckung.

Besitzpfandrecht:

- Neuregelung des Art. 307 KC: Zulassung der Pfandrechtsbestellung bei Gewahrsam eines Dritten, ohne Besitzübertragungserfordernis.
- Erweiterung der Art. 309, 323 KC: Einführung eines gutgläubigen Nachfolgeerwerbs. *(soweit erwünscht).*
- Neuregelung des Art. 312 S. 1 KC: Erweiterung der Verwertungsmöglichkeiten.
- Regelung entsprechend Art. 1000 § 1 S. 2 KPC einführen: Klarstellung der Umwandlung des Pfandrechts in einen Anspruch auf Anteil am Verwertungserlös.

Pfandrecht an Rechten

- Neufassung des Art. 329 § 1 KC: Aufhebung des Schriftformerfordernisses durch „feststehendes Datum" bei Bestellung eines Pfandrechts an einem Recht.

Registerpfandrecht:

- Neufassung des Art. 1 Abs. 1 PfRG: Keine Beschränkungen bezüglich der Person des Registerpfandgläubigers.
- Aufhebung des Art. 3 Abs. 3 PfRG: Keine Ausschlußfrist für die Stellung des Eintragungsantrags.
- Neufassung des Art. 5 PfRG: Ausschluß von Kleinkreditforderungen bis zu einer Höhe von 10.000,00 PLN.
- Neufassung des Art. 7 PfRG: Einführung einer umfassenden Einschränkung der Belastungsgegenstände: Kein Registerpfandrecht an Rechten, an Wertpapieren und nur in beschränkten Maß an beweglichen Sachen.
- Änderung des Art. 7 Abs. 2 Nr. 2 PfRG: Streichung des Erfordernisses, die Anzahl festzulegen.
- Aufhebung des Art. 7 Abs. 2 Nr. 3 PfRG: Keine Konzentration der Kreditunterlage in der Hand eines Geldkreditgebers.

- *Oder: Änderung des Art. 7 Abs. 2 Nr. 3 PfRG: Gesetzlich genaue Definition des Begriffs der wirtschaftlichen Einheit" bzw. Einführung eines sorgfältig geregelten Unternehmenspfandrecht.*

- Änderung des Art. 7 Abs. 3 PfRG im Hinblick auf Registerpfandrecht an „Gattungssachen": Wirksamkeit des Pfandrechts nicht ab Erwerb, sondern ab Aussonderung.

- Neufassung des Art. 8 PfRG: Rangbestimmung bei Verbindung, Vermischung und Verarbeitung nicht nach dem Prioritätsprinzip, sondern nach dem Prinzip der wertungsmäßigen Haftungsgrundlage vornehmen.

- Aufhebung des Art. 9 PfRG: Keine Fortsetzung des Registerpfandrechts bei Verbindung des Pfandgegenstandes mit einem Grundstück als Hypothek.

- *Oder: Änderung des Art. 9 PfRG: Bestimmung der Haftungssumme, wenn Forderungsbetrag höher als Wert der Sache ist nach dem Wert der Sache und wenn der Wert der Sachen höher als der Forderungsbetrag ist, nach der Forderungshöhe.*

- Neufassung des Art. 13 PfRG: Gutgläubiger lastenfreier Erwerb beim Registerpfandrecht neu regeln. (z.B. Auszeichnungspflicht).

- Aufhebung des Art. 14 Abs. 1 PfRG: Keine Zulassung eines vertraglichen Verfügungsverbotes beim Registerpfandrecht im Widerspruch zu Art. 57 KC.

- Erweiterung des Art. 17 PfRG: Einführung einer Regelung über den gutgläubigen Nachfolgeerwerb.

- Erweiterung der Art. 18 ff PfRG: Regelung des Erlöschens bei versehentlichen Streichen des Registerpfandrechts aus dem Register.

- Aufhebung des Art. 20 PfRG: Regelungsinhalt ist in Art. 306 KC und Art. 1025 KPC enthalten.

- Neufassung der Art. 22, 23 PfRG: Regelung des Eigentumsübergangs bei der Verfallklausel. Was passiert, wenn Schuldner innerhalb der 7-Tagesfrist zahlt.

- Aufhebung des Art. 27 PfRG: Keine Ertragsbefriedigungsvereinbarung an einem Unternehmen ohne sorgfältig ausgearbeitetes Unternehmenspfandrecht *(Problem der Konzentration der Kreditsicherungsunterlage in der Hand eines Geldkreditgebers)*.

- Neufassung der Art. 36 ff PfRG: Registerpfandrechte an Kraftfahrzeugen sollten beim Kraftfahrzeugregister zentral geführt werden.

Bürgschaft:

- Neufassung des Art. 876 § 2 KC: Einführung einer Heilungsmöglichkeit.
- Neufassung des Art. 876 § 2 KC: Kein Schriftformerfordernis für Gewerbetreibende.
- Aufhebung des Art. 878 KC: Keine Garantiehaftung des Bürgen für nicht geschäftsfähige Personen.
- Neufassung des Art. 883 § 1 KC: Kein eigenes Anfechtungsrecht des Bürgen. Ausbau als dilatorische Einrede.

Sicherungsübereignung:

- Neuregelung der Art. Art. 55^{1} und Art. 75^{1} KC: Eindeutige gesetzliche Entscheidung gegen die Zulässigkeit einer Sicherungsübereignung an einem Grundstück.
- Neufassung der Art. 28 ff polnKO: Konkursrechtliche Stellung der Sicherungsübereignung regeln.
- Einführung einer Briefpublizität für wertvollere technische Geräte und Produktionsmittel.

Forderungsgarantie:

- Erweiterung des aus Art. 876 § 2 KC sprechenden allgemeinen Rechtsgedankens: Einführung einer Schriftform für die Erteilung einer Forderungsgarantie unter Privatleuten.

Eigentumsvorbehalt:

- Aufhebung des Art. 509 § 1 S. 2 KC: Abschaffung des Schriftformerfordernisses ad eventum.

Literaturverzeichnis

Allerhand, Mauryc, Prawo upadłościowe, prawo o postępowaniu układowem - Komentarz, tom I (Konkursrecht, Vergleichsrecht - Kommentar, Band I), Warszawa 1937, *Nachdruck:* Warszawa 1991.

Balcerek, Katarzyna, Kilka słów o hipotece (Ein paar Worte über die Hypothek), Palestra 9-10/93, S. 73 ff.

Bassenge, Peter, in: *Palandt, Otto,* Kommentar zum Bürgerliches Gesetzbuch, 58. Auflage München 1999. *(zit.: BGB).*

Baur, Jürgen, in: *Baur, Fritz/Baur, Jürgen/Stürner, Rolf,* Lehrbuch des Sachenrechts, 17. Auflage München 1998.

Bączyk, Mirosław, Glosa do uchwały z dnia 25 marca 1992 [AZ: III CZP 20/92] (Anmerkung zur Entscheidung vom 25.3.1992, III CZP 20/92), OSP 1/94, S. 10 ff.

– Glosa do uchwały z dnia 24 VI 1992, III CZP 78/92 (Anmerkung zur Entscheidung vom 24.6.1992, III CZP 78/92), PiP 4/93, S. 113 ff.

– Glosa do uchwały Sadu Naywyższego z 5 maja 1993r [AZ: III CZP 54/93] (Anmerkung zur Entscheidung des Obersten Gerichts vom 5.5.1993), PB 4/94, S. 79 ff.

– Glosa do uchwały Sadu Naywyższego z 2 marca 1994r [AZ: III CZP 182/93] (Anmerkung zur Entscheidung des Obersten Gerichts vom 2.3.1994), PB 3/94, S. 12 ff.

– Poręczenie między małżonkami pozostającymi we wspólnocie ustawowey (Die Bürgschaft zwischen im gesetzliche Güterstand der Gütergemeinschaft stehenden Ehegatten), PiP 6/77, S. 78 ff.

– Poręczenie w świetle przepisów prawa bankowego z 1997 r. (Die Bürgschaft im Lichte der Vorschriften des Bankgesetzes von 1997), PB 2/98, S. 57 ff.

– Poręczenie za dług przyszły (Bürgschaft für eine künftige Schuld), NP 7-8/79, S. 79 ff.

– Problem regulacji prawnej zabezpieczeń w prawie polskim (Das Regelungsproblem der Sicherungen im polnischen Recht), BiK 11/91, S. 1 ff.

Becker-Eberhard, Ekkehard, Die Forderungsgebundenheit von Sicherungsrechten, Bielefeld 1993.

Bernstorff, Christoph Graf von, Einführung in das englische Recht, München 1996.

Bieniek, Gerard, Zabezpieczenie wierzytelności pieniężnych (I) (Sicherung von Geldforderungen (I), PiZS 10-11/92, S. 61 ff.

– Zabezpieczenie wierzytelności pieniężnych (II) (Sicherung von Geldforderungen (II), PiZS 12/92, S. 58 ff.

Borowska, Elżbieta, in: *Heropolitańska, Izabela/Borowska, Elżbieta,* Kredyty i gwarancje bankowe (Kredite und Bankgarantien), 5. Auflage Warszawa 1996.

Breidenbach, Stephan (Hrsg.), Handbuch Wirtschaft und Recht in Osteuropa, 23. Auflage München 1998.

Brunner, Christoph, in: *Wiegand, Wolfgang/Brunner, Christoph*, Übersicherung und Freigabeanspruch, NJW 1995, S. 2513 ff.

Brol, Jan, Zabezpieczenie wierzytelności pieniężnych (Die Sicherung von Geldforderungen), Warszawa 1996.

Bryl, Wiktor, in: *Resich, Zbigniew (Vorsitzender des Redaktionskommittes)*, Kodeks Cywilny Komentarz, tom 1: Księga pierwsza - część ogólna, Księga druga - własność i inne prawa rzeczowe (Zivilgesetzbuch Kommentar, Band 1: Erstes Buch - Allgemeiner Teil, Zweites Buch: Eigentum und andere Sachenrechte), Warszawa 1972. *(zit.: KCK/Bryl)*.

Brzozowski, Adam, Przewłaszczenie na zabezpieczenie (Die Sicherungsübereignung), Firma 7-8/92, S. 47 f.

Bülow, Peter, Blankobürgschaft und Rechtsscheinszurechnung, ZIP 40/96, S. 1694 ff.

– Die These von der Doppelcausa im Kreditsicherungsverhältnis - ein Holzweg, NJW 1997, S. 641 ff.

– Recht der Kreditsicherheiten, 4. Auflage Heidelberg 1997.

Brox, Hans, in: *Brox, Hans/Walker, Wolf-D.*, Zwangsvollstreckungsrecht, 3. Auflage Köln-Berlin-Bonn-München 1996.

Canaris, Claus-Wilhelm, Deckungsgrenze und Bewertungsmaßstab beim Anspruch auf Freigabe von Sicherheiten gemäß § 242 BGB, ZIP 37-38/96, S. 1577 ff.

– Die Problematik der Sicherheitsfreigabeklauseln im Hinblick aus § 9 AGBG und § 138 BGB, ZIP 26/96, S. 1109 ff.

Celichowski, Maciej, Odpowiedzialność za długi zlikwidowanego przedsiębiorstwa państwowego (Die Haftung für Verbindlichkeiten eines liquidierten Staatsbetriebs), PPH 11/96, S. 20 ff.

Cierpiał, Romana, Die Übertragung von Aktien und GmbH-Anteilen in Polen, WiRO 11/96, S. 405 ff.

– in: *Tracz, Grzegorz/Cierpiał, Romana/Thurner, Mario*, Die Hypothek im polnischen Recht, WiRO 3/97, S. 86 ff.

– in: *Cierpiał, Romana/Thurner, Mario*, Polen: Gesetz über das Registerpfand und das Pfandregister.

Chudzik, Robert, Das polnische Bankwesen, in: Zeitschrift für das gesamte Bank- und Börsenwesen, 3/95, S. 204ff.

Czachórski, Witold (Gesamtherausgeber), System prawa cywilnego, tom I, część ogólna (Das System des Zivilrechts, Band I, Allgemeiner Teil), Wrocław - Warszawa - Kraków - Gdańsk 1974.

– System prawa cywilnego, tom II, prawa własności i inne prawa rzeczowe (Das System des Zivilrechts, Band II, Eigentumsrecht und andere Sachenrechte), Wrocław - Warszawa - Kraków - Gdańsk 1977.

– System prawa cywilnego, tom III 1, prawo zobowiązań - część ogólna (Das System des Zivilrechts, Band III 1, Schuldrecht - Allgemeiner Teil), Wrocław - Warszawa - Kraków - Gdańsk 1981.

– System prawa cywilnego, tom III 2, prawo zobowiązań - część szczególna (Das System des Zivilrechts, Band III 2, Schuldrecht - Besonderer Teil), Wrocław - Warszawa - Kraków - Gdańsk 1976.

– Zobowiązania (Schuldrecht), Warszawa 1995.

Diemer-Benedict, Tanja, in: *Zoll, Frederyk/ Diemer-Benedict, Tanja,* Das Recht der Allgemeinen Geschäftsbedingungen in Polen, RIW 1997, S. 1001 ff.

Drapała, Premisław, Hipoteki Bankowe (Bankhypotheken), MoP 5/97, S. 193 ff.

Drewicz, Agnieszka, in: *Drewicz, Agnieszka/ Stöcker, Otmar,* Der Rang erstrangiger Hypotheken; Ein Grundsatzproblem für Hypothekarkredite am Beispiel Polens, NotInt 3/98, S. 6 ff.

Drobnig, Ulrich, Empfehlen sich gesetzliche Maßnahmen zur Reform der Mobiliarsicherheiten? Gutachten F für den 51. Deutschen Juristentag, München 1976.

Drozd, Edward, Z problematyki wielości poręczycieli w świetle kodeksu cywilnego (Die Problematik der Mehrheit von Bürgen im Lichte des Kodeks Cywilny), NP 1/71, S. 21 ff.

– in: *Drozd, Edward/Oleszko, Aleksander,* Hypoteka w praktyce (Die Hypothek in der Praxis), Poznań-Kluczbork 1995.

Dudek, Ilona, in: *Wietersheim, Viggo von/Dudek, Ilona* Polen: Gesetz über den Erwerb von Grundstücken durch Ausländer, WiRO 9/96, S. 343 ff.

Dyoniak, Andrzej, SN: ważność poręczenia jednego z małżonków (Oberstes Gericht: Die Wirksamkeit einer Bürgschaft eines Ehegatten), MoP 1/94, S. 22 f.

Eickmann, Dieter, in: *Westermann, Harry,* Sachenrecht, 7. Auflage Heidelberg 1998.

Filcek, Gabriela, Hipoteka przymusowa na nieruchomości będącej majątkiem wspólnym małżonków (Die Zwangshypothek an einem Grundstück, das Vermögensbestandteil der ehelichen Gütergemeinschaft ist), PS 4/96, S. 37 ff.

Filipiak, Teresa, Ustanowienie hipoteki na spółdzielczych prawach do lokali (Die Bestellung einer Hypothek an einem genossenschaftlichen Wohnungseigentumsrecht), Rejent 8/93, S. 24 ff.

Flume, Werner, Allgemeiner Teil des Bürgerlichen Rechts, Zweiter Band: Das Rechtsgeschäft, 3. Auflage Berlin-Heidelberg-New York 1979.

– Zur Problematik des verlängerten Eigentumsvorbehalts, NJW 1959, S. 913 ff.

Fojcik-Mastalska, Eugenia, Glosa do orzeczenia Trybunału Konstytucyjnego z dnia 16 maja 1995, sygn. akt. K 12/93 (Anmerkung zur Entscheidung des Verfassungsgerichts vom 16.5.1995, [AZ: K 12/93]), PGOW 3/96, S. 9 ff.

Fras, Mariusz, Bankowy zastaw rejestrowy (Uwagi de lege lata i de lege ferenda) (Das Bankregisterpfandrecht (Anmerkungen de lege lata und de lege ferenda), PPH 2/96, S. 16 ff.

– Zaspokojenie wierzytelności zabezpieczonej zastwem bankowym (Die Befriedigung einer mit einem Bankpfandrecht gesicherten Forderung, Palestra 9-10/95, S. 21 ff.

– Zastaw w postępowaniu upadłościowym i układowym (Das Pfandrecht im Konkurs- und Vergleichsverfahren), MoP 8/96, S. 283 ff.

Frąckowiak, Józef, in: *Radwański, Zbigniew/Frąckowiak, Józef/Kępiński, Marian/Kruczalak, Kazimierz/Mączyński, Andrzej*, Opinia o projekcie ustawy o zastawie rejestrowym i o rejestrze zastawów oraz projekcie rozporządzenia wykonawczego do tej ustawy (Ansicht zum Entwurf eines Gesetzes über das Regiserpfandrecht und das Pfandrechtsregister sowie über den Entwurf einer Ausführungsverordnung zu diesem Gesetz), BRL 11/95, S. 131 ff.

– Zastaw na akcjach (Pfandrecht an Aktien), Rejent 1/95, S. 11 ff.

Franek, Jacek, Kredite und Kreditsicherheiten in Polen, WiRO 1/99, S. 17 ff.

Frey, Kaspar, Die Haftung mittelloser Bürgen zwischen Verfassungs- und Vertragsrecht, WM 36/96, S. 1613 ff.

Gandor, Karol, Sprzedaż na raty, Problemy organizacyjne i prawne (Der Kauf auf Raten, Organisations- und Rechtsprobleme), Warszawa 1966. *(zit.: Ratenkauf (1966)).*

Gładyszowski, Janusz, Uwagi o rękojmi wiary publicznej ksiąg wieczystych na tle ustawy z dnia 6 lipca 1982r o księgach wieczystych i hipotece (Anmerkungen zum öffentlichen Glauben der Grundbücher im Hinblich auf das Grundbuch- und Hypothekengesetz vom 6. Juli 1982), Palestra 7/83, S. 10 ff.

Gołaczyński, Jacek, Przewłaszczenie ruchomości na zabezpieczenie (Die Sicherungsübereignung beweglicher Sachen), Rejent 1/95, S. 47 ff.

– Przeniesienie własności nieruchomości na zabezbieczenie (Die Sicherungsübereignung an einem Grundstück), Rejent 5/93, S. 38 ff.

– Glosa do uchwały Sądu Najwyższego z dnia 5 maja 1993r [AZ: III CZP 54/93] (Anmerkung zum Beschluß des Obersten Gerichtshofes vom 5.5.1993 [AZ: III CZP 54/93]), OSP 10/94, Pos. 176.

Góral, Janusz, Tytuł egzekucyjny w postaci aktu notarialnego (Der Vollstreckungstitel in der Gestalt des Notariatsaktes), MoP 3/93, S. 73 f.

Grabowski, Kazimierz, Nowa ustawa o księgach wieczystych i hipotece (Das neue Grundbuch- und Hypothekengesetz), Palestra 3-4/83, S. 32 ff.

Gralla, Erhardt, Das Vertragsrecht im neuen polnischen Zivilgesetzbuch, JOR 1965, S. 123 ff.

– Der Fahrniserwerb vom Nichtberechtigten nach polnischem Recht, JOR 1993, S. 9 ff.

– Forderungssicherung durch Registerpfandrecht in Polen, IWB 1997, S. 88 ff.

– Forderungssicherung durch Registerpfandrecht sowie durch Bank- Sicherungs- und -Vollstreckungstitel in Polen, JOR 97, S. 11 ff.

– Polen: Gesetz über Grundstückserwerb durch Ausländer, WiRO 2/92, S. 42 f.

– Polen: Kauf und Eigentumsübertragung im polnischen Zivilgesetzbuch, WiRO 2/95, S. 59 ff.

– in: *Lane, Alexander/Gralla, Eberhard,* Zivilgesetzbuch, Nr.: PL 200, in: *Breidenbach, Stephan (Hrsg.),* Handbuch Wirtschaft und Recht in Osteuropa, 23. Auflage München 1998. *(zit.: PL Nr. 200).*

Grzybowski, Stefan, in: *Czachórski, Witold (Gesamtherausgeber),* System prawa cywilnego, tom I, część ogólna (Das System des Zivilrechts, Band I, Allgemeiner Teil), Wrocław - Warszawa - Kraków - Gdańsk 1974. *(zit.: System I).*

– in: *Czachórski, Witold (Gesamtherausgeber),* System prawa cywilnego, tom III 2, prawo zobowiązań - część szczególna (Das System des Zivilrechts, Band III 2, Schuldrecht - Besonderer Teil), Wrocław - Warszawa - Kraków - Gdańsk 1976. *(zit.: System III 2).*

– Prawo cywilny, zarys prawa rzeczowego (Zivilrecht, Grundzüge des Sachenrechts), Warszawa 1989.

Gursky, Karl-Heinz, in: *Westermann, Harry,* Sachenrecht, 7. Auflage Heidelberg 1998.

Hager, Johannes, Ablösung von Grunpfandrechten und redlicher Erwerb, ZIP 4/97, S. 133 ff.

Hanisch, Hans, Dingliche Mobiliarsicherheiten in Polen zur Sicherung von Krediten aus dem Ausland -Bemerkungen aus schweizerischer Sicht und aus der Sicht anderer kontinentaleuropäischer Rechte, in: *Arreger, Josef/Poczobut, Jerzy/Wyrzykowski, Mirosław,* Rechtsfragen der Transformation in Polen, Warszawa 1995, S. 197 ff.

Heger, Jörg, in: *Mayer, Horst/König, Florian/Heger, Jörg,* Immobilieninvestitionen in der Republik Polen, IStR 7/95, 338 ff.

Heinrichs, Helmut, in: *Palandt, Otto,* Kommentar zum Bürgerliches Gesetzbuch, 58. Auflage München 1999. *(zit.: BGB).*

Heropolitańska, Izabela, in: *Heropolitańska, Izabela/Borowska, Elżbieta,* Kredyty i gwarancje bankowe (Kredite und Bankgarantien), 5. Auflage Warszawa 1996.

– Zabezpieczenie wierzytelności banku (Die Sicherung von Bankforderungen), Warszawa 1996.

Horn, Norbert, in: *J. von Staudingers* Kommentar zum Bürgerlichen Gesetzbuch mit Einführungsgesetz und Nebengesetzen, Zweites Buch: Schuldrecht, §§ 765 - 778, 13. Bearbeitung Berlin 1997 *(zit.: Staudinger/Horn BGB (1997)).*

– *Horn, Norbert/Pleyer, Klemens (Hrsg.),* Handelsrecht und Recht der Kreditsicherheiten in Osteuropa, Berlin New York 1997.

Ignatowicz, Jerzy, Prawo rzeczowe (Sachenrecht), 8. Auflage Warszawa 1998.

– Hipoteka na spółdzielczych prawach do lokali (Die Hypothek an einem genossenschaftlichen Wohnungseigentumsrecht), PiP 7/92, S. 27 ff.

– in: *Resich, Zbigniew (Vorsitzender des Redaktionskommittes),* Kodeks Cywilny Komentarz, tom 1: Księga pierwsza - część ogólna, Księga druga - własność i inne prawa rzeczowe (Zivilgesetzbuch Kommentar, Band 1: Erstes Buch - Allgemeiner

Teil, Zweites Buch: Eigentum und andere Sachenrechte), Warszawa 1972. *(zit.: KCK/Ignatowicz).*

– in: *Wolter, Aleksander/Ignatowicz, Jerzy/Stefaniuk, Krzysztof*, Prawo cywilny - Zarys części ogólnej (Zivilrecht - Grundriß des allgemeinen Teils), Warszawa 1996.

Jakubecki, Andrzej, in: *Jakubecki, Andrzej/Mojak, Jan/Niezbecka, Elżbieta:* Prawne zabezpieczenie kredytów (Kreditsicherungsrechte), Lublin 1996.

– Zaspokojenie wierzyciela rzeczowego po ogłoszeniu upadłości dłużnika w świetle nowelizacji prawa upadłościowego (Die Befriedigung des dinglich gesicherten Gläubigers nach Konkurseröffnung im Lichte des geänderten Konkursrechts), PS 1/98, S. 22 ff.

Janiak, Andrzej, Ustanowienie zastawu na papierach wartościowych zdeponowanych na rachunku papierów wartościowych (Die Bestellung eines Pfandrechts an einen Depotwertpapier), PPH 1/96, S. 1 ff.

Jara, Zbigniew, Polen: Die besonderen Bedingungen für den Abschluß und die Erfüllung von Kaufverträgen über bewegliche Sachen unter Beteiligung von Verbrauchern, WiRO 7/96, S. 258 ff.

Jaroński, Przemysław, System zabezpieczeń wierzytelności (Das System der Forderungssicherungen), Zielona Góra 1996.

Jasiński, Wiesław, in: *Zakrzewski, Ryszard/Jasiński, Wiesław*, Wybrane problemy bezpieczeństwa systemu bankowego w okresie transformacji gospodarczej (Ausgewählte Probleme der Absicherung des Bankensystems in der Zeit der Wirtschaftstransformation), PUG 7-8/94, S. 33.

Kamińska, Małgorzata, Prawne formy zabezpieczenia kredytów - poręczenie cywilne (Kreditsicherungsrechte - Bürgschaft), MoP 11/95, S. 344 ff.

Kapeliński, Roman Zaspokojenie zastawnika zastawu rejestrowego (Die Befriedigung des Pfandgläubigers eines Registerpfandrechts), DzUzKP 3/97, S. 3.

Kappes, Aleksander, Wybrane problemy stosowania zabezpieczeń wierzytelności na zbiorze rzeczy o zmiennym składzie (Ausgewählte Probleme der Anwendung von Forderungssicherungen bei einer Gesamtheit von Sachen mit wechselndem Bestand), Palestra 5-6/95, S. 21 ff.

Karasek, Iwona, Przedmiot zastawu rejestrowego (Der Gegenstand des Registerpfandes), KPP 3/98, S. 457 ff.

Katner, Jan Wojciech, Umowne nabycie własności ruchomości (Vertraglicher Erwerb beweglicher Sachen), Warszawa 1995.

Kępiński, Marian, in: *Radwański, Zbigniew/Frąckowiak, Józef/Kępiński, Marian/Kruczalak, Kazimierz/Mączyński, Andrzej*, Opinia o projekcie ustawy o zastawie rejestrowym i o rejestrze zastawów oraz projekcie rozporządzenia wykonawczego do tej ustawy (Ansicht zum Entwurf eines Gesetzes über das Regiserpfandrecht und das Pfandrechtsregister sowie über den Entwurf einer Ausführungsverordnung zu diesem Gesetz), BRL 11/95, S. 131 ff.

Knoppek, Krzysztof, Akt notarialny jako tytuł egzekucyjny (Der Notariatsakt als Vollstreckungstitel), PiP 12/91, S. 67 ff.

Koch, A., Umowa gwarancji bankowej jako postać umowy o świadczenie przez osobę trzecią (art. 391 KC) (Der Garantievertrag als Vertrag über die Leistung durch einen Dritten (Art. 391 KC)), in: Księga pamiątkowa ku czci Profesora Leopolda Steckiego (Gedenkschrift für Professor Leopold Stecki), Toruń 1997.

König, Florian, in: *Mayer, Horst/König, Florian/Heger, Jörg*, Immobilieninvestitionen in der Republik Polen, IStR 7/95, 338 ff.

Korczyńska, Iwona, Poręczenie wekslowe. Część I (Die Wechselbürgschaft. Teil I), Rejent 2/94, S. 30 ff.

Kocot, Wojciech, Prawo zatrzymania w prawie cywilnym i handlowym (Das Zurückbehaltungsrecht im Zivil- und Handelsrecht), PiP 5/94, S. 54 ff.

Kot, Tomasz, Zastaw na papierach wartościowych (Das Pfandrecht an Wertpapieren), Rejent 5/93, S. 29 ff.

Krogulec, Leokadia, Wpis hipoteki przymusowej a odpowiedzialność solidarna dłużników (Die Eintragung einer Zwangshypothek und die solidarische Haftung der Schuldner), Rejent 11/94, S. 67 ff.

Król, Marek, Poręczenie (Die Bürgschaft), PrPrzed 2/95, S. 24 ff.

– Poręczenie (2) (Die Bürgschaft (2)), PrPrzed 7/95, S. 28 ff.

– Poręczenie (3) (Die Bürgschaft (3)), PrPrzed 9/95, S. 24 ff.

– Poręczenie wekslowe - Awal (Die Wechselbürgschaft - Aval), PrPrzed 27/95, S. 26 ff.

– Przewłaszczenie na zabezpieczenie (Die Sicherungsübereignung), PrPrzed Nr. 22/96, S. 27 ff.

Kruczalak, Kazimierz, in: *Radwański, Zbigniew/Frąckowiak, Józef/Kępiński, Marian/Kruczalak, Kazimierz/Mączyński, Andrzej*, Opinia o projekcie ustawy o zastawie rejestrowym i o rejestrze zastawów oraz projekcie rozporządzenia wykonawczego do tej ustawy (Ansicht zum Entwurf eines Gesetzes über das Regiserpfandrecht und das Pfandrechtsregister sowie über den Entwurf einer Ausführungsverordnung zu diesem Gesetz), BRL 11/95, S. 131 ff.

Krzynówek, Jerzy, Kazus z zakresu prawa cywinego -przewłaszczenie na zabezpieczenie (Zivilrechtsfall - Sicherungsübereignung), EP 5/94, S. 106 f.

Kuglarz, Paweł, in: *Kuglarz, Paweł/Stöcker, Ottmar*, Die Immobiliarhypothek im polnischen Recht, LK 18/96, S. 562 ff.

Kukiełka, Jacek, Ubezpieczenie kredytu kupieckiego (Die Versicherung des kafmännischen Kredits), PP 8/94, S. 18 ff.

Kunicki, Aleksander, in: *Czachórski, Witold (Gesamtherausgeber)*, System prawa cywilnego, tom II, prawa własności i inne prawa rzeczowe (Das System des Zivilrechts, Band II, Eigentumsrecht und andere Sachenrechte), Wrocław - Warszawa - Kraków - Gdańsk 1977. *(zit.: System II)*.

– Skutki prawne zastrzeżenia własności (Die Rechtswirkungen des Eigentumsvorbehalts), RPEiS 2/67, 31 ff.

Kunicki, Ireneusz, Należności korzystające z ustawowego pierwszeństwa przy podziale sumy uzyskanej z egzekucji (art. 1025 § 1 pkt 6 kpc) (Forderungen, denen ein gesetzlicher Vorrang an der Erlösverteilung zusteht (Art. 1025 § 1 Nr. 6 KPC), PS 11-12/96, S. 74 ff.

Kurkowski, Filip, Die Sicherungsübereignung im polnischen Recht, WiRO 7/94, S. 247 ff.

Kuropatwiński, Jarosław, Glosy - Cesja wierzytelności przyszłej na zabezpieczenie (Glosse - Die Sicherungsabtretung künftiger Forderungen), PB 4/98, S. 32 ff.

Lane, Alexander, in: *Lane, Alexander/Gralla, Eberhard,* Zivilgesetzbuch, Nr.: PL 200, in: *Breidenbach, Stephan (Hrsg.),* Handbuch Wirtschaft und Recht in Osteuropa, 16. Auflage München 1997. *(zit.: PL Nr. 200).*

Larenz, Karl, Lehrbuch des Schuldrechts (Band I, Allgemeiner Teil), 14. Auflage München 1987.

Lechmann-Becker, Agnieszka, in: *Tigges, Michael/Lechmann-Becker, Agnieszka,* Polen: Verordnung „Das Konkursrecht", WiRO 4/94, S. 126 ff.

Leśniak, Marek, Bankowy zastaw rejestrowy - szczególna forma zastawu służąca zabezpieczeniu kredytów i pożyczek bankowych (Das Bankregisterpfandrecht - eine besondere Form der Absicherung von Krediten und Bankdarlehen), Rejent 7-8/95, S. 53 ff.

– Zaspokojenie wierzytelności zabezpieczonych prawem zastawu w sytuacji upadłości zastawcy (Die Befriedigung von Forderungen, die mit einem Pfandrecht gesichert sind, im Falle des Konkurses des Verpfänders), Rejent 5/98, S. 122 ff.

Lewandowska, Izabela, Gwarancja bankowa bez zmian (Bankgarantie ohne Änderungen), Rzeczpospolita Nr. 254 (4207) 2 listopada 1995, Prawo co dnia, S. 17.

Litauer, Jan Jakób, Zagadnienie t.zw. przewłaszczenia na zabezpieczenie (Das Problem der Sicherungsübereignung), PN 7-8/48, S. 19 ff.

Litwińska, Marta, Komentarz do wyroku Sądu Najwyższego z dnia 25 stycznia 1995r III CRN 70/94 (Kommentar zum Urteil des Obersten Gerichts vom 25. Januar 1995 III CRN 70/94), PPH 3/96, S. 31 ff.

– Komentarz do postanowienie Sądu Najwyższego z dnia 23 stycznia 1996r II CRN 188/95 (Kommentar zur Entscheidung des Obersten Gerichts vom 23. Januar 1996 II CRN 70/94), PPH 12/96, S. 39 f.

Lubiński, Kazimierz, Zur Reformdiskussion in Polen, in: ZZP 105 (4/92), S. 413 ff.

Łętowska, Ewa, Charakter przejęcia długu i poręczenia w kodeksie cywilnym (Charakter der Schuldübernahme und der Bürgschaft nach dem Kodeks Cywilny), RPEiS 2/67, S. 46 ff.

Łubkowski, Bronisław, in: *Resich, Zbigniew (Vorsitzender des Redaktionskommittes),* Kodeks Cywilny Komentarz, tom 2: Księga Trzecia - zobowiązania (Zivilgesetzbuch Kommentar, Band 2: Drittes Buch - Schuldverhältnisse), Warszawa 1972. *(zit.: KCK/Łubkowski).*

Majorowicz, Józef, in: *Resich, Zbigniew (Vorsitzender des Redaktionskommittes),* Kodeks Cywilny Komentarz, tom 1: Księga pierwsza - część ogólna, Księga druga -

własność i inne prawa rzeczowe (Zivilgesetzbuch Kommentar, Band 1: Erstes Buch - Allgemeiner Teil, Zweites Buch: Eigentum und andere Sachenrechte), Warszawa 1972. *(zit.: KCK/Majorowicz).*

Manicka-Gołębiewska, Grażyna, Prawne formy zabezpieczenia kredytów - zastaw (Kreditsicherungsrechte - Pfandrecht), MoP 9/95, S. 284 ff.

Max-Planck-Institut, Die Bürgschaft im Recht der Mitgliedstaaten der Europäischen Gemeinschaften, Studie des Max-Planck-Instituts für ausländisches und internationales Privatrecht, Brüssel 1971.

Mayer, Horst/König, Florian/Heger, Jörg, Immobilieninvestitionen in der Republik Polen, IStR 7/95, 338 ff.

Mączyński, Andrzej, in: *Radwański, Zbigniew/Frąckowiak, Józef/Kępiński, Marian/Kruczalak, Kazimierz/Mączyński, Andrzej,* Opinia o projekcie ustawy o zastawie rejestrowym i o rejestrze zastawów oraz projekcie rozporządzenia wykonawczego do tej ustawy (Ansicht zum Entwurf eines Gesetzes über das Regiserpfandrecht und das Pfandrechtsregister sowie über den Entwurf einer Ausführungsverordnung zu diesem Gesetz), BRL 11/95, S. 131 ff.

Medicus, Dieter, Bürgerliches Recht, 17. Auflage, Köln Berlin Bonn München, 1996.

Mojak, Jan, Obrót wierzytelnościami (Der Forderungsverkehr), Lublin 1995.

- in: *Jakubecki, Andrzej/Mojak, Jan/Niezbecka, Elżbieta:* Prawne zabezpieczenie kredytów (Kreditsicherungsrechte), Lublin 1996.
- in: *Niezbecka, Elżbieta/Mojak, Jan,* Status prawny banków w świetle prrzepisów ustawy z dnia 6 grudnia 1996 r. o zastawie rejestrowym i rejestrze zastawów (Dz.U. Nr. 149, poz. 703) (Die rechtliche Stellung der Banken im Lichte der Vorschriften des Gesetzes vom 6. Dezember 1996 über das Registerpfand und das Pfandregister (Dz. U. Nr. 149, Pos. 703), Rejent 11/97, S. 22 ff.
- Przelew wierzytelności zabezpieczonej zastawem (Die Abtretung einer pfandrechtlich gesicherten Forderung), Palestra 4/86, S. 33 ff.
- Zastaw na wierzytelnościach (Pfandrecht an Forderungen), Rejent 10/94, S. 100.

Nabierała, Jacek, Wybrane instytucje prawa cywilnego znajdujące zastosowanie w związku z likwidacja przedsiębiorstwa państwowego (Ausgewählte Institute des Zivilrechts, welche in Verbindung mit der Liquidation eines Staatsbetriebes Anwendung finden), Rejent 11/94, S. 76 ff.

Namitkiewicz, Jan, Zagadnienie „przeniesienia własności na zabezpieczenie" na gruncie prawa polskiego (Das Problem der „Sicherungsübereignung" im polnischen Recht), PN 1948, S. 435 ff.

Naworski, Jerzy Przelew powierniczy i skuteczność przelewu eksektatywy wierzytelności (Die treuhänderische Abtretung und die Wirksamkeit der Abtretung künftiger Forderungen), MoP 5/98, S. 184 ff.

Neuhof, Rudolf, in: *Neuhof, Rudolf/Richrath, Jochen*, Rückabwicklung nichtiger Kreditsicherungsverträge nach der Lehre von der Doppelcausa, NJW 1996, S. 2894 ff.

Niezbecka, Elżbieta, in: *Niezbecka, Elżbieta/Mojak, Jan,* Status prawny banków w świetle prrzepisów ustawy z dnia 6 grudnia 1996 r. o zastawie rejestrowym i rejestrze zastawów (Dz.U. Nr. 149, poz. 703) (Die rechtliche Stellung der Banken im Lichte der Vorschriften des Gesetzes vom 6. Dezember 1996 über das Registerpfand und das Pfandregister (Dz. U. Nr. 149, Pos. 703), Rejent 11/97, S. 22 ff.

Niemirka, Bogusław, Prawne formy zabezpieczania kredytów - przelew wierzytelności na zabezpieczenie (cesja), przystąpienie do długu (Kreditsicherungsrechte - Sicherungsabtretung, Schuldbeitritt), MoP 5/95, S. 224 ff.

– Prawne formy zabezpieczania kredytów - przewłaszczenie na zabezpieczenie (Kreditsicherungsrechte - Sicherungsübereignung), MoP 10/95, S. 315 ff.

– Zobowiązanie do przeniesienia własności jako jedna z prawnych form zabezpieczenia należności pieniężnych (Verpflichtung zur Übertragung des Eigentums als eine der rechtlichen Formen der Forderungssicherung.

Niestrzębski, Dariusz, Problemy hipoteki na lokalach spółdzielczych (Probleme der Hypothek an genossenschaftlichen Wohnungseigentumsrechten), MoP 3/97, S. 107 ff.

Nobbe, Gerd, Aktuelle Entwicklungen zu Sicherungsübereignung und Globalzession im Lichte des AGB-Gesetzes, ZIP 15/96, S. 657 ff.

Nowara-Bacz, Halina, Teoretyczne aspekty instytucji hipoteki na spółdzielczych prawach do lokali (Theoretische Aspekte der Hypothek an einem genossenschaftlichen Wohnungseigentumsrecht), Rejent 12/93, S. 35 ff.

Ofiarski, Zbigniew, Gwarancje bankowe (Bankgarantien), PP 5/93, S. 26 ff.

Ogiegło, Leszek in: *Pietrzykowski, Janusz,* Kodeks cywilny, Komentarz, Tom II (Kommentar zum Zivilgesetzbuch, Band II), Warszawa 1998 *(zit.: Pietrzykowski/Ogiegło KC (1998)).*

Ohanowicz, Alfred, Glosa do orzeczenie Sadu Naywyższego z dnia 24 kwietnia 1964r [AZ: II CR 178/64] (Anmerkung zur Entscheidung des Obersten Gerichts vom 24.4.1964), OSPiKA 1965, Pos. 229.

– Glosa do wyroku Sadu Naywyższego z dnia 26 sierpnia 1969r [AZ: II CR 429/69] (Anmerkung zur Entscheidung des Obersten Gerichts vom 26.8.1969), OSPiKA 1971, Pos. 4.

– in: *Czachórski, Witold (Gesamtherausgeber)*, System prawa cywilnego, tom III 1, prawo zobowiązań - część ogólna (Das System des Zivilrechts, Band III 1, Schuldrecht - Allgemeiner Teil), Wrocław - Warszawa - Kraków - Gdańsk 1981. *(zit.: System III 1).*

Olechowski, Marcin, Charakter prawny gwarancji bankowej (Die Rechtsnatur der BankGarantie), PiP 6/97, S. 62 ff.

Oleszko, Aleksander, Wnioski Zakładu Ubezpieczeń Społecznych o wpis hipoteki (Anträge des staatlichen Versicherungsträgers auf Eintragung einer Hypothek), Rejent 9/94, S. 9ff.

– in: *Drozd, Edward/Oleszko, Aleksander,* Hypoteka w praktyce (Die Hypothek in der Praxis), Poznań-Kluczbork 1995.

Olshausen, Eberhard von, Konkursrechtliche Probleme um den neuen § 354a HGB, ZIP 24/95, S. 1950 ff.

Opoka, Maciej Michał, Zastaw rejestrowy i rejestr zastawów (Registerpfandrecht und Pfandrechtsregister), Glosa 5/95, S. 4 ff.

Orlicki, Marcin, Przewłaszczenie na zabezpieczenie (Die Sicherungsübereignung), Warszawa 1996.

Osada, Zdzisław, in: *Osada, Zdzisław/Wędrychowski, Marek,* Zabezpieczenie spłaty pożyczek, kredytów i gwarancji bankowych (Die Zahlungssicherung von Darlehen, Krediten und Bankgarantien), Warszawa 1996.

– Prawo Bankowe (Bankrecht), Warszawa 1998.

Pazdan, Jadwiga, Przewłaszczenie na zabezpieczenie (Die Sicherungsübereignung), Rejent 1/94, S. 17 ff.

Palandt, Otto, Kommentar zum Bürgerliches Gesetzbuch, 58. Auflage München 1999.

Pawłaszcze, Dariusz, Bankowy tytuł egzekucyjny (Der Bankvollstreckungstitel), PPH 3/98, S. 19 ff.

Pfeiffer, Thomas, Der gesetzliche Inhalt des allgemeinen Freigabeanspruchs, ZIP 2/97, S. 49 ff.

Piasecki, Kazimierz, Księgi wieczyste i hipoteka - Komentarz (Grundbücher und Hypothek - Kommentar), Bydgoszcz 1995. *(zit.: HypG (1995)).*

Piątkowski, Józef Stanisław, in *Czachórski, Witold (Gesamtherausgeber),* System prawa cywilnego, tom II, prawa własności i inne prawa rzeczowe (Das System des Zivilrechts, Band II, Eigentumsrecht und andere Sachenrechte), Wrocław - Warszawa - Kraków - Gdańsk 1977. *(zit.: System II).*

Piekarski, Mieczysław, in: *Resich, Zbigniew (Vorsitzender des Redaktionskommittes),* Kodeks Cywilny Komentarz, tom 1: Księga pierwsza - część ogólna, Księga druga - własność i inne prawa rzeczowe (Zivilgesetzbuch Kommentar, Band 1: Erstes Buch - Allgemeiner Teil, Zweites Buch: Eigentum und andere Sachenrechte), Warszawa 1972. *(zit.: KCK/Piekarski).*

– in: *Resich, Zbigniew (Vorsitzender des Redaktionskommittes),* Kodeks Cywilny Komentarz, tom 2: Księga Trzecia - zobowiązania (Zivilgesetzbuch Kommentar, Band 2: Drittes Buch - Schuldverhältnisse), Warszawa 1972. *(zit.: KCK/Piekarski).*

Pisuliński, Jerzy, Bankowy tytuł egzekucyjny (Der Bankvollstreckungstitel), PB 1/98, S. 83 ff.

– Charakter prawny gwarancji bankowej (Die Rechtsnatur der Bankgarantie), MoP 2/94, S. 33 ff.

– Hipoteka jako forma zabezpieczenia należności Skarbu Państwa z tytułu podatków i składek na ubezpieczenie społeczne (Die Hypothek als eine Form der Sicherung von Steuer- und Sozialversicherungsforderungen des Staatsschatzes), Rejent 12/97, S. 81 ff.

– in: *Pisuliński, Jerzy/Skąpski, Józef,* O zastawie rejestrowym (w związku z projektem ustawy o zastawie rejestrowym i rejestrze zastawów) (Über das Registerpfandrecht (in Verbindung mit dem Gesetzesentwurf über ein Registerpfandrecht und dem Pfandrechtsregister), KPP 4/96, S. 747 ff.

- Niektóre zagadnienia związane z gwarancją bankową (Einige Probleme der Bankgarantie), PB 4/98, S. 37 ff.
- Przedmiot i treść hipoteki. Zagadnienie wybrane. (Gegenstand und Inhalt einer Hypothek. Ausgewählte Probleme), Rejent 9/92, S. 50 ff.

Pleyer, Klemens, in: *Horn, Norbert/Pleyer, Klemens (Hrsg.),* Handelsrecht und Recht der Kreditsicherheiten in Osteuropa, Berlin New York 1997.

Płonka, Ewa, Niektóre zagadnienia związane z projektem ustawy o zastawie rejestrowym (Einige Anmerkungen im Zusammenhang mit dem Gesetzesentwurf eines Registerpfandgesetzes), KPP 4/96, S. 765 ff.

Polak, Radosław, in: *Polak, Radosław/Scheuring, Krzysztof:* Hipoteka i księgi wieczyste (Hypothek und Grundbücher), Leszno 1995. *(zit.: HypG (1995)).*

Pomorska, Alicja, Komentarz do prawa bankowego (Kommentar zum Bankgesetz), Warszawa 1994.

Pottschmidt, Günter, in: *Pottschmidt, Günter/Rohr, Ulrich,* Kreditsicherungsrecht, 4. Auflage München 1992.

Prądzyński, Witold, Powiernicze przeniesienie własności celem zabezpieczenia wierzytelności (Die treuhänderische Übertragung von Eigentum zum Zwecke der Absicherung einer Forderung), PN 4/47, S. 319 ff.

Preussner-Zamorska, Janina, in: *Preussner-Zamorska, Janina/Traple, Elżbieta,* Zastaw na prawach w prawie polskim i niemieckim ze szczególnym uwzględnieniem problematyki praw na dobrach niematerialnych (Das Pfandrecht an Rechten nach polnischem und deutschen Recht unter besonderer Beachtung der Probleme bei den Immaterialgüterrechten), KSP 1992, S. 41 ff.

Putzo, Hans, in: *Palandt, Otto,* Kommentar zum Bürgerliches Gesetzbuch, 58. Auflage München 1999. *(zit.: BGB).*

- in: *Thomas, Heinz/Putzo, Hans,* Zivilprozeßordnung mit Gerichtsverfassungsgesetz und den Einführungsgesetzen, 21. Auflage, München 1998. *(zit.: ZPO).*

Pyzioł, Wojciech, Recht der Kreditsicherheiten in Polen, in: *Horn, Norbert/Pleyer, Klemens (Hrsg.),* Handelsrecht und Recht der Kreditsicherheiten in Osteuropa, Berlin New York 1997.

Quack, Friedrich, in: *Rebmann, Kurt; Rixecker, Roland; Säcker, Franz Jürgen (Hrsg.),* Münchner Kommentar zum Bürgerlichen Gesetzbuch, Band 6: Sachenrecht, 3. Auflage München 1997 *(zit.: MünchKomm/Quack BGB (1997)).*

Radwański, Zbigniew, in: *Radwański, Zbigniew/Frąckowiak, Józef/Kępiński, Marian/Kruczalak, Kazimierz/Mączyński, Andrzej,* Opinia o projekcie ustawy o zastawie rejestrowym i o rejestrze zastawów oraz projekcie rozporządzenia wykonawczego do tej ustawy (Ansicht zum Entwurf eines Gesetzes über das Regiserpfandrecht und das Pfandrechtsregister sowie über den Entwurf einer Ausführungsverordnung zu diesem Gesetz), BRL 11/95, S. 131 ff.

- Poręczenie (Bürgschaft), Warszawa 1993. *(zit.: Bürgschaft (1993))*
- Prawo Cywilne - część ogólna (Zivilrecht - Allgemeiner Teil), 3. Auflage Warszawa 1997. *(zit.:AT)*

– in: *Czachórski, Witold (Gesamtherausgeber)*, System prawa cywilnego, tom III 2, prawo zobowiązań - część szczególna (Das System des Zivilrechts, Band III 2, Schuldrecht - Besonderer Teil), Wrocław - Warszawa - Kraków - Gdańsk 1976. *(zit.: System III 2).*

– Zobowiązania - część ogólna (Schuldrecht - Allgemeiner Teil), 2. Auflage Warszawa 1997. *(zit.: SAT).*

– in: *Radwański, Zbigniew / Panowicz-Lipska, Janina,* Zobowiązania - część szczegółowa (Schuldrecht - Besonderer Teil), 2. Auflage Warszawa 1998.

Reich, Norbert, Kreditbürgschaft und Transparenz, NJW 1995, S. 1857 ff.

Resich, Zbigniew (Vorsitzender des Redaktionskommittes), Kodeks Cywilny Komentarz, tom 1: Księga pierwsza - część ogólna, Księga druga - własność i inne prawa rzeczowe (Zivilgesetzbuch Kommentar, Band 1: Erstes Buch - Allgemeiner Teil, Zweites Buch: Eigentum und andere Sachenrechte), Warszawa 1972.

– Kodeks Cywilny Komentarz, tom 2: Księga Trzecia - zobowiązania (Zivilgesetzbuch Kommentar, Band 2: Drittes Buch - Schuldverhältnisse), Warszawa 1972.

Richrath, Jochen, Die Übersicherungsproblematik bei nichtakzessorischen Kreditsicherheiten, Diss. Bayreuth 1995.

– in: *Neuhof, Rudolf/Richrath, Jochen,* Rückabwicklung nichtiger Kreditsicherungsverträge nach der Lehre von der Doppelcausa, NJW 1996, S. 2894 ff.

Roclawski, Wojciech, Immobilienerwerb in der Rebublik Polen durch Ausländer: Antrag auf die Gewährung der staatlichen Genehmigung nach dem AuslImmG, ROW 4/95, S. 123 ff.

Röver, Jam-Hendrik, in: *Simpson, John/Röver, Jan-Hendrik,* Model Law on Secured Transactions - Commentary, London 1994. *(zit.: Commentary MLST).*

Rohr, Ulrich, in: *Pottschmidt, Günter/Rohr, Ulrich,* Kreditsicherungsrecht, 4. Auflage München 1992.

Roman, Andrzej, Umowa o przepadek na tle ustawy o zastawie rejestrowym i rejestrze zastawów (Die Verfallvereinbarung auf der Grundlage des Gesetzes über das Registerpfand und Pfandregister), Rejent 8/98, S. 88 ff.

Romanowski, Michał, Przenoszenie praw z papierów wartościowych w świetle projektu nowelizacji ustawy - Prawo o publicznym obrocie papierami wartościami (PrPapW) (Übertragung von Wertpapierrechten im Lichte des Entwurfes eines Änderungsgesetzes - Gesetz über den öffentlichen Handel mit Wertpapieren (PrPapW), MoP 4/97, S. 147 ff.

Rudnicki, Stanisław, Komentarz do kodeksu cywilnego, Księga druga: Własność i inne prawa rzeczowe (Kommentar zum Zivilgesetzbuch, Zweites Buch: Eigentum und andere Sachenrechte), Warzawa 1996. *(zit.: KKC/Rudnicki).*

– Komentarz do ustawy o księgach wieczystych i hipotece, Warszawa 1996. *(zit.: HypG).*

– Glosa do uchwały z dnia 22 września 1995r [AZ: III CZP 119/95] (Anmerkung zum Beschluß vom 22. September 1995), PS 2/96, S. 60 ff.

- Glosa do uchwały z dnia 9 marca 1995r [AZ: III CZP 149/94] (Anmerkung zum Beschluß vom 9. März 1995), PS 10/95, S. 101 ff.
- Hipoteka na rozdrożu (Die Hypothek am Scheideweg), Rejent 1/98, S. 9 ff.
- Nowe przepisy o hipotece ustawowej i zastawie skarbowym (Neue Vorschriften über die Gesetzeshypothek und das Steuerpfandrecht), PS 1/98, S. 3 ff.
- O umowie gwarancyjnej (Über den Garantievertrag), PPH 9/96, S. 1 ff.
- Zastrzeżenie własności rzeczy sprzedanej (Der Eigentumsvorbehalt), MoP 12/96, S. 437 ff.

Rykowski, Robert, Dopuszczalność przewłaszczenia na zabezpieczenie nieruchomości (Die Zulässigkeit der Sicherungsübereignung von Grundstücken), PPH 6/95, S. 14 ff.

Safjan, Marek, in: *Pietrzykowski, Janusz,* Kodeks cywilny, Komentarz, Tom II (Kommentar zum Zivilgesetzbuch, Band II), Warszawa 1998 *(zit.: Pietrzykowski/Safjan, KC (1998)).*

Scheuring, Krzysztof, in: *Polak, Radosław/Scheuring, Krzysztof:* Hipoteka i księgi wieczyste (Hypothek und Grundbücher), Leszno 1995 *(zit.: HypG (1995)).*

Schulte, Norbert, Das neue Registerpfandrecht, RIW 1998, S. 291 ff.

Schulze, Ulrich, Das System der dinglichen Sicherheiten in Polen, WGO 3/97, S. 175 ff.

Serick, Rolf, BGH, 16.4.1996 - Ein neuer Anfrage-Beschluß und totgeschwiegenes geltenes Recht mit Gesetzesrang, BB 35/96, S. 1777 ff.
- Eigentumsvorbehalt und Sicherungsübertragung, Heidelberg 1993.
- Formularverträge und Mobiliarsicherheiten mit Freigabeklauseln in höchstrichterlicher Rechtsprechung: Vereinbartes Gewohnheits- oder kautelarisches Kreditsicherungsrecht?, BB 40/95, S. 2013 ff.
- Neues zur formularmäßigen Globalzession, zugleich zur Unentbehrlichkeit eines Spruchs des Großen Senats für Zivilsachen oder des Bundesverfassungsgerichts zum Gewohnheitsrecht, BB 17/96, S. 857 ff.

Sikorski, Grzegorz, Przewłaszczenie na zabezpieczenie w polskim systemie prawnym (Die Sicherungsübereignung im polnischen Rechtssystem), PPH 10/96, S. 29 ff.
- Funkcja, podstawa prawna i rodzaje zabezpieczeń wierzytelności bankowych w prawie polskim (Funktion, Rechtsgrundlage und Arten der Sicherung von Bankforderungen im polnischen Recht), PPH 9/97, S. 19 ff.

Simpson, John, in: *Simpson, John/Röver, Jan-Hendrik,* Model Law on Secured Transactions - Commentary, London 1994. *(zit.: Commentary MLST).*

Sitkowska, Krystyna, Przeniesienie wierzytelności i przejęcie długu (Sicherungsabtretung und Schuldübernahme), PG 5/95, S. 39 ff.

Siuda, Wojciech, Hipoteka i poręczenie (Hypothek und Bürgschaft), PP 4/94, S. 27 f.
- Zabezpieczenie kredytu (Kreditsicherheit), PP 5/93, S. 25 f.

Skąpski, Józef, in: *Pisuliński, Jerzy/Skąpski, Józef*, O zastawie rejestrowym (w związku z projektem ustawy o zastawie rejestrowym i rejestrze zastawów) (Über das Registerpfandrecht (in Verbindung mit dem Gesetzesentwurf über ein Registerpfandrecht und dem Pfandrechtsregister), KPP 4/96, S. 747 ff.

– Przewłaszczenie na zabezpieczenie (Die Sicherungsübereignung), SC 1969, S. 305 ff.

– Umowa zastawnicza (Der Pfandvertrag), NP 4/67, S. 486 ff.

– Zastaw na rzeczach ruchomych według kodeksu cywilnego (Das Pfandrecht an beweglichen Sachen nach dem Kodeks Cywilny), SC 8/66, S. 143 ff.

Skowrońska, Elżbieta, Komentarz do kodeksu cywilnego, Księga czwarta: Spadki (Kommentar zum Zivilgesetzbuch, Viertes Buch: Erbrecht), Warzawa 1995. *(zit.: KKC/Skowrońska).*

– O gospodarce gruntami i wywłaszczeniu nieruchomości, zasiedzeniu nieruchomości przez Skarb Państwa, zabezpieczeniu wierzytelności (Über Grundstücksbewirtschaftung und Enteignung von Immobilien, Ersitzung eines Grundstücks durch den Staat, Sicherung von Forderungen), PUG 3/93, S. 20 ff.

– Orzecznictwo sądowe (Gerichtsentscheidungen), PUG 7-8/96, S. 37 ff.

– Zabezpieczenie kredytu: Przeniesienie własności rzeczy na wierzyciela (Kreditsicherung: Die Übertragung des Eigentums an einer Sache auf den Gläubiger), PP 11/93, S. 31 f.

Sobolewski, Ludwik, Prenoszenie praw z papierów wartościowych według nowego Prawa o publicznym obrocie papierami wartościowymi -artikuł polemiczny (Übertragung von Wertpapierrechten gemäß dem neuen Gesetz über den öffentlichen Handel mit Wertpapieren - Ein polemischer Aufsatz), MoP 8/97, S. 304 ff.

Sprau, Hartwig, in: *Palandt, Otto*, Kommentar zum Bürgerliches Gesetzbuch, 58. Auflage München 1999. *(zit.: BGB).*

Stawecki, Tomasz, in: *Stawecki, Tomasz/Tomaszewski, Maciej/Zedler, Feliks*, Ustawa o zastawie rejestrowym i rejestrze zastawów (Registerpfand- und Pfandregistergesetz), Warszawa 1997.

– Hauptrichtungen der Änderungen in den polnischen Vorschriften über die Grundbücher und die Hypothek, in: *Drobnig, Ulrich/Hopt, Klaus/Kötz, Hein/Mestmäcker, Ernst-Joachim*, Systemtransformationen in Mittel- und Osteuropa und ihre Folgen für Banken, Börsen und Kreditsicherheiten, Tübingen 1998, S. 345 ff. *(zit.: Hypothek).*

– Neue Regelungen des Registerpfandrechts in Polen, in: *Drobnig, Ulrich/Hopt, Klaus/Kötz, Hein/Mestmäcker, Ernst-Joachim*, Systemtransformationen in Mittel- und Osteuropa und ihre Folgen für Banken, Börsen und Kreditsicherheiten, Tübingen 1998, S. 367 ff. *(zit.: Registerpfandrecht).*

Stefaniuk, Krzysztof, in: *Wolter, Aleksander/Ignatowicz, Jerzy/Stefaniuk, Krzysztof*, Prawo cywilny - Zarys części ogólnej (Zivilrecht - Grundriß des allgemeinen Teils), Warszawa 1996.

Stöcker, Ottmar, in: *Kuglarz, Paweł/Stöcker, Ottmar,* Die Immobiliarhypothek im polnischen Recht, LK 18/96, S. 562 ff.

– in: *Drewicz, Agnieszka/ Stöcker, Otmar,* Der Rang erstrangiger Hypotheken; Ein Grundsatzproblem für Hypothekarkredite am Beispiel Polens, NotInt 3/98, S. 6 ff.

Strus, Monika, Dwa sposoby powierniczego zabezpieczenia kredytu (Zwei Arten der treuhänderischen Absicherung von Krediten), Palestra 11-12/92, S. 34 ff.

Strus, Zbigniew, Hipoteka ustawowa Skarbu Państwa - Zakład Ubezpieczeń Społecznych (Die gesetzliche Hypothek des Finanzamtes - Staatlicher Versicherungsbetrieb), MoP 8/96, S. 269 ff.

– Nabycie własności i prawa rzeczowe zastawnicze w praktyce Sądu Najwyższego (Eigentumserwerb und Pfandrecht in der Praxis des Obersten Gerichts), Palestra 9-10/94, S. 5 ff.

– Zastaw rejestrowy - pierwszy doświadczenia i trudności (Das Registerpfand - erste Erfahrungen und Schwierigkeiten), PS 7-8/98, S. 29 ff.

Strus-Wołos, Monika, Glosa do uchwały Sądu Naywyższego z 26.4.1995r (Anmerkung zum Beschluß des Obersten Gerichtshofs vom 26.4.1995), Palestra 1-2/96, S. 208 ff.

Stürner, Rolf, in: *Baur, Fritz/Baur, Jürgen/Stürner, Rolf,* Lehrbuch des Sachenrechts, 16. Auflage München 1992.

Szachułowicz, Jan, in: *Pietrzykowski, Janusz,* Kodeks cywilny, Komentarz, Tom I (Kommentar zum Zivilgesetzbuch, Band I), Warszawa 1997 *(zit.: Pietrzykowski/Szachułowicz, KC (1997)).*

Szczepiński, Wieław, Znaczenie domniemania wynikającego z art. 3 ustawy o księgach wieczystych i hipotece (Die Bedeutung der Vermutung des Art. 3 Grundbuch- und Hypothekengesetz), Palestra 7-8/94, S. 122 ff.

Szewior, Renata, Die Formbedürftigkeit von Rechtsgeschäften in Polen und Deutschland, Osteuropa Recht 2/98, S. 113 ff.

Szlęzak, Andrzej, Przewłaszczenie na zabezpieczenie rzeczy przyszłych, rzeczy oznaczonych co do gatunku oraz nieruchomości (Die Sicherungsübereignung von zukünftigen, der Gattung nach bestimmten Sachen und von Grundstücken), Rejent 2/95, S. 111 ff.

Szmyt, Przemysław, W sprawie unowocześnienia systemu zabezpieczenia kredytu bankowego (Zur Sache der Erneuerung des Sicherungssystems für Bankkredite), BiK 10/90, S. 6 ff.

Szpunar, Adam, Akcesoryjność hipoteki (Die Akzessorietät der Hypothek), PiP 8/93, S. 16 ff.

– Forma umowy poręczenia (Die Form des Bürgschaftsvertrages), Rejent 7-8/94, S. 9 ff.

– Glosa do uchwały składu 7 sędziów z 16 IV 1993, III CZP 16/93 (Anmerkung zum Beschluß in der Zusammensetzung von 7 Richern vom 16. April 1993), PiP 9/93, S. 106 ff.

– Glosa do uchwały Sadu Naywyższego z dnia 28 września 1995r [AZ: III CZP 125/95] (Anmerkung zum Beschluß des Obersten Gerichts vom 28.9.1995), PS 5/96, S. 69 ff.

– Glosa do wyroku z dnia 19 września 1997 [AZ: III CZP 45/97] (Anmerkung zur Entscheidung vom 25.9.1997, III CZP 45/97), OSP 98, Pos. 137.

– Nabycie własności ruchomości od nieuprawnionego (Der Eigentumserwerb an beweglichen Sachen vom Nichtberechtigten), Kraków 1998. *(zit.: Eigentumserwerb).*

– Nowa rola hipoteki w obrocie (Die neue Rolle der Hypothek im Geschäftsverkehr), Rejent 10/97, S. 9 ff.

– Nowa ustawa o księgach wieczystych i hipotece (Das neue Grundbuch- und Hypothekengesetz), PiP 5/83, S. 1 ff.

– O powierniczych czynnościach prawnych (Über Treuhandverhältnisse), Rejent 11/93, S. 9 ff.

– O zasadzie akcesoryjności poręczenia (Über den Grundsatz der Akzessorietät bei der Bürgschaft), Palestra11-12/92, S. 22 ff.

– Poręczenie wekslowe (Die Wechselbürgschaft), PiP 8/92, S. 26 ff.

– Poręczenie w nowym prawie bankowym (Die Bürgschaft im neuen Bankrecht), Rejent 6/98, S. 89 ff.

– Roszczenie o uzgodnienie treści księgi wieczystej z rzeczywistym stanem prawnym (Der Grundbuchberichtigungsanspruch), Rejent 12/97, S. 9 ff.

– Uwagi o hipotece na użytkowaniu wieczystym (Anmerkungen zur Hypothek an einem Erbbaurecht), Rejent 12/96, S. 9 ff.

– W sprawie zabezpieczeń przy sprzedaży na raty (Zum Problem der Absicherung eines Ratenkaufes), PiP 3/63, S. 526 ff.

– Zabezpieczenia osobiste wierzytelności (Die Personalsicherheiten von Forderungen), KPP 1-4/92, S. 161 ff.

– Zabezpieczenia osobiste wierzytelności (Die Personalsicherheiten von Forderungen), Sopot 1997. *(zit.: Personalsicherheiten).*

– Zastrzeżenie własności rzeczy sprzedanej (Der Eigentumsvorbehalt), PiP 6/93, S. 29 ff.

Szustak, Grażyna, Gwarancje i poręczenia bankowe (Garantie und Bankbürgschaft), PO 8/93, S. 23 ff.

Świeboda, Zdzisław, Pierwszeństwo zaspokojenia z masy upadłości wierzytelności zabezpieczonych zastawem lub hipoteką (Der Befriedigungsvorrang von durch ein Pfandrecht oder einer Hypothek abgesicherter Forderungen aus der Konkursmasse), PS 9/93, S. 35 ff.

Thomas, Heinz, in: *Thomas, Heinz/Putzo, Hans*, Zivilprozeßordnung mit Gerichtsverfassungsgesetz und den Einführungsgesetzen, 21. Auflage, München 1998. *(zit.: ZPO).*

Thurner, Mario, in: *Tracz, Grzegorz/Cierpiał, Romana/Thurner, Mario,* Die Hypothek im polnischen Recht, WiRO 3/97, S. 86 ff.

– in: *Cierpiał, Romana/Thurner, Mario,* Polen: Gesetz über das Registerpfand und das Pfandregister.

Tigges, Michael, in: *Tigges, Michael/Lechmann-Becker, Agnieszka*, Polen: Verordnung „Das Konkursrecht“, WiRO 4/94, S. 126 ff.

– Polnisches Grundstücksrecht, WiRO 1/96, S. 1 ff.

Tomaszewski, Maciej, in: *Stawecki, Tomasz/Tomaszewski, Maciej/Zedler, Feliks,* Ustawa o zastawie rejestrowym i rejestrze zastawów (Registerpfand- und Pfandregistergesetz), Warszawa 1997.

Tracz, Grzegorz, Gwarancja bankowa -zobowiązanie kauzalne czy abstrakcyjne ? (Die Bankgarantie -kausale oder abstrakte Verpflichtung?, PB 2/94, S. 73 ff.

– Przesłanki wytoczenia powództwa ekscydencyjnego (Die Voraussetzungen der Erhebung einer Drittwiderspruchsklage), PS 7-8/96, S. 89 ff.

– Umowa Gwarancji - ze szczególnym uwzględnieniem gwarancji bankowej (Garantievertrag - mit besonderer Beachtung der Bankgarantie), Kraków 1998.

– in: *Tracz, Grzegorz/Cierpiał, Romana/Thurner, Mario,* Die Hypothek im polnischen Recht, WiRO 3/97, S. 86 ff.

– in: *Tracz, Grzegorz/ Zoll, Fryderyk*, Przewłaszczenie na zabezpieczenie (Die Sicherungsübereignung), Kraków 1996.

– in: *Tracz, Grzegorz/ Zoll, Fryderyk*, Rejestr zastawów bankowych - problem jawności (Das Bankpfandrechtregister - Das Problem der Publizität), PS 1/96, S. 67 ff.

Traple, Elżbieta, in: *Preussner-Zamorska, Janina/Traple, Elżbieta,* Zastaw na prawach w prawie polskim i niemieckim ze szczególnym uwzględnieniem problematyki praw na dobrach niematerialnych (Das Pfandrecht an Rechten nach polnischem und deutschen Recht unter besonderer Beachtung der Probleme bei den Immaterialgüterrechten), KSP 1992, S. 41 ff.

Trapp, Andreas, Praktische Auswirkungen des Abschieds von der qualifizierten Freigabeklausel bei Globalzessionen, NJW 1996, S. 2914 ff.

Troicka-Sosińska, Romana, Prawne formy zabezpieczenia kreditów - hipoteka (Kreditsicherungsrechte - Hypothek), MoP 8/94, S. 250 ff.

– Umowa zastawu na prawach (Der Rechtsverpfändungsvertrag), MoP 11/97, S. 466 ff.

Walker, Wolf-D., in: *Brox, Hans/Walker, Wolf-D.*, Zwangsvollstreckungsrecht, 5. Auflage Köln-Berlin-Bonn-München 1996.

Wasilkowski, Jan, in: *Czachórski, Witold (Gesamtherausgeber),* System prawa cywilnego, tom II, prawa własności i inne prawa rzeczowe (Das System des Zivilrechts, Band II, Eigentumsrecht und andere Sachenrechte), Wrocław - Warszawa - Kraków - Gdańsk 1977. *(zit.: System II).*

– Prawo rzeczowe (Sachenrecht), Warszawa 1957.

Wąsiewicz, Andrzej, in *Czachórski, Witold (Gesamtherausgeber)*, System prawa cywilnego, tom II, prawa własności i inne prawa rzeczowe (Das System des Zivilrechts,

Band II, Eigentumsrecht und andere Sachenrechte), Wrocław - Warszawa - Kraków - Gdańsk 1977. *(zit.: System II)*.

Wengerek, Edmund, Postępowanie zabezpieczające i egzekucyjne, Tom I (Sicherungs- und Vollstreckungsverfahren, 1. Band), Warszawa 1994. *(zit.: I)*.

– Postępowanie zabezpieczające i egzekucyjne, Tom II (Sicherungs- und Vollstrekkungsverfahren, 2. Band), Warszawa 1994. *(zit.: II)*.

Westermann, Harm Peter, in: *Westermann, Harry*, Sachenrecht, 7. Auflage Heidelberg 1998.

Westermann, Harry, Sachenrecht, 7. Auflage Heidelberg 1998.

Wędrychowski, Marek, in: *Osada, Zdzisław/Wędrychowski, Marek*, Zabezpieczenie spłaty pożyczek, kredytów i gwarancji bankowych (Die Zahlungssicherung von Darlehen, Krediten und Bankgarantien), Warszawa 1996.

Wiegand, Wolfgang, in: *Wiegand, Wolfgang/Brunner, Christoph*, Übersicherung und Freigabeanspruch, NJW 1995, S. 2513 ff.

– in: *J. von Staudingers* Kommentar zum Bürgerlichen Gesetzbuch mit Einführungsgesetz und Nebengesetzen, Drittes Buch: Sachenrecht, §§ 925 - 984; Anhang zu §§ 929 ff: Sonderformen der Übereignung, 13. Bearbeitung Berlin 1995 *(zit.: Staudinger/Wiegand BGB (1995))*.

Wietersheim, Viggo von, in: *Wietersheim, Viggo von/Dudek, Ilona* Polen: Gesetz über den Erwerb von Grundstücken durch Ausländer, WiRO 9/96, S. 343 ff.

Widło, Jacek, Zakres stosowania art. 526 k.c. w odniesieniu do przepisów o zbyciu przedsiębiortswa (Anwendungsbereich des Art. 526 KC bei der Veräußerung eines Unternehmens), PPH 1/96, S. 25 ff.

Wilke, Maria, Das Gesetz über den Erwerb von Immobilien durch Ausländer in Polen, ROW 6/96, S. 209 ff.

Wiśniewski, Tadeusz, Postępowanie upadłościowe a zaspokojenie wierzytelności zabezpieczonych prawami zastawu (Das Konkursverfahren und die Befriedigung von mit Pfandrechten gesicherten Forderungen), PPH 10/93, S. 1 ff.

Wolanin, Monika, Transakcja sprzedaży przedsiębiorstwa i jej skutki prawne (Die Transaktion des Unternehmensverkaufs und seine Rechtswirkungen), Rejent 7-8/96, S. 137 ff.

Wolter, Aleksander, in: *Wolter, Aleksander/Ignatowicz, Jerzy/Stefaniuk, Krzysztof*, Prawo cywilny - Zarys części ogólnej (Zivilrecht - Grundriß des allgemeinen Teils), Warszawa 1996.

Zakrzewski, Ryszard, in: *Zakrzewski, Ryszard/Jasiński, Wiesław*, Wybrane problemy bezpieczeństwa systemu bankowego w okresie transformacji gospodarczej (Ausgewählte Probleme der Absicherung des Bankensystems in der Zeit der Wirtschaftstransformation), PUG 7-8/94, S. 33.

Zawada, Kazimierz, Umowa przelewu wierzytelności (Der Abtretungsvertrag), Kraków 1990.

Zedler, Feliks, Sytuacja prawna rzeczy przewłaszczonych na rzecz banku w przypadku upadłości podmiotu, który dokonał przewłaszczenia (Die rechtliche Situation sicherungsübereigneter Sachen im Konkurs desjeniegen, welcher die Sache zur Sicherheit übereignete), PB 2/94, S. 55 ff.

– Zaspokojenie wierzytelności banku w podziale sumy uzyskanej w egzekucji (Die Befriedigung einer Bankforderung bei der Verteilung des Vollstreckungserlöses), PB 2/95, S. 76 ff.

– in: *Stawecki, Tomasz/Tomaszewski, Maciej/Zedler, Feliks,* Ustawa o zastawie rejestrowym i rejestrze zastawów (Registerpfand- und Pfandregistergesetz), Warszawa 1997.

Zieliński, Andrzej, Charakter prawny przewłaszczenia na zabezpieczenie wierzytelności oraz jego skutki prawne (Die Rechtsnatur der Sicherungsübereignung sowie seine Rechtsfolgen), PS 1995, S. 52 ff.

– Przewłaszczenie na zabezbieczenie a zaspokojenie wierzyciela w świetle orzecznictwa Sądu Najwyższego (Die Sicherungsübereignung und die Gläubigerbefriedigung im Lichte der Rechtsprechung des Obersten Gerichtshofes), Rejent 7-8/97, S. 149 ff.

Zieliński, Czesław, Jeszcze w kwestii odpowiedzialności poręczycieli (Noch einmal zur Frage der Bürgenhaftung), NP 12/71, S. 1799 ff.

Zoll, Fryderyk, in: *Tracz, Grzegorz/ Zoll, Fryderyk*, Przewłaszczenie na zabezpieczenie (Die Sicherungsübereignung), Kraków 1996.

– in: *Tracz, Grzegorz/ Zoll, Fryderyk*, Rejestr zastawów bankowych - problem jawności (Das Bankpfandrechtregister - Das Problem der Publizität), PS 1/96, S. 67 ff.

– in: *Zoll, Frederyk/ Diemer-Benedict, Tanja,* Das Recht der Allgemeinen Geschäftsbedingungen in Polen, RIW 1997, S. 1001 ff.

Sachwortverzeichnis

Untersuchungen über das Spar-, Giro- und Kreditwesen

Abteilung B: Rechtswissenschaft

Herausgegeben von Walther Hadding und Uwe H. Schneider

104 **Wertpapiersammelverwahrung im italienischen Recht.** Eine rechtsvergleichende Untersuchung. Von B. Rückert. 191 S. 1996 ⟨3-428-09004-7⟩ DM 68,– / öS 496,– / sFr 62,–

105 **Die Vertretung verselbständigter Rechtsträger in europäischen Ländern.** Hrsg.von W. Hadding und U. H. Schneider. Teil I: **Deutschland, Italien und Spanien.**Von S. P. Fellmeth. 481 S. 1997 ⟨3-428-09111-6⟩ DM 98,– / öS 715,– / sFr 89,–

106 **Konzern, Konzernrecht und Konzernfinanzierung.** Hrsg. von W. Hadding und U. H. Schneider. Teil VI: **Organhaftung und Haftpflichtversicherung.** Von H. Ihlas. Tab., Abb.; 436 S. 1997 ⟨3-428-09051-9⟩ DM 88,– / öS 642,– / sFr 80,–

107 **Das Recht des Terminhandels.** OTC-Optionen als Grenzfälle des Börsentermingeschäfts. Von K. Franken. 254 S. 1997 ⟨3-428-09195-7⟩ DM 92,– / öS 672,– / sFr 83,50

108 **Namenssparbriefe des Kapitalmarktes im Wertpapierrecht.** Wertpapierrechtliche Besonderheiten bei Begründung, Übertragung und Erlöschen von Namensschuldverschreibungen des Kapitalmarktes, dargelegt anhand der Vertragsrealität von Sparkassenbriefen. Von A. Seitz. 415 S. 1997 ⟨3-428-09109-4⟩ DM 98,– / öS 715,– / sFr 89,–

109 **Umfang, Grenzen und Nachweis der Vertretungsmacht bei privaten und öffentlichen Rechtsträgern in Österreich.** Von G. Seikel. 250 S. 1998 ⟨3-428-09359-3⟩ DM 96,– / öS 701,– / sFr 87,–

110 **Grundschuldbestellung und Übernahme der persönlichen Haftung.** Von C. Marburger. 148 S. 1998 ⟨3-428-09374-7⟩ DM 78,– / öS 569,– / sFr 71,–

111 **Börsendienstleistungen im Europäischen Binnenmarkt.** Die Marktkonzeption der Wertpapierdienstleistungsrichtlinie am Beispiel der Aktienmärkte. Von H. Klenke. 212 S. 1998 ⟨3-428-09396-8⟩ DM 94,– / öS 686,– / sFr 85,50

112 **Konzern, Konzernrecht und Konzernfinanzierung.** Hrsg. von W. Hadding und U. H. Schneider. Teil VII: **Die Aufsicht über Finanzkonglomerate.** Das Aufsichtsrecht der Finanzdienstleistungsunternehmen im Spannungsverhältnis zwischen Gruppen- und Einzelinstitutsaufsicht. Von J. Schieber. 349 S. 1998 ⟨3-428-09523-5⟩ DM 96,– / öS 701,– / sFr 87,–

113 **Steuerrecht und Dividenden-Stripping.** Von A. Unfried. XXI, 292 S. 1998 ⟨3-428-09538-3⟩ DM 96,– / öS 701,– / sFr 87,–

114 **Die Außenhaftung von Emissionskonsorten für Aktieneinlagen.** Von B. Singhof. 274 S. 1998 ⟨3-428-09539-1⟩ DM 96,– / öS 701,– / sFr 87,–

115 **Grenzüberschreitendes (internationales) Insolvenzrecht der Vereinigten Staaten von Amerika und der Bundesrepublik Deutschland.** Systeme und Wechselwirkungen rechtsvergleichend auch zu anderen Rechtsordnungen, insbesondere der Schweiz. Von E. J. Habscheid. XLV, 534 S. 1998 ⟨3-428-09327-5⟩ DM 198,– / öS 1.445,– / sFr 176,–

116 **Konzern, Konzernrecht und Konzernfinanzierung.** Hrsg. von W. Hadding und U. H. Schneider. Teil VIII: **Recht und Praxis des konzernweiten Cash Managements.** Ein Beitrag zur Konzernfinanzierung. Von M. W. Hormuth. 286 S. 1998 ⟨3-428-09575-8⟩ DM 96,– / öS 701,– / sFr 87,–